"十三五"国家重点出版物出版规划项目
智慧物流：现代物流与供应链管理丛书
普通高等教育"十一五"国家级规划教材
本书受国家自然科学基金项目（71572145、71801035）资助

物流信息系统

第2版

主　编　冯耕中
副主编　吴　勇　石晓

机械工业出版社

发展现代物流，信息化建设必须先行。本书结合我国物流业的发展，全面梳理了物流信息系统的有关理论和方法体系，在系统阐释物流信息系统建设的战略与决策，以及物流信息管理的各种技术和方法的基础上，选取了若干典型实例进行分析，使读者能够深入了解物流信息系统的基本框架，并能在实践中充分利用有关的技术和知识。全书分上下两篇，共10章。上篇理论篇包括第1~5章，从物流信息技术图谱、物流信息系统规划、物流信息系统开发方法论、物流信息系统建设过程管理等方面论述了物流信息系统开发和建设的基本理论、技术和方法。下篇实践篇包括第6~10章，优选了企业资源计划系统、综合物流服务平台、冷链物流追溯平台、产业链综合服务平台、港口物流信息中心等具有代表性的实例，分别从系统概述、系统业务流程分析、系统功能分析、系统架构与技术、系统应用范围与评价等方面进行了详细介绍。

本书主要用作高等院校本科生、工商管理硕士（MBA）以及相关专业研究生的教材，对物流领域的管理人员和技术人员也有很高的参考价值。

图书在版编目（CIP）数据

物流信息系统 / 冯耕中主编. —2 版. —北京：机械工业出版社，2020.12（2025.2 重印）

（智慧物流：现代物流与供应链管理丛书）

普通高等教育"十一五"国家级规划教材　"十三五"国家重点出版物出版规划项目

ISBN 978-7-111-66645-5

Ⅰ. ①物… Ⅱ. ①冯… Ⅲ. ①物流—管理信息系统—高等学校—教材 Ⅳ. ①F252-39

中国版本图书馆 CIP 数据核字（2020）第 184216 号

机械工业出版社（北京市百万庄大街22号　邮政编码100037）
策划编辑：曹俊玲　　责任编辑：曹俊玲　王　芳
责任校对：炊小云　　封面设计：鞠　杨
责任印制：邰　敏
三河市航远印刷有限公司印刷
2025年2月第2版第9次印刷
184mm×260mm・18.25 印张・446 千字
标准书号：ISBN 978-7-111-66645-5
定价：49.00 元

电话服务　　　　　　　　　网络服务
客服电话：010-88361066　　机　工　官　网：www.cmpbook.com
　　　　　010-88379833　　机　工　官　博：weibo.com/cmp1952
　　　　　010-68326294　　金　书　网：www.golden-book.com
封底无防伪标均为盗版　机工教育服务网：www.cmpedu.com

前　言

随着经济全球化和信息化进程的加快，现代物流管理与工程技术正在被世界各国广泛应用，物流业作为复合型服务产业，是国民经济的重要组成部分，已成为衡量一个国家现代化水平与综合国力的重要标志。与供应链管理思想相结合的信息技术给传统物流业带来了根本性变化，信息技术手段的应用将原先相互独立的各个物流环节有效地整合在一起，满足了不断发展的物流服务需求。信息化、自动化、智能化等已经成为现代物流业发展的典型特征。

物流信息系统是由人、硬件、软件和数据资源等组成的实现物流信息管理的系统，其目的是及时、正确地收集、处理、存储、传输和提供物流信息。物流信息系统的建设和应用在我国物流业发展中发挥了极其重要的作用。为了更好地传播物流信息化知识、促进物流信息化建设，我们于2003年在西安交通大学出版社出版了《物流管理信息系统及其实例》教材，重点介绍了社会实践中的若干典型实例。在之后的教学活动中，我们结合自身所开展的物流信息化科研工作，并实时跟踪我国社会实践领域的发展，系统性地梳理了物流信息系统的有关理论和方法体系。在此基础上，我们于2009年在机械工业出版社出版了《物流信息系统》教材，全面、系统地介绍了物流信息管理的各种技术和方法，以及若干典型实例。《物流信息系统》教材出版后，被国内众多高校采用，并入选了普通高等教育"十一五"国家级规划教材。

过去的10年是我国物流业迅猛发展的10年。随着信息技术的不断发展和应用，我国物流业发展呈现出了新的特征：一是电子商务及物流领域涌现出一批既解决我国现实问题又具有信息经济特征的新型商业模式，信息化成为我国现代物流发展的精髓和核心手段；二是大数据、云计算、人工智能、物联网、区块链等新兴信息技术在物流领域不断得到应用与发展，物流信息系统的建设逻辑发生了重要变化。例如，企业由自建物流信息系统转向根据物流服务需求在云平台上购买由云服务商提供的基础设施、应用程序及软件服务，或者使用快速周期性技术，以耗时更短、更加非正式的开发流程来快速解决问题，快速应对新的机遇。在这样的大背景下，物流公共信息平台等新型服务模式应运而生，将产业链上下游企业及第三方产业资源聚合起来，为产业链参与主体提供物流、金融、技术、质量检验、资讯等综合集成服务，构建起产业生态圈。

经过这10年的发展，我国物流领域的技术基础与应用场景均已发生了深刻变化，《物流信息系统》第1版教材的修订迫在眉睫。本次修订是在第1版教材的基础上完成的，并邀请时力永联科技有限公司、深圳易流科技股份有限公司、上海企源科技股份有限公司、上海美华系统有限公司提供典型案例。修订后，本书的特点主要体现在以下三个方面：

1. 顺应发展，提供前沿内容

本书共分为 10 章，上篇理论篇共 5 章，包括绪论、物流信息技术图谱、物流信息系统规划、物流信息系统开发方法论、物流信息系统建设过程管理等内容。下篇实践篇选取了 5 个典型案例：企业资源计划系统、Forlink 综合物流服务平台、易流冷链全流程透明化追溯平台、AMT 产业互联网综合服务平台、港口物流信息中心。物联网、云计算与大数据等信息技术在物流管理领域广泛运用之后，物流信息系统建设和应用逻辑发生了重要变化。本书结合前沿发展，全面体现了物流信息系统的新理念、新技术和新方法。例如：云计算概念被提出之后，这种新的计算模式受到物流业的广泛关注，物流信息系统逐渐由传统的自建模式转变成基于云平台的运营模式，针对企业购买软件或云平台服务的情形，本书在第 5 章增加了"5.3.2 云计算服务模式评价指标"，以方便企业选择云计算服务方式；在数字化企业环境下，除了使用软件包和在线软件服务，企业更多地依赖快速周期性技术来解决物流信息系统开发问题，本书在第 4 章增加了"4.3.6 开发物流信息系统的新方法"，介绍了快速应用开发、联合应用开发、敏捷式开发、DevOps、基于组件的开发等方法。

2. 对标应用，构建技术图谱

近年来大量新兴信息技术被广泛应用于物流领域，使我国物流业呈现出信息化、自动化、智能化、柔性化、网络化等特征，物流业成为支撑我国社会经济发展的基础性、战略性产业。物流信息技术在体系结构上可分为感知、网络和服务应用三个层次，本书第 2 章以此为依据，构建了物流信息技术图谱，对各类物流信息系统中涉及的众多信息技术进行了归类总结与详细介绍。与上一版相比，本书在第 2 章增加了"传感器技术""云计算、大数据与人工智能技术""区块链技术""物流无人化技术""物联网技术"等内容，同时在第 1 章与第 6 章中，也增加了与新兴物流信息技术发展相关的内容，充分体现了新技术在物流信息系统中的重要作用与地位。

3. 紧贴实践，提供典型案例

本书对实践篇的案例进行了重新筛选，在广泛考察物流信息系统产品与应用的基础上，优选了企业资源计划系统、综合物流服务平台、冷链物流追溯平台、产业链综合服务平台、港口物流信息中心等具有代表性的实例，分别从系统概述、系统业务流程分析、系统功能分析、系统架构与技术、系统应用范围与评价等方面进行了详细介绍。除第 6 章案例外，其余案例介绍的均为近 10 年来在我国物流领域建设兴起的代表性物流信息系统。这些系统应用领域不同，有的专注于大宗商品物流领域，有的适用于食品、医药等冷链物流领域，有的适用于口岸物流领域，但它们的共同之处就是集物流、交易、金融、资讯等功能于一体，服务对象多、业务范围广。这些物流信息系统充分体现了我国当前物流领域信息管理发展的新特点，有助于读者在学习过程中更贴近我国物流管理实际，增强其解决实际问题的能力。

本书主要用作高等院校本科生、工商管理硕士（MBA）以及相关专业研究生的教材，对物流领域的管理人员和技术人员也有很高的参考价值。全书由冯耕中教授负责大纲拟定、书稿修改和定稿，吴勇博士负责编写理论篇章节，石晓梅博士负责编写实践篇章节，赵绍辉对本书涉及的技术内容进行了审核和修订，黄滨、孟凡燕、周兰珍、王蓉、江琴、刘加文等撰写了理论和典型案例的初稿。在本书编写过程中，我国著名管理学家及教育家汪应洛院士给予了我们极大的支持，并提出了许多指导性意见，机械工业出版社为本书的编写提供了多方面的支持，时力永联科技有限公司、深圳易流科技股份有限公司、上海企源科技股份有限公司、上海美华系统有限公司等在案例撰写上提供了极大的帮助，在此表示衷心的感谢。

限于我们的水平，书中不妥之处在所难免，敬请各位读者不吝赐教。

编　者

目 录

前言

上篇　理论篇

第1章　绪论 ... 3
- 1.1 物流与物流信息 ... 3
  - 1.1.1 物流的概念 ... 3
  - 1.1.2 物流信息与分类 ... 4
- 1.2 物流信息管理与物流信息系统 ... 5
  - 1.2.1 物流信息管理 ... 5
  - 1.2.2 物流信息系统 ... 6
- 1.3 物流信息系统分类 ... 6
  - 1.3.1 按决策层次进行分类 ... 6
  - 1.3.2 按应用对象进行分类 ... 7
  - 1.3.3 按采用技术进行分类 ... 9
- 1.4 物流信息系统结构 ... 10
  - 1.4.1 物流信息系统应用结构 ... 10
  - 1.4.2 物流信息系统体系结构 ... 11
  - 1.4.3 物流企业信息系统体系结构 ... 14
- 1.5 物流信息化建设的意义 ... 16
- 1.6 物流信息系统的未来发展 ... 17
- 本章小结 ... 20
- 关键概念 ... 20
- 思考题 ... 20
- 课堂讨论题 ... 21
- 补充阅读材料 ... 21

第2章　物流信息技术图谱 ... 22
- 2.1 物流信息技术概述 ... 22
- 2.2 条码技术与应用 ... 23
  - 2.2.1 条码技术概述 ... 23

2.2.2　一维条码和二维条码 25
　　2.2.3　条码管理系统的组成及实例 29
　　2.2.4　条码技术在生产与物流管理中的应用 31
2.3　传感器技术 33
　　2.3.1　传感器技术概述 33
　　2.3.2　传感器的结构及特点 34
　　2.3.3　传感器技术在物流中的应用 35
2.4　无线射频识别技术与应用 35
　　2.4.1　无线射频识别概述 36
　　2.4.2　无线射频识别系统的组成及分类 37
　　2.4.3　无线射频识别技术的应用 38
　　2.4.4　无线射频识别技术的发展与未来 41
2.5　基于IC卡技术的数据采集系统 41
　　2.5.1　IC卡概述 42
　　2.5.2　IC卡的分类与使用流程 43
　　2.5.3　IC卡应用系统的组成 45
　　2.5.4　IC卡技术在物流管理数据采集中的应用 46
2.6　无线电定位技术及其应用 47
　　2.6.1　无线电定位技术概述 47
　　2.6.2　GPS的组成与技术原理 50
　　2.6.3　GPS在物流管理中的应用 51
2.7　电子数据交换技术 53
　　2.7.1　电子数据交换技术概述 54
　　2.7.2　电子数据交换系统的原理与组成 55
　　2.7.3　电子数据交换系统的应用 57
2.8　云计算、大数据与人工智能技术 58
　　2.8.1　云计算、大数据与人工智能技术概述 58
　　2.8.2　云计算、大数据与人工智能的关键技术 60
　　2.8.3　云计算、大数据与人工智能在物流管理中的应用 62
2.9　区块链技术 63
　　2.9.1　区块链技术概述 64
　　2.9.2　区块链技术的框架及特征 64
　　2.9.3　区块链在物流管理中的应用 66
2.10　物流无人化技术 66
　　2.10.1　物流无人机技术 67
　　2.10.2　物流无人车技术 72
　　2.10.3　物流无人仓技术 73
2.11　物联网技术 76
　　2.11.1　物联网技术概述 76

  2.11.2 物联网的关键技术 ... 77
  2.11.3 物联网在物流管理中的应用 ... 78
本章小结 ... 78
关键概念 ... 78
思考题 ... 78
课堂讨论题 ... 79
补充阅读材料 ... 79

第3章 物流信息系统规划 ... 80
3.1 物流信息系统战略规划 ... 80
  3.1.1 物流信息系统战略规划的含义与作用 ... 80
  3.1.2 物流信息系统战略规划的内容 ... 81
  3.1.3 物流信息系统战略规划的过程 ... 82
3.2 物流信息系统规划的主要方法 ... 85
  3.2.1 制定物流信息系统战略规划的方法 ... 85
  3.2.2 确定组织物流信息需求的方法 ... 87
  3.2.3 确定组织资源分配的方法 ... 91
  3.2.4 制订项目计划的主要方法 ... 92
3.3 企业流程再造 ... 94
  3.3.1 企业流程再造产生的背景 ... 94
  3.3.2 企业流程再造的定义与本质 ... 95
  3.3.3 企业流程再造与物流信息系统规划的关系 ... 95
  3.3.4 企业流程再造的实施步骤 ... 96
  3.3.5 企业流程再造中应注意的问题 ... 97
3.4 物流信息系统建设策略 ... 98
  3.4.1 信息系统大集中管理模式的基本含义及其分析 ... 98
  3.4.2 物流信息系统大集中管理模式的应用策略 ... 101
本章小结 ... 103
关键概念 ... 104
思考题 ... 104
课堂讨论题 ... 104
补充阅读材料 ... 107

第4章 物流信息系统开发方法论 ... 108
4.1 物流信息系统的建设与开发设计原则 ... 108
4.2 物流信息系统的开发过程及其生命周期 ... 109
4.3 物流信息系统的开发方法 ... 110
  4.3.1 结构化方法 ... 110
  4.3.2 原型开发法 ... 122
  4.3.3 面向对象的开发方法 ... 125
  4.3.4 计算机辅助开发方法 ... 132

    4.3.5　各种开发方法的比较与分析 ………………………………………………… 133
    4.3.6　开发物流信息系统的新方法 ………………………………………………… 134
  4.4　物流信息系统的开发模式及其选择 …………………………………………………… 135
    4.4.1　自行开发 ……………………………………………………………………… 135
    4.4.2　系统开发外包 ………………………………………………………………… 135
    4.4.3　合作开发 ……………………………………………………………………… 137
    4.4.4　直接购买 ……………………………………………………………………… 137
    4.4.5　开发模式的比较与选择 ……………………………………………………… 137
  本章小结 ……………………………………………………………………………………… 139
  关键概念 ……………………………………………………………………………………… 140
  思考题 ………………………………………………………………………………………… 140
  课堂讨论题 …………………………………………………………………………………… 140
  补充阅读材料 ………………………………………………………………………………… 142

第 5 章　物流信息系统建设过程管理 ……………………………………………………… 143
  5.1　物流信息系统建设过程质量管理 ……………………………………………………… 143
    5.1.1　ISO 9000 系列标准 …………………………………………………………… 143
    5.1.2　CMM 软件能力成熟度模型 ………………………………………………… 146
    5.1.3　CMMI 能力成熟度模型集成 ………………………………………………… 151
  5.2　物流信息系统开发过程的配置管理 …………………………………………………… 157
    5.2.1　软件配置管理的角色与职责 ………………………………………………… 157
    5.2.2　软件配置管理计划 …………………………………………………………… 158
    5.2.3　软件配置管理活动 …………………………………………………………… 158
    5.2.4　软件配置管理工具 …………………………………………………………… 163
  5.3　物流软件及部件外购的主要评价因素 ………………………………………………… 165
    5.3.1　外购软件评价指标 …………………………………………………………… 165
    5.3.2　云计算服务模式评价指标 …………………………………………………… 167
  本章小结 ……………………………………………………………………………………… 168
  关键概念 ……………………………………………………………………………………… 169
  思考题 ………………………………………………………………………………………… 169
  课堂讨论题 …………………………………………………………………………………… 169
  补充阅读材料 ………………………………………………………………………………… 171

下篇　实践篇

第 6 章　企业资源计划系统——以 SAP 为例 …………………………………………… 175
  6.1　应用背景分析 …………………………………………………………………………… 175
  6.2　业务流程分析——企业资源计划原理 ………………………………………………… 176
    6.2.1　MRP 是企业资源计划的核心功能 …………………………………………… 176

6.2.2　MRPⅡ是企业资源计划的重要组成 …… 179
　　6.2.3　企业资源计划的组成和核心管理思想 …… 181
6.3　SAP系统功能分析——以SAP R/3系统为例 …… 182
　　6.3.1　生产计划 …… 183
　　6.3.2　销售和分销 …… 184
　　6.3.3　物料管理 …… 186
　　6.3.4　财务会计 …… 187
　　6.3.5　管理会计 …… 189
　　6.3.6　资产管理 …… 190
　　6.3.7　人力资源 …… 190
　　6.3.8　质量管理 …… 191
　　6.3.9　工厂维护 …… 191
　　6.3.10　其他模块 …… 191
6.4　SAP系统结构及技术特点——以SAP R/3系统为例 …… 191
　　6.4.1　系统结构 …… 191
　　6.4.2　系统技术特点 …… 192
6.5　SAP云平台简介 …… 193
6.6　SAP系统应用评价与分析 …… 194
本章小结 …… 195
关键概念 …… 196
思考题 …… 196
课堂讨论题 …… 196
补充阅读材料 …… 196

第7章　Forlink综合物流服务平台 …… 197
7.1　概述 …… 197
　　7.1.1　系统应用背景 …… 197
　　7.1.2　系统发展历程及现状 …… 198
7.2　系统业务流程分析 …… 198
　　7.2.1　运力交易业务 …… 199
　　7.2.2　运输管理业务 …… 200
　　7.2.3　城市配送业务 …… 201
　　7.2.4　仓储管理业务 …… 201
　　7.2.5　供应链金融管理业务 …… 202
7.3　系统功能分析 …… 202
　　7.3.1　系统设计遵循的原则 …… 202
　　7.3.2　系统功能与组成 …… 203
7.4　系统架构与技术 …… 212
　　7.4.1　系统技术架构 …… 212
　　7.4.2　系统应用环境 …… 213

   7.4.3 系统技术特点分析 214
 7.5 系统应用范围与评价 215
   7.5.1 应用范围 215
   7.5.2 应用评价 215
 本章小结 216
 关键概念 216
 思考题 217
 课堂讨论题 217
 补充阅读材料 217

第8章 易流冷链全流程透明化追溯平台 218
 8.1 概述 218
   8.1.1 系统应用背景 218
   8.1.2 系统发展历程及现状 220
 8.2 系统业务流程分析 220
 8.3 系统功能分析 221
   8.3.1 系统设计遵循的原则 221
   8.3.2 系统功能与组成 222
   8.3.3 各子系统的功能结构与组成 222
 8.4 系统架构与技术 224
   8.4.1 系统体系架构 224
   8.4.2 系统应用环境 225
   8.4.3 系统技术特点分析 226
   8.4.4 系统技术优势 227
 8.5 系统应用范围与评价 228
   8.5.1 应用范围 228
   8.5.2 应用评价 228
 本章小结 230
 关键概念 231
 思考题 231
 课堂讨论题 231
 补充阅读材料 231

第9章 AMT产业互联网综合服务平台 232
 9.1 概述 232
   9.1.1 系统应用背景 232
   9.1.2 系统发展历程及现状 233
 9.2 系统业务流程分析 233
   9.2.1 挂牌交易业务流程 234
   9.2.2 物流业务流程 234
   9.2.3 供应链金融业务流程 235

- 9.3 系统功能分析 ··· 236
  - 9.3.1 系统设计遵循的原则 ··· 236
  - 9.3.2 系统功能与组成 ·· 236
  - 9.3.3 各子系统的功能结构与组成 ·· 237
- 9.4 系统架构与技术 ·· 245
  - 9.4.1 系统体系架构 ··· 245
  - 9.4.2 系统应用环境 ··· 246
  - 9.4.3 系统技术特点分析 ··· 247
- 9.5 系统应用范围与评价 ·· 248
  - 9.5.1 应用范围 ·· 248
  - 9.5.2 应用评价 ·· 249
- 本章小结 ··· 249
- 关键概念 ··· 250
- 思考题 ··· 250
- 课堂讨论题 ··· 250
- 补充阅读材料 ·· 250

第 10 章 港口物流信息中心 ·· 251
- 10.1 概述 ·· 251
  - 10.1.1 系统应用背景 ··· 251
  - 10.1.2 系统发展历程及现状 ··· 251
- 10.2 系统业务流程分析 ·· 252
  - 10.2.1 运力资源协调系统 ··· 252
  - 10.2.2 仓储管理系统 ··· 252
  - 10.2.3 在线业务办理系统 ··· 252
  - 10.2.4 电子商务系统 ··· 256
  - 10.2.5 多式联运系统 ··· 256
- 10.3 系统功能分析 ·· 257
  - 10.3.1 系统设计遵循的原则 ··· 257
  - 10.3.2 系统功能与组成 ·· 259
  - 10.3.3 各子系统的功能结构与组成 ·· 260
- 10.4 系统架构与技术 ··· 267
  - 10.4.1 系统体系架构 ··· 267
  - 10.4.2 系统应用环境 ··· 268
  - 10.4.3 系统技术特点分析 ··· 270
- 10.5 系统应用范围与评价 ··· 271
  - 10.5.1 应用范围 ·· 271
  - 10.5.2 应用评价 ·· 271
- 本章小结 ·· 272
- 关键概念 ·· 273

思考题 273
课堂讨论题 273
补充阅读材料 273
附录 物流信息系统建设的相关标准 274
参考文献 277

上篇 理论篇

第 1 章

绪 论

1.1 物流与物流信息

1.1.1 物流的概念

自 20 世纪初"物流"概念产生至今,物流及其管理活动经历了很多变化,得到了长足的发展。物流管理的形成和发展是经济发展到一定阶段、社会分工不断深化的产物。

众所周知,从事仓储、运输、装卸、搬运、包装等物流管理活动是任何企业与生俱来的基本功能。甚至在还没有物流概念的时候,企业就在从事物流活动。原先的那些管理运作,如货运管理和运输、仓储和存货管理等都是企业日常的经营管理工作。传统意义上的物流活动分散在不同的经济部门、不同的企业以及企业组织内部不同的职能部门之中。随着经济的快速发展、科学技术水平的提高以及工业化进程的加快,大规模生产、大量消费使得经济中的物流规模日趋庞大和复杂,传统的、分散进行的物流活动已远远不能适应现代经济发展的要求,物流活动的低效率和高额成本,已经成为影响经济运行效率和社会再生产顺利进行的制约因素,被视为"经济的黑暗大陆"。

从 20 世纪 50 年代到 70 年代,围绕企业生产经营活动中的物资管理和产品分销,发达国家的企业开始注重和强化对物流活动的科学管理,在降低物流成本方面取得了显著的成效。进入 20 世纪 80 年代以后,随着经济全球化持续发展、科学技术水平不断提高以及专业化分工进一步深化,在美国、欧洲一些发达国家开始了一场对各种物流功能、要素进行整合的物流革命。最初是企业内部物流资源整合和一体化,形成了以企业为核心的物流系统,物流管理也随之成为企业内的一个独立部门和职能领域。之后,物流资源整合和一体化不再仅仅局限于企业层面上,而是转移到相互联系、分工协作的整个产业链上,形成了以供应链管理为核心的、社会化的物流系统,物流活动逐步从生产、交易和消费过程中分化出来,成为一种专业化的、由独立的经济组织承担的新型经济活动,生产流通企业物流业务外包的趋势日益明显。在此基础上,发达国家经济中出现了为工商企业和消费者提供专业化物流服务的企业,即第三方物流企业。各种专业化物流企业的大量涌现及其表现出来的快速发展趋势表明,专业化物流服务作为一个新的专业化分工领域,已经发展成为一个新兴产业部门和国民经济的重要组成部分。

由于物流对全球贸易、商业、制造业以及运输业具有基础性的整合强化作用,现代物流在相当大的程度上成为推进当代工商企业升级发展的重要因素;而工商企业的新兴业态又形成对现代物流的强大需求,这一良性互动机制推动着现代物流在全球范围蓬勃发展。

物流规模的大型化、物流运作的一体化、物流技术的信息化、物流管理的标准化,以及注重节能、环保的"绿色物流",成为国际物流发展的大趋势。物流能力的竞争成为市场竞争的重要手段,现代物流发展的程度和水平成为一个国家发展后劲的重要体现。

中华人民共和国国家标准《物流术语》(GB/T 18354—2006)对物流(Logistics)的定义为:"物品从供应地向接收地的实体流动过程。根据实际需要,将运输、储存、装卸、搬运、包装、流通加工、配送、信息处理等基本功能实施有机结合。"现代物流理念本身随着企业经营管理的理念在不断发展变化。物流的本意是连接供给和消费,克服时空差异,实现物的价值的经济活动,它一般包括运输、仓储、包装、装卸、流通加工、配送、信息服务等经济活动。相对于传统的仓储、运输而言,现代物流是一种革命性的突破,它强调各种仓储、运输等方式的系统集成,突出客户化服务的内容。

1.1.2 物流信息与分类

1. 物流信息

信息(Information)是现代社会中人们广泛使用的一个概念。信息的概念不同于数据。数据是反映客观实体的属性值,或是对客观事物的记载。信息是指对数据进行加工处理后得到的有用数据,是有一定含义的数据,是对决策有价值的数据。

随着时间的推移,信息也不断被赋予新的含义和内容。不同的事物由于其应用环境的不同、时间的不同,人们对它的认识与理解,乃至其产生的效果都会有很大的不同。物流信息是整个物流过程中所产生的有关信息,主要包括物品信息、物品流转信息、物流作业与管理控制信息、物品交易信息,以及保证信息识别、传递、处理和应用的信息等。从产生背景看,物流信息可以分为物流活动产生的信息以及物流相关活动产生的信息。

与其他领域的信息相比,物流活动涉及的范围广(不同地区、不同行业、不同的企业),信息产生的环节多(从生产到消费,每个环节都利用信息并产生新的信息),因此物流信息具有信息量大、信息形式多样、信息内容复杂、信息动态变化等特点。

2. 物流信息分类

物流的分类有很多种,信息的分类也有很多种,因此物流信息的分类方法也就很多。这里,仅从物流信息处理和建立信息系统的角度来看,物流信息可以有以下几种分类:

(1)按物流功能分类。根据物流功能的不同,物流信息可以分为仓储信息、运输信息、流通加工信息、包装信息、装卸信息等。在不同的功能领域,由于其物流活动性质的不同,物流信息的内涵和特征也有所不同。对于某个功能领域还可以进一步细化,例如将仓储信息分成入库信息、出库信息、库存信息等。

(2)按信息作用的层次分类。根据信息作用层次的不同,物流信息可以分为基础信息、作业信息、管理控制信息、决策支持信息。基础信息是关于物流活动实体的基本描述,例如物品基本信息、货位基本信息、运输工具基本信息、道路(航线)信息等。作业信息是反映物流作业过程中具体业务情况的信息,例如库存信息、到货信息、中转信息、在途货物量、货物装卸信息等。管理控制信息主要是指物流活动的调度信息和计划信息。决策支持信息是指能对物流计划、决策、战略具有影响或有关的信息,如科技、产品、法律、规章、文化等方面的宏观信息。统计信息是决策支持信息的子信息,而且是非常重要的一类信息，有很强的战略价值，用以正确掌握过去的物流活动及规律，来指导物流战略发展和制订计划。

（3）按信息的来源分类。根据信息来源的不同，物流信息可以分为外部信息与内部信息。外部信息是来自物流系统外部环境、与物流系统有关、能对物流活动产生影响的和有可能进入物流系统的信息。内部信息则是指来自物流系统内部的信息，是企业的业务人员、管理决策人员进行业务处理、管理控制、决策等行为时产生的信息。外部信息与内部信息相互影响、相互作用。

（4）按信息的加工程度分类。根据信息加工程度的不同，物流信息可以分为原始信息和加工信息。原始信息是指从信息源直接收集的信息，是整个信息化工作的基础，也是最有权威性的凭证类信息。一旦有需要，可从原始信息中找到真正的依据。加工信息是对原始信息进行各种处理后所产生的信息，是对原始信息的提炼、简化和综合。在加工过程中，不仅可以将原始信息整理成有使用价值的数据和资料，还可以通过数据分析和挖掘，利用各种分析工具在海量数据中发现潜在的、有用的信息和知识。

1.2 物流信息管理与物流信息系统

1.2.1 物流信息管理

物流信息管理是指对物流信息进行采集、处理、分析、应用、存储和传播的过程，也是完成物流信息从分散到集中、从无序到有序的过程。在这个过程中，通过对涉及物流信息活动的各种要素，如人员、技术、工具等进行管理，可以实现资源的合理配置。由于物流信息具有范围广、跨地域、随时间变化快的特点，而且不同客户对信息的要求也不同，因此在信息的收集、整理、加工过程中，尤其要注意避免信息的缺损、失真和失效，保证信息的及时、准确、全面。除了技术保障外，实现对信息的有效管理还需要强化物流信息活动过程的组织和控制，建立有效的管理机制；同时要加强交流，信息只有经过传递交流才会产生效用，才能使信息增值，所以要有信息交流、共享机制，以利于形成信息积累和优势转化。在物流信息管理中，应准确把握信息以下几个方面的特征：

1. 可得性

保证大量分散、动态的物流信息在需要的时候能够容易获得，并且以数字化的适当形式加以表现，这是物流信息化建设的基本目的。物流过程往往覆盖范围广、涉及不同的部门并跨越不同的地区，物流作业分散化对信息的可得性产生了很大的挑战。如果能从全国甚至世界范围内的任何地方方便地对数据进行更新，那么可以大大减少物流作业和制订计划上的不确定性。

2. 及时性

随着面向客户的市场策略的变化，社会对物流服务的及时性要求也更加强烈。快速、及时地提供物流服务成为一种基本的要求和目标，这就要求物流信息必须及时提供、快速反馈。目前很多企业在获取有关物流活动的重要数据时，往往是通过各个业务部门逐层上报、逐级汇总，最终上报到总部。这样往往造成需要的信息不能及时、准确地得到，直接影响企业的决策活动。

3. 准确性

物流信息的准确性与可得性一样重要，不准确的信息带来的决策风险有时比没有信息支持的决策更高。造成物流信息反映的情况与实际情况之间存在差异的原因有很多，如时间原因、人为原因、范围原因和方法原因等。时间原因包括信息不能及时反馈或者反馈信息的时期错位、时点界定不准确等情况；人为原因包括人员失误、工作态度不认真、知识不足、理解错误、有意误报等情况；范围原因是指信息外延界定不清、信息不全或者重复；方法原因是指由于信息采集、反馈、加工的方法而产生的误差。

4. 集成性

物流过程涉及的环节多、信息量大，各环节的信息关联度高。集成性是指对物流进、出、存、运、验、流通加工、装卸等过程，以及企业内部业务（产、供、销、财务、人事）和供应链外部资源所涉及的信息进行集成，以实现资源共享，提高信息的利用价值。

5. 易用性

物流信息的表示要明确、容易理解、方便应用，而且针对不同的需求和应用要有不同的表示方式。

1.2.2 物流信息系统

与先进管理思想相结合的信息技术给传统物流带来了根本性变化。物的流动伴随着信息的流动，而信息流又控制着物流。正是信息技术手段的应用，使得原先独立的各个物流环节有效地整合在一起，满足了不断发展的物流服务要求。计算机技术、网络技术、电子数据交换技术、条码技术、射频技术、全球卫星定位系统、大数据、云计算、物联网、物流无人化技术以及区块链等技术的广泛应用，使得物流管理的自动化、高效化、及时性得以实现，保证了物流活动的顺畅进行和有效控制。

物流信息系统是由人、硬件、软件和数据资源所组成的实现物流信息管理的系统，其目的是及时、正确地收集、处理、存储、传输和提供物流信息。随着互联网技术的应用和发展，物流信息系统通常建立在全球通信网络平台基础上，以完成对物流活动的管理。

1.3 物流信息系统分类

1.3.1 按决策层次进行分类

由于一般的企业组织管理均是分层次的，例如常常分为作业管理、管理控制、战略管理三层，所以为它们服务的信息系统也相应地分为三层，即面向作业管理的物流信息系统、面向管理控制的物流信息系统和面向战略管理的物流信息系统。从处理的内容来看，下层的系统一般数据处理量大、信息的结构化程度高；上层的系统一般数据处理量小、信息的结构化程度低。物流信息系统的金字塔结构如图 1-1 所示。

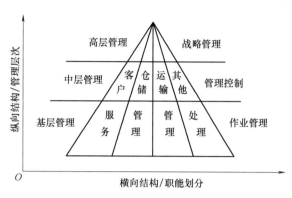

图 1-1 物流信息系统的金字塔结构

1. 面向作业管理的物流信息系统

面向作业管理的物流信息系统主要实现各物流业务环节基本数据的输入、处理和输出，解决将手工作业电子化的问题。例如，客户向物流企业发出委托信息，物流企业将委托信息输入系统，并通过作业管理系统发出相应的业务指令（如搬运、装货、存储、交货、签发运输单证、打印和传送付款发票），记录作业情况和结果。

2. 面向管理控制的物流信息系统

面向管理控制的物流信息系统主要面向物流企业的中间管理层提供信息服务，实现仓储资源调度、线路选择、动态配载、生产率衡量等功能。例如，收到客户的货物入库操作指令后，系统可根据客户的指令内容、货物属性、仓储要求、货位情况以及当时的设备状态、作业能力、人员忙闲等情况，按照一定的优化模型进行货位指定、作业调度，指导整个验收入库业务有序进行。

3. 面向战略管理的物流信息系统

面向战略管理的物流信息系统主要为物流企业的高层管理人员提供信息服务。通过对业务数据进行提炼，综合外部信息，运用多种决策模型进行分析，设计和评价各种物流方案，从而有效地支持高层管理人员的决策。

1.3.2 按应用对象进行分类

供应链上不同的环节、部门所实现的物流功能都不尽相同。供应链各相关环节的实体如图 1-2 所示。根据实体在供应链上发挥的作用和所处的地位，物流信息系统可以分为面向制造企业的物流信息系统、面向流通商的物流信息系统、面向物流企业的物流信息系统及面向供应链管理的物流公共信息平台。

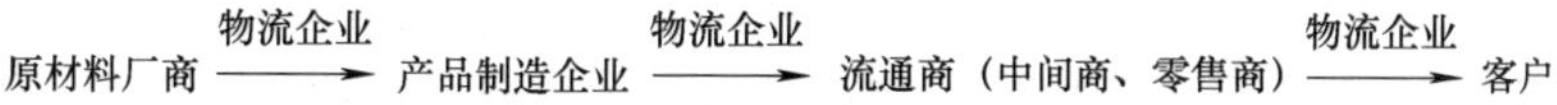

图 1-2 供应链各相关环节的实体

1. 面向制造企业的物流信息系统

制造企业在供应链中处于关键环节，是产品流通的源头。在其物流业务管理中，既包括组织原材料、物料、日常耗用品等的供应物流，也包括完成产成品销售供货的销售物流,同时还包括在生产过程中的包装、搬运、存储等生产物流。

制造企业根据其销售情况确定生产计划后,就须针对需要的原材料物资制订采购计划,以配合生产进度,同时储备一定数量的产成品,以供应销售。当企业的生产管理系统将生产计划、采购计划、销售计划设计出来后转入物流系统,物流系统将采购计划、销售计划分解、设计成物流计划,然后对物流计划进行执行、监督直至生产、销售完成。这样的过程往复循环、互相衔接。

2. 面向流通商的物流信息系统

流通商(中间商、零售商)本身不生产商品,但它们为客户提供商品,为制造企业提供销售的渠道,是客户与制造企业的中介。专业零售商为客户提供某一类型的商品,综合性的零售商如超市、百货商店为人们提供不同种类的商品,这样的企业经营有商品种类繁多、生产地点分散、消费者群体极其分散的特点。面向中间商、零售商的物流信息系统是对不同商品物流配送的进、销、存进行管理的系统。

3. 面向物流企业的物流信息系统

在供应链中专门提供物流服务的物流企业发挥着重要的作用。这类企业包括船舶公司、货代公司、拖车公司、仓储公司、汽运公司、空运公司、专业的第三方物流企业等。这些企业提供的是无形的产品——物流服务,而前面所提到的制造企业等提供的往往是有形的商品。物流企业除提供仓储、运输等专业服务外,还提供一些相关的增值服务。

因为物流企业的商业模式不同,所以物流信息系统的适用范围也不同。有的系统主要适合于仓储业务管理,有的系统侧重于运输业务管理,有的系统则适合于货代业务管理,有的系统适合于海运业务管理。因此,物流信息系统可以用一个功能/层次矩阵来表示,如图 1-3 所示。其中,每一列代表一种管理功能或应用范围,这种管理功能和应用范围没有标准的分法,因企业的商业活动不同而有所差异;每一行表示一个管理层次,行列交叉表示每一种功能子系统。

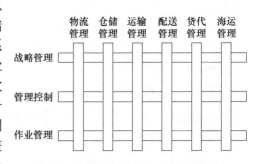

图 1-3 物流信息系统的功能/层次矩阵

4. 面向供应链管理的物流公共信息平台

物流公共信息平台是指基于计算机通信网络技术,提供物流信息、技术、设备等资源共享服务的信息平台。具体来说,物流公共信息平台是运用现代的信息技术、计算机技术、通信技术,整合物流行业相关的信息资源,系统化地采集、加工、传送、存储、交换企业内外的物流信息,从而达到整个社会物流信息的高效传递与共享。

物流公共信息平台是现代物流企业收集和整合资源的重要手段,是为供应链节点企业提供专业化物流服务的重要场所。通过物流公共信息平台,企业可以快速掌握供应链上不同环节的供求信息和物流信息,实现对不同物流环节的远程控制和实时监控。

市场经济的快速发展和生产流通企业对物流整合服务的迫切需求,加速了以供应链管理为核心的物流公共信息平台的兴起。物流公共信息平台是政府部门或者第三方物流企业利用其在信息收集和获取方面的优势为供应链上所有企业建立的公共平台。物流公共信息平台一方面实现了供应链信息共享,降低了交易成本;另一方面,针对交易活动产生的历史数据进行分析挖掘，创造更高的信息附加价值。

1.3.3 按采用技术进行分类

根据采用技术的不同，物流信息系统可以分为单机系统、内部网络系统以及与合作伙伴和客户互联的系统。

1. 单机系统

在这种模式下，计算机没有联网，处于单机运行状态。物流信息系统与企业的财务、人事等其他系统各自独立运行。这时，物流信息系统的作用比较有限，内部数据往往难以实现共享，存在大量重复劳动和信息孤岛。

2. 内部网络系统

随着计算机技术的发展和应用，物流信息系统常常采用大型数据库技术及网络技术。基于计算机网络（广域网或局域网），将分布在不同地理区域的物流管理各部门以及分支机构有机地连接在一起，形成物流管理的企业内部网络系统。物流管理各部门间的信息流动基本实现无纸化，内部数据可以比较好地实现共享。同时结合互联网技术，随时随地向企业的管理层提供所需要的各种信息，从而保证供应链各环节的有机结合。这里，数据的整合和共享无疑可大大地提高物流管理活动的整体效率。

3. 与合作伙伴和客户互联的系统

在这种模式下，企业内部网络系统与外部的其他合作伙伴及客户的管理信息系统（如ERP）实现互联，通过专门的通道进行数据交换，充分利用互联网技术所带来的便利，为企业的管理层和合作伙伴以及客户提供各种可交换的信息，实现供应链整体竞争能力的提升。

上述三种分类方法从不同的角度对物流信息系统进行了分类。但是，它们之间不是完全孤立的，而是相互结合的，其功能的综合及有机结合构成了支持物流业务发展的物流信息系统，如图1-4所示。

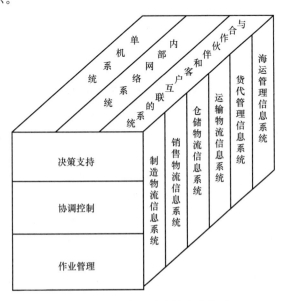

图1-4 物流信息系统的分类体系

1.4 物流信息系统结构

计算机体系结构是运用计算机设计方法对计算机系统的硬件、软件，计算机所完成的功能以及计算机所对应的复杂现实世界的一种映射和抽象，是计算机技术人员所能够描述、能够看到和能够理解的计算机属性，包括其概念性结构与功能特性，是以特定规则适当地组织在一起的一系列系统元素的集合。这些系统元素之间互相配合、相互协作，通过对信息的处理而完成预先定义的系统目标。良好的计算机体系结构意味着普适、高效和稳定，它具有普遍的适用性，能够高效地处理多种多样的个体需求，具有防止系统崩溃的内在稳定性。

物流信息系统作为物流领域平台经济的载体和系统化的社会工程，其体系结构设计就是系统建设的顶层设计，整个系统的开发将依据该设计实施。因此，应该运用系统论的方法，从全局的角度对物流信息系统的各方面、各层次、各要素统筹规划，以集中有效资源，实现理念一致、功能协调、结构统一、资源共享、组件标准化，高效快捷地实现物流信息系统的建设与运营。

物流信息系统作为复杂的计算机系统，其体系结构的设计遵循计算机体系结构设计的一般原理、理念、原则和方法。物流信息系统体系结构设计遵循先进、科学、简洁、实用、高效、稳定和开放等设计理念，这些设计理念是物流信息系统在前期调研构建过程中所确立的主导思想，体现了物流信息系统自身的风格和特点，是物流信息系统体系结构设计的精髓所在。

物流信息系统的构建是一个宏大复杂的系统工程，其构建涉及政府相关部门、企业内部和外部用户、其他业务信息系统等多个外部应用主体。进行物流信息系统外部应用结构设计，首先需要厘清物流信息系统外部各相关部分之间的逻辑关系和边界。物流信息系统应用结构包括物流信息系统与其他系统之间的互联模式及逻辑关系；物流信息系统体系结构则是指物流信息系统内部的系统模块及其逻辑结构。

1.4.1 物流信息系统应用结构

物流信息系统的应用结构是一种多系统互联模式的结构，是由物流业战略性、基础性的产业性质决定的。信息资源整合是物流信息系统的基本职能之一，物流信息系统是物流信息资源交换和汇集的中心，通过信息标准化建设以及信息交换协议整合不同部门、不同行业的信息资源。

一般来讲，物流信息系统的应用结构包括两个方面：一是企业组织内部各物流活动的信息化管理，在企业内部网络（Intranet）的基础上，采用手工录入方式或利用条码、全球定位系统（GPS）技术等实现现场作业的数据采集，经过仓储、配送等各相关功能模块的处理，为管理决策提供信息服务；二是通过互联网为企业客户提供订单服务和有关的信息查询，并借助电子数据交换（EDI）技术等与各业务相关部门如工商、税务、银行、海关、供应商进行数据交换，实现支持供应链合作的信息系统。物流信息系统的应用结构如图1-5所示。

第 1 章 绪论

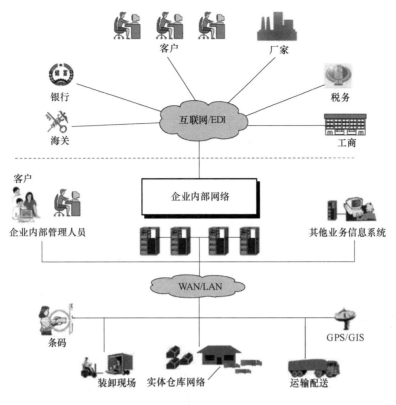

图 1-5 物流信息系统的应用结构

1.4.2 物流信息系统体系结构

物流信息系统体系结构设计的主要目标是设计一个科学化、层次化、智能化、模块化的结构,并给出各个模块之间的层次关系,以满足物流信息系统各使用方的需求。基于分层式的体系结构是目前大家比较成熟、被大多数物流信息系统采用的体系结构。

基于分层式的体系结构设计将物流信息系统分为五个逻辑层,自底向上分别是网络层、基础环境层、应用支撑层、业务应用层和门户层。各层可以调用下层所提供的数据、功能或者服务机制,同层模块和系统之间也可以相互调用。这种分层的体系结构能够很好地分解建设任务,降低各层的复杂度,以便使系统各层的建设任务能够在明确接口定义的基础上同步开发建设,同时也能保证系统各层对所对应的基础技术的发展具有相对独立的可扩展性和良好的适应性。

基于分层式的物流信息系统体系结构中,网络层是指系统的外部公众基础设施;基础环境层是指保证系统运行的软硬件基础环境;应用支撑层是由应用程序服务器系统、数据交换接口等各种中间件软件所构成的;业务应用层提供面向业务人员的业务功能;门户层是为客户提供物流信息服务的平台。在整个系统体系结构模型中,安全机制与管理机制作为保障机制贯穿于各个不同的层面,确保整个系统安全稳定、高效可靠地运行。基于分层式的物流信息体系结构模型如图 1-6 所示。

按照上述模型,基于分层式的物流信息系统体系结构各层详细的功能模块如图 1-7 所示。

图1-6　基于分层式的物流信息系统体系结构模型

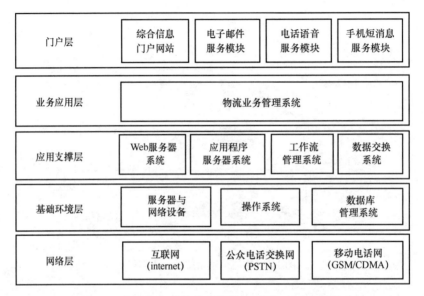

图1-7　物流信息系统体系结构各层详细的功能模块

（1）门户层。所谓门户（Portal），是一种基于 Web 的应用系统，通过该系统，使得物流企业的客户、员工和合作伙伴以统一的、个性化的、多渠道的方式访问物流企业提供的信息和服务。门户是整个物流企业的电子门户，是信息系统的统一入口，是实现物流企业的企业形象、电子商务、内部物流业务的整体框架。

在门户层，以不同的发布途径为物流企业的客户提供物流信息服务，包括综合信息门户网站、电子邮件服务、电话语音服务、短消息服务等功能。其中综合信息门户网站是门户层的核心内容，提供了内容整合、单点登录、个性化服务以及查询等功能。电子邮件服务、电话语音服务和短消息服务功能是门户层的辅助功能，物流企业的客户可以通过综合信息门户网站提供的个性化功能来自主选择是否要定制和使用这些服务。从客户的角度讲，登录到综合信息门户网站去查询相关物流信息是客户的一种"主动"获取服务的行为；电子邮件服务则是客户得到"被动"服务的方式，物流信息系统可以按照客户的定制，定期将相关信息发送到客户的电子邮箱中，如电子对账单、出入库明细等。电话语音服务是满足客户在上网不方便时，利用计算机电话集成（Computer Telephony Integration，CTI）技术和公众电话交换网向客户提供物流信息查询的功能。客户拨打特定的电话号码，通过电话语音的提示进行相应按键操作，就能以语音方式查询到相应的物流业务信息。短消息服务则是利用移动电话网和手机向客户提供一种及时的信息服务，它能满足客户对信息实时性的要求。

（2）业务应用层。业务应用层是指各种物流业务应用系统，如仓储管理系统、配送管理系统、车辆管理系统等。仓储管理系统针对库存物品的入库、出库、在库、流通加工等各环节进行信息化管理。配送管理系统针对配送活动过程进行信息化管理，包括配送过程的监控与信息反馈、运输车辆的安排、物流成本的核算等。车辆管理系统有时作为配送管理系统的一个子系统出现，主要的功能包括车辆信息管理、车辆调度管理等。根据物流企业的业务需要，可以针对物流全过程中的某一或某几个特定的业务环节进行信息化管理。

（3）应用支撑层。应用支撑层是指为物流业务应用提供技术支撑的各种中间件系统，如 Web 服务器系统、应用程序服务器系统、工作流管理系统、数据交换接口系统等。中间件（Middleware）系统是一类可复用的基础软件，由于它处于操作系统软件与应用软件之间，因而称为"中间件"。中间件的作用是为处于自己上层的应用软件提供运行与开发的环境。中间件屏蔽了低层操作系统的复杂性，使物流业务应用系统的开发人员只需面对一个简单而统一的开发环境，就能够灵活、高效地开发和集成复杂的物流业务应用系统，减少程序设计的复杂性，从而将注意力集中在自己的业务上，大大减少了技术上的负担。

Web 服务器（Web Server）系统也称为 WWW 服务器系统。它是基于客户/服务器方式的，浏览器在客户机上。Web 服务器通过超文本标记语言（HTML）把信息组织成为图文并茂的超文本文件，这些文件的内容是静态的。根据浏览器发出的请求，Web 服务器将服务器端相应的 HTML 超文本内容传递给浏览器，供客户在本地浏览。浏览器则为客户提供基于超文本传送协议（HTTP）的用户界面。客户使用浏览器访问远端 Web 服务器上的 HTML 超文本。

应用程序服务器（Application Server）系统也是基于客户/服务器方式的，浏览器是主要的客户机形式。应用程序服务器内部一般都包含有 Web 服务器的功能。因此，应用程序服务器除了具有 Web 服务器的功能以外，还提供对动态网页技术的支持。也就是说，在应用程序服务器端，不仅存放有静态的 HTML 超文本文件，还存放着能够运行的应用程序。这些应用程序中包含各种业务逻辑，能够进行复杂的信息加工和业务处理，也可以对数据库进行访问，应用程序的处理结果是可以根据客户端提交的信息不同而不同的。应用程序的处理结果，也就是所谓的动态网页，最终将以 HTML 的超文本方式发送至客户机。应用程序服务器还提供对数据库连接池、数据库访问的事务管理等支持功能，使得上层应用程序可以简化对数据库的访问。

工作流管理（Workflow Management）系统可以为上层物流业务应用系统提供工作流程的定义、动态管理及动态执行，使得物流业务过程中各活动（或步骤）的先后次序发生变化时，不需要修改上层物流业务应用程序，就能方便地完成活动次序的修改，以及与各步骤相关的信息资源的调配，从而使业务过程正常进行。工作流管理系统可以使物流业务应用系统在设计时关注业务过程中各活动的信息加工与处理，而不必考虑活动之间先后次序的变化，降低了物流信息系统设计的复杂度。

数据交换系统是实现不同业务系统之间信息透明交换的一种方式。数据交换系统通过采用统一的数据交换标准实现数据共享和交换，由于隔离了数据存储层和应用层，使得业务应用系统与其底层的数据结构和存储方式无关，从而不需要对原有业务系统进行改造，也不需要对已有的业务流程重新开发。这种方式实现了数据的无缝交换和共享访问，既能保证各业务应用系统的有效协同，同时又能保证各业务应用系统的相互独立性和低耦合性，从整体上提高了系统运行的效率和安全性。

（4）基础环境层。基础环境层是指物流信息系统的基础运行环境，包括服务器、网络设备、数据存储设备等硬件设施，以及操作系统、数据库管理系统等系统软件。

（5）网络层。网络层是指物流信息系统的外部支撑环境，可以为物流信息系统提供信息发布的多种传输方式，包括互联网（internet）、公众电话交换网（Public Switching Telephone Network，PSTN）、移动电话网（GSM/CDMA）等。

1.4.3 物流企业信息系统体系结构

在信息化建设中，人们已经意识到信息共享与资源整合的重要性。在物流企业进行信息系统建设时，把能够实现物流活动全过程管理的信息系统称为物流信息化管理平台。物流信息化管理平台是物流企业实现从传统物流向现代物流转型的重要标志，其目标是将物流企业的所有业务信息系统在统一平台上进行管理和集中展现，通过单点登录、数据共享等方式来达到物流信息资源的整合，并为客户和合作伙伴提供统一的物流信息服务。在物流信息系统软件体系结构的基础上，给出物流信息化管理平台的典型的总体架构，如图 1-8 所示。

在门户层中，根据门户的服务内容将门户细分成信息服务门户、物流管理门户和平台管理门户。信息服务门户主要包括综合信息门户网站、电子邮件服务、电话语音服务、手机短消息服务等内容，向物流企业的合作伙伴和客户提供服务，是物流企业物流信息的集中展示平台，通过这个入口，用户可以访问权限范围内的各类信息资源。物流管理门户主要面向物流企业内部的业务人员，通过这个入口，业务人员经过统一的身份认证后，即可登录平台内的所有业务管理系统，并拥有相应的操作权限。平台管理门户主要面向平台的技术支持人员，通过这个入口，技术支持人员可以对平台进行管理和维护。

在业务应用层中，根据服务对象的组织层次不同，分成了物流决策支持类系统、物流服务管理类系统和物流作业管理类系统。

物流决策支持类系统主要为企业的高层管理人员提供信息服务。综合查询系统为高层管理人员提供多种查询和汇总功能。统计分析系统按照物流行业的标准，针对物流企业的经营管理活动情况进行统计调查、统计分析、统计监督，并提供统计资料。按照物流企业和地区政府的统计要求，对物流企业和地区的各项经营指标及经营状况进行分类统计和量化管理。决策支持系统对各种信息加以科学利用，在数据仓库、运筹学模型等技术方法的基础上，通过数据挖掘工具对历史数据进行多角度、立体的分析，实现对企业中物流相关的人力、物力、财力、客户、市场、信息等各种资源的综合管理，为企业管理、客户管理、市场管理、资金管理等提供科学决策的依据，从而提高管理层决策的准确性和合理性。

物流服务管理类系统主要面向企业的合作伙伴，提供一系列的物流信息服务，通过物流服务管理、金融服务管理、ASP 服务管理、计费结算管理、营业账务管理等功能，实现对信息流、资金流以及物流的整合。

第 1 章 绪论

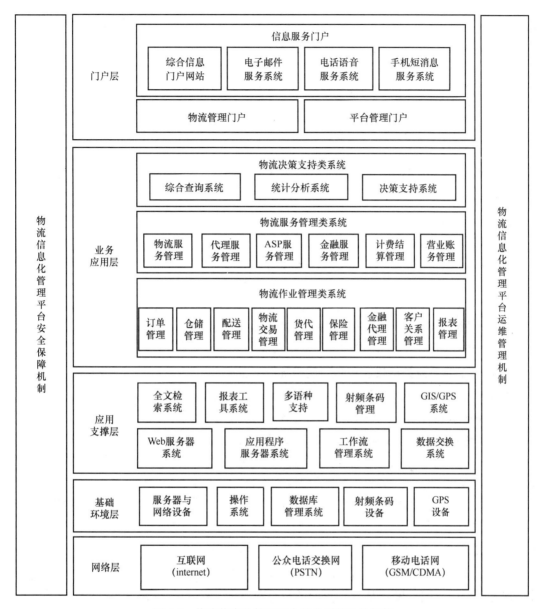

图 1-8 物流信息化管理平台的典型的总体架构

物流作业管理类系统主要面向企业的中层管理人员以及现场作业人员，实现各物流业务环节的基础管理。典型的系统功能模块包括订单管理、仓储管理、配送管理、物流交易管理、货代管理、保险管理、金融代理管理、客户关系管理、报表管理等。

在应用支撑层，根据物流作业的特点，并考虑提高物流信息化管理平台用户定制的灵活性和方便性，进一步包括了全文检索系统、报表工具管理系统、多语言支持、射频条码管理、GIS/GPS 等技术内容。在基础环境层，则进一步包括了具有物流作业特点的射频条码设备、GPS 设备等。

在网络层，则主要包括互联网、公众电话交换网、移动电话网等网络设施。

物流信息化管理平台中除了以上五个层次划分以外，还包括物流信息化管理平台安全保障机制与运维管理机制。安全机制保障与运维管理机制作为保障机制贯穿五个不同的层次，确保整个系统安全可靠、稳定高效地运行。安全机制保障与运维管理机制包括信息安全保障体系、物流标准规范体系、建设与运营保障体系等。信息安全保障体系采用权限管理、相应技术和管理体制等，充分保证系统信息等数据的安全；物流标准体系规范相关数据的设计、存储和传输；系统的建设与运营保障体系包括基于投资模式及运营模式上的保障体系，维持系统的可持续运转。

1.5　物流信息化建设的意义

当今世界，经济全球化趋势不断深入，科技突飞猛进，国际产业升级和转移速度加快。全球采购、全球生产、全球销售，企业生产经营模式和资源获取手段发生重大变化。为了追求竞争优势，实现扩大市场规模和降低成本的双重目标，全球供应链式的生产营销体系逐步兴起并得到普及。专业化分工加快，物流外包与第三方物流的普及，为宏观物流效率的提高提供了重要的微观机制。在这种形势下，信息技术的应用和物流信息系统的建设对现代物流的发展起到了非常关键的促进作用。

总体上讲，物流信息化建设的意义具体表现在以下几个方面：

1. 物流信息系统的建设和应用有利于降低物流成本

信息技术的合理应用促进了物流信息的充分获取和有效利用，科学合理的物流信息管理使物流活动更加有效，有利于物流活动由无序趋向于有序。在信息不能得到有效管理的情况下，物流活动得不到足够的信息支持，导致物流活动往往是不经济的。例如，货物不必要的流动，造成资源浪费；或者货物运输不是选择最短路径（或最合理的路径），做了很多无用功。借助于物流信息系统，物流活动将容易被科学地计划和控制，从而使得物品具有最合理的流动，整个物流活动经济、有序。物流的有序化使原先盲目调度的情况减少到最低程度，促使物流资源充分利用，减少不协调与浪费现象，使得物流活动的有效性大大提高。

2. 物流信息系统的建设和应用有利于提高物流效率

物流系统是一个复杂的、庞大的系统，其中又包括了很多的子系统，各子系统密切关联。物流系统的范围广阔，从生产企业的原材料供应，经生产制造加工成为产成品，再经运输、储存、包装、配送等环节到达消费者手中，横跨了生产、流通、消费三大领域；物流系统涉及大量的物品，这些物品包括原材料、半成品、产成品；整个物流活动涉及大量的人、大量的设备；从涉及的区域看，几乎遍及各个角落；同时，整个物流活动也伴随着大量的资金流动。这些人力、物力、财力、资源的组织和合理利用，是一个非常复杂的问题。随着科学技术的进步、生产的发展、市场的扩大、物流技术的提高以及客户需求的个性化发展，物流系统的范围还将不断地深化与扩张，复杂程度也将不断地提高。只有充分应用信息技术，才能使得整个物流系统的运作合理化；只有提高物流系统的各环节、各子系统的信息化水平，才能提高整个物流系统的运行效率。

3. 物流信息系统的建设和应用有利于提升物流服务能力

信息技术特别是互联网的广泛应用，将整个生产、流通、消费环节有效地整合成为一体,打破了传统意义上的地域限制、时区限制,扩大了物流服务的范围,同时也能为客户提供更优质的服务。由于信息的及时、全面的获取与加工,供需双方可以充分地交互和信息共享,使得物流服务更准确、客户满意度更高;客户可以有更多自我服务功能,可以决定何时、何地、以何种方式获得定制的服务;在提供物流服务的同时,企业还可以为客户提供信息、融资等多种增值服务。

4. 物流信息系统的建设和应用有利于促进与实现供应链管理

供应链管理是一种集成的管理思想和方法。供应链上的各个企业作为一个不可分割的整体,相互之间分担供应、生产、分销和销售的职能,成为一个协调发展的有机体。如果没有完善的信息交互、协同商务机制,信息不能共享,整条供应链上的节点就是彼此独立的信息孤岛。信息技术的合理应用有利于建立起一种跨企业的协作,通过信息平台和网络服务进行商务合作,合理调配企业资源,加速企业存货和资金的流动,提升供应链运转效率和竞争力。

5. 物流信息系统的建设和应用有利于促进物流服务的创新

现代物流的发展离不开信息技术的推进作用。信息技术为物流服务提供了有力的工具,使为客户提供及时、准确、周到的物流服务成为可能。物流信息化建设,有利于促进电子商务的发展,形成信息流、商流、物流、资金流的统一,从而为企业产生新的增值服务和创造新的利润源泉,进一步推动物流服务方式的创新。

1.6 物流信息系统的未来发展

随着现代物流的发展和物流信息化建设进程的推进,综合物流信息化建设将成为未来发展的主题。综合物流信息化建设不同于那些用信息技术在某一方面,或者一定程度上改善企业物流的过程,而是着眼于全方位地提升企业物流,体现在商务活动、物流战略、库存、运输、组织以及信息处理系统等方面的变革。在"互联网+"的大背景下,通过综合物流信息化建设,能够完成数据的有效收集和信息共享,并且可以提高物流企业以及生产流通企业的服务效率,带来巨大的经济效益。

综合物流信息化建设与传统物流、一般信息技术支持的物流相比,具有多种显著特征,如图1-9所示。

在综合物流信息化建设的发展形势下,物流信息系统的发展和应用趋势将主要表现在以下几个方面:

1. 软件体系结构变化

随着经济全球化进程的推进,物流的跨地域服务的特性越来越显著。我国物流业的重组和并购也迫在眉睫,拥有跨区域仓库网点的物流企业、生产流通企业正在不断增多。因此,物流信息系统软件提供商需要在软件功能及体系结构上满足这种发展的要求。在系统体系结构上,目前我国基于局域网的物流信息系统比较多,适合于地理范围有限的业务管理要求;对于分属不同地域的分支机构往往采用数据上报的汇总管理方式。这种系统在跨区域范围内摆脱不了数据实时性差的问题,而且维护成本往往比较高,难以适应物流业务快速增长的需要。因此，为了满足国内跨区域的大型企业的经营管理需要，许多物流信息系统软件提供商已经把目光转向开发基于浏览器/服务器（B/S）模式的系统以及 SaaS 模式，在全球网络平台上构筑物流信息系统。

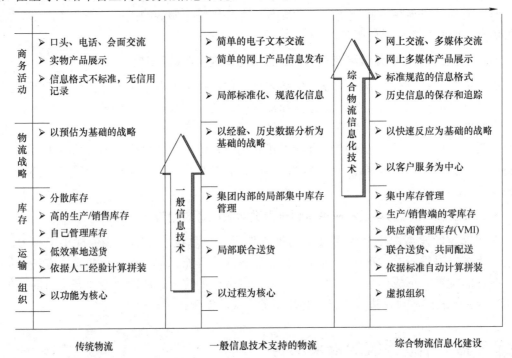

图 1-9　综合物流信息化建设的特征分析

2. 专业性更强、接口趋于透明

从物流发展的形势看，专业化服务成为一种趋势。因此，物流信息系统的专业化程度比较高，往往具有更好的适应性，更能体现出信息化的优势。虽然提供"大而全"的一体化解决方案的物流信息系统是软件开发商所追求的，但提供能满足某种或某类业务模式的物流信息系统可能更现实一些。

在各类物流服务过程中，系统对接与数据交换也成为一种需要，要求与其他应用系统如财务系统、企业资源计划（Enterprise Resources Planning，ERP）、物料需求计划（Material Requirement Planning，MRP）等方便地进行数据交换，这就要求物流信息系统的接口透明和规范。此外，物流与信息流相互依存成为趋势，也就是说物流信息系统记录的物的有关信息将更为精确。例如，如果物流信息系统没有实现对货位及库房形状、通道的管理，那么就无法实现货物在库移动路径优化的决策支持；若没有记录物品的体积、形状，那么车辆配载设计就无法实现。目前的物流信息系统已经不再是简单的料账管理系统或报表汇总系统，生产作业管理型的系统正在成为主流。

3. 智能化程度不断提高

物流业务创新与信息技术创新相互交错，将共同推动物流信息系统向智能化方向发展。尤其是互联网、移动互联网、物联网、大数据、云计算等技术的大规模成熟和应用，使得物流信息系统变得越来越智能，也使得物流信息系统所服务的物流业务过程的电子化、信息化、自动化、网络化、柔性化水平越来越高,系统间数据交换越来越方便快捷,各种物流业务和物流服务的集成越来越紧密无缝化。

物流信息系统通过统一的技术平台,集成多种物流公共服务,实现信息共享和信息服务集成,为物流行业发展提供智能化的服务。例如,通过移动监控、物联网湿度和温度控制、立体化货架和自动化控制等技术,实现立体化智能仓储;利用 GPS/GIS 技术实现智能运输;利用 Web Service 技术实现物流系统间智能数据交换;利用微信等社交网络技术,实现物流相关人员之间的智能交互;利用射频识别(RFID)等物联网技术,实现货物智能识别;利用大数据技术,实现物流数据智能分析。

无人驾驶飞机、火车、汽车,无人值守仓库,无人装卸设备在将来都会成为智能物流的常态,处处体现出物流信息系统的智能化,最大限度地把人类从烦琐的物流劳动中解放出来,去进行更加颠覆性和创造性的活动。

正在兴起的 3D 打印技术将有可能改变现有物流业的运作模式,使得物流业变得更加高效智能。物流信息系统与 3D 打印技术结合,将使得现有的货物运输交付变为货物原材料运输+现场就近打印交付,将会极大地降低物流成本,缩短物流时间,满足客户个性化的需求。

4. 决策支持功能将会加强

随着信息技术在物流管理中应用的不断深入,物流信息系统已不局限于支持数据信息的处理,而且向更高层次发展,支持物流管理的决策。通过提供的数学模型分析数据,辅助决策。

5. 物流公共信息平台的建设受到重视

物流公共信息平台作为平台经济在物流信息系统中的具体应用,其供应链集成整合功能逐步增强,加强了企业内部、企业与供应商、企业与客户、企业与政府部门的联系沟通、相互协调、相互合作,从而加快了企业供应链的形成和完善。物流公共信息平台成为供应链上下游企业之间的信息枢纽,与生产型企业的 ERP 系统、贸易型企业的客户关系管理(Customer Relationship Management,CRM)系统等实现系统对接,成为供应链集成的整合平台,很多专业化的物流公共信息平台取代大型的生产企业和贸易企业,成为所在行业的供应链新链主。未来将围绕物流公共信息平台形成新的企业生态体系,物流生态化特征日益增强。

随着物流公共信息平台越来越成熟,中小企业和普通用户接触物流公共信息平台的门槛也变得越来越低,与大型企业一起共享物流公共信息平台带来的便利。随着用户数量的不断增加,物流公共信息平台将演变成为一个社会化的生态体系。

物流公共信息平台的社会化生态体系其实就是一个类似于自然界的、与物流相关的类生物世界,物流公共信息平台内每个主体都自由地享有物流公共信息平台提供的各种服务,就像自然界的生物享受大自然带来的阳光、空气和水一样,在享有物流公共信息平台生态体系服务的同时,也为这个生态体系的运转贡献自己的资源和力量,成为这一生态体系中不可缺少的组成部分。

总之,我国物流管理信息系统的建设正处在成长期,物流软件产品在实际应用中还在不断发展。物流服务提供商和物流软件提供商形成了相辅相成的关系,只有两者共同进步才能促进我国物流业快速、稳定健康地发展。

本 章 小 结

　　物流的信息化管理是现代物流发展的重要基础。与先进管理思想相结合的信息技术给传统物流带来了根本性的变化。物的流动伴随着信息的流动，而信息流又控制着物流。正是信息技术手段的应用，使得原先独立的各个物流环节有效地整合在一起，满足了不断发展的物流服务要求。

　　与其他领域的信息相比，物流信息具有信息量大、信息形式多样、信息内容复杂、信息动态变化等特点。物流信息管理是对物流信息进行采集、处理、分析、应用、存储和传播的过程，也是完成物流信息从分散到集中、从无序到有序的过程。

　　物流信息系统是计算机管理信息系统在物流领域的具体应用。按决策的层次进行划分，可以分为面向作业管理的物流信息系统、面向管理控制的物流信息系统和面向战略管理的物流信息系统。根据在供应链上发挥的作用和所处的地位进行划分，可以分为面向制造企业的物流信息系统、面向流通商的物流信息系统和面向物流企业的物流信息系统。根据采用技术的不同进行划分，可以分为单机系统、内部网络系统以及与合作伙伴和客户互联的系统。

　　在基于分层式的物流信息系统体系结构中，网络层是指系统的外部公众基础设施；基础环境层是指保证系统运行的软硬件基础环境；应用支撑层是由应用程序服务器系统、数据交换接口等各种中间件软件所构成的；业务应用层提供面向业务人员的业务功能；门户层是为客户提供物流信息服务的平台；安全机制与管理机制作为保障机制贯穿于各个不同的层面，确保整个系统安全稳定、高效可靠地运行。

　　随着现代物流的发展和物流信息化建设进程的推进，综合物流信息化建设将成为未来发展的主题。综合物流信息化建设不同于那些用信息技术在某一方面，或者一定程度上改善企业物流的过程，而是全方位地提升企业物流的水平，体现在商务活动、物流战略、库存、运输、组织以及信息处理系统等方面的变革。通过综合物流信息化建设，可以提高物流企业以及生产流通企业的服务效率，带来巨大的经济效益。

◇ 关键概念

- 物流信息
- 物流信息系统
- 物流公共信息平台
- 分层式的体系结构
- 综合物流信息化
- 智能化

◇ 思考题

1. 物流信息在物流活动中的作用有哪些？
2. 为适应现代物流的发展，物流信息系统应包括哪些主要功能？
3. 我国现代物流的发展对物流信息系统的建设将提出什么样的要求？

◇**课堂讨论题**

结合某个企业实例，请讨论其在物流信息系统建设过程中遇到了哪些问题，主要采取了哪些有效的策略，有哪些解决问题的途径和措施。

◇**补充阅读材料**

[1] 薛华成. 管理信息系统[M]. 3 版. 北京：清华大学出版社，1999.
[2] 王要武. 管理信息系统[M]. 北京：电子工业出版社，2003.
[3] 冯耕中，吴勇，赵绍辉. 物流公共信息平台理论与实践[M]. 北京：科学出版社，2014.

第 2 章

物流信息技术图谱

2.1 物流信息技术概述

物流服务的核心目标是在物流全过程中以最小的综合成本来满足客户的需求。随着电子商务的进一步推广与应用，物流的重要性对电子商务活动的影响日益明显，而信息技术和电子商务的发展，反过来又推动传统物流向现代物流发展，许多新兴的信息技术正被广泛地应用于物流领域，以加快物流速度，降低物流成本。这些物流信息技术可以从数据管理和综合集成两个视角进行分类，其图谱如图 2-1 所示。

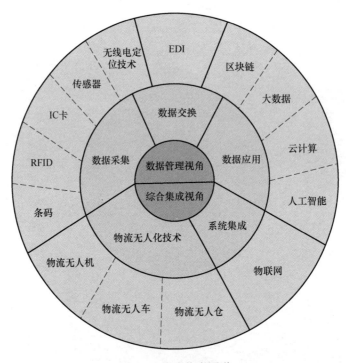

图 2-1 物流信息图谱

从数据管理视角看，数据管理的主要流程包括数据采集、数据交换以及数据应用。物流信息的采集任务主要是通过各种数据采集技术完成的，包括条码、无线射频识别（RFID）技术、IC 卡、各类传感器、无线电定位等技术，采集的物流信息包括货物信息、车辆信息、交通信息、路况信息和气候状况等。物流信息系统各应用模块共享和使用数据，物流信息交换的主要任务是通过 EDI、区块链、无线电定位等技术，对采集的信息进行传递、融合和处理。物流信息应用的主要任务是与行业需求相结合，实现广泛的智能化和信息增值，使用的技术包括大数据、云计算、人工智能以及区块链等。

从综合集成视角看，物流信息技术主要分为物流无人化和系统集成技术。物流无人化技术主要包括物流无人机、物流无人仓、物流无人车。物流无人机进行配送不仅可以大幅降低物流成本，还能提高配送效率，解决配送的各种难题；物流无人仓是以大数据、云计算和物联网等信息技术为基础，加以人工辅助来完成整个仓储作业流程，从而实现人机高效协作；物流无人车是解决物流人员短缺问题的重要技术途径，未来市场巨大。系统集成技术主要体现在物联网的应用上，物联网即"万物相连的互联网"，是互联网基础上延伸和扩展的网络，是将各种信息传感设备与互联网结合起来而形成的一个巨大网络，实现在任何时间、任何地点，人、机、物的互联互通，在现代物流信息系统中应用广泛。

2.2 条码技术与应用

物流信息管理中的一项最基本的工作就是数据的采集，而数据的采集应该摆脱人工收集的种种弊端，走向自动化收集。在企业基于单品管理的进销存业务中往往会产生大量数据，人工录入既要花费大量时间，又很容易造成录入错误，因此数据的自动识别和录入在整个物流信息系统中至关重要。作为物流商品的身份标识，条码是实现自动识别和录入的基础。

目前，世界各国特别是经济发达国家把条码技术的发展重点定位于生产与物流自动化、交通运输现代化、金融贸易国际化、医疗卫生高效化、票证金卡普及化、安全防盗防伪保密化等领域。除大力推行 13 位商品条码（EAN）外，还重点推广应用二维条码。在发展方向上，国际物品编码协会和一些经济发达国家已由单纯地推广物品条码标识转向生产流通领域的电子数据交换（EDI）的开发和推广应用。

2.2.1 条码技术概述

条码是由一组按一定编码规则排列的条、空符号，用来表示以一定的字符、数字及符号组成的信息。条码系统是由条码符号设计、制作及扫描阅读组成的自动识别系统。

20 世纪 40 年代，美国两位工程师研究出用于表示食品项目的代码及相应的自动识别设备，并获得美国专利，这标志着条码的诞生。20 世纪 70 年代左右，条码得到真正的应用和发展。目前，世界上各个国家和地区都已普遍使用条码技术，条码技术也已逐步渗透到许多技术领域。

美国统一编码协会（简称 UCC）于 1973 年建立了 UPC 条码系统，实现了该码制标准化。同年，食品杂货业把 UPC 码作为该行业的通用标准码制，对条码技术在商业流通销售领域里的广泛应用起到了积极的推动作用。1974 年，Intermec 公司的戴维·阿利尔（Davide Allair）博士研制出 39 码，很快被美国国防部采纳，作为军用条码码制。39 码是第一个字母、数字式相结合的条码，后来被广泛应用于工业领域。1976 年，在美国和加拿大超级市场上，UPC 码的成功应用给人们以很大的鼓舞，尤其是欧洲人对此产生了极大兴趣。1977 年，欧洲共同体在 UPC-A 码基础上制定出欧洲物品编码 EAN-13 和 EAN-8，签署了"欧洲物品编码"协议备忘录，并正式成立了欧洲物品编码协会（European Article Numbering Association，EAN）。到了 1981 年，由于 EAN 已经发展成为一个国际性组织，故改名为"国际物品编码协会"（International Article Numbering Association，IAN）。但由于历史原因和习惯，仍称为 EAN（后改为 EAN-international）。

20 世纪 80 年代初，人们围绕提高条码符号的信息密度开展了多项研究。128 码和 93 码就是其中的研究成果。128 码于 1981 年被推荐使用，而 93 码于 1982 年使用。这两种码的优点是条码符号密度比 39 码高出近 30%。随着条码技术的发展，条码码制种类不断增加，因而标准化问题显得很突出。为此，先后制定了军用标准 1189、ITF25 码、39 码和 Codebar 码、ANSI 标准 MH10.8M 等。同时一些行业也开始建立行业标准，以适应发展需要。此后，戴维•阿利尔又研制出 49 码，这是一种非传统的条码符号，它比以往的条码符号具有更高的密度（即二维条码的雏形）。接着特德•威廉斯（Ted Williams）推出 16K 码，这是一种适用于激光扫描的码制。到 1990 年年底，已有 40 多种条码码制，相应的自动识别设备和印刷技术也得到了长足的发展。从 20 世纪 80 年代中期开始，我国一些高等院校、科研部门及一些出口企业，把条码技术的研究和推广应用逐步提到议事日程。一些行业如图书、邮电、物资管理部门和外贸部门已开始使用条码技术。1988 年 12 月 28 日，经国务院批准，国家技术监督局成立了"中国物品编码中心"。该中心的任务是研究、推广条码技术，统一组织、开发、协调、管理我国的条码工作。

在经济全球化、信息网络化、生活国际化、文化国土化的资讯社会到来之时，起源于 20 世纪 40 年代，研究于 60 年代，应用于 70 年代，普及于 80 年代的条码与条码技术及各种应用系统，引起世界流通领域里的大变革。条码作为一种可印制的计算机语言，被未来学家称为"计算机文化"。20 世纪 90 年代的国际流通领域将条码誉为商品进入国际计算机市场的"身份证"，使全世界对它刮目相看。印刷在商品外包装上的条码，像一条条经济信息纽带将世界各地的生产制造商、出口商、批发商、零售商和顾客有机地联系在一起。这一条条纽带，一经与 EDI 系统相连，便形成多项、多元的信息网，各种商品的相关信息犹如投入了一个无形的永不停息的自动导向传送机构，流向世界各地，活跃在世界商品流通领域。

总体上讲，条码及其技术的应用有如下优越性：

（1）可靠准确。根据有关资料，键盘输入平均每 300 个字符有一个错误，而条码输入平均每 15000 个字符有一个错误。如果加上校验位，条码的出错率是千万分之一。

（2）数据输入速度快。键盘输入，一个每分钟打 90 个字的打字员 1.6s 可输入 12 个字符或字符串，而使用条码做同样的工作只需 0.3s，速度提高了约 5 倍。

（3）经济便宜。与其他自动化识别技术相比，推广应用条码技术，所需费用较低。

（4）灵活实用。条码符号作为一种识别手段可以单独使用，也可以和有关设备组成识别系统实现自动化识别，还可以和其他控制设备联系起来实现整个系统的自动化管理。同时，在没有自动识别设备时，也可以实现手工键盘输入。

（5）自由度大。识别装置与条码标签相对位置的自由度比较大。条码通常只在一维方向上表达信息，而同一条码上所表示的信息完全相同并且连续，这样即使标签有部分缺失，仍可以从正常部分输入正确的信息。

(6) 设备简单。条码符号识别设备的结构简单,操作容易,无须专门训练。

(7) 易于制作。条码可印刷,被称为"可印刷的计算机语言"。条码标签易于制作,对印刷技术设备和材料无特殊要求。

通过上面的介绍可以看出,条码技术为我们提供了一种对物流中的物品进行标识和描述的方法,借助自动识别技术、销售时点(Point Of Sale,POS)系统、EDI 等现代技术手段,企业可以随时了解有关产品在供应链上的位置,并即时做出反应。当今在欧美等发达国家兴起的有效客户反应(Efficient Customer Response,ECR)、快速反应(Quick Response,QR)、自动连续补货(Automatic Consecutive Entrance Planning,ACEP)等供应链管理策略,都离不开条码技术的应用。条码是实现 POS 系统、EDI、电子商务、供应链管理的技术基础,是物流管理现代化、提高企业管理水平和竞争能力的重要技术手段。

2.2.2 一维条码和二维条码

根据编码方式的不同,条码可以分为一维条码和二维条码。

1. 一维条码

目前,国际上广泛使用的一维条码种类有 EAN/UPC 码(商品条码,用于在世界范围内唯一标识一种商品,在超市中最常见的就是这种条码)、Code39 码(可表示数字和字母,在管理领域应用最广)、ITF25 码(在物流管理中应用较多)、Codebar 码(多用于医疗、图书领域)、Code93 码、Code128 码等。其中,EAN 码是当今世界上广为使用的商品条码,已成为电子数据交换(EDI)的基础;UPC(Universal Product Code)码主要在美国和加拿大使用。在各类条码应用系统中,Code39 码因其可采用数字与字母共同组成的方式而在各行业内部管理上被广泛使用;在血库、图书馆和照相馆的业务中,Codebar 码也被广泛使用。

下面以 EAN 码为例进行简要介绍。EAN 条码是在吸取 UPC 码的经验基础上而确立的物品标识符号。由于国际上存在 EAN、UPC 两种编码系统,因此,我国产品销往美国、加拿大应使用 UPC 码,而出口到其他国家和地区则须使用 EAN 码。

如图 2-2 所示,EAN 码由代表 12 位数字的产品代码和 1 位校验码组成。产品代码的前 3 位数字为国别码,中间 4 位数字为制造商号,后 5 位数字为产品代码。EAN 码的国别码由 EAN 总部分配管理,我国的国别代码为 690。制造商号代码由 EAN 在各国的分支机构分配管理。我国由中国物品编码中心统一分配企业代码。产品代码由制造商根据规定自己编制。

图 2-2 EAN 码示意图

2. 二维条码

一维条码所携带的信息量有限,在一定程度上限制了条码的应用范围。二维条码主要利用黑白色矩形图案来表二进制数据,该图案被特定仪器扫描之后就可得到该图案所包含的信息。二维条码是当今移动设备上一种普遍的编码方式,二维条码是依照某种规律用一些特定的几何图案在平面(二维方向上)分布的黑白相间的图形来表达数据符号信息;凭借计算机运算的内部逻辑基础的"0""1"比特流算法进行二维码代码编制,用几何图形来表示文字数值信息,该几何图形与二进制相对应,通过特定设备可自发读取数据从而自动完成信息处理。二维条码又称为二维码,它不仅具备一般条码技术的通用共性,如每种码制具有其特定的字符集、每个字符都有自身的宽度、有特定的校验功能等,而且具备自动读取识别不同行的信息以及处理二维码上图形旋转变化点的功能。

在 20 世纪 90 年代国外已经发明了二维码,但是二维码技术的发展却是近年来随着移动智能终端的广泛应用而得到改善的。二维码技术目前主要应用于社交软件、电子商务平台、票务系统、单据查收、物流查询、零件及物品查询等方面。二维码作为一种新的信息存储和传递技术,不仅被各个国家政府应用在国防、军事、公共安全以及外交等多个领域的管理中,如对各类证件的管理和对各类报表及票据的管理,而且也被企业用于商业用途,如运输部门对商品及货物运输的管理,工业生产领域对工业生产线的自动化管理。

二维码作为物流信息的载体,物流信息的完善性和安全性以费用低和易于标准化的方式得到保证,为物流信息平台的发展和建设提供了良好的基础设施,将在解决物流信息化的主要通用技术、建立物流信息公共平台、促进智能物流的建设等方面发挥巨大作用。在物流领域引入二维码技术,为处理物流运输行业中的派件复杂、个人信息泄露等一系列问题提供了新途径。采用将客户信息进行加密后生成二维码的方式,可以有效防止他人获取客户信息。二维码的广泛应用在某种程度上弥补了我国物流领域某些传统管理方式的不足,提高物流管理的信息化水平,促进"智慧物流"的发展。

二维码依照其原理来划分,可以分为堆叠式/行排式二维码和矩阵式二维码。

(1)堆叠式/行排式二维码。这种二维码的编码原理是以一维码技术为基础,根据信息存储的需要被堆叠成两行或多行。它与一维条码技术的识读设备、条码印刷是一致的;还延续了一维条码技术在编码设计、检测原理和读取方法上的一些优点。但是因行数的改变,需要对行进行审判,识读算法和设备与一维条码技术不完全一致。常用的堆叠式/行排式二维码有 PDF417、Code49、Code16K 等。

(2)矩阵式二维码。矩阵式二维码是一种新型符号自动识读处理码制,它的编码原理以一种计算机图像处理技术和组合编码原理为基础。这种二维码技术主要是利用黑、白各点在矩阵中的各种排列组合分布,在矩阵空间中编码二维码。在图形的各个元素的区域位置上,点(方点、圆点及其他形状)的出现和不出现分别表示二进制"1"和二进制"0",矩阵式二维码所需要存储的信息就由这些点的不同排列组合确定的。常用的矩阵式二维码有 QR Code、Data Matrix、Maxi Code、Code One 等。

其中,QR 二维码是最典型的一种矩阵式二维码。在 1994 年 9 月,QR 二维码诞生在日本的 Denso 公司,它也是对中国汉字进行编码和识读的最早的一类二维码。同样它也拥有信息容量大、信息密度高、兼容多种文字信息、可纠错、可加密、稳定性强等优点。它被广泛应用于物流领域、工业生产领域、食品溯源领域、电子商务领域等。完整的 QR 二维码都是一个正方形图案,图案中只涵盖黑白两色。符号结构分为编码区和功能图形,其中编码区主要包括格式信息、版本信息、数据和纠错码字等部分,功能图形主要包括位置探测图形、位置探测图形分隔符、定位图形和校正图形等部分，符号四周由空白区域包围。QR 二维码结构图如图 2-3 所示。

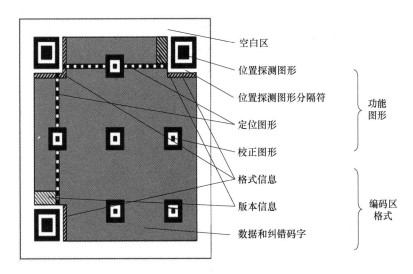

图 2-3　QR 二维码结构图

3．一维条码和二维码的比较

一维条码和二维码技术都是条码技术发展史中的里程碑，现在已经广泛适用于各个企业和部门之中，它们都有信息容量大、保密好、防伪性高、成本低且易于标准化、译码可靠率高、抗损纠错能力强等诸多特点。在实际生产应用的过程中，一维条码和二维码技术不但可以识读数据中所包含的信息，而且还能够将数据中的信息自动地输入计算机中，以提高数据读取的速度和准确度，避免数据出错。它们有效地解决了人工输入速度慢、数据输入错误率高而引起的许多重要问题。但是一维条码和二维码在外观和作用方面都有一定的区别，见表 2-1。

表 2-1　两种条码的对比分析

条码类型	信息内容	纠错能力	数据库	本质
一维条码	数字、英文	只能校验，不能纠错	必须依赖数据库或通信网络的存在	对物品进行代号标识
二维码	数字、英文、中文、图片、声音	有很强的错误纠正能力，并可根据需要设置不同的纠错等级	可不依赖数据库或通信网络而单独存在	对物品进行细节描述

（1）外观。一维条码仅仅由竖直的黑条和白空所构成，其中黑白相间、线条的宽度也不同，通常整个图案正下方有英文字母或阿拉伯数字。二维码通常是在一个矩阵空间，不仅由横向和纵向的条码组成，而且码区内混合着各种形状的图案，同样二维码的线条也是黑白相间，粗细不同，二维码是点阵形式。

（2）作用。一维条码可以识别的信息相对较少，例如可以识读的基本信息包括商品名称、价格等，不能提供商品更多其他信息，要查询更多详细信息时，需要调用此商品在数据库中的其他资源。二维码具有识别功能，而且可显示丰富的商品信息内容，例如不但可以显示商品的名称和价格，还可以显示商品的生产方、组成成分等。无须更多数据库的配合，操作简单快捷。

由于一维条码黑条和空白的宽度、位置不同，因此所要传递的信息也不同。一维条码目前的技术表明，其只能单方面存储有限的信息量。一维条码的使用在某种程度上是有局限性的，如超市货架上的商品条码最多只能容纳 13 位（EAN-13 码）阿拉伯数字，商品更多详细信息就只能在数据库中查询，离开了其建立的初始数据库，这种条码就降低了自己的价值。一维条码的缺点主要有：①只能进行货物标识，对货物的款式、尺码、颜色、品牌等特征无法进行描述。强大的数据库是一维码必须拥有的，但当前期的信息输入以及后期货物信息发生变化时，该数据库信息维护工作的工作量是相当大的。②拣货时，没办法得知货物的更多信息（如尺码、颜色等），仅可通过终端机来获取该货物信息。如果拣货单中记录的数字有误，拣选人员将无法对这种错误进行纠正，并且一维条码没有任何纠错功能。

二维码技术的设计是基于二维空间的，可在水平方向和垂直方向存储信息。它除了具有一维条码的优点外，同时还有信息量大、可靠性高、纠错能力强、保密防伪性好等优点。二维码可以将以往应用一维条码技术时放置于初始数据库中的详细信息同时存储在二维码中，能够通过识读条码设备直接获取详细信息。同时二维码的纠错技术以及防伪保密功能，也增加了商品信息的可靠性和安全性。

4. 条码阅读器的分类与选择

条码阅读器是用于读取条码所包含的信息的设备。条码阅读器的结构通常包括以下几部分：光源、接收装置、光电转换部件、译码电路、计算机接口。条码阅读器的基本工作原理为：由光源发出的光线经过光学系统照射到条码符号上面，被反射回来的光经过光学系统成像在光电转换器上，使之产生电信号；电信号经过电路放大后产生模拟电压，模拟电压与照射到条码符号上被反射回来的光成正比，再经过滤波、整形，形成与模拟信号对应的方波信号，经译码器解释为计算机可以直接接受的数字信号。

普通的条码阅读器通常有以下三种形式：光笔、CCD（Charge Couple Device）扫描器、激光扫描器，它们都有各自的优缺点，没有一种阅读器能够在所有方面都具有优势。下面以激光扫描器为例讨论阅读器的工作原理。激光扫描器是各种扫描器中价格相对较高的，但它所能提供的各项功能指标也最高，因此在各个行业中被广泛采用。激光扫描器分为手持式与固定式两种：手持式激光扫描器连接方便、简单，使用灵活；固定式激光扫描器适用于阅读量较大、条码较小的场合，可有效解放双手。激光扫描器的基本工作原理为：手持式激光扫描器通过一个激光二极管发出一束光线，照射到一个旋转的棱镜或来回摆动的镜子上，反射后的光线穿过阅读窗照射到条码表面，光线经过"条"或"空"的反射后返回阅读器，由一个镜子进行采集、聚焦，通过光电转换器转换成电信号，该电信号将通过扫描器或终端上的译码软件进行译码。

选择什么样的条码阅读器需要综合判断。目前，国际上从事条码技术产品开发的厂家很多，提供给用户选择的条码阅读器种类也很多。一般来说，开发条码应用系统时，选择条码阅读器可以从以下几个方面考虑：

（1）适用范围。条码技术应用在不同的场合，应选择不同的条码阅读器。例如开发条码仓库管理系统时，往往需要在仓库内清点货物，相应要求条码阅读器能方便携带，并能把清点的信息暂存下来，而不局限于在计算机前使用。因此，选用便携式条码阅读器较为合适。

(2) 译码范围。目前各家生产的条码阅读器的译码范围有很大差别,有些阅读器可识别几种码制,而有些阅读器可以识别十几种码制。例如在商品流通领域中,常常采用 EAN/UPC 码,因此开发商场管理系统时,选择的阅读器应能阅读 EAN/UPC 码。

(3) 接口功能。开发应用系统时一般是先确定硬件系统环境,再选择适合该环境的条码阅读器。这就要求所选阅读器的接口方式符合该环境的整体要求。通常条码阅读器的接口方式有串行通信和键盘仿真两种方式。

(4) 首读率的要求。在工业生产、自动化仓库等应用中,要求有较高的首读率。条码符号载体在自动生产线或传送带上移动,并且只有一次采集数据的机会,如果首读率不能达到 100%,将会发生数据丢失现象,造成严重的后果。因此,在这些应用领域中要选用高首读率的条码阅读器,如激光扫描器等。

(5) 条码符号长度的影响。有些光电扫描器由于制造技术的影响,规定了最大扫描长度,如 CCD 扫描器、移动光束扫描器等均有此限制。有些应用系统中,条码符号的长度是随机变化的,如图书的索引、商品包装上条码符号长度等。因此,在长度变化的应用领域中,选择条码阅读器要注意条码符号长度的影响。

(6) 阅读器的价格。阅读器由于其功能的不同,价格也不一致。因此在选择阅读器时,要注意产品的性能价格比,应以满足应用系统要求且价格较低为选择原则。

2.2.3 条码管理系统的组成及实例

1. 条码应用系统的组成

(1) 数据源。数据源是标志着客观事物的符号集合,是反映客观事物原始状态的依据,其准确性直接影响系统处理的结果。因此,完整准确的数据源是正确决策的基础。在条码应用系统中,数据源是用条码表示的,如图书管理中图书的编号、读者编号、商场管理中货物的代码等。在特定的系统中,选择使用不同的码制是非常重要的。

(2) 条码阅读器。它是条码应用系统的数据采集设备,可以快速准确地捕获到条码表示的数据,并将这一数据送给计算机处理。随着计算机技术的发展,计算机的运算速度、存储能力有了很大的提高,但计算机的数据输入却成为发挥其潜力的一个主要障碍,条码阅读器的出现较好地解决了计算机输入中的瓶颈问题,大大提高了计算机应用系统的实用性。

(3) 计算机。它是条码应用系统中的数据存储和处理设备。由于计算机存储容量大、运算速度快,使得许多繁杂的数据处理工作变得方便、迅速、及时。在日常管理中应用计算机,可以大幅度降低劳动者的劳动强度、提高工作效率,在某些方面还可以完成手工无法完成的工作。条码技术和计算机技术的结合,使得应用系统从数据采集到处理分析实现了自动化。

(4) 应用软件。应用软件是条码应用系统中的一个重要组成部分。它是以系统软件为基础,为解决各类实际问题而编制的各种应用程序。应用软件一般用高级语言编写。它把要处理的数据组织在各个数据文件中,由操作系统控制各个应用程序的执行,并自动对数据文件进行各种操作。

在条码管理系统中,应用软件应包括以下功能:

1）定义数据库，包括全局逻辑数据结构定义、局部逻辑结构定义、存储结构定义及信息格式定义。

2）管理数据库，包括对整个数据库系统运行的控制，数据存取、增删、检索、修改等的操作管理。

3）建立和维护数据库，包括数据库的建立、数据库更新、数据库再组织、数据恢复及性能监测等。

4）数据通信，具备远程数据输入与处理能力。信息输出则是把经过计算机处理后得到的信息以文件、表格或者图形的方式输出，供管理者及时、准确地掌握，这些信息可以作为管理者制定正确决策的依据。

2. 条码系统的应用实例

在各种条码自动识别系统中，POS 系统是典型的应用系统。下面对其做详细介绍。

在 POS 系统中，利用现金收款机（收银机）作为终端机与主机相连，并借助条码阅读器为计算机录入商品信息。当带有条码标识的商品经过结算台扫描时，商品条码所表示的信息被录入计算机，计算机从数据库文件中查询到该商品的名称、价格等，并经过数据处理，打印出收款收据清单。

一个 POS 系统可由前台、后台的若干个子系统组成。其中，前台的收银机集计算机和译码器为一体，既能自动识别条码符号，又能进行数据处理，打印出购物清单。购物清单包括商品名称、价格、数量、总金额以及日期等，顾客可将其作为购物收据。后台系统中的计算机是用于数据综合处理的，为此在计算机中要事先建立数据库。数据库中主要是一些有关商品的文件，包括商场经营的各类商品的代码、商品名称、数量、当日价格、库存量以及当日销售累计等。收银机与计算机相连作为终端机使用，大大加强了系统的功能性，不但可以进行汇总结算，打印出购物收据，给出当日销售量和尚余库存量，而且根据销售终端的报告，后台系统还可以进行商品销售综合分析，及时地向管理人员提供市场动态，以便确定下次订货计划，保证了经营活动的顺利进行。POS 系统中使用条码技术，既做到快速、准确，又消除了不必要的误操作。POS 系统的应用实例如图 2-4 所示。

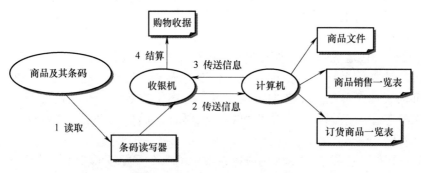

图 2-4　POS 系统的应用实例

下面，再看一看某商场销售店面的实时数据采集示例。在该商场中，采用了基于无线网络技术的实时数据采集系统，有效地把前台系统（POS）和后台系统结合起来，帮助控制店面中存货的流动，加快商品的流通速度，提高营运能力，同时跟踪和分析顾客的购买模

式。这里,通过扫描条码,从主机系统中搜索对应商品的信息。基于条码技术进行管理的主要环节和内容体现在以下几个方面:

(1) 店面进货处理(进店控制)。店面进货处理主要包括自动搜索订单,核对到货商品数量和品种,控制进货的准确性,补货确认,生成进货单、补货单等。

(2) 店面退货处理(出店控制)。店面退货处理主要包括控制退货、出仓流程、自动搜索退货单、退货单核对等。其中,退货单核对是指核对退货单与出仓商品品种和数量等。

(3) 盘点处理。盘点处理主要包括实盘数量自动登记、实时运算盘盈和盘亏情况、检查商品在货架上的摆放情况、加快盘点速度、自动通知同一商品在其他货架上的情况,提高作业人员进行实物盘点的效率。

(4) 价格控制。零售业中竞争激烈,商品的价格变化速度很快,每个商场都在不断调整价格来促进销售,吸引顾客购买。例如,沃尔玛超市推出"天天平价"的概念,其所有店面中的商品价格总是在不断调整中。价格控制的过程是扫描商品条码,从主机系统中搜索对应商品的信息,确定最新价格,通知价格标签生成,更新商品价格。

2.2.4 条码技术在生产与物流管理中的应用

从企业生产的角度来讲,为了满足市场需求多元化的要求,生产制造从过去的大批量、单品种的模式向小批量、多品种的模式转变,这给传统的手工方式带来更大的压力。原来手工采集信息的方式效率低,各个作业环节的统计数据时间滞后,造成了统计数据在时序上的混乱,无法进行整体的数据分析,也无法给管理决策提供真实、可靠的依据。利用条码技术,对企业的生产及物流过程建立信息采集跟踪的计算机管理系统,将其应用在物料准备、生产制造、仓储运输、市场销售、售后服务、质量控制等诸多方面,可以有效地提高企业基础信息采集的速度,进而提升管理水平。

1. 物料管理

在现代化的生产过程中,物料供应的不协调极大地影响了产品的生产效率,杂乱无序的物料仓库、复杂多变的生产备料及无法有效执行的采购计划几乎是每个企业都会遇到的难题。这里,条码技术的应用思想主要体现在以下几个方面:

通过将物料编码,并且打印条码标签,便于采集物料数据,实现物料跟踪管理,有助于做到合理的物料库存准备,提高生产效率,合理运用企业资金,从而有效地降低库存成本。

对需要进行标识的物料打印其条码标签,有助于在生产管理中对物料进行单件跟踪,从而建立完整的产品档案。

对采购的生产物料按照行业及企业规则建立统一的物料编码,有利于杜绝因物料无序而导致的损失和混乱。通过编码,可以建立物料质量检验档案,生成质量检验报告,与采购订单挂钩,建立对供应全过程的有效管理。

2. 生产管理

在生产过程中,应用条码技术建立产品或部件的标识代码等,监控生产、采集生产测试数据和生产质量检查数据,进行产品完工检查,提高产品的下线合格率。

通过产品标识条码在生产线上对产品生产进行跟踪,并采集生产产品的部件、检验等数据作为产品信息,建立产品档案。

通过生产线上的信息采集点来采集生产控制的信息，监控生产过程及产品流向，从而有序地安排生产计划。

3. 仓库管理

根据货物的品名、型号、规格、产地、包装等划分货物品种，并且分配唯一的标识编码，也就是"货号"。依据货号进行货物库存管理，并应用于仓库的各种操作。

在仓库管理中利用条码对货物进行单件管理，不仅按货物品种大类管理库存，而且还针对每一单件货物管理库存。采用货物标识条码记录单件产品所经过的状态，从而实现对单件货物的跟踪管理。

仓库一般分为若干个库房，库房是仓库中独立和封闭的存货空间，每一库房分若干个库位。库房内空间细分为库位能够更加明确定义存货空间。仓库管理系统是按仓库的库位记录仓库货物库存，在货物入库时将库位条码号与货物条码号一一对应，在出库时按照库位货物的库存时间可以实现先进先出或批次管理。

在仓库管理中采集单件货物信息，实时处理采集数据，掌握入库、出库、移库、盘库信息，提高仓库操作的准确性，同时实时掌握库位信息，使仓库货物库存信息更加准确。

利用条码采集信息，了解货物运输状况，根据采集的单件货物信息及时发现出入库的货物单件差错（入库重号、出库无货），并且进行差错处理。

4. 市场销售链管理

通过在销售、配送过程中采集产品的单件条码信息，根据产品单件标识条码记录产品的销售过程，完成产品销售链的跟踪和管理。例如，为了占领市场、扩大销售，企业根据各地的不同消费水准，制定了各地不同的产品批发价格，并规定限制区域销售。但是，有些违规的批发商以较低的地域价格的名义取得产品后，将产品在地域价格高的地方低价倾销，扰乱了市场，使企业的整体利益受到了极大的损害。由于缺乏真实、全面、可靠、快速的事实数据，企业虽然知道这种现象存在，但对违规的批发商无能为力。为了保证销售政策有效实施，必须能够跟踪向批发商销售的产品品种或产品单件信息。此时，应用条码管理就能够发挥积极的作用。

使用条码应用系统快速准确地记录在途产品的信息，对在途库存产品进行跟踪和管理。在途产品包括利用铁路货车、卡车、轮船或者飞机等工具进行运输的产品，例如在通用汽车公司有时候一天中在途的汽车可以达到237 000辆，而埃克森石油产品有6个月的在途时间，由此可见，加强在途库存的有效管理对于企业降低成本是极其重要的。

5. 产品售后跟踪服务

通过采集与跟踪产品的售后服务信息，既能够为企业产品售后保修服务提供依据，同时能够有效地控制售后服务中存在的各种问题，如销售产品重要部件被更换而造成保修损失，销售商虚假的修理报表等。具体的应用主要体现在以下几个方面：

根据产品标识条码建立产品销售档案，记录产品信息、重要零部件信息。

通过产品上的条码进行售后维修产品检查，检查产品是否符合维修条件和维修范围，建立产品售后维修档案。同时分析其零部件的情况，建立维修零部件档案。

通过产品标识条码反馈产品售后维修记录，对产品维修点实施监督，记录并统计维修原因，强化对产品维修的过程管理。

总之，应用条码技术对上述各个环节的物料信息、产品信息进行采集，为企业完成产品质量管理、控制及分析提供了强有力的支持。

2.3 传感器技术

传感器（Transducer/Sensor）是一种能够感受到被测物信息的检测装置，能把被感受出的全部信息以某种规律转化成电信号或其他形式的需求信息输出，以满足信息的传递、加工、处理、展示、记录和管理等过程要求。我国国家标准《传感器通用术语》（GB/T 7665—2005）对传感器进行了定义："能感受被测量并按照一定的规律转换成可用输出信号的器件或装置。"

随着物联网、人工智能等技术的发展，传感器在智能工业、智能物流、智能农业、智能交通、智能楼宇、智能环保、智能电网、健康医疗、智能穿戴等领域都有着广阔的应用空间。尤其是在工业自动化领域，传感器作为机械的"触觉"，是实现工业自动检测和自动控制的首要环节。

2.3.1 传感器技术概述

传感器技术是实现测试与自动控制的关键技术。在大多数测试系统中，传感器技术被视为仪表定位，其主要技术是能精准检测和识别最初形式的信息，并将这些信息转换成其他形式的信息。目前把计算机技术、通信技术与传感器技术看作信息技术的三大支柱。从仿生学观点看，如果把计算机看成识别和加工数据信息的"大脑"，把通信系统看成传递数据信息的"神经系统"，那么传感器就是传输数据信息的"感觉器官"。

传感器技术的发展主要可以划分为三代：结构型传感器、固体型传感器、智能型传感器。第一代是结构型传感器，它的技术原理主要是以结构参量变化来识别和转化信号。第二代是 20 世纪 70 年代出现的固体型传感器，这种传感器的元器件组成包括半导体、电介质、磁性材料等。固体型传感器的制成原理是利用某些材料的相关特性。第三代传感器是近年来伴随着移动终端发展的智能型传感器，这使传统的传感器具有了一定的智能化，而且它同时具备了计算机技术和检测技术。传统传感器不断转向智能型传感器，现在是传感器发展的关键时期，表现出传感器向小型化、数字化、智能化、多功能化、系统化、简单化和网络化方向发展。

常用的传感器有温度传感器、振动传感器、红外传感器、霍尔传感器、超声波传感器、压力应变传感器、光电式传感器和气敏传感器。下面以温度传感器为例进行简单的介绍。

温度传感器是指感受被测物的温度，检测出信息并转换为电信号或其他形式的需求信息的一种传感器。温度传感器是大多数温度测量工具的主要组成部分，温度测量工具的种类很多。根据组成传感器的材料和电子元器件的特性可以分为热电阻温度传感器和热电偶温度传感器。根据传感器的使用测量方法可以分为接触式温度传感器和非接触式温度传感器。其中接触式温度传感器又称为温度计，它可以将传感器中敏感元件感受接触部分与被测物直接接触。温度计主要利用传导物可传导或对流来平衡热量的原理，使被测物的温度能直接由温度计指示,这种温度测量的准确性极高。原则上在特定的温度范围之内,温度计能够测量被测物不同部位的温度。非接触式温度传感器又称非接触式测温仪表,是指传感器的敏感元件感受接触部分不接触被测物。这种仪表主要测量那些不易接触的复杂对象,例如高速运动、体积极小、热容量小或温度变化迅速(瞬变)的物品,也可用于测量温度场的温度分布。辐射测温仪表就是一种非接触式测温仪表,它的技术原理是建立在黑体辐射基本定律的基础上的。物体的冷热程度用物理量——温度来表示,同样温度也是各行各业生产运营过程中一个普遍和基础的测量参数。温度的准确测量在把控产品质量、提高管理效率、节约资源、保证生产安全、保护环境和发展经济方面有着重大价值。目前,温度传感器的数量因为温度测量的普及而在各种传感器中居首位。温度传感器如图2-5所示。

图2-5 温度传感器

2.3.2 传感器的结构及特点

传感器主要由敏感元件、转换元件、变换电路和辅助电源四部分构成。其中,敏感元件用于直接感受被测物,并输出感受到的被测物相关的物理量信号;转换元件将敏感元件输出的物理量信号以某种规律转换成电信号;转换电路负责放大和调制转换元件转换的电信号。后两者通常需要电源供电。静态特性和动态特性是传感器的基本特性,主要用于描述系统输入与输出的关系。传感器的静态特性是指检测系统的输入为不随时间变化的恒定信号时系统的输出与输入之间的关系。输入量和输出量都与时间无关,因此它们之间的关系,即传感器的静态特性可以用一个不含时间变量的代数方程来描述,或者可以用以输入量为横坐标、以相应的输出量为纵坐标形成的曲线来描述。线性度、灵敏度、迟滞、重复性、漂移等指标常常用于衡量传感器的静态特征。动态特性是指检测系统的输入为随时间变化的信号时系统的输出与输入之间的关系。在实际应用中,传感器的动态特性通常用其对标准输入信号的响应来表示。阶跃信号和正弦信号是最常用的两种标准输入信号,因此也常用阶跃响应和频率响应等指标来表示传感器的动态特性。

传感器技术及其产业的特点可以概括为:基础与应用的依赖性、技术与投资的集中性、产品与产业的分散性。

(1)基础与应用的依赖性。基础依赖是指传感器技术的发展是基于敏感机理、敏感材料、工艺设备和测量技术等四部分的。敏感机理大不相同,敏感材料多,工艺设备不同,测量技术也大不相同,正是这四部分维持了传感器技术的长久发展;没有上述四部分的支撑,传感器技术难以延续。

应用依赖是指传感器技术类属于应用技术,其市场发展依赖于检测设备和自动控制系统相结合,这样才能体现出其高附加效益,形成真正的市场。也就是说,传感器技术的发展应该以市场为导向,以需求为驱动。

(2)技术与投资的集中性。技术集中主要是指在传感器的研究和开发中所使用的技术是多样化、边缘化、综合化和技能化的。它集合了多种高科技技术的成果。

投资集中主要是指在传感器产品的研发和制造过程中需要集中投资,特别是在研究和建立大规模经济生产线方面,就需要更大的投资。

(3)产品与产业的分散性。产品与产业分散是指传感器产品门类品种举不胜举(共 10 大类、42 小类、近 6000 个品种)。传感器技术在各个行业企业得到广泛使用,一方面它的发展同时推动着各行业的发展,另一方面它的研究设计又必须以各行业的需求为基础。只有根据需求的不断变化,来完善产业结构和产品结构,才能实现传感器产业的全面、协调和可持续发展。

2.3.3 传感器技术在物流中的应用

现代化物流的发展离不开信息化,在物流信息系统中,传感器作为系统中的核心设备,在对数据和信息的采集、转换和传输方面都做出了巨大贡献。其中智能传感器就很好地发挥了很大作用,它能够通过大数据与生产自动化结合,也能够在互联网或"云"环境下实现信息交互。在现代化物流发展中,智能传感器已经成为主要技术和必要设备。同时,各类传感器的发展随着物流行业的迅速崛起而进一步发展。

传感器技术是智能物流系统实现数据信息高效管理的关键技术。传感器技术普遍应用于供应链的各个环节,尤其在商品存储作业时,传感器技术在实现自动化存储过程中发挥着作用。传感器技术还广泛应用在物流系统的运输和分拣环节中,例如温度传感技术或光电传感技术用于读取、检测和重新检查待处理物品的信息。

此外,在查询化学品物流信息系统、冷链物流信息系统和食品物流信息系统中的物品信息和状态时,会应用到传感器、GPS 与无线射频识别等多种技术。传感器技术的出现使物流系统的感知技术迈上了新台阶,改变了传统物流管理物品的方法,将原本仅仅对物品进行单纯的定位、跟踪、管理和运作,发展到感知物品更全面和广泛的性能、环境和质量,更有效地促进了智能物流的发展,特别是在化学品、冷链和食品物流中,具有广阔的应用前景。目前,要通过相关特点来促进传感器技术的进一步快速发展,可以从高性价比、高适应性、高稳定性、高可靠性、高精确度和高分辨率等方面来分析传感器技术未来的趋势。

2.4 无线射频识别技术与应用

无线射频识别(Radio Frequency Identification,RFID)技术最早出现在 20 世纪 80 年代,当初被用于条码识别技术无法使用的特殊场合,许多行业和企业利用它来识别、确认及跟踪物料、产品或其他供应链上的目标。

RFID 是一种非接触式识别技术,由于无线电波能"扫描"数据,所以 RFID 挂牌可做成隐形的,有些 RFID 技术可读取数公里外的标签,并且 RFID 标签可做成可读写的。RFID

应用时应考虑反射距离、工作频率、标签的数据容量、尺寸、重量、定位、响应速度及选择能力等因素。

由于具有很多的技术优势，目前 RFID 技术的应用已经相当广泛，最常见的应用场合包括物品管理、交通运输、物料处理、废物处理、资产回收、医疗应用、防盗应用、动物监控、自动控制、联合票证、门禁管理等。

2.4.1 无线射频识别概述

RFID 也被称作无线射频身份识别、感应式电子芯片，或者近接卡、感应卡、非接触卡等，是通过射频信号识别目标对象并获取相关数据信息的一种非接触式的自动识别技术。

这项技术诞生于第二次世界大战期间，当时英国主要用它来识别进机场的飞机是否为己方的。现代战争中 RFID 的应用更加普及，美国对伊拉克战争期间，美国国防部在军用物资箱上装置 RFID 标签，大大缩短了物流时间。美国太空总署则用这种技术追踪发射到太空中的物品。在民用领域，许多欧美国家高速公路有电子收费站，只要凭着粘贴在车上的 RFID 辨识卡片，就可直接通过收费道，自动扣款，无须停车。借助 RFID 技术，沃尔玛超市率先在全球范围内建立起商品供应链追溯机制，它向供应商要求，所有供应沃尔玛超市的商品包装箱上，都要有应用 RFID 技术的电子商品标签。

从其技术原理上讲，RFID 有诸多的优势，具体表现在以下几个方面：

（1）非接触式数据读写。通过 RFID 读写器，可无须接触而直接读取标签信息至数据库内，且可一次处理多个标签，并可以将物流处理的状态写入标签，供下一阶段物流处理的读取判断之用。

（2）容易小型化和多样化。RFID 标签在读取上不受尺寸大小与形状的限制，无须为了读取的精确度而增加投入。此外，RFID 标签可往小型化与多样化方向发展，以应用于不同产品。

（3）环境适应性强。传统条码的载体是纸张，一受到脏污就会看不清，但 RFID 标签对水、油和药品等物质有很强的抗污性，在黑暗或脏污的环境中也可以读取 RFID 标签的数据。

（4）可重复使用。由于 RFID 标签储存电子数据，可以反复擦写，因此可以回收标签重复使用。如被动式 RFID，不需要电池就可以使用，没有维护保养成本。

（5）穿透性强。在被覆盖的情况下，RFID 能够穿透纸张、木材和塑料等非金属或非透明的材质，并能够进行穿透性通信。

（6）数据的记忆容量大。一维条码的容量是 50bytes，二维码最大的容量可储存 2～3000 字符，RFID 最大的容量则有多个 megabytes。随着记忆载体的发展，数据容量也有不断扩大的趋势。

（7）安全性高。由于 RFID 承载的是电子信息，其数据内容可经由密码保护，使其内容不易被伪造。

RFID 与条码的功能比较见表 2-2。

表 2-2　RFID 与条码的功能比较

功 能 项 目	RFID	条　码
读取数量	可同时读取多个标签的信息	只能一次读取一个标签信息
远距离读取	不需要光线就可以读取或更新	需要光线
信息容量	存储信息的容量大	容量小
读写能力	信息可以被反复覆盖	条码信息不可更新
读取方便性	标签形状可以随意，即使被覆盖也不影响读取信息	条码读取时需要可见并且清楚
信息正确性	可传输信息作为物品跟踪与保全的依据	需要人工读取，有人为疏失的可能性
坚固性	在严酷、恶劣、污染环境中仍可正确读写信息	条码被污染或表面破损后就无法读取信息
高速读取	可以高速移动读取	移动中读取有所限制

2.4.2　无线射频识别系统的组成及分类

1. RFID 系统的组成

RFID 系统是由电子标签、读写器、天线和中间件组成的。

（1）电子标签。电子标签由芯片和内置天线组成，电子标签利用内置天线与读写器进行通信。电子标签相当于条码技术中的条码符号，用来存储需要识别传输的信息。当电子标签被识别后，可以执行基本的功能，如从内存中读/写信息。电子标签的内存分为只读型、一次写入多次读出型或者可读写型。

（2）读写器。读写器是读取（或写入）电子标签信息的设备，其基本功能就是提供与电子标签进行数据传输的途径。另外，读写器还需具有信号状态控制、奇偶位错误校验与修正等功能。根据应用不同，读写器可以是手持式或固定式，用户可以通过控制主系统或本地终端发布命令，以改变或定制读写器的工作模式来适应具体需求。

（3）天线。天线是为电子标签和读写器提供射频信号空间传递的设备。RFID 读写器可以采用同一个天线完成发射和接收，或者采用发射天线和接收天线分离的形式，所采用天线的结构及数量应视具体应用而定。在实际应用中，除了系统功率，天线尤其是电子标签内置天线的结构和环境因素将影响数据的发射和接收，从而影响系统的识别距离。

（4）中间件。中间件是连接标签读写器和企业应用程序的软件构件，是 RFID 应用系统的核心。中间件将基于不同平台、不同实际需求的应用环境连接起来，通过提供合适的整合接口进行数据通信。RFID 系统的中间件介于前端硬件模块与后台数据库和应用软件之间，是 RFID 运作的中枢：中间件可以操纵和控制 RFID 读写设备按照预定的方式工作，保证不同读写设备之间很好地配合协调；它还可以按照一定的规则筛选过滤数据，筛除绝大部分冗余数据，将真正有效的数据传送给后台的主系统。

RFID 系统的工作原理是：读写器通过其发射天线发送一定频率的射频信号，当电子标签进入发射天线工作区域时产生感应电流，电子标签获得能量被激活；电子标签将自身编码等信息通过其内置发送天线发送出去；读写器的接收天线收到从电子标签发送来的载波信号，通过天线调节器传送到读写器，读写器对接收的信号进行解调和解码，然后通过中间件送到后台主系统进行相关处理；主系统根据逻辑运算判断该电子标签的合法性，针对不同的设定做出相应的处理和控制，发出指令信号控制执行机构动作。

2. RFID 系统的分类

一般地讲，RFID 系统有以下几种不同的分类方式：

（1）根据使用频率分类。按照使用频率，可以分为高频系统和低频系统。低频系统的工作频率一般小于 30MHz，典型的有 125kHz、225kHz、13.56MHz 等，这些频段都有相应的国际标准予以支持。它具有电子标签的成本较低、保存数据量较少、读写器天线方向性不强、阅读距离较短等基本特点。在无源情况下，典型阅读距离为 10cm。它的标签形状有卡式、环式、纽扣式和笔式。高频系统在高于 400MHz 的频率上工作，典型的频率为 915MHz、450MHz、5800MHz 等，在这些频段上也有众多的国际标准予以支持。它具有电子标签和读写器成本均较高，存储的数据量较大，适应物体高速运动性能好、读写器天线及电子标签天线均有较强的方向性、阅读距离较远（几米至十几米）等基本特点。它的形状多为卡式。

（2）根据电子标签有无电池分类。根据电子标签有无电池为其供电，分为有源系统和无源系统。有源系统的电子标签内装有电池为其供电，一般具有较远的阅读距离，有效识别距离可达到 30m 以上，它的不足之处是电池的寿命有限，只能维持 3~10 年。无源系统的电子标签内没有电池为其供电，它是从读写器接收到微波信号后，将部分微波能量转化为直流电供自己工作，一般可做到免维护；相比有源系统，它在阅读距离及适应物体运动速度方面略有限制。

（3）根据读取电子标签数据的技术实现分类。依据读取电子标签数据的技术实现手段，分为广播发射式、倍频式和反射调制式。广播发射式射频识别系统最容易实现，它的电子标签必须采用有源方式，并实时将其储存的标识信息向外广播，读写器相当于一个只收不发的接收机。这种系统的缺点是由于电子标签必须不停地向外发射信息，标签耗电量大，会对环境造成电磁污染，同时系统不具备安全保密性。倍频式射频系统实现起来有一定难度。一般情况下，读写器发出射频查询信号后，电子标签返回的信号载频是读写器发出射频的倍频，这种工作模式可以方便地处理回波信号，但其能量转换效率较低，电子标签的成本高，还需要占用两个工作频点，需要获得无线电频率管理委员会的产品应用许可。反射调制式射频系统是其反射波须采用调制的方式来工作。

（4）根据电子标签内保存信息的注入方式分类。根据电子标签内保存信息的注入方式，分为集成电路固化式、现场无线改写式和现场有线改写式。集成电路固化式电子标签内的信息一般在集成电路生产时就将信息以 ROM 工艺模式注入，所保存的信息是不变的。现场无线改写式的电子标签一般适用于有源类电子标签，具有特定的改写指令，电子标签内保存的信息位于其中的 E2 存储区，一般情况下改写电子标签数据所花费的时间远大于读取电子标签所花费的时间；常规为改写所花费的时间为秒级，读取花费的时间为毫秒级。现场有线改写式的电子标签一般是将标签保存的信息写入其内部的 E2 存储区中，改写时需要专用的编程器或写入器，在改写过程中必须为其供电。

2.4.3 无线射频识别技术的应用

RFID 技术利用无线电波来传送识别信息，不受空间限制，可快速地进行物品识别和货物追踪。通过对多种状态下（高速移动或静止）的远距离目标（物体、设备、车辆和人员)进行非接触式的信息采集,实现物品的自动识别和智能化管理。由于 RFID 技术免除了跟踪过程中的人工干预,在节省大量人力的同时可极大地提高工作效率,满足了信息流量不断增大和信息处理速度不断提高的需求。

目前 RFID 技术的应用领域已经相当广泛,最常见的领域包括:

(1) 货物管理,如航空运输的行李识别、存货、物流运输管理。
(2) 交通运输,如高速公路的收费系统。
(3) 物料处理,如工厂的物料清点、物料控制系统。
(4) 废物处理,如垃圾回收处理、废弃物管控系统。
(5) 资产回收,如栈板、货柜、台车、笼车等可回收容器管理。
(6) 医疗应用,如医院的病历系统、危险或管制的生化物品管理。
(7) 防盗应用,如超市、图书馆或书店的防盗管理。
(8) 动物监控,如畜牧动物管理、宠物识别、野生动物生态追踪。
(9) 自动控制,如汽车、家电、电子业的组装生产管理。
(10) 联合票证,如实现多种用途的智能型储值卡、红利积点卡。
(11) 门禁管理,如人员出入门禁监控、管制及上下班人事管理。

RFID 技术在供应链管理中有很多用途,可以实现对产品的设计,原材料的采购,半成品与产成品的生产、运输、仓储、配送直到销售,甚至对退货处理和售后服务等供应链上的所有环节进行实时监控,提高业务运行的自动化程度,大幅降低差错率,显著提高供应链管理效率。

1. 零售环节的应用

利用 RFID 系统跟踪每件商品,改进零售商的库存管理,实现适时补货,最大限度地缩短商品的流通时间。

将 RFID 标签置入商品内,由计算机系统实时监控商店中的各种商品,防止开架销售过程中发生的盗窃行为。

利用 RFID 系统对某些具有时效性的商品的有效期限进行监控,防止商品的过期与损耗。

利用 RFID 系统在付款台实现自动扫描和计费,取代人工收款方式,提高商场中商品的流通效率。

在未来的数年里,RFID 标签将大量用于供应链中的商品流通环节,特别是在超市中,因 RFID 标签免除了商品跟踪过程中的人工干预,能够生成 100%准确的业务数据,所以具有巨大的吸引力。

2. 仓储环节的应用

在仓库管理中,通过将供应链计划系统制订的收货计划、取货计划、装运计划等与 RFID 技术相结合,能够高效地完成各种业务操作,如指定堆放区域、上架/取货与补货等,避免了不必要的数据重复输入和由此所造成的错误。因此,增强了仓储作业的准确性和快捷性,提高了服务质量,节省了劳动力和库存空间,同时减少了物流过程中由于货物误置、送错、偷窃、损害和库存、出货错误等造成的损耗。

在仓库里,RFID 技术还广泛地应用于库存货物盘点工作中,实现货物登记的自动化,使得现场作业更加快速、准确。

3. 运输环节的应用

在运输环节，RFID 技术广泛应用于车辆自动收费。当车辆驶过收费站时，利用 RFID 技术进行车辆自动识别，自动实现移动车辆与收费站之间信息的传递，完成车辆的收费、登记及建档。

RFID 技术被广泛地用于运输作业中，实现货运集装箱的识别、防伪等，及时掌握在途物资情况，实时跟踪运输工具。

4. 配送环节的应用

在配送环节，采用 RFID 技术能大大加快配送的速度，提高拣选与分发过程的效率与准确率，并能减少人工工作量、降低配送成本。

以食品业的食品配送中心为例，由于下游的超市与餐馆/快餐行业高度紧张的工作环境以及需要严密控制成本，因而对配送管理要求很高，RFID 技术强大的功能可以满足这种要求。到达中央配送中心（CDC）的所有食品都贴有 RFID 标签，在进入配送中心时，托盘通过一个门读写器，读取托盘上所有食品的标签内容。系统将这些信息与发货记录进行核对，以检测出可能的错误，然后将 RFID 标签更新为最新的食品存放地点和状态。这样就确保了精确的库存控制，可确切了解目前有多少食品处于转运途中、转运的始发地和目的地，以及预期的到达时间等信息。为了满足下游超市与餐馆等的订购要求，需要在配送中心内拣配食品，根据订单信息与食品标签信息进行匹配，迅速拣选出所需食品，并放置在托盘上以便发货。在发送之前，食品被堆积在托盘上临时存放。以往，需要人工对同一托盘上众多不同种类的食品进行处理，这是非常烦琐的工作。利用 RFID 技术，可以方便地识别托盘上的任何一种食品，快速、准确地发货。

5. 生产环节的应用

在生产制造环节应用 RFID 技术可以完成自动化生产线运作，实现在整个生产线上对原材料、零部件、半成品和产成品的识别与跟踪，降低人工识别成本和出错率，提高效率和效益。

RFID 技术还能帮助管理人员及时根据生产进度发出补货信息，实现流水线均衡、稳步生产，同时也加强了对质量的控制与追踪。

以汽车制造业为例，目前在汽车生产厂的焊接、喷漆和装配等生产线上，都采用了 RFID 技术来监控生产过程。例如，通过从电子标签读取信息，再与生产计划、排程排序相结合，对生产线上的车体等给出一个独立的识别编号，实现对车辆的跟踪；在焊接生产线上，采用耐高温、防粉尘/金属、防磁场、可重复使用的有源封装 RFID 标签，通过自动识别作业件来监控焊接生产作业；在喷漆车间采用防水、防漆 RFID 标签，对汽车零部件和整车进行监控，根据排程安排完成喷漆作业。

6. 质量控制环节的应用

采用 RFID 技术监控与跟踪商品供应链的运行，从而实现商品质量的控制。

以食品安全管理为例，RFID 技术有广泛的用途。采用 RFID 系统之后，可提供食品链中的肉类食品与其动物来源之间的可靠联系，在零售环节中的超市、餐馆等通过对肉类食品标签的识别，能够追查到它们的历史与来源，并能一直追踪到具体的养殖场和动物个体，使得人们在购买时就能清楚地知道肉类食品的来源、相关时间、中间处理过程等信息，从而能放心地购买。

2.4.4 无线射频识别技术的发展与未来

RFID 技术上的多项突破，促进了其在商业领域中的广泛应用，预示了其具有光明的发展前景。

在目前推广应用 RFID 技术的过程中，仍旧面临着标准化、降低成本、保证信息安全等一系列的问题。例如，由于在非接触的条件下就可以对标签中的数据进行读取，这引发了人们对 RFID 技术侵犯个人隐私权的争议。

目前，RFID 技术还未形成统一的全球化标准，处于多种标准并存的局面。在国际上，影响 RFID 技术标准的五大标准组织分别代表了国际上不同团体或国家的利益。EPC Global 由北美 UCC 产品统一编码组织和欧洲 EAN 产品标准组织联合成立，在全球拥有上百家成员，实力相对占上风。而国际自动识别制造商协会（Automatic Identification Manufacturers，AIM）、国际标准化组织（International Organization for Standardization，ISO）、泛在识别标准体系（Ubiquitous Identification，UID）则代表了欧美国家和日本；IP-X 的成员则以非洲、大洋洲、亚洲等国家为主。

RFID 系统主要由数据采集和后台应用系统两大部分组成。目前已经发布或者是正在制订中的标准主要是与数据采集相关的，其中包括读写器与计算机之间的数据交换协议、RFID 标签与读写器的性能和一致性测试规范以及 RFID 标签的数据内容编码标准等。后台应用系统并没有形成正式的国际标准，只有少数产业联盟制定了一些规范。

随着 RFID 技术的快速发展，其应用场景越来越广泛和深入，RFID 技术作为物联网感知层的核心技术之一，在促进物联网快速发展的同时，也推动了 RFID 技术的应用发展。RFID 技术与互联网、大数据、人工智能和云计算等技术深度融合，形成了一系列场景的运用创新与解决方案。例如，2018 年以来逐渐投入使用的无人超市中必备的"刷脸进门"、扫码支付等技术，背后必须有 RFID 技术的支撑。此外，智慧图书馆、智能零售、智能物流等，均将替代传统的使用方式，成为 RFID 技术在智慧城市中的重要应用。

2.5 基于 IC 卡技术的数据采集系统

IC（Integrated Circuit）卡的概念是 20 世纪 70 年代初提出来的，法国布尔（BULL）公司于 1976 年首先研制出 IC 卡产品，并将这项技术应用于金融、交通、医疗、身份证明等多个行业，它将微电子技术和计算机技术结合在一起，提高了人们生活和工作的现代化程度。

IC 卡芯片具有写入数据和存储数据的能力，IC 卡存储器中的内容根据需要可以有条件地供外部读取，以完成相关信息的处理和判定。IC 卡一出现，就以其超小的体积、先进的集成电路芯片技术以及特殊的保密措施和无法被破译及仿造的特点受到普遍欢迎。

IC 卡按使用方法和信息交换方式可以分为接触式 IC 卡和非接触式 IC 卡（射频卡）。接触式 IC 卡是通过物理接触方式，将卡插入卡座后，与外界交换信息；非接触式 IC 卡是通过电磁波与外界交换信息。

在物流管理活动中，非接触式 IC 卡的使用非常普遍，特别是在仓储管理与运输管理等领域，非接触式 IC 卡常常用于物料跟踪、运载工具和货架识别等要求非接触数据采集和交换的场合。

2.5.1 IC 卡概述

1. IC 卡的特点

IC 卡是 1970 年由法国人罗兰·莫雷诺（Roland Moreno）发明的，他第一次将可编程设置的 IC 芯片放于卡片中，使卡片具有更多功能。"IC 卡"和"磁卡"都是从技术角度起的名字，不能将其和"信用卡""电话卡"等从应用角度命名的卡相混淆。自 IC 卡出现以后，国际上对它有多种叫法。英文名称有"Smart Card""IC Card"等；在我国，一般简称为"IC 卡"或"智能卡"。

总体上讲，IC 卡具有以下四大优点：

（1）存储容量大。IC 卡内部有 RAM、ROM、EEPROM 等存储器，存储容量可以从几个字节到几兆字节。卡上可以存储文字、声音、图形、图像等各种信息。

（2）安全性高。IC 卡从硬件和软件等多个方面实施其安全策略，可以控制卡内不同区域的存取特性。存储器卡本身具有安全密码，如果试图非法对其进行数据存取则卡片自毁，即不可进行读写。

（3）对网络要求不高。IC 卡的安全可靠性使其在应用中对计算机网络的实时性、敏感性要求降低，有利于在网络质量不高的环境中应用。

（4）使用方便。IC 卡体积小，重量轻，抗干扰能力强，便于携带，易于使用。

由于以上这些优点，IC 卡自诞生以来就备受重视，其市场迅速遍及世界各地，而其应用领域也从最初的银行信用卡单一领域，渗透到包括安保、付费电话、健康记录卡、身份证和宾馆旅游等几十个甚至上百个领域。

2. IC 卡与磁卡的比较

IC 卡与磁卡的性能比较见表 2-3。

表 2-3 IC 卡与磁卡的性能比较

对比项目	IC 卡	磁卡
防伪性	很强，极难伪造	容易复制
抗破坏性	抗机械、化学破坏能力强；抗磁、电能力强	不能抗强磁和静电
信息保存期	10 年以上	2 年以下
信息存储量	大	小
保密性	高	低
耐用性	擦写次数 10 万次以上	数千次
灵活性	带有智能性	被动的存储介质
成本	较低	低
读写终端设备成本	低	高
系统网络环境要求	低	高

总体上讲，与磁卡相比，IC 卡有以下四个方面的优点：

（1）安全性高。IC 卡的安全性比磁卡高得多，IC 卡内的信息加密后不可复制，安全密码核对错误有自毁功能，而磁卡容易被复制。

（2）存储容量大。IC 卡的存储容量大，内含微处理器，存储器可以分成若干应用区，便于一卡多用，方便保管。

（3）可靠性高。IC 卡防磁，防一定强度的静电，抗干扰能力强，可靠性比磁卡高。一般至少可重复读写 10 万次以上，使用寿命长。

（4）应用成本低。IC 卡卡片的成本比磁卡卡片的成本要高，但是 IC 卡的读写机构比磁卡的读写机构简单可靠、造价便宜、容易推广、维护方便。磁卡的读写设备中含有精密机械及信号转换装置，因此成本高。一个简单的读磁卡装置售价都在几百元，而复杂一点的读写磁卡装置价值几千元，而且可靠性低，维护量大。IC 卡本身是一个数字电路，IC 卡的读写只需要一个可供插卡的卡座就行，简单的卡座只要十几元，高级的卡座也只要百元，而且使用寿命长，可靠性高，维护量小。另外，由于磁卡的加密性较差，存储容量小，因此有些信息不能存放在磁卡上。为了提高磁卡应用系统的安全性，应用系统网络设计要求高，软件工作量大。

3. 非接触式 IC 卡与 RFID 的关系

从技术原理上讲，非接触式 IC 卡是 RFID 家族中的成员之一，根据 RFID 使用频率分类来看，非接触式 IC 卡是 RFID 的低频类（125kHz、225kHz、13.56MHz）产品。通常应用在门禁、考勤、电子计费、电子钱包、停车场收费管理等领域。

RFID 产品还有中高频和超高频的，例如 433MHz、915MHz、2.45GHz、5.8GHz 等产品，中高频产品的特点是读写距离远、可多个标签同时读写等，被广泛地应用于制造业、物流仓储管理、高速公路不停车收费、安全管理等领域。

需要说明的是，RFID 不同频段产品之间是不能实现读写兼容的，也就是说，只有同一频段的产品才能读写兼容，既能读非接触式 IC 卡又能读 RFID 的设备是有的，但这种设备必须使用同一频段。

2.5.2 IC 卡的分类与使用流程

IC 卡的外观是一块塑料或 PVC 材料，通常还印有各种图案、文字和号码，称为"卡基"；在"卡基"的固定位置上嵌装一种特定的 IC 芯片，就成为通常所说的 IC 卡。根据嵌装的芯片不同就产生了不同类型的 IC 卡。

1. IC 卡的分类

（1）按组成结构划分。按照其组成结构，IC 卡可以分为一般或非加密存储器卡、加密存储器卡、CPU 卡和超级智能卡。

1）一般或非加密存储器卡（Memory Card）。此类卡的内嵌芯片相当于普通串行 EEPROM 存储器，有些芯片还增加了特定区域的写保护功能。这类卡信息存储方便、使用简单、价格便宜，很多场合可替代磁卡，但由于其本身不具备信息保密功能，因此只能用于保密性要求不高的应用场合。

2）加密存储器卡（Security Card）。加密存储器卡的内嵌芯片在存储区外增加了控制逻辑，在访问存储区之前需要核对密码，只有密码正确，才能进行存取操作。这类卡的信息保密性较好，使用与一般存储器卡相类似。

3）CPU 卡（Smart Card）。CPU 卡的内嵌芯片相当于一个特殊类型的单片机，内部除了带有控制器、存储器、时序控制逻辑等外，还带有算法单元和操作系统。由于 CPU 卡有存储容量大、处理能力强、信息存储安全等特性，因此广泛用于对信息安全性要求特别高的场合。

4）超级智能卡（Super Smart Card）。在超级智能卡上具有微处理单元（Microprocessor Unit，MPU）和存储器，并装有键盘、液晶显示器和电源，有的卡上还具有指纹识别装置等。

（2）按数据读写方式划分。按照数据读写方式，IC 卡可以分为接触式 IC 卡和非接触式 IC 卡两类。

1）接触式 IC 卡。这种 IC 卡由读写设备的触点和卡片上的触点相接触，进行数据读写。国际标准 ISO/IEC 7816 对此类 IC 卡进行了规定。

2）非接触式 IC 卡。这种 IC 卡与读写设备无电路接触，由非接触式的读写技术进行读写（例如，光或无线电技术）。内嵌芯片中除了存储单元、控制逻辑外，还增加了射频收发电路。这类卡一般用在读取数据频繁、可靠性要求特别高的场合。国际标准 ISO/ICE 10536 系列标准阐述了对非接触式 IC 卡的有关规定。

非接触式 IC 卡具有以下特点：①非接触式 IC 卡进行读写操作时不与读写设备发生机械接触，从而大大减少了对卡片和读卡设备的机械损伤，延长了卡片和读卡设备的使用寿命。②非接触式 IC 卡的集成电路完全密封在 PVC 卡片中，可避免受到污损。读卡设备不需要配备卡座，整个设备可完全密封。③非接触式 IC 卡是无源卡，工作电能由感应天线通过电磁感应产生，读写设备与 IC 卡通过无线电波进行数据通信。④非接触式 IC 卡使用快捷，可同时操作多张卡，实现并行处理，使用时不受方向的限制。⑤非接触式 IC 卡与读写设备可在相对运动的情况下进行操作。⑥非接触式 IC 卡抗干扰能力较强，对于环境要求不高，防尘抗静电性能好。⑦非接触式 IC 卡的制造工艺比较复杂，价格成本较高。

（3）按数据交换格式划分。按照数据交换格式分类，IC 卡可以分为串行 IC 卡和并行 IC 卡两种。

1）串行 IC 卡。这种 IC 卡和外界进行数据交换时，数据流按照串行方式输入输出。当前应用中大多数 IC 卡都属于串行 IC 卡。串行 IC 卡接口简单、使用方便，国际标准化组织（ISO）专门开发了相关标准。

2）并行 IC 卡。与串行 IC 卡不同，并行 IC 卡的数据交换以并行方式进行，由此可以带来两方面的好处，一是数据交换速度提高，二是在现有技术条件下存储容量可以显著增加。有关厂商在这方面做出了探索，并有产品投入使用，但由于没有形成相应的国际标准，大规模应用方面还存在一些问题。

（4）其他类型的 IC 卡。有关厂商还设计制造了各种适合实际用途的智能卡，主要有以下几种：

1）预付费卡（Prepayment Card）。预付费卡在出厂后、初始化前的特性与加密存储器卡相类似，只是容量较小，一旦经用户初始化后，其信息的读取与一般存储器卡类似。预付费卡的内嵌芯片相当于一个计数器，只是该计数器只能做减法，不能做加法，当计数为零时，芯片便作废。因此，这种卡是一次性的，专门为预付费用途而设计。

2）混合卡（Mixed Card）。混合卡也存在多种形式，例如将 IC 芯片和磁卡做在同一张卡片上，将接触式和非接触式融为一体，这样的卡一般称为混合卡。

3）光卡（Optical Card）。1981 年，由美国一家公司提出了光卡概念，从而丰富了卡片式数据存储方式。光卡由半导体激光材料组成，能够储存并再生大量信息。光卡记录格式目前有两种：Canon 型和 Delta 型。这两种形式均已被国际标准化组织接收为国际标准。光卡具有体积小、便于随身携带、容量大、抗干扰性强、数据安全可靠、保密性好和价格相对便宜等优点。

2. IC 卡的使用流程

在应用过程中，常见的 IC 卡使用流程一般是：

（1）IC 卡生产商成批生产空白卡，并根据客户的需求在卡片上印制图案和说明文字。对于远程客户还需写入运输密码由开发者解密后使用，以防空白卡在运输途中被截取。

（2）利用 IC 卡管理模块中的发卡站，针对具体持卡人在 IC 卡上写入不同信息，这个过程称作 IC 卡的个人化。它一般包括与其他应用系统相区别的发行商密码和个人密码，此密码由系统中各工作站在读写时识别，以防止伪造的同类型卡在系统中使用。

（3）根据应用的需要，由 IC 卡应用软件或通过 IC 卡数据采集器写入其他与持卡人有关的信息，如个人姓名、密码、个人账号、存款额等，使该卡个人化，以与其他卡相区别。

（4）利用 IC 卡管理模块中的发卡站，完成对丢失、损坏的卡进行核实、补发、核销等工作。

2.5.3 IC 卡应用系统的组成

IC 卡应用系统主要包括 IC 卡、IC 卡感应设备（数据采集器）、计算机和 IC 卡应用系统软件四部分，根据应用的场合形成具有特定应用功能的系统。其中，IC 卡主要作为信息的载体。

1. IC 卡数据采集器

IC 卡数据采集器是一种具有现场实时数据采集、处理功能的自动化设备。它具备实时采集、自动存储、即时显示、即时反馈、自动处理、自动传输功能，为现场数据的真实性、有效性、实时性、可用性提供了保证，一般可以分为 IC 卡数据采集器、IC 卡/条码数据采集器。通常，IC 卡数据采集器必须具有以下功能：

（1）数据通信功能。数据通信功能即对上与计算机、对下与智能卡感应模块之间进行通信。在联网模式中，通信方式可以是 RS232 方式，也可以是 485 方式（理论通信距离 1200m，甚至可以采用调制调谐实现远程数据传输。而在脱机或非联网模式下，IC 卡数据采集器与计算机的数据交换常常采用存储量大的专用 IC 卡来实现。

（2）数据暂时存储功能。数据暂时存储功能即能存储应用过程中的数据信息。

（3）感应各种智能卡功能。感应各种智能卡功能即采用更换控制程序和感应头的方式，实现对各种智能卡进行读写和数据操作。

2. IC 卡应用系统软件

一般来说，IC 卡应用系统软件的主要功能包括以下几个方面：

（1）IC 卡的初始化与管理。
（2）IC 卡数据采集器中数据的上传和转换，或下载参数到 IC 卡数据采集器。
（3）数据汇总统计查询。
（4）根据应用的需要对收集的数据进行分析和处理。
（5）系统安全管理。

IC 卡的初始化管理主要包括对卡上存储空间的初始规划分区，规定各分区数据格式，加密方式，各级读、写密码等。下面以 AT-MEL1604 卡为例来做介绍。该卡包含四分区逻辑加密，主要由电擦除可编程只读存储器即 EEPROM 组成，具有较大存储容量和优良的保密安全性能。卡上有 1 个公用区和 4 个应用数据区。首先需对各存储区进行规划。公用区存放厂商代码、发行商代码，用于区别其他应用系统。总密码用于对全卡操作进行控制，各分区还有分区密码、擦除密码和读写控制位，它们可以保护各区数据安全，控制数据读写属性。第 1 分区容量为 9kbits，用于保存客户历史交易资料。其他分区均为 2kbits 容量。第 2 分区存放基本信息，包括姓名、年龄、性别、编号、工作单位、地址、电话等。第 3 分区为记账区，存入用户预交费用、有效期、是否挂失等信息；在交易过程中由各站点写入自动收费结算。第 4 分区一般用于保存系统特征值，如加解密密钥和一些系统参数，将来可写入其他信息，实现一卡多用。IC 卡管理模块是 IC 卡应用系统的核心，它包括新卡发行、卡上信息查询和修改、卡的挂失和补发等功能，均涉及 IC 卡的读写。

在 IC 卡应用系统的建设过程中，除实现上述功能外，还需考虑应用系统总体结构设计、计算机硬件配置、网络结构设计和联网等工作。因为 IC 卡读写设备或数据采集器可实现脱机处理，对通信线路的依赖性不强，所以前台读写设备与后台处理系统通信的网络结构一般都比较简单，甚至可以不联网。例如，在公交车自动售票系统中，因为在不断移动的公交车上无法与后台处理系统建立有线连接，所以大多采用一种存储量较大的专用 IC 卡来传递数据，这是一种典型的脱机或非联网应用方式。

2.5.4　IC 卡技术在物流管理数据采集中的应用

IC 卡技术适用于物料跟踪、运载工具和货架识别等数据采集和交换的场合。由于非接触式 IC 卡的特性与优点，其在物流管理活动中的使用非常普遍，特别是在仓储管理与运输管理等领域。

下面以一个非接触式 IC 卡在仓库管理中的应用为例进行说明。这里，该非接触式 IC 卡仓库管理系统的硬件包括主机、打印机、出入库读写器、位置读写器、移动读写器、RS485 接口卡、电动控制门、报警检测装置等。其中，主机上安装了应用系统软件，并通过 RS485 接口卡与出入库读写器及所有的位置读写器相连接，对它们进行控制，如设置权限、读取记录及统计查询等。位置读写器记录物品的放置；出入库读写器控制电动控制门，采集物品出入库记录等；非接触式 IC 卡记录物品的标识，存储其型号、生产日期、数量等资料。

1. 物品定位

物品进出仓库中某区域时需经过该区域的位置读写器，位置读写器主要包括接收器 A 和 B、IC 卡读写器以及逻辑电路，IC 卡读写器记录此物品，由逻辑电路判断物品进出方向,如图 2-6 所示。主机接收记录及进出标识,对数据库进行修改,为管理人员查询、点验、寻找物品带来方便。

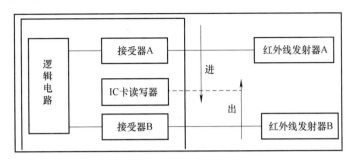

图 2-6　位置读写器在物品定位中的工作原理

2. 出入库管理

物品出入库登记是仓库管理中的重要环节。一旦物品种类数量过多,工作量就会很大,出错的可能性也随之增大。采用人工检查和自动化双重管理方式,实现出入库管理,使物品出入库与数据库的更新同步,并最终生成报表,可以大大减少管理人员的工作量。

需要说明的是,在该系统中出入库读写器与位置读写器相类似,装配有两个红外线接收器用来判断是入库操作还是出库操作。

3. 盘点

在仓库管理中定期进行盘点是必不可少的工作。该系统配置了移动读写器,工作人员手持它在仓库中巡视一圈即可迅速完成物品的清点任务。具体流程是分区域进行的,移动读写器读取 IC 卡信息并输送到主机作为记录存入新数据库;一个区域读取完毕后,应用系统进行该区域的新旧数据库比较并记录结果;进入下一区域重复以上过程,仓库盘点结束后由应用系统生成物品统计报表和差异报表,便于及时发现问题。

2.6　无线电定位技术及其应用

定位通常是指利用某种测量技术精确确定目标的位置。无线电定位是指利用无线电波的传输特性,在已知参考点和待定点之间进行距离、方位或者其他参数的测量,根据一个或者多个已知参考点的测量结果来计算待定点的空间坐标。位置信息一般包括与移动台有关的坐标(二维或三维),通常是指移动台所处位置的经度、纬度和高度信息。

2.6.1　无线电定位技术概述

根据信号的来源可以将无线电定位系统分为地面定位系统、卫星定位系统和混合定位系统。地面定位系统通过测量无线电波从发射机到接收机的传播时间、时间差、信号场强、相位或入射角等参数来确定移动目标的二维定位。卫星定位系统利用人造卫星作为信号源、信号中继站或定位基准进行测时和测距,来获取用户的地理坐标。混合定位系统是指将卫星定位系统与地面定位系统相结合。

1. 地面定位系统

蜂窝移动通信网络无线定位属于地面无线定位系统。

GSM（Global System for Mobile Communications，全球移动通信系统）数字蜂窝移动通信网，是我国于 20 世纪 90 年代初引进并采用的一种起源于欧洲的移动通信技术标准，是第二代移动通信技术。GSM 系统由交换网路子系统、无线基站子系统和移动台三大部分组成。

CDMA（Code Division Multiple Access，码分多址）是在扩频通信技术基础上发展起来的一种成熟的无线通信技术。CDMA 移动通信网是由扩频、多址接入、蜂窝组网和频率复用等几种技术结合而成，含有频域、时域和码域三维信号处理的一种协作，因此它具有抗干扰性好，抗多径衰落，保密安全性高，同频率可在多个小区内重复使用，容量和质量之间可做权衡取舍等属性。采用宽带载频传输技术，CDMA 有效地克服了信号路径衰落，对于相同的带宽，CDMA 系统的容量是 GSM 系统的 4～5 倍。

第三代移动通信（3G）系统中采用了 CDMA 技术，欧洲提出的 W-CDMA，美国提出的 CDMA2000 以及我国提出的 TD-SCDMA 为第三代移动通信的三大主流标准。这个阶段的特征是系统容量和频率利用率得到了较大提高。第三代移动通信系统可以提供高速数据业务，承载的业务类型得到了极大的丰富。第四代移动通信技术（4G）是以 3G 的通信技术为基础，有 FDD-LTE 和 TDD-LTE 两种制式，其系统的下行信道最高速率可达 100Mbps，能充分提高网络效率和通信定位功能，可以为用户提供快速实时的高清视频图像。2017 年，工业和信息化部颁布了国内移动电话第五代移动通信技术（5G）运营许可证，明确了新一代移动通信的频段划分为 3300～3600MHz 和 4800～5000MHz 两个频段。5G 网络能够兼顾系统性覆盖和大容量需求，具有数据传输速率最高可达 10Gbit/s 的优势，比当前的有线互联网还要快。2019 年，工业和信息化部正式向中国移动、中国电信等多家运营商发放 5G 商用牌照，我国正式进入 5G 商用元年。5G 时代的到来将改变人们的生活方式，为人类提供包括智慧物流在内的更舒适、便捷、智慧的生活环境。

蜂窝移动通信网中的无线定位系统按移动通信结构分为基于移动通信网络的无线定位（简称基于网络的定位）系统、基于移动台的无线定位系统和 GPS 辅助定位系统。

基于网络的定位系统是指由网络测量和计算定位结果。基于网络的定位方法也被称为反向链路定位，它是由多个基站同时检测移动台的发射信号，将测量到的与移动台位置有关的特征信息（时间或场强等）传送至网络，由网络完成计算和对移动台进行定位估计。移动台往往是普通手机，这就需要对基站安装监测设备，测量移动台发出的信号参数，再通过适当的算法估计出移动台的大致位置；而信号的传播很大程度上取决于移动通信信道特性，使定位精度受到很大的影响。

基于移动台的定位系统是指移动台根据来自多个基站的信号计算出自己的位置，执行测量并计算定位结果。基于移动台的定位方法也被称为前向链路定位，它是由移动台根据接收到的多个确知基站的发射信号中所蕴含的移动台位置信息，通过内置的计算功能单元进行数据的处理，从而确定位置信息。基于移动台的定位系统必须对移动台进行适当修改，如集成能接收多个基站信号进行自处理的处理单元。

GPS 辅助定位系统，即采用 GPS（Global Positioning System，全球定位系统）定位方案，由集成在移动台上的 GPS 接收机和网络中的 GPS 辅助设备利用 GPS 实现对移动台的自定位。在 GPS 辅助定位系统中，移动台和网络都集成了 GPS 的辅助设备，能够提供比较精确的用户定位信息，但同时这将对移动台的体积和成本带来影响。

在 CDMA2000 系统中，基站可以提供 GPS 导航信息，这为在 CDMA 网上采取混合定位方法提供了有力的辅助手段；移动台可以利用基站导频信号的码片时延来确定距离，而扩频码良好的自相关性能可有效地提高时延检测的准确性。基于 CDMA 的无线定位技术利用这些特性提高了定位精度和定位速度，从而提供了更好的定位服务质量。

2. 卫星定位系统

卫星定位系统的主要优点是：可实现全球、全天候导航和定位精度高。目前共有四个卫星定位系统：美国的 GPS、俄罗斯的格洛纳斯全球卫星导航系统（GLONASS）、我国的北斗卫星导航定位系统（BDS）以及欧盟的"伽利略"导航卫星系统（Galileo）。

美国的 GPS 从 20 世纪 70 年代开始研制，历时 20 年，耗资 200 亿美元，于 1994 年全面建成，是具有在海、陆、空进行全方位实时三维导航与定位能力的新一代卫星导航与定位系统。GPS 卫星由 24 颗高度约 20200km 的卫星组成卫星星座，这 24 颗卫星均为近圆形轨道，运行周期约为 11h 58min，分布在 6 个轨道面上（每个轨道面有 4 颗），轨道倾角为 55°。卫星的分布使得在全球的任何地方、任何时间都可观测到 4 颗以上的卫星，具有提供在时间上连续的全球导航能力。

俄罗斯的格洛纳斯全球导航卫星系统（GLObal NAvigation Satellite System，GLONASS）是苏联从 20 世纪 80 年代初开始建设的，与美国 GPS 相类似的卫星定位系统，现在由俄罗斯空间局管理。GLONASS 由卫星星座、地面监测控制站和用户设备三部分组成，卫星星座由 24 颗卫星组成，均匀分布在 3 个近圆形的轨道平面上，每个轨道面有 8 颗卫星，轨道高度约 19 100km，运行周期约 11h 15min，轨道倾角约 64.8°。由于早期的 GLONASS 卫星设计寿命短，原来在轨卫星陆续退役，并由于经济困难无力补网，GLONASS 自 1995 年起就没有完全运转，也没有覆盖全球的能力，只能与 GPS 联合使用。GLONASS 未达到 GPS 的导航精度，其应用普及情况远不及 GPS。

欧盟的"伽利略"卫星定位系统（Galileo Satellite Navigation System，Galileo）是世界上第一个民用的全球导航卫星定位系统。"伽利略"计划于 1999 年提出，2002 年正式启动。Galileo 运行于中高度圆轨道，由 30 颗卫星和 2 个地面控制中心组成，其中 27 颗为工作卫星，3 颗为候补卫星，卫星高度约为 24 126km，位于 3 个倾角约为 56°的轨道平面内。Galileo 是欧洲自主、独立的全球多模式卫星定位系统，提供高精度、高可靠性的定位服务，实现完全非军方控制、管理，可以进行覆盖全球的导航和定位功能。Galileo 还能够和美国的 GPS、俄罗斯的 GLONASS 实现多系统内的相互合作，任何用户将来都可以用一个多系统接收机采集各个系统的数据或者各系统数据的组合来实现定位导航的要求。虽然 Galileo 在民用方面与 GPS 相比有着技术上灵活、可靠以及数据信号完整、准确等优势，但是由于一些非技术方面的原因，该系统无法顺利地依照计划进行。

我国的北斗卫星导航系统（BeiDou Satellite Navigation System，BDS）虽然较 GPS 起步较晚，但是发展突飞猛进，已经超越了欧盟，成为继美俄之后第三个成熟的全球卫星导航系统，可以在全球范围内为用户提供导航服务。2020 年 7 月 31 日，"北斗三号"系统建成并正式开通。"北斗三号"系统拥有许多自主创新技术：①作为三代服务的核心系统，每颗卫星上配备了星间通信链路等一系列高效的载荷设备，首次增添了星与星之间的双向测距及通信功能；有效解决了境外卫星监测的问题，提高了整个系统定位服务的精度，减少了对地面监测站的依赖；②首次实现了在轨卫星自主完好性监测，单星寿命提升至 10～12 年，节约了系统的维护成本；③在北斗卫星上，首次配备了具有中国知识产权的高精度星载原子钟、氢原子钟以及铷原子钟，借助原子钟提高了时间测量精密程度，使得北斗授时与定位精度都达到了全新的高度；④采取了冗余自检、故障修复等措施，备份了多颗卫星，保证了系统的可靠性；⑤融合了新体制信号，采用与其他卫星信号更兼容的信号作为导航信号，增加了强大的在轨重构功能，极大地提升了定位可靠性。作为中国制造的卫星导航系统，在智能交通、应急救援、森林防火、农业生产、人工智能等众多领域中都有广泛的应用。

2.6.2　GPS 的组成与技术原理

GPS（Global Positioning System）即全球定位系统，是由美国建设和控制的一组卫星所组成的、24h 提供高精度的全球范围的定位和导航信息的系统。它由 24 颗沿距地球约 12 000km 高度的轨道运行的 NAVSTAR GPS 卫星组成，不停地发送回精确的时间和卫星的位置。GPS 接收器同时接收 3～12 颗卫星的信号，从而判断地面上或接近地面的物体的位置，还有物体的移动速度和方向等。

GPS 最初是为军方提供精确定位而建立的，至今它仍然由美国军方控制。军用 GPS 产品主要用来确定并跟踪在野外行进中的士兵和装备的坐标，给海中的军舰导航，为军用飞机提供位置和导航信息等。

进入 21 世纪，越来越多的普通消费者买得起的 GPS 接收器出现了。随着技术的进步，这些设备的功能越来越完善，几乎每月都有新的功能出现，但价格在下跌，尺寸也越来越小。目前 GPS 在商业领域大显身手，消费类 GPS 主要用在勘测制图、航空航海导航、车辆追踪系统、移动计算机和蜂窝电话平台等方面。一些 GPS 接收器还集成了收音机、无线电话和移动数据终端的功能来适应车队管理的需要。手持式和车载式 GPS 设备分别如图 2-7 和图 2-8 所示。

图 2-7　手持式 GPS 设备

图 2-8　车载式 GPS 设备

随着 GPS 设备的普及，GPS 与地理信息系统（Geographic Information System，GIS）的结合也日益紧密。在物流领域的应用中，GPS 用于实时监控车辆等移动目标的位置，根据道路交通状况向移动目标发出实时调度指令，GIS 则利用强大的地理数据管理功能来完善物流规划、导航及成本分析，而 GIS、GPS 和无线通信技术的有效结合，再辅以车辆路线模型、最短路径模型、网络物流模型、分配集合模型和设施定位模型等，能够建立功能强大的物流信息系统，使物流活动变得实时、透明并且成本最优。

1. GPS 组成

GPS 的组成包括三大部分：空间星座部分、地面监控部分、用户设备部分。

（1）空间星座部分。GPS 由 24 颗卫星组成。GPS 卫星的空间配置，保证了在地球上任何地方、任何时刻均至少可以同时观测到 4 颗卫星。每颗卫星装有 2 台铷钟和 2 台铯钟，为 GPS 卫星提供高精度的时间标准。GPS 卫星的基本功能包括：接收和储存由地面监控站注入的导航信息，接收并执行监控站的控制指令；卫星上的微处理机进行必要的数据处理；通过星载高精度原子钟提供精密的时间标准；向用户发送导航和定位信息；在地面监控站的指令下，通过推进器调整卫星姿态和启用备用卫星。

（2）地面监控部分。GPS 的地面监控系统包括 1 个主控站、3 个注入站和 5 个监测站。出于战略考虑，它们全部位于美国本土。监测站的作用在于对 GPS 卫星进行连续的观测，采集数据和监测卫星的工作状况，并收集当地的气象资料，然后把所有观测资料传送到主控站以确定卫星的精密轨道。整个 GPS 地面监控部分，除主控站外均无人值守，各站之间用现代化的通信系统相联系，各项工作高度自动化。

（3）用户设备部分。用户设备部分是指 GPS 信号接收机，用户只有通过 GPS 接收机，才能实现应用 GPS 定位的目的。用户设备的主要任务是接收 GPS 卫星发射的无线电信号，以获得必要的定位信息及观测量，并经数据处理而完成定位工作。

2. GPS 定位的基本原理

GPS 定位的基本原理是根据高速运动的卫星瞬间位置作为已知的起算数据，采用空间距离后方交会的方法，确定待测点的位置。空间卫星部分不断地发射信号，用户利用手中的 GPS 接收机接收卫星信号进行解算而得到定位结果。GPS 将空间的卫星位置作为已知点，通过接收机接收不同卫星发射的信号，计算出卫星信号从发射到被接收机接收所用的时间。由于卫星信号是一种电磁波，其传输速度同光速相同，所以可以推算出接收机天线距不同卫星的距离。由于卫星位置已知，在收到三颗卫星发射的信号后，可以计算出接收机天线距离各卫星的距离，以各卫星所在位置为球心，以其到接收机的距离为半径做球面，在空间三球必定相交于二点，一点远离地球，一点在地球表面。地球表面的这一点就是接收机天线的位置，在各卫星位置已知时，该点的三维位置（x，y，z）就可以解算出来。在实际解算中，由于接收机时钟和卫星时钟之间存在一个未知的钟差，所以必须接收到四颗以上的卫星信号，才能解算出接收机天线的位置。

2.6.3 GPS 在物流管理中的应用

GPS 技术以前多用于军事上，主要用于陆、海、空导航，定点轰炸以及舰载导弹制导。该技术在海湾战争及近期反恐战争中发挥了巨大威力。海湾战争后，GPS 在民用领域的应用和研究获得迅速发展，包括测量、交通、救援、农林业、旅游及野外考察等方面。

在发达国家，GPS 技术已经被众多跨国公司广泛应用于货物运输和物流配送中，如零售巨人沃尔玛、国际物流巨头马士基、速递公司 UPS 等。

目前，我国 GPS 的应用范围正在不断扩大。中国仓储与配送协会的调查报告显示，我国车辆运营的空载率约为 45%。造成这一情况的重要原因之一就是物流配送企业无法准确知道运行车辆的具体位置，而且无法与司机随时随地保持联系，因此不能为其组织货源和灵活配货。在过去，物流配送企业要进行实时跟踪货物是极其困难的；同时，客户也不能及时了解货物配送过程的情况。现在，随着通信技术、互联网的发展和 GPS、GIS 技术的广泛运用，物流配送企业和客户可以通过局域网或互联网实时跟踪货物及运输车辆的状况，从而为物流配送企业的高效率管理提供了基础。

GPS 技术备受人们关注，其中一个重要的原因是 GPS 的诸多功能在物流领域的运用已被证明是卓有成效的，尤其是在货物配送领域中。由于货物配送过程是实物的空间位置转移过程，所以在货物配送过程中，对可能涉及货物的运输、仓储、装卸、送递等各个处理环节所涉及的问题，如运输路线的选择、仓库位置的选择、仓库的容量设置、合理装卸策略、运输车辆的调度和投递路线的选择，都可以通过运用 GPS 的导航功能、车辆跟踪、信息查询等功能进行有效的管理和决策分析，这无疑将有助于物流配送企业有效地利用现有资源，降低消耗，提高效率。具体来看，目前 GPS 在物流配送中主要发挥以下作用：

1. 导航功能

三维导航既是 GPS 的首要功能，也是它的最基本功能。其他功能都要在导航功能的基础上才能完全发挥作用。飞机、船舶、地面车辆以及步行者都可利用 GPS 导航接收器进行导航。

汽车导航系统是在 GPS 的基础上发展起来的一门新技术，它由 GPS 导航、自律导航、微处理器、车速传感器、陀螺仪传感器、CD-ROM 驱动器、LCD 显示器组成。GPS 导航是由 GPS 接收机接收 GPS 卫星信号，得到该点的经纬度坐标、速度、时间等信息的。当汽车行驶到地下隧道、高层楼群、高速公路等遮掩物当中而捕捉不到 GPS 卫星信号时，系统可自动启用自律导航，通过车速传感器检测汽车的速度和陀螺仪传感器检测汽车前进的方向，再由微处理器处理即可得到汽车前进的数据。由 GPS 卫星导航和自律导航所测到的汽车位置坐标、前进的方向都与实际行驶的路线轨迹存在一定误差，因此需要采用地图匹配技术，利用一个地图匹配电路，对汽车行驶的路线与电子地图上道路的误差进行实时相关匹配，并做自动修正。

安装了汽车导航系统后，道路数据等信息已预存储于 CD-ROM 里，驾驶人在 LCD 显示器里可实时看到汽车行驶的坐标、速度、时间等信息。

2. 车辆跟踪功能

GPS 导航系统与 GIS 技术、全球移动通信系统（Global System for Mobile，GSM）及计算机应用系统相结合，可以实现车辆跟踪功能。GPS 为 GIS 提供了一种实时、动态、精确获取空间数据的方法，GIS 根据 GPS 提供的数据，对相应的空间数据进行分析，并将分析结果可视化，为用户的管理决策等提供依据。GSM 则负责 GPS 与 GIS 之间的数据通信。

目前，已开发出把 GPS/GIS/GSM 技术结合起来对车辆进行实时定位、跟踪、报警、通信等的技术，利用该技术可以实时显示车辆的实际位置，并可以任意放大、缩小、还原、换图；可以随目标移动，使目标始终保持在屏幕上；还可实现多窗口、多车辆、多屏幕同时跟踪。利用车辆跟踪功能可对重要车辆和货物进行运输跟踪管理，能够满足掌握车辆基本信息、对车辆进行远程管理的需要，有效避免车辆的空载现象，同时客户也能通过互联网技术，了解自己货物在运输过程中的细节情况。

3. 货物配送路线规划功能

货物配送路线规划是 GPS 导航系统的一项重要辅助功能，它主要包括：

（1）自动线路规划。由驾驶人确定起点和终点，由计算机应用系统按照要求自动设计最佳行驶路线，包括最快的路线、最简单的路线、通过高速公路路段次数最少的路线等。

（2）人工线路设计。由驾驶人根据自己的目的地设计起点、终点和途经点等，自动建立线路库。线路规划完毕后，能够在显示器电子地图上显示设计线路，并同时显示车辆运行路径和运行方法。

4. 话务指挥

GPS 指挥中心可以监测区域内车辆的运行状况，对被监控车辆进行合理调度。指挥中心也可以随时与被跟踪目标通话，实行管理。

5. 紧急援助

通过 GPS 定位和监控管理系统可以对遇到险情或发生事故的车辆进行紧急援助。监控台的电子地图可以显示求助信息和报警目标，规划出最优援助方案，并以报警声、光提醒值班人员进行应急处理。

GPS 是在物流领域内迅速发展的，具有开创意义的高新技术之一。随着我国物流业的发展，以及高等级公路的快速修建和 GPS 技术应用研究的逐步深入，GPS 在物流配送中的应用也会更加广泛，并发挥出更大的作用。

2.7 电子数据交换技术

EDI 是英文 Electronic Data Interchange 的缩写，中文译为"电子数据交换"或"电子资料联通"。它是一种在企业之间传输订单、发票等作业文件的电子化手段。它通过计算机通信网络将贸易、运输、保险、银行和海关等行业信息，用一种国际公认的标准格式，实现各有关部门之间或企业与企业之间的数据交换与处理，并完成以贸易为中心的全部过程。它是 20 世纪 80 年代发展起来的一种新颖的电子化贸易工具，是计算机、通信和现代管理技术相结合的产物。国际标准化组织将 EDI 描述成"将贸易（商业）或行政事务处理按照一个公认的标准变成结构化的事务处理或信息数据格式，从计算机到计算机的电子传输"。

由于使用 EDI 可以减少甚至消除贸易过程中的纸质文件，因此 EDI 又被人们通俗地称为"无纸贸易"。从上述 EDI 定义不难看出，EDI 包含了三个方面的内容，即计算机应用、通信环境、数据标准化。其中，计算机应用是 EDI 的条件，通信环境是 EDI 应用的基础，数据标准化是 EDI 的特征。这三个方面相互衔接、相互依存，构成了 EDI 的基础框架。EDI 系统应用模型如图 2-9 所示。

图 2-9　EDI 系统应用模型

物流系统的信息由作业过程中的实时数据组成，包括购进物料流程信息、生产状态信息、产品库存信息、装运及新到订货信息等。对外与卖主或供应商、金融机构、运输商及顾客等就订货装运和相关单据事宜的交流，对内生产领域的计划和控制等方面，都可以应用 EDI 技术来实现。

2.7.1　电子数据交换技术概述

全球贸易额的上升带来了各种贸易单证、文件数量的激增。虽然计算机及其他办公自动化设备的出现可以在一定范围内降低人工处理纸面单证的劳动强度，但由于各种型号的计算机不能完全兼容，实际上又增加了对纸张的需求。美国森林及纸业协会（AF&PA）曾经做过统计，得出了用纸量超速增长的规律，即年国民生产总值每增加 10 亿美元，用纸量就会增加 8 万 t。此外，在各类商业贸易单证中有相当大一部分数据是重复出现的，需要反复地键入。有人对此也做过统计，计算机的输入平均 70%来自另一台计算机的输出，且重复输入也使出差错的概率增大了。据美国一家大型分销中心统计，有 5%的单证中存在着错误。重复录入浪费人力、时间，降低效率。因此，纸质贸易文件成了阻碍贸易发展的一个比较突出的因素。

另外，市场竞争也出现了新的特征。价格因素在竞争中所占的比重逐渐减小，而服务性因素所占比重增大。销售商为了减少风险，要求小批量、多品种、供货快，以适应瞬息万变的市场行情。而在整个贸易链中，绝大多数企业既是供货商又是销售商，因此提高商业文件传递速度和处理速度成了所有贸易链中成员的共同需求。同样，计算机的大量普及和应用以及功能的不断丰富，已使计算机应用从单机应用走向网络化应用。

正是在这样的背景下，以计算机应用、通信网络和数据标准化为基础的 EDI 应运而生。20 世纪 60 年代末，欧洲和美国几乎同时提出了 EDI 的概念。早期的 EDI 只是在两个商业伙伴之间，依靠计算机与计算机直接通信完成。20 世纪 70 年代，数字通信技术的发展大大加快了 EDI 技术的成熟和应用范围的扩大，也带动了跨行业 EDI 系统的出现。20 世纪 80 年代，EDI 标准的国际化又使 EDI 的应用跃入了一个新的里程。时至今日，EDI 历经萌芽期、发展期已步入成熟期。

EDI 一经出现便显示出了强大的生命力，迅速地在世界各主要工业发达国家和地区得到广泛的应用。正如我国香港 TRADELINK 公司的宣传资料所指出的那样："当 EDI 于 20 世纪 60 年代末期在美国首次被采用时，只属于当时经商的途径之一；时至今日，不仅美国和欧洲大部分国家，而且越来越多的亚太地区国家，均已认定 EDI 是经商的唯一途径。"由于 EDI 具有高速、精确、远程和海量的技术性能，因而 EDI 的兴起标志着一场全新的、全球性的商业革命的开始。国外专家深刻地指出："能否开发和推动 EDI 计划，将决定对外贸易方面的兴衰和存亡。如果跟随世界贸易潮流积极推行 EDI，就会成为巨龙而腾飞，否则就会成为恐龙而绝种。"英国的 EDI 专家则明确指出："以现有的信息技术水平，实现 EDI 已不是技术问题，而仅仅是一个商业问题。"

2.7.2 电子数据交换系统的原理与组成

1. EDI 系统的组成

EDI 系统将组织内部及贸易伙伴之间的商业文档和信息，以直接读取的、结构化的信息形式在计算机之间通过专用网络传输，这些信息的接收者可以直接处理信息而无须重新键入。在 EDI 应用中，EDI 参与者所交换的信息客体称为邮包。在交换过程中，如果接收者从发送者处得到的全部信息包括在所交换的邮包中，则认为语义完整，并称该邮包为完整语义单元（Complete Semantic Unit，CSU）。CSU 的生产者和消费者统称为 EDI 的终端用户。

在 EDI 工作过程中，所交换的报文都是结构化的数据，整个过程都是由 EDI 系统完成的。EDI 系统的组成如图 2-10 所示。

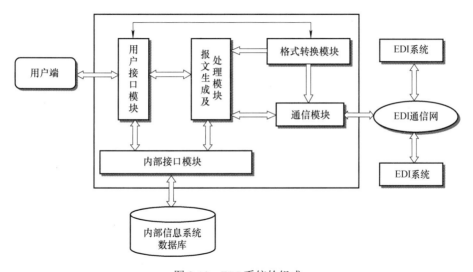

图 2-10　EDI 系统的组成

（1）用户接口模块。业务管理人员可用此模块进行输入、查询、统计、中断、打印等，及时地了解市场变化，调整策略。

（2）内部接口模块。这是 EDI 系统和本单位内部其他信息系统及数据库的接口，一份来自外部的 EDI 报文经过 EDI 系统处理之后，大部分相关内容都需要经内部接口模块送往其他信息系统，或查询其他信息系统才能给对方 EDI 报文以确认的答复。

（3）报文生成及处理模块。该模块有以下两个功能：

1）接收来自用户接口模块和内部接口模块的命令和信息，按照 EDI 标准生成订单、发票等各种 EDI 报文和单证，经格式转换模块处理之后，由通信模块经 EDI 网络发给其他 EDI 用户。

2）自动处理由其他 EDI 系统发来的报文。在处理过程中要与本单位信息系统相连，获取必要信息并给其他 EDI 系统答复，同时将有关信息送给本单位其他信息系统。

如因特殊情况不能满足对方的要求,经双方 EDI 系统多次交涉后不能妥善解决的,则把这一类事件提交用户接口模块,由人工干预决策。

(4)格式转换模块。所有的 EDI 单证都必须转换成标准的交换格式,转换过程包括语法上的压缩、嵌套,代码的替换以及必要的 EDI 语法控制字符。在格式转换过程中要进行语法检查,对于语法出错的 EDI 报文应拒收并通知对方重发。

(5)通信模块。该模块是 EDI 系统与 EDI 通信网络的接口,包括执行呼叫、自动重发、合法性和完整性检查、出错报警、自动应答、通信记录、报文拼装和拆卸等功能。

2. EDI 系统具备的一些基本功能

除以上这些基本模块外,EDI 系统还必须具备以下基本功能:

(1)命名和寻址功能。EDI 的终端用户在共享的名字当中必须是唯一可标识的。命名和寻址功能包括通信和鉴别两个方面。在通信方面,EDI 是利用地址而不是名字进行通信的,因而要提供按名字寻址的方法,这种方法应建立在开放系统目录服务 ISO/IEC 9594(对应 ITU-TX.500)基础上。在鉴别方面,有若干级必要的鉴别,即通信实体鉴别、发送者与接收者之间的相互鉴别等。

(2)安全功能。EDI 的安全功能应包含在上述所有模块中。它包括以下一些内容:终端用户以及所有 EDI 参与方之间的相互验证;数据完整性;EDI 参与方之间的电子(数字)签名;否定 EDI 操作活动的可能性;密钥管理。

(3)语义数据管理功能。CSU 是由多个信息单元(Information Unit,IU)组成的。CSU 和 IU 的管理服务功能包括:IU 必须支持可靠的全局参考;应能够存取指明 IU 属性的内容,如语法、结构语义、字符集和编码等;应能够跟踪和对 IU 定位;对终端用户提供方便和始终如一的访问方式。

3. EDI 的工作流程

目前通用的 EDI 通信网络是建立在消息处理系统(Message Handling Systems,MHS)数据通信平台上的信箱系统,其通信机制是信箱间信息的存储和转发。具体实现方法是在数据通信网上加挂大容量信息处理计算机,在计算机上建立信箱系统,通信双方必须申请各自的信箱,其通信过程就是把文件传到对方的信箱中。文件交换由计算机自动完成,在发送文件时,用户只需进入自己的信箱系统。EDI 的处理流程如图 2-11 所示。

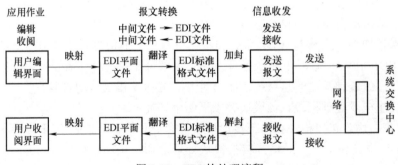

图 2-11 EDI 的处理流程

(1)映射(Mapping)——生成 EDI 平面文件。通过应用系统将用户的应用文件(如单证、票据)或数据库中的数据,映射成一种标准的中间文件,这一过程称为映射。所形成的中间文件即为 EDI 平面文件（Flat File），它是用户通过应用系统直接编辑、修改和操作的单证和票据文件，可直接阅读、显示和打印输出。

（2）翻译（Translation）——生成 EDI 标准格式文件。翻译功能是将平面文件通过翻译软件（Translation Software）生成 EDI 标准格式文件。EDI 标准格式文件，就是所谓的 EDI 电子单证，或称电子票据。它是 EDI 用户之间进行贸易和业务往来的依据。EDI 标准格式文件是一种只有计算机才能阅读的 ASCII 文件。它是按照 EDI 数据交换标准（即 EDI 标准）的要求，将单证文件（平面文件）中的目录项，加上特定的分割符、控制符和其他信息，生成的一种包括控制符、代码和单证信息在内的 ASCII 码文件。

（3）通信（Communication）。通信功能是在文件外层加上通信交换信封，按照 X.400（或 X.435）通信协议的要求，为电子单证加上信封、信头、信尾、投送地址、安全要求及其他辅助信息。用户通过通信网络接入 EDI 信箱系统，将 EDI 电子单证投递到对方的信箱中。EDI 信箱系统自动完成投递和转接。

（4）EDI 文件的接收和处理。接收和处理过程是发送过程的逆过程。首先需要通过通信网络接入 EDI 信箱系统，打开自己的信箱，将来函接收到自己的计算机中；其次经格式校验、翻译、映射还原成应用文件；最后对应用文件进行编辑、处理和回复。

在实际操作过程中，EDI 系统为用户提供的 EDI 应用软件包包括应用系统、映射、翻译、格式校验和通信连接等全部功能。用户可将该处理过程看作一个"黑匣子"，完全不必关心里面具体的过程。

2.7.3 电子数据交换系统的应用

在欧洲、北美的一些国家以及日本等，早在 20 世纪 60 年代就开始了 EDI 的研究工作，现在 EDI 应用已经在这些国家的经济中扮演着重要的角色。以日本为例，日本航运公司与货运代理、计量公司、理货公司和发货人共同建立了一个名为 SHIPNETS 的网络。SHIPNETS 是一个跨行业的网络体系，于 1986 年 4 月正式启用，有 24 家航运公司、145 个货运代理、2 家计量公司和 2 家理货公司。该网络通过日本电报电话公司的计算中心交换日本各主要港口的货运信息。另外，日本还开发了发货人/承运人运输信息网络（S.C.Net）和发货人/货运代理运输信息网络（S.F.Net），可在发货人和货运代理人之间交换进口税、发票、应付账款、支付和报关状况的信息。目前，欧洲已在运输业、化学工业、汽车工业、分销零售业等主要行业内广泛运用 EDI 技术。美国已在海关、运输、银行、汽车、百货、零售等行业中广泛使用。同时，新加坡、日本、韩国等亚洲国家也在积极地发展 EDI 业务。

我国 EDI 技术的研究及应用过程是从 20 世纪 80 年代开始起步的。"七五"期间，交通部组织以上海为试点的集装箱运输工业性试验项目，为集装箱运输单证及其流转程序的规范化和标准化奠定了基础。"八五"期间，交通部完成国际集装箱多式联运工业性试验推广项目，使我国国际集装箱运输的运行模式进一步与国际接轨，为推进和实现 EDI 技术创造了良好环境。20 世纪 90 年代，EDI 技术进入快速发展阶段。1995 年 6 月，国际集装箱运输 EDI 项目通过可行性研究报告，国家计委随后又将它列入"九五"重点科技项目，从此进入了集装箱运输 EDI 项目技术攻关和示范工程建设的快车道。

近年来，EDI 系统的应用范围在不断地扩大，处理技术也在不断地发展。总体看来，EDI 系统主要呈现以下三大发展趋势：①EDI 系统开始注重对信息的整合与处理，并提供增值服务。EDI 中心汇集了所有经过系统发送的报文数据，能够根据报文内容的具体逻辑结构与不同报文之间的业务逻辑关系，建立起业务数据之间的关联关系。通过用户查询以及数据挖掘等对数据的深层次加工，将能够为用户创造更多的经济效益。②实现基于因特网的 EDI 是现有系统应用的主流方式。传统的基于 VAN 技术的 EDI 系统，需要商业伙伴之间达成一致意见，然后对现有的系统进行改造，购买或者开发相应的转换软件，购买相应的服务。这对于中小型企业来说难以实现，因此使用廉价的 Internet EDI 等来代替价格较为昂贵的基于 VAN 技术的 EDI 等，已经成为目前发展的主要趋势。③注重和其他信息技术的融合。"十三五"期间，交通运输部重点开展了基于物联网的城市智能交通、高速公路运营管理、基础设施和交通状态感知、交通运输实时监控和监管、GIS 技术、EDI 技术和数据标准化等技术研发和集成应用，在船联网、车联网、物流信息平台、出行信息服务、数字航道、海事监管智能化等方面取得了显著进展，解决了载运工具移动数据交互技术难题，为营运车辆联网联控系统推广提供了技术支撑，显著提升了信息化、智能化发展水平。

2.8 云计算、大数据与人工智能技术

云计算、大数据、人工智能是近年来科技、产业界的热门话题。云计算是物联网的神经中枢。云计算是基于互联网的相关服务的增加、使用和交付模式，通常涉及通过互联网来提供动态易扩展且经常是虚拟化的资源。大数据记忆和存储海量知识，这些知识只有通过消化、吸收、再造才能创造出更高的价值。人工智能利用大数据，不断地深度学习、进化，模拟甚至超越人的智能。人工智能离不开大数据，更是基于云计算平台完成深度学习和进化。通过物联网产生、收集海量的数据并存储于云平台，再通过大数据分析甚至更高形式的人工智能，为人类的生产活动、生活所需提供更好的服务，这必将是第四次工业革命进化的方向。

2.8.1 云计算、大数据与人工智能技术概述

1. 云计算技术概述

云计算是一种基于互联网的计算方式，通过这种方式，共享的软硬件资源和信息可以按需求提供给计算机和其他设备。根据服务内容的差异，可以将云计算服务体系分为三层结构：基础设施即服务层（Infrastructure as a Service，IaaS）、平台即服务层（Platform as a Service，PaaS）、软件即服务层（Software as a Service，SaaS），如图 2-12 所示。

（1）基础设施即服务层（IaaS）。IaaS 主要是将虚拟机等资源作为服务提供给用户，它可以为用户提供按需租用的计算能力和存储能力。IaaS 通过互联网提供了数据中心、基础架构硬

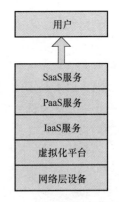

图 2-12 云计算服务体系结构

件和软件资源，如服务器、操作系统、磁盘存储、数据库和/或信息资源。IaaS 的主要操作者是系统管理员。最高端 IaaS 的代表产品有亚马逊的 AWS（Elastic Compute Cloud），不过 IBM、VMware、惠普以及其他一些传统 IT 厂商也提供这类服务。IaaS 通常会按照"弹性云"的模式引入其他使用和计价模式，也就是在任何一个特定的时间，用户都只使用他需要的服务，并且只为需要的服务付费。

（2）平台即服务层（PaaS）。PaaS 将应用程序开发及部署平台作为服务提供给用户，提高了 Web 平台上可利用资源的数量和效率。PaaS 提供了基础架构平台，用户可以在这个基础架构平台之上建设新的应用，或者扩展已有的应用，同时却不必购买开发、质量控制或生产服务器。Salesforce.com 的 Force.com、Google 的 App Engine 和微软的 Azure（微软云计算平台）都采用了 PaaS 的模式。这些平台允许用户创建个性化的应用，也允许独立软件厂商或其他的第三方机构针对垂直细分行业创造新的解决方案。

（3）软件即服务层（SaaS）。SaaS 将应用作为服务提供给用户。采用这种服务模式，用户无须购买软件，而是从网络获得软件，经过云计算分析处理的感知数据，由 Web 浏览器将应用和服务提供给用户。SaaS 是最为成熟、最出名，也是得到最广泛应用的一种云计算。可以将它理解为一种软件分布模式，在这种模式下，应用软件安装在厂商或者服务供应商那里，用户可以通过某个网络来使用这些软件，通常使用的网络是互联网。这种模式通常也被称为"随需应变"（On Demand）软件，是最成熟的云计算模式。因为这种模式具有高度的灵活性、已经证明可靠的支持服务和强大的可扩展性，因此能够降低用户的维护成本和投入费用，而且由于这种模式的多宗旨式的基础架构，运营成本也得以降低。

2. 大数据技术概述

大数据（Big Data）是互联网发展到现今阶段的一种表象或特征，物联网、云计算、移动互联网、车联网、手机、个人计算机以及遍布地球各个角落的各种各样的传感器，无一不是数据的来源或者承载的方式。这些原本很难收集和使用的数据开始容易被利用起来了，通过各行各业的不断创新，大数据逐步为人类创造更多的价值。

大数据是指无法在一定时间范围内用常规软件工具进行捕捉、管理和处理的数据集合，是需要新处理模式才能具有更强的决策力、洞察发现力和流程优化能力来适应海量、高增长率和多样化的信息资产。

一般而言，大家比较认可关于大数据的"4V"说法。大数据的 4 个"V"，也可以说成大数据的四个特点或四个层面：①数据体量巨大（Volume）。从 TB 级别跃升到 PB 级别。②数据类型繁多（Variety）。网络日志、视频、图片、地理位置信息等都是大数据的来源。③价值密度低、商业价值高（Value）。以视频为例，连续不间断的监控过程中，可能有用的数据仅仅有一两秒。④处理速度快（Velocity）。大数据时代对数据的处理速度要求符合"1秒定律"。最后这一点和传统的数据挖掘技术有着本质的不同。

维克托·迈尔-舍恩伯格在《大数据时代》（*Big Data*）一书中指出了大数据的三个特征，即全样而非抽样、效率而非精确、相关而非因果。全样而非抽样特征是指，过去由于缺乏获取全体样本的手段，人们发明了随机调研数据的方法。但是有了大数据技术之后，获取足够大的样本数据乃至全体数据，就变得非常容易了。效率而非精确特征是建立在第一个特征的基础上的。过去使用抽样的方法，就需要在具体运算上非常精确，但全样本时有多少偏差就是多少偏差，偏差不会被放大。数据分析的目的并非仅仅是数据分析，还有其他用途，故而时效性也非常重要。精确的计算是以时间消耗为代价的，在小数据时代，追求精确是为了避免放大偏差不得已而为之。但在样本为总体的大数据时代，快速获得一个大概的轮廓和发展脉络，比严格的精确性要重要得多。相关而非因果特征是指，过去数据分析的目的是解释事务背后的发展机理以及预测未来可能发生的事件。但是在大数据时代，因果关系不再那么重要，人们转而追求相关性而非因果性，也就是说大数据时代只需要知道是什么，而无须知道为什么，就像沃尔玛推荐算法一样，知道买啤酒的人很可能喜欢尿布但却不知道其中的原因。

3. 人工智能技术概述

人工智能又称 AI（Artificial Intelligence），是计算机科学的一个重要分支，人工智能是利用计算机来模拟人类的思维和行为方式，然后去处理和解决人类难以处理与解决的复杂问题。人工智能在不同的历史发展阶段，会有不同的表达方式和认识深度，它在不同的时期有不同的含义，人工智能的研究发展阶段表现出技术科学和自然科学的交叉联系。人工智能就是对人类的意识和思维进行模拟，能够像人一样思考。它的功能和性能远远优于普通计算机部件。人工智能自出现以来，其研究领域已经包括智能机器人、语言图像识别、自然语言处理和专家系统等，人工智能是一门综合性的科学，研究领域广泛，涉及人类社会的许多方面。目前，人工智能技术已经产生了强大的数据分析和推理能力，并且可以从网络中自主学习。

一些相关人员出于对人工智能研究的需要，在研究过程中将人工智能的智能水平划分为弱人工智能和强人工智能。其中，弱人工智能可以代替人力处理某一领域的工作，但是无法完全独立自主地进行处理和解决问题，只能在已有的程序和数据参数运行后做出数据库中存在的反应机制。迄今为止，绝大多数人工智能的智能水平处于弱人工智能这一阶段。强人工智能是指能够代替普通人完成生活中的大部分工作，各方面都能和人类比肩，能够像人类一样真正独立进行思考、抽象思维，理解复杂理念，快速学习，处理和解决问题等。目前这两个方向的人工智能研究均取得了一定进展和成果，而它们两者的结合是未来人工智能发展的方向。

2.8.2 云计算、大数据与人工智能的关键技术

1. 云计算技术

云计算的关键技术包括虚拟化、分布式存储和计算以及多租户等。

（1）虚拟化。目前阶段，云计算平台的最大特点是依靠虚拟化等一系列技术实现对硬件资源的虚拟化控制、管理、调度及应用。用户通过虚拟平台使用云服务供应商提供的网络资源、计算资源、数据库资源、存储资源等，操作时与使用本地计算机的感觉是一样的，但可以完成本地计算机无法完成的复杂计算。

（2）分布式存储和计算。云计算技术的兴起让数据量迅猛增长，计量单位将采用 TB 或者更高的级别。数据类型繁多，包括结构化、半结构化、非结构化等数据类型。如何存储大量数据成为云计算的关键问题。分布式存储是云计算中用来存储数据的一种方式，这

种方式经济性高、可靠性强。传输速率高、吞吐速率高的分布式存储技术被应用在云计算中。GFS（谷歌文件系统）以及 HDFS（Hadoop 分布式文件系统）是当前主流的分布式存储技术，当今很多 IT 公司如英特尔、雅虎公司，开发的云应用的数据存储技术都选择了 Hadoop 分布式文件系统。

分布式计算是云计算的一种计算模式，分布式的编程模式为分布式计算提供了基础，MapReduce 是任务调度模型和编程模型，是在云计算中被大量应用的编程方式。在多任务并发过程中，MapReduce 可以对任务进行调度处理。同时 MapReduce 可以对数据集合进行并行计算，用户通过编写 Map 与 Reduce 这两个函数来实现并行计算。

（3）多租户。多租户技术的目的在于使大量用户能够共享同一堆栈的软硬件资源，每个用户按照需求使用资源，能够对软件服务进行个性化配置，而且不影响其他用户的使用。多租户技术的核心包括数据隔离、架构扩展、用户化配置以及性能定制等。

2. 大数据技术

大数据的关键技术主要包括大数据的采集、传输、处理和应用的相关技术，是一系列使用非传统工具来对大量结构化、半结构化和非结构化数据进行处理，从而获得分析和预测结果的一系列数据处理技术。大数据技术主要包括：

（1）数据采集和预处理。利用 ETL（Extract、Transform、Load，抽取、转换、加载）工具将分布的、异构数据源中的数据，如关系数据、平面数据文件等，抽取到临时中间层后进行清洗、转换、集成，最后加载到数据仓库或数据集市中，成为联机分析处理、数据挖掘的基础，也可以利用日志采集工具（如 Flume、Kafka 等）把实时采集的数据作为流计算系统的输入，进行实时处理分析。

（2）数据存储和管理。利用分布式文件系统、数据仓库、关系数据库、NoSQL 数据库、云数据库等，实现对结构化、半结构化和非结构化海量数据的存储和管理。

（3）数据处理和分析。利用分布式编程模型和计算框架，结合机器学习和数据挖掘算法，实现对海量数据的处理和分析；对分析结果进行可视化呈现，帮助人们更好地理解数据、分析数据。

（4）数据安全和隐私。在从大数据中挖掘潜在的巨大商业价值的同时，构建隐私数据保护体系和数据安全体系，有效保护个人隐私和数据安全。

3. 人工智能技术

人工智能技术的核心思想是让计算机模仿人类的思维方式来完成复杂的任务，将计算机科学的自然规律与人类意识和思维结合在一起。人工智能关键技术主要包括计算机视觉、机器学习、自然语言处理和语音识别。

（1）计算机视觉。计算机视觉技术使用由图像处理操作和其他技术组成的序列，将图像分析任务分解成易于管理的小任务，计算机具有从图像中识别物体、场景和活动的能力。

（2）机器学习。机器学习是指计算机自身具有获取知识的能力，它具有通过分析和学习大量现有数据来预测、判断和做出最优决策的能力。

（3）自然语言处理。计算机拥有的人类般的文本处理的能力，将人类语言转换成可由计算机程序处理的形式，并将计算机数据转换成人类自然语言的形式。

（4）语音识别。语音识别是通过识别及理解过程，计算机可以自动且准确地转录人类语音的技术。

2.8.3 云计算、大数据与人工智能在物流管理中的应用

1. 云计算在物流管理中的应用

（1）资源共享。利用计算虚拟化、网络虚拟化、存储虚拟化、分布式计算以及多租户等技术，通过云管理平台的集中资源管理和调控，云计算可以帮助物流企业在不新增软硬件资源的情况下，大幅度地提高软硬件资源的使用效率。此外，云计算还可以进一步促进企业内部各项相关资源的统筹利用。

（2）减少成本。云计算可以帮助物流企业减少信息化的一次性投入，包括硬件和软件等。云计算的计费模式是按需订阅和付费的，中小物流企业可以根据自身的发展阶段来规划和选择云服务的种类，可以极大地降低企业的运营成本。此外，采用公有云技术的企业可以不再雇用众多的专业 IT 人员，降低人员招募和培训的成本。

（3）促进商业模式变革。云计算可以转变传统中小物流企业的信息化建设模式，促进企业商业模式的变革。云计算服务使用比较灵活，具有强大的业务弹性，当业务快速扩展的时候，可以随时通过云服务商申请增加资源，提高业务处理能力，并且可以随时启用和停止，让企业在竞争中占据先机。

2. 大数据在物流管理中的应用

（1）物流配送。物流企业可以使用大数据存储技术、大数据智能分析和大数据检索使用等技术，规划运输路线和制订装配计划。大数据技术对物流管理的各个环节都有很重要的影响，比如物流配送过程中关于物品信息的识读、定位和感知等都利用了这些技术，在不同物品配送的不同目的地和不同条件下，也可以快速分析周边的交通状况和环境。根据实际情况，动态调整物流配送方案，为物流运输选择恰当的物流配送工具和最佳的配送路径。此外，结合物联网技术可以实现物流配送过程的物品跟踪和监控，物流企业可以实现物流信息的共享，提高物流配送效率。在物流配送方案选择后，利用大数据技术也可以充分地降低物流管理成本，大大提高配送效率，同时个性化的运输服务也会得到客户的肯定，进而实现企业和客户共赢。

（2）物流运作。大数据分析技术和云计算技术可以大大提高物流企业的运作管理能力，促进企业内部数据和知识的共享。在现有物流信息平台的基础上，通过物联网可以让物理系统和人类社会相结合，不断推进物流信息一体化。通过集成的物流信息系统和物联网，管理人员可以实现对员工工作、机器运作和基础设施实时协调和监控，适时地收集所有数据进行整理和分析，实现对企业内部员工的及时管理，完成物流各环节运行管理信息的共享与协作，解决数据冗余与信息响应等问题。决策者还可以利用大数据分析技术分析过去的销售资料，做出科学合理的物流运营管理决策，及时向共享信息系统平台发布调拨、补货等信息，合理控制库存，减少库存短缺和降低商品销售季节积压造成的损失。

（3）物流中心选址。企业文化、管理方式、经营模式、商品性质和商品运输的路线情况都在企业进行物流中心选址决策的考虑范围内。大部分企业都会对顾客进行分类，基于大数据的数据挖掘和数据分析技术对顾客的所在区域、消费习惯和消费水平进行分析和总

结；同时也会在互联网上了解顾客的消费偏好、网页浏览痕迹、购买的商品来预测顾客将来的消费行为。结合企业自身的管理方式、企业商品的性质和商品运输的线路情况等综合数据进行大数据分析，可以制定出最优运输路线，在所经营范围内确定分类、聚类的地点，从而作为最佳的物流中心地址。合理有效的物流配送中心布局和管理，可以解决由于配送中心选址盲目、配送路线长而造成的物流配送成本高、配送资源浪费等问题。

（4）仓储管理。数据挖掘技术的普遍使用在一定程度上改善了传统物流仓库的管理和存储问题，高效完成了仓库间物资的调货转运作业。例如，在常规的仓储管理中，仓库管理人员只有在货物缺货时才会告知其他仓库将货物转调拨到自己的仓库，但是货物到达到顾客手里的时间就会延迟。由此可见，在仓储管理过程中，充分了解货物的库存情况，对于仓库的利用率、运输分拣效率以及顾客的购物体验都具有重要意义。运用大数据信息预测与分析技术，对仓库各种货物库存量进行统计，并对调货补货市场进行预测与分析。充分了解货物库存位置和数量，可以实现在最精确时间系统中的自动补货，这对仓库利用率、运输分拣效率、顾客购物体验和满意度等具有重要意义；同时，这还能有效地降低仓库的存储管理成本，在一定程度上降低库存量，最小化仓库的存储成本。综上所述，大数据技术的使用有利于物流信息系统的集成和协调，从而使物流信息系统能够帮助物流企业更加智能地解决物流管理问题，为物流仓储管理的精细化作业、可视化作业提供无限畅想的空间。

3. 人工智能在物流管理中的应用

（1）库存管理。人工智能在大数据的推动下，可以使库存管理人员实现对货物的库存量、库存种类、存储位置、存放时长等众多信息的实时动态管理，可以实现仓库数据的快速读取和共享。人工智能技术通过对历史数据的分析，得出库存货物的存取规律，并对库存进行动态调整。同时利用人工智能可以实现物流数据的自动化录入，提高物流员工的工作效率，有效降低物流企业的库存量和库存成本，而且具有更高的库存管理安全性。

（2）仓储作业。智能仓储作业改变了传统物流仓储的手工作业方式，实现了货物仓储作业的自动化和作业管理的智能化。人工智能技术建立高效、灵活的自动化、智能化分拣系统，实现了大多数环节都由机器设备作业，使仓库中的各自动化设备能够有序运行、相互配合，并能根据特殊情况及时做出响应，可以节省大量的人工成本，提高物资的周转率。

（3）运输配送。人工智能下的物流运输通过路径优化算法、调度算法与实时数据相结合，进行最优路径的动态规划，使运输路线规划得更加科学合理。使用智能机器人和无人车等进行配送，智能配送设备将根据规划的最优运输路线自动配送，同时可以实现货物信息的实时扫描和读取，这将大大提高物流配送效率和降低成本。

2.9 区块链技术

2008 年，中本聪最先提出了区块链（Blockchain）这一概念。区块链技术被视为自互联网出现之后最具颠覆性的技术创新。它依赖于密码学和数学上巧妙的分布式算法，以低成本解决了互联网里没有任何第三方中介的介入时出现的信任和价值的可靠性传递问题，使参与者更方便达成共识。目前，我国已经建立了中国分布式总账基础协议联盟、金融区块链合作联盟、中国区块链应用研究中心等，推动区块链产业研究与发展。

2.9.1 区块链技术概述

区块链起源于比特币，是比特币的基础支持技术和基础设施，是一种新型的分布式可信协议。区块链是分布式数据存储、点对点传输、共识机制、加密算法等计算机技术的新型应用模式。区块链实质上是由一系列使用密码学方法相关联产生的数据块组成的一个去中心化的共享数据库，所有数据块都含有电子货币（如比特币）网络交易的数据信息，可用于复核其信息的有效性（防伪）并生成下一个数据块。区块链技术是一种不依赖第三方的技术解决方案，它通过自己的分布式节点存储、验证、传输和交流其网络数据。

在比特币形成的研究过程中，每个区块都是一个存储单元，它记录每个块节点在一定时期内的所有交流信息。随着网络全球化发展，作为比特币的底层技术之一，区块链的研究得到了多个国家政府的密切关注，区块链技术也越来越受到相关领域的关注。通过哈希算法（也叫随机散列）链接每个区块，前一个区块的哈希值都被后一区块包含，随着信息交换的扩展，一个区块和一个区块相继链接，结果称为区块链。区块链是一组分散的用户端节点和一个由所有参与者组成的记录比特币交易全部历史记录的分布式数据库。比特币交易的初步确认行为是把交易数据放入一个区块或一个数据块中，交易的再一步确认是前一个区块被后一区块链接之后；在持续得到六个区块确认之后，这笔交易大体上得到了不可逆转的确认。

2.9.2 区块链技术的框架及特征

1. 区块链技术的基本框架

区块链技术不仅能够支持各行业，而且拥有自己完整的产业链条。我们将区块链产业分成五大层：底层硬件（矿机、矿池、矿工等）、基础层（公链、私链、联盟链、侧链及跨链等）、中间层（偏底层）、中间层（偏行业）、上层的去中心化应用（Decentralized Application，DApp）。其中，区块链底层硬件包括上游、中游、下游三部分，上游是芯片设计、围绕芯片设计提供的服务、半导体封装和测试的矿机配件制造商；中游是矿机制造商；下游是负责挖矿的矿工、矿池、矿场。在底层硬件之上的是区块链基础层，区块链基础层包括公链、私链、联盟链、侧链及跨链等。区块链的中间层作为底层基础设施和上层DApp之间的桥梁，要解决的问题就是如何成为底层基础设施和上层DApp之间的桥梁，让区块链技术能被真正运用到生活中。区块链最上层是应用层，由去中心化应用组成。去中心化应用与一般App不同，DApp要求自身在完全开源、自治的环境下，且没有任何一个实体控制着该应用超过51%的通证，使用的数据必须经过加密，才能上传到区块链公共网站上。区块链产业基本框架见表2-4。

表 2-4　区块链产业基本框架

DApp	应　用　层	DApp	应　用　层
中间层（偏行业）	中间层	底层公链	基础层
中间层（偏底层）		硬件、挖矿	底层硬件

2. 区块链的关键技术

区块链由密码算法生成的一系列数据块组成，提供了一种去中心化的信用建立模式。以下是对关键技术的分析，例如对等组网方式、区块的链接方式以及基于工作量证明的共识机制等。

（1）对等组网方式。在整个区块链系统中，主要利用了对等网络的组网方式，这里不存在特殊节点、中心节点和层次结构，所有节点都以分布式方式存储和维护最新的区块链数据信息。当某些节点发生问题时，只要存在一个正常运行的节点，区块链主链的全部数据都可以找回，也不会影响区块的正常记录和工作。

（2）区块的链接方式。当运行的区块被其他节点识别为有效区块时，它将会被链接到当前区块链的末端以形成新的区块链主链。当主链分叉时，计算节点会在主链分叉时选择链接到备选链上，并且可以证明备选链的当前工作量最大化，从而形成较长的新主链。

（3）基于工作量证明的共识机制。去中心化的区块链系统的主要挑战是怎样操作可以保证每个节点数据的一致性和防篡改性。分布式节点在新加入算力竞争后可以有效地达成一致，这种基于工作量证明的共识机制可以解决无法达成共识这一难题。具体操作是需要解一个随机数，使区块的哈希函数值小于或等于某个目标哈希值，从而大大增加了计算难度。这通常出现在区块计算的最后一步。

3. 区块链技术的特征

根据区块链技术的发展规律可知，区块链技术有去中心化、开放性、独立性、防篡改性和匿名性等诸多优点。

（1）去中心化。区块链技术是一种不依赖第三方管理和中心管制的技术解决方案，它通过自己的分布式节点，存储、验证、传输和交流其网络数据。去中心化是区块链最突出、最本质的特征。

（2）开放性。在区块链系统中，有节点的共有链上的除了交易各方私有信息被加密外的其他信息都可被所有人通过公用的接口寻找和使用，因此整个系统信息高度透明。

（3）独立性。基于依赖于密码学和数学的巧妙的分布式算法，不需要第三方机构来进行背书，所有节点不需要人工干涉就可以自动安全地验证和交换系统中的数据。

（4）防篡改性。为避免主观人为改变区块链里面的信息，区块链技术要求必须要攻击全部数据节点的 51%才能修改网络数据，篡改数据的难度非常大。

（5）匿名性。因为是点对点的交易，因而除非有法律规范要求，否则区块节点之间并不需要公开或验证身份信息，信息传递可以匿名进行。

2.9.3 区块链在物流管理中的应用

区块链作为新一代的技术，凭借其去中心化和不可篡改的独特优势，很好地解决了行业产业发展过程中的信任以及利益分配问题，其在物流领域场景下可以解决信用问题和开展创新业务，有着广泛的应用前景。

在经济全球化、物流智慧化的今天，客户对于物流过程产生信息的保密工作要求更加严格，其中区块链中的公用及私用密匙和数字签名可以解决客户信息泄露这一问题。在实际运作过程中，物流企业保证客户信息安全，客户将更愿意与物流企业合作，接受实名制，从而符合国家物流实名制的要求。基于区块链的物流信息服务平台可以保证数据共享的安全性，快递员和快递接受员都有属于自身的私用密匙，只有全部获取双方的密匙完成签名才能成功交接快递。而且，在区块链技术下查询快递的签收情况也十分便捷。由于私用密匙无法伪造，因而可以有效地防止由于快递员伪造签名而导致的快递丢失。随着物流智慧化和网络的普及，借助物流信息平台完成物流交易业务，使物流货物不受空间和地域的限制，实现快速流通，已成为物流行业的发展趋势。区块链系统平台有效结合了区块链技术和物流信息平台，因此其相应的数据信息可以高效完成运输、仓储、包装、配送等环节，同时使现有资源得到充分利用，提高了物流企业的整体运营效率。

区块链在供应链管理中有着广泛的应用前景，它可以成为供应链升级改造的重要因素。供应链将供应商、制造商、分销商等所有用户聚集在一起，实现彼此之间的协调是一个复杂的过程。供应链管理就是协调有限资源来共同满足需求，同时需要通过物流信息平台收集整理各个环节的有效信息。但是多数情况下供应链上的信息没有完全共享，这就会出现供应链中各个环节难以确定相关数据等问题，由于信息的不对称，企业之间发生分歧与纠纷而不能进行有效的沟通，很容易导致整个供应链的效率低下。然而，面对供应链管理，区块链技术有其特有的优势：第一，区块链技术能使供应链各个企业的信息有效共享，保持交易双方的信息高度透明，双方在信息机制透明公开的情况下能够得到更高的价值。区块链技术的应用对解决供应链发展的信息失真、信息不对称问题有着重要意义，能够有针对性地解决问题，从而提高供应链的效率。第二，区块链数据的去中心化思想和防篡改性等特征能够很好地处理供应链系统主体之间的纠纷，有效地实施问责。同时，由于区块链数据的不可逆性，可以有效防止假冒伪劣商品流通的现象。

2.10 物流无人化技术

物流无人化技术主要包括物流无人机、物流无人仓、物流无人车。物流无人机进行配送不仅可以大幅降低物流成本，还能提高配送效率，解决配送的各种难题。物流无人仓以大数据、云计算和物联网等信息技术为基础，加以人工辅助来完成整个仓储作业流程，从而实现人机高效协作。物流无人车是解决物流人员短缺问题的重要技术途径，未来市场巨大。

2.10.1 物流无人机技术

1. 无人机技术概述

无人机在早期被称为 Drone，随着无人机在社会各领域的广泛运用，又被称为 UAV（Unmanned Aerial Vehicle），是一种无须驾驶员在机舱室内驾驶而通过自动飞行控制装置或遥控进行控制的，带有任务指令的飞行装置，能够在对人类而言相对恶劣的环境中进行边境巡逻、物流配送、农林植保甚至作战等各种任务。国际民航组织定义无人机为飞机驾驶舱里没有人的航空器。第一次世界大战期间，最早开始研究无人机的英国于 1914 年将其用于军事侦察活动；美国第一架无人机于 1917 年试飞成功，自此之后无人机技术迅速发展。我国的无人机研制开始于 20 世纪 50 年代，最初用于军事侦察、航空摄影等。现今，无人机被广泛运用于各种经营活动，比较典型的有物流配送、农林植保、电力巡检等。

物流无人机进行配送不仅可以大幅降低物流成本，还能提高配送效率，解决配送的各种难题。国内外众多企业包括亚马逊、DHL、顺丰等都在试运行物流无人机的配送模式。2016 年底，电商物流巨头亚马逊正式宣布已实现世界上第一台无人机的配送任务，正式开启了无人机在物流领域的篇章。随着人工智能等技术的发展，从有人驾驶到远程操控再到自主飞行，未来无人机的运输会越来越频繁。此外，随着储能技术的升级，续航能力、荷载能力将会进一步提升，未来物流无人机的使用场景将进一步扩大。

2. 无人机系统的组成

无人机系统又称无人驾驶航空器系统，是以无人机为主体，通过通信数据链与地面站台链接，再辅以任务载荷与相关人员等其他元素在内的综合系统。它的组成通常包括：一架无人机、相关的遥控站、所需的指挥与管制链路以及批准的符合型号设计规定的任何其他部件。

大多数民用无人机系统由无人机、相关人员、任务载荷、指挥与控制单元、发射回收单元以及通信数据链等组成。无人机系统及组成要素如图 2-13 所示。

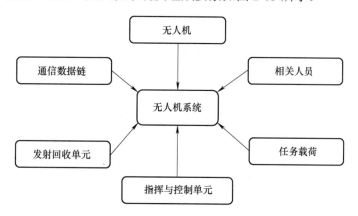

图 2-13　无人机系统及组成要素

（1）无人机。根据无人机的机身结构和用途等多种标准可将其分类。

（2）指挥与控制单元。自动驾驶仪和地面控制站是无人机系统目前主要使用的两种指挥与控制方式。自动驾驶仪使无人机的所有事情都可以自主完成，而无须飞行员的干预，飞行员只需在出现紧急情况时操控无人机以改变航迹或避开危险物。地面控制站是对飞行中的无人机实施人为控制的基础控制中心。地面控制站大小不一，小的可以手持进行操作，大的则可能包含多个席位，且配套设备齐全。

（3）通信数据链。通信数据链对任何无人机系统而言都是关键的子系统。它的下行数据可以使地面操作人员了解无人机当前的飞行状态和无人机探测到的信息，它的上行数据使得地面操作人员能够将指令发送给无人机，从而控制无人机的飞行状态。无人机通信数据链简化模型如图2-14所示。

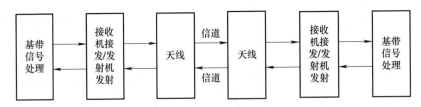

图2-14　无人机通信数据链简化模型

（4）任务载荷。无人机本身是一个可飞行的移动平台，需要装载运输货物或者搭载相应的设备才能完成所分配的任务，常见的无人机载荷有遥感设备、武器系统等。

（5）发射回收单元。无人机系统的发射与回收单元通常是无人机使用过程中"劳动力最为密集"的单元之一。有些无人机系统设有非常详细的发射与回收程序，有些较大的无人机系统可能需要长达3000m的跑道和诸如地面拖车、加油车、地面电源等支持设备。

（6）相关人员。随着技术能力的提升，无人机在飞行时人的参与程度会越来越低，只需要处于指挥控制位置的无人机驾驶员负责无人机的飞行安全即可。但人员是无人机系统组成中最重要的因素之一。

3. 无人机的分类

无人机有多种分类标准，常见的分类方法有两种：根据机身结构和用途进行分类。按机身结构可划分为固定翼无人机、无人直升机和多旋翼无人机三种类别，见表2-5。

表2-5　按机身结构划分无人机类别

类别	性质	特点	优缺点
固定翼无人机	机翼与机身保持垂直，外形为"十"字形，类似于常见的民航机和有人机	利用涡轮发动机和螺旋桨产生的推力作为飞行动力	优点：速度快，续航时间长 缺点：需要滑行起、降，无法在空中定点悬停
无人直升机	和有人直升机类似	借助主旋翼提供升力，另设置一个尾翼用于抵消主旋翼产生的自旋力，进而平稳飞行	优点：具有空中定点悬停能力 缺点：结构复杂，技术难度大，成本高，体积大
多旋翼无人机	有多个螺旋桨叶片的无人机，最常见的为四旋翼无人机、六旋翼无人机和八旋翼无人机	多个桨叶旋转产生向下的推力进而产生升力	优点：具有空中定点悬停能力，结构简单，成本低 缺点：续航能力差

第 2 章 物流信息技术图谱

按用途可划分为军用级无人机、专业级无人机和消费级无人机三种类别,见表 2-6。

表 2-6 按用途划分无人机类别

类别	性质	特点	主要应用场景
军用级无人机	战争	先进的技术、长续航、航程远、速度快,使用燃料作为主要动力	携带导弹等武器以攻击军事目标,进行侦察和情报收集等
专业级无人机	生产和转移经济价值	较长的续航时间,较大的任务载荷设备,对安全性要求高	物流运输、农业灌溉、电力巡检、影视航拍等
消费级无人机	娱乐	续航时间短,飞行距离短,体积小	个人遥控飞行用以娱乐、航拍

4. 物流无人机的发展及分类

由于传统的一些配送方式已经不能满足如此庞大的物流服务业务,尤其是"最后一公里"的物流成本占总成本的比例高达 50%,因此物流无人机应运而生。物流无人机技术是指通过无人机来实现物品从供应地向接收地的配送所进行的规划、实施和控制过程。无人机物流主要分为大载重、中远距离支线无人机运输,末端无人机配送,以及无人机仓储管理。

(1) 大载重、中远距离支线无人机运输。大载重、中远距离支线无人机的运输直线距离一般在 1000~10 000km 左右,载重以吨计量,续航时间可支持数小时。这方面的应用包括:跨地区的货运,即采取固定航线、固定班次与标准化运营管理等的物资运输,以及物流中心之间的货运分拨等。

(2) 末端无人机配送。末端无人机配送的空中直线距离一般在 10km 以内,对应地面路程可能达到 20~30km(受具体地形地貌的影响),载重在 5~20kg,单程飞行时间在 15~20min(受天气等因素影响)。这方面的应用有急救物资和医疗用品派送、果蔬等农土特产物品派送等。

(3) 无人机仓储管理。无人机仓储管理的具体实际场景应用有大型高架仓库、高架储区的检视和货物盘点,以及集装箱与散货堆场等存储地区的物资盘点或检查巡视。

此外,无人机能在紧急救援与运输应急物资方面发挥传统运输工具无法比拟的优势,并把现场信息第一时间传至指挥中心。

5. 无人机技术在物流配送流程中的应用

无人机配送是指利用自备的程序、无线电或自动驾驶仪来控制无人驾驶飞行器将快递送达目的地,目的是提高配送效率、降低配送成本。它的优势在于不受地形限制,可以到达人力难以到达的地理位置,解决了偏远地区的配送难题。但它也会相应地受到恶劣天气的影响。

将无人机引入物流领域中,会给传统配送中心、配送业务、配送作业等带来一系列新的问题,会使原有配送业务流程发生改变。无人机配送业务流程主要包括订单处理、货物分拣、货物发运、货物交接四个环节。

(1) 订单处理环节。在通知收货人具体的收货时间与地点时,需与收货人协商好配送模式采用无人机配送。若收货人当天无法当面签收货物,则进行当天传统车辆配送到自提点,或者隔天无人机配送。需将原来的打印输出车辆调度单替换为无人机调度单,并送至物流企业无人机工作部。

（2）货物分拣环节。由于货物配送模式为无人机配送，所以所拣商品规格尺寸、重量及属性必须满足无人机的配送要求，同时需要保证流通加工完成后的货物能装至无人机专属快递盒，以便无人机顺利夹持及运输。

（3）货物发运环节。在物流企业无人机工作部根据配送要求调度好无人机后，通过人工将无人机托运至暂存区可降低成本。为提高作业效率，当无人机与装好货物的快递盒都位于暂存区时，随即进行夹持工作，并通过编定好的程序自主飞行到收货人指定地点。

（4）货物接收环节。与原来配送员核实收货人的环节不同，收货人通过扫描无人机身上的二维码，并输入所接收到的动态密码来进行身份确认；随后无人机卸载快递盒，收货人在手机上进行签收；随即无人机返航，接收无人机工作部的其他指令安排。

具体的基于传统物流配送业务流程所设计出的无人机配送业务流程如图 2-15 所示。

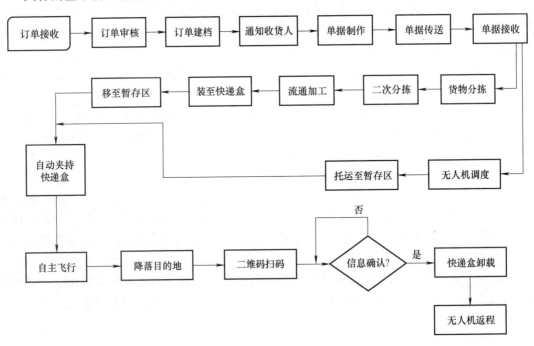

图 2-15 无人机配送业务流程图

6. 物流无人机的关键技术

无人机在物流中的关键技术主要有三个：智能避障、导航系统和人机交互。

关于智能避障技术，当前已经有较多成果。比如，采用改进概率地图的方式，避免相互检测来规划无人机路线，进而加快规划无人机路径的速度，提高实时性；通过对大雾等极端天气下的原有单一图像去雾算法的改进，加入暗原色先验，促进无人机在雾天使用计算机视觉以更加有效地避障；通过融合多种传感器信息，引入柱立方空间，实现无人机的多重避障控制，能够大幅降低无人机进行电力巡检时与电线设备发生碰撞的概率；利用超声波与光流传感器，改进测距避障功能，提高民用无人机在绝大多数情况下正确感知与识别正前方与正下方障碍物的能力。大疆创新推出的无人机——经纬 M200 系列无人机，内置 ADS-B 接收装置，具有识别附近空域民航客机的能力，在遇到紧急情况时可主动避让，而且机身防雨防尘，能够在天气恶劣的环境下飞行。

在导航系统方面的研究成果也有很多，如对无人机自主着陆时的视觉辅助导航姿态解算方法进行研究，用于实时估计无人机的飞行姿态参数，确保降落时的精确度和安全性。该方法能够保证无人机在着陆时速度小于或等于 2m/s 时最为有效。研究降低传感器测量误差时，引入了无损卡尔曼滤波模型作为系统数据分析算法模型，进而确定小型无人机组合导航系统的姿态。通过完善接收机软件，增加失锁后的应急机制并增加卫星导航接收机的系统余量，进一步提高卫星导航接收机适应环境的能力和完好程度，进而优化无人机卫星导航定位技术。

民用消费级无人机通过智能避障和自主导航实现了绝大多数情景下的安全自主飞行和着陆，但是对处于机群时是否能避免周围无人机和不明飞行物主动"攻击"的情况并没有给出完全测试，也没有考虑避障过程中是否会对机群下方人群造成影响。因此就现阶段的发展情况来看，无法实现完全意义上无人值守的无人机配送。而且对于无人机的操控门槛较高，这在一定程度上制约了无人机物流配送的发展。从人机交互的角度出发，采取改善无人机的操控方法、交互体验等方法，能够有效降低无人机的操控门槛。

7. 物流无人机的优势及劣势

相较于陆地运输等传统物流方式，无人机物流更加方便高效、节约基础设施。无人机更适用于短途少量的货物，对于偏远、地形恶劣地区适应性更强。在当前物流推行"最后一公里"模式下，无人机的优势更加凸显，不仅节能减排，还可以降低运输成本，使物流精准高效。无人机进行物流配送的优势和价值主要体现在以下四个方面：

（1）可运输小批量、高频次物品。据亚马逊的报告，有 85%电商运输快递物品，其重量大约是 2.2kg，也就是说，绝大部分快递物品都符合无人机配送的载重限制要求。与此同时，国家邮政局数据统计指出，2017 年全年快递件数量达到 360 亿件，人均快递数量达到 26 件。可见，快递物流的主要特征就是小批量和高频次。相比其他配送方式，无人机确实拥有效率高、速度快的优势。

（2）可解决交通瘫痪、城市拥堵区域及偏远山区的配送问题。在交通不便区域，如交通瘫痪、城市拥堵区域及偏远山区，陆地交通无法顺畅通行就会影响快递包裹的投递速度与投递成本。通过合理配置低空的闲置资源，能够有效减轻陆地交通的压力。比如，DHL 有一位客户居住在海岛上，采取无人机配送模式仅需半小时，客户就可以收到急需的药物，大大提高了配送效率。

（3）人机协同，破解人口老龄化难题。人口老龄化问题在现今社会越来越严重，人工短缺在物流高峰期也暴露无遗。无人机本质上也是机器人，如果可以将其在物流环节中合理利用并科学管理，使其在作业流程之间的衔接更加紧密，就能实现人机协同效应，不仅节约人力成本，还能增加效益。

（4）产能协同和运力优化。基于科学管理规划，通过采用互联网+机器人的技术方式，能够实现产能协同和运力优化。为了处理快速紧急、连续补货的订单，亚马逊和沃尔玛等企业在优化业务流程、建设先进物流信息系统的基础上，还布置了高效智能的无人机配送中心，例如亚马逊的无人机塔。

无人机配送是一种新技术在物流领域的应用，是对传统的铁路、公路、飞机、水路运输和多式联运的有益补充。无人机配送模式必将提高物流的服务能力，整体的效率、运力和成本都将会重构优化。

目前，物流无人机发展劣势主要体现在以下三个方面：

（1）技术开发不成熟。无人机产品的故障率较高，还不能完全保证稳定性与适应性；续航能力较差，无人机为减轻机身的飞行质量，无法保证长时间的作业；机身不够耐久，特别是在恶劣天气下防水措施不完善，可能会导致无人机短路、中断飞行任务甚至危害到地面相关人员的生命安全；还存在当 GPS 信号丢失之后的漂移问题、网络连接不稳定问题；负荷有限，承载能力较低等。

（2）产业市场不完善。无人机的制造成本高，技术也不够成熟，国内无人机的接受程度相对较低，无人机在工业级的推广主要依靠政府补贴与项目扶持，企业对于无人机的主动性不高，在一定程度上制约了民用无人机的发展。

（3）监管政策不健全。民用无人机不安全的事件时有发生，如坠毁、危及生命财产安全、扰乱空中飞行秩序等，造成了极大的安全隐患。国内的无人机生产技术还不是很成熟，使用者操作不规范甚至不守法运营是引发问题的根本原因。我国对于无人机的政策管理条例较少，法律属性不明确，规定的内容相对笼统，强制性和可执行性不强，执行监管不足，无法解决无人机所带来的安全问题。现今各国对无人机物流的监管规则都极其匮乏，而无人机的发展势不可挡，未来的物流体系也一定会越来越智能化。因此，必须在大量的测试中逐步建立相应的管理规则，尽早解决无人机配送所面临的问题。

2.10.2 物流无人车技术

1. 无人车技术概述

无人车即无人驾驶汽车，是指在车内没有驾驶员的情形下，通过无线遥控或者以车内的计算机系统为主的智能驾驶仪来控制汽车行驶状态的移动机器人。无人车产生于 20 世纪末，2010 年之后呈现出接近实用化的趋势，比如谷歌无人驾驶汽车于 2012 年 5 月获得了美国首个无人驾驶车辆许可证，正式进入市场销售。

无人驾驶技术是传感器、计算机、人工智能、通信、导航定位、模式识别、机器视觉、智能控制等多门前沿学科的综合体。按照无人驾驶汽车的职能模块，无人驾驶汽车的关键技术包括环境感知、导航定位、路径规划、决策控制等。

2. 无人车的特点

（1）安全稳定。据世界卫生组织统计，全球每年约有 124 万人死于交通事故，并且可怕的是这一数字在逐年增长，在 2030 年可能达到 220 万人。无人驾驶汽车由于可以在一定程度上规避因人为犯错而产生的交通事故，可以挽救数百万人的生命。在过去 6 年内，谷歌无人驾驶汽车总行驶里程已经突破 300 多万公里，其中只发生了 16 起交通事故，并且从未引发过致命事件。研究表明，如果在美国公路上无人驾驶汽车的使用量为 90%时，交通事故数量将从现在的 600 万起降至 130 万起，死亡人数从 3.3 万人降至 1.13 万人。

（2）减少温室气体排放量。由于无人驾驶汽车在加速、制动以及变速等方面都进行了优化，它们有助于提高燃油效率、减少温室气体排放。据麦肯锡咨询公司预测，无人驾驶汽车每年帮助减少 3 亿 t 温室气体排放，这相当于航空业二氧化碳排放量的一半。

（3）大幅降低交通拥堵。相关报告显示，无人驾驶汽车可以将高速公路最大通行能力提升约 5 倍。斯坦福大学计算机专家、谷歌无人驾驶汽车项目前专家塞巴森·特隆（Sebation Thrun）表示，一旦无人车技术成熟并且成为人们出行的主流交通工具，只需要现有汽车的 30%即可满足人们出行的需求。

（4）生产力提高，每个人有更多的自由时间。80%的美国人平均每天驾车时间为 50min，而无人驾驶汽车能节约驾驶人这部分时间去做其他事情。麦肯锡公司估计，无人驾驶汽车每天能够为全球驾驶人节省的时间总和大约 10 亿 h。

3. 无人车技术在物流管理中的应用前景

无人车在物流领域的典型应用是自动导引运输车（Automated Guide Vehicle，AGV），是指装有电磁或光学等自动导引设备，能够沿着规定的导引路径行驶，具有移载功能的无人驾驶的搬运车。

AGV 一般应用于仓储管理，可以实现出入库货物的自动搬运。例如，2019 年京东物流无人车在长沙科技新城智能穿行，它拥有高精度感知定位和机器视觉驱动能力，可对环境中其他物体的行为进行理解和预测，可在配送点智能停靠，规避道路障碍与车辆、行人。

阿里巴巴创始人马云认为，随着无人驾驶汽车、机器人的应用，一百万辆车将是一百万个流动的小仓库。未来无人收派车将很有可能替代现有的快递末端服务网点，集运输、存储、自助服务于一体的无人收派车拥有广阔的市场前景。

2.10.3 物流无人仓技术

1. 无人仓技术概述

无人仓是一种基于高度自动化、信息化的物流系统，在仓库内只需要少数员工进行人机高效协作的智能仓库。无人仓并不是为了追求"无人"而不要人，而是有了机器人、自动化设备和信息系统等技术使得仓储作业更加流程化、专业化和精细化，使得各类设备更便捷地投入到各项作业环节中，且能够实现大大超越人所能达到的效率，因此仓库里需要的人力越来越少。无人仓的终极目标是实现仓储作业全流程的无人化操作。

与传统的仓库相比，无人仓的整个仓储作业都通过机器人与信息系统等智能化设施设备来代替以往的人工作业。简言之，无人仓就是以大数据、云计算和物联网等高科技为基础，加以人工辅助来完成整个仓储作业流程，从而实现人机高效协作。传统仓库的主要功能就是存储，在电子商务迅猛发展的环境下，仓库已经不仅仅是为了应对供需不匹配而存在，随着分拣、包装、流通加工等附加的仓库功能不断被挖掘出来，作为物流环节中的重要一环，无人仓的发展速度越来越快。

近几年，亚马逊、菜鸟网络以及京东等物流电商企业相继亮相了"无人仓"。亚马逊已经在全球各地部署超过十万台机器人，利用机器人实现"货找人，货位找人"的模式；京东 2014 年在上海建成"亚洲一号"，实现了仓储作业过程中的关键环节的 360°自动化旋转，此外，京东还投入使用了武汉"亚洲一号"小件无人仓、华北物流中心 AGV 仓和昆山无人分拣中心；菜鸟网络启动的惠阳无人仓是我国目前实际投入使用规模最大的无人仓库；苏宁已经全面上线了云仓库；圆通则从上海中心开始，大面积上马自动分拣线。据数据统计，京东无人仓的日处理订单可达 20 万单；菜鸟网络的拣货员以往每天至少走上万步，在惠阳无人仓的 AGV 机器人的帮助下，不仅拣货数量提高了三倍，大大提升了拣货速度，还减少了拣货员的行走距离。

2. 无人仓的主要构成

无人仓的主要组成部分包括自动化立体仓库（Automatic Storage & Retrieval System，AS/RS）、机器人、输送系统、人工智能算法与自动感知识别技术、软件支持操作系统。

（1）自动化立体仓库。自动化立体仓库的功能包括自动存储与分拣，在无人仓里面发挥着不可替代的作用。自动化立体仓库系统是以大数据、控制技术及计算机通信等技术为基础发展起来的综合应用系统，是基于现代物流观念与现代计算机及自动控制技术的成果。一般的自动化立体仓库的主要组成有货物、货架、穿梭车、输送系统和控制系统等。

目前，大多数自动化立体仓库以各种自动化机器为主——自动分拣的小黄人、多层穿梭车技术为代表。如京东的"亚洲一号"库，里面使用了多层穿梭车机器人、AGV搬运机器人，机器人的使用可实现多通道同时作业、自动导引载货物等目标，解决了传统人工带来的作业节奏不均衡等问题。

（2）机器人。机器人作业是无人仓最显著的特征，物流仓储工作是靠各种各样的机器人来支撑的，比如AGV搬运机器人、Shuttle货架穿梭车、Delta分拣机器人、六轴机器人等。没有机器人的仓库不能称作无人仓，在京东物流亮相的无人仓当中，整个仓储作业流程的每一个环节，如入库、码垛、分拣等，都根据机器人的功能和特性进行了分工作业。机器人的作业不分黑夜白天，可以高效率、高精准率地完成物流仓储中的相关工作。

AGV搬运机器人、货架穿梭车、分拣机器人、堆垛机器人、六轴机器人、无人叉车等一系列物流机器人，在无人仓中组成了完整的大、中、小件商品智能物流场景。京东目前"无人仓"的存储效率与传统横梁货架存储效率相比，是其10倍以上；并联机器人拣选速度可达3600次/h，相当于传统人工的5~6倍。Kiva机器人是典型的机器人代表：集高度的自动化、最短的作业周期、最强的灵活性等特点于一身，是建设和完善自动化立体仓库的必备选择。机器人在无人仓的使用提高了作业效率、准确率和用户体验。

表2-7详细介绍了京东的四种机器人。

表2-7 京东的四种机器人

名称	作用	重要参数
AGV搬运机器人	能做到自动导引载货物，即自动根据控制系统发出的指令把货物从一个位置搬到另一位置，在这个过程中还可以自动做到灵活更改路径，实现相互之间避让与路径的优化	搬运货物的重量最重达到300kg，作业过程中运行速度可超过2m/s
自动多层穿梭车机器人	多层穿梭车又分为单通道作业和多通道同时作业穿梭车系统，作业区域主要在各高层的立体货架之间，对高层立体货架的货物进行搬运，作业效率高并且能够精准定位，同时性能比较稳定，还可分为单向和多向两种	自动做到精准配货架的货箱件数在400~630mm，每小时进出库吞吐量达1600箱，作业运行速度高达6m/s
DELTA型分拣机器人	这些机器人根据作业内容的不同都被分别装上了2D、3D识别以及2.5D视觉技术，使得机器人与环境做到有效配合；能自动更换端拾器，实现快速以及不间断地拣选	一个机器人的承载重量最大值为5kg，作业运行空间直径只有1600mm
六轴机器人 6-AXIS	只完成仓库货物的快速搬运、拆码垛等工作	单轴速度达到200m/s，搬运重量高达165kg，能够把定位精准度保持在±0.05mm

（3）输送系统。无人仓是通过输送系统连接起来的，输送系统是一个为实现货物在仓库内高效运转的目标而将所有机器人和自动化立体仓库等硬件设备连接起来的物流系统。相对于自动化立体库和机器人系统等一些新兴技术来说，输送系统应用的历史更加悠久、更加广泛，技术也更加完善。目前，在无人仓里可以对原有的输送系统加以改造，在以前的基础上安装自动检测、自动识别以及感知设备等，使输送系统更加有效地与各种机器人进行配合。在京东无人仓的输送系统中，在输送线的末端和拣选机器人的前端安装了视觉检测工作站，从而保证高效率以及高准确率的作业。

（4）人工智能算法与自动感知识别技术。无人仓的设计运作主要依靠人工智能算法和自动感应识别技术来逐步实现真正的无人化。机器人在智能算法与自动感知识别技术的支持下获取所有货物以及设备的信息，从而进行采集和识别。同时系统会根据传送回来的信息生成决策和指令，机器人再根据这些决策和指令分别对货物的入库、上架、拣选、补货、出库等各个环节进行自动作业。

（5）软件支持操作系统。软件支持操作系统是由仓储控制系统（Warehouse Control System，WCS）和仓库管理系统（Warehouse Management System，WMS）组成的。WMS协调存储、调拨、拣选、包装等各个业务环节，根据不同仓库节点的业务繁忙程度动态调整业务的波次和业务执行顺序，并把需要做的动作指令发送给 WCS，使得整个仓库高效运行；此外，WMS 记录了货物出入库的所有信息流，可以确认货物的位置和状态，从而确保库存的准确。

WCS 接收 WMS 的指令，仓库设备按照指令完成指定业务动作。WCS 需要能够灵活对接仓库不同类型与不同厂家的设备，并能够计算出最优执行动作，以此来支持仓库设备的高效运行。WCS 的另一个功能是时刻对现场设备的运行状态进行监控，出现问题立即报警，提示维护人员。

此外，支撑 WMS、WCS 进行智能决策，并使自动化设备有条不紊地运转来代替人工操作，背后做支撑的是智慧大脑，运用人工智能、大数据、运筹学等相关算法和技术，实现作业流、数据流和控制流的协同。智慧大脑既是数据中心，也是监控中心、决策中心和控制中心，从整体上对全局进行调配和统筹安排，促进设备运行效率的最大化，充分发挥设备的集群效应。

3. 无人仓的应用场景及前景

无人仓在现实生活中实现的主要技术瓶颈在于机器人技术、人工智能算法以及海量货物的精准识别三个方面，其难点主要集中于相关技术的可靠性和安全性，以及机器人作业中各个环节的无缝隙衔接和高难度的配合。只有通过技术上的不断完善和突破，才能使实际物流过程中以"无人化"机器作业代替人工作业。比如，对于电商行业来说，面临的主要难题在于成百上千商品种类的自动识别，目前来看只能通过成本较高的综合解决方案来实现，还不能通过单一方法解决。另外，小范围数十台 AGV 的调度处理相对容易，但是大规模成百上千台 AVG 的调度处理就十分复杂，不仅需要保证不同 AGV 工作时互不影响，还需要考虑订单时效和处理顺序等问题，整体网络的计算量和复杂程度呈指数级增长。

无人仓是一个包含多个子系统的复杂工程，需要各参与方密切配合、高效协同，实现物流系统的有机集成和逐步优化。在规划与硬件方面，一是要评估无人仓占地面积和需求，使得系统整体产出最大化；二是要通过对网络设备的电池与驱动的优化来提高单位面积的设备利用率；三是由于我国条码标准并不统一，利用自动化设备实现整箱商品拆分之后的重新贴码成为亟待解决的问题；四是电商企业的 SKU 品类繁多且包装差异大，做好包装的标准化也是实现无人仓技术的重要环节。此外，实现仓储无人化还需要考虑物料标准化并且实行标准化的管理。在技术方面，通过融合物联网、人工智能、大数据等数据获取和数据分析技术来数据化现有资源，从而实现整体系统的人机协同；同时，对数据进行聚类处理形成集群，避免形成数据孤岛。在设备异常时能够做出智能决策进行异常隔离，确保系统的正常运行。

目前，无人仓的主要应用场景包括：

（1）劳动密集型且生产波动较大的行业。如电商仓储物流，该行业对物流时效性要求不断提高，受限于企业用工成本的上升，尤其是临时用工的难度加大，采用无人技术能够有效提高作业效率，降低企业的整体成本。

（2）劳动强度较大或劳动环境恶劣的行业。如港口物流、化工企业，通过引入无人技术能够有效降低操作风险，提高作业安全性。

（3）物流用地成本相对较高的企业。如城市中心地带的快消品批发中心，采用密集型自动存储技术能够有效提高土地的利用率，降低仓储成本。

（4）作业流程标准化程度较高的行业。如烟草、汽配行业，标准化的产品更易于衔接标准化的仓储作业流程，实现自动化作业。

（5）对于管理精细化要求比较高的行业。如医药行业、精密仪器，可以通过对软件和硬件的严格管控，实现更加精准的库存管理。

2.11　物联网技术

物联网（The Internet of Things，IoT）是指通过各种传感器、射频识别技术、全球定位系统等各种装置与技术，实时采集任何需要监控、连接、互动的物体或过程，采集其声、光、热、电、力学、化学、生物、位置等各种需要的信息，通过各类可能的网络接入，实现物与物、物与人的泛在连接，实现对物品和过程的智能化感知、识别和管理。物联网是一个基于互联网、传统电信网等的信息承载体，它让所有能够被独立寻址的普通物理对象形成互联互通的网络。

2.11.1　物联网技术概述

物联网是在相关协议的基础上，通过信息传感仪器将物品连接到互联网，通过互联网对物品进行监控和定位，实现物流、资金流、信息流和价值流的流通、传输和共享的网络系统。从体系结构上来看，物联网主要包括感知层、网络层和应用层三层，如图 2-16 所示。

（1）感知层。感知层主要由不同类型的采集与控制模块构成，主要是为了实现对物联网的末端智能感知进行信息采集，其中各种各样的传感器、RFID、无线传感器网络等基本感应器件及其组成的网络，都可用于数据采集和设备控制。

第 2 章　物流信息技术图谱

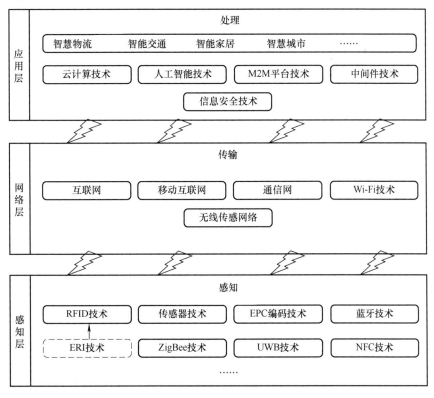

图 2-16　物联网基本体系结构

（2）网络层。网络层作为纽带连接着感知层和应用层。网络层承载着大量的数据，需要一个承载能力更高的网络来支持其信息传输功能。目前，各行业主要使用移动网络和专业网络。

（3）应用层。应用层是用户与物联网之间的接口，主要功能是为了完成数据的管理和应用。应用层包括支持服务层和用户服务层。各种支持平台和中间件构建了支持服务层，支持服务层的目的是收集、分析和转换数据，如云计算平台和信息协同处理平台；用户服务层提供国防和军事、交通、智能电网、环境监测、智能家居等多种行业的服务。

2.11.2　物联网的关键技术

物联网的关键技术主要包括识别和感知技术、网络与通信技术、物联网安全技术等。

（1）识别和感知技术。识别和感知技术主要包括条码技术、传感器技术、RFID 技术等。

（2）网络与通信技术。物联网必须使用有线或无线网络媒体来实现安全和可信的信息交互。网络和通信技术主要包括短距离无线通信技术和远程通信技术。其中，典型的短距离无线通信技术主要有蓝牙、Wi-Fi、RFID、NFC、UWB、ZigBee 等。常用的远程通信技术主要有 4G/5G 移动通信网络、互联网、卫星通信网络等。

（3）物联网安全技术。除了传统的互联网安全之外，物联网还应该对本身的网络和信息安全进行保护。物联网的安全问题主要体现在三个方面：传感器、传输系统和处理系统。从传感器安全的角度来看，传感器安全包括传感器损坏、屏蔽、干扰、信号截获、软硬件更换；从传感器运行内部安全性的角度看，主要包括传感器、传输系统和其他系统的安全运行。从数据安全的角度来看，要求传感器、传输系统和处理系统中的信息不会出现被窃取、篡改、伪造或否认等问题。

2.11.3 物联网在物流管理中的应用

物联网技术是大数据时代的产物，是各种信息技术在物流行业的综合集成运用。例如在运输配送环节，将定位系统和 RFID 技术应用到物流管理中，以实现对物流物品的定位，做好物流物品的追踪工作，从而建立智能配送体系。在仓储管理环节，运用物联网技术可以自动地分配物品的仓储位置，既减少了管理人员的工作流程，还可以充分利用存储空间，极大地提高了仓库利用率。因此，充分利用物联网技术能够更好地实现物流信息的集成和共享，最大限度地整合各项资源，使相关的工作人员在物流环节中的各项内容更加精细化，最终有效促进智慧物流的发展。

本 章 小 结

物流信息管理基础技术包括条码技术、传感器技术、RFID 技术、IC 卡数据采集技术、GPS 定位技术、EDI 技术、云计算、大数据技术、人工智能、物联网技术、物流无人化技术以及区块链技术等，主要用来实现物流作业数据的自动、快速、批量采集，满足业务处理层面的应用需要，因而构成整个物流信息系统的基础。应用这些技术所采集的数据将用于业务的处理和满足决策的需要。

◇ **关键概念**

- 条码
- GPS
- GIS
- RFID
- EDI
- IC 卡
- 传感器
- 云计算
- 大数据
- 人工智能
- 物联网
- 区块链
- 物流无人化

◇ **思考题**

1. 物流信息管理技术图谱主要包括哪些技术？
2. 条码技术的应用特点是什么？
3. GPS、GIS、GSM 技术的结合应用，给物流企业带来了什么变化？
4. RFID 与非接触式 IC 卡有什么区别？
5. EDI 技术的应用前景如何？
6. 云计算、大数据与人工智能在物流领域的运用各有什么优势？

◇ **课堂讨论题**

1. 根据供应链的不同环节，讨论 GPS/GIS、RFID、IC 卡、条码、EDI 等技术在物流管理与作业中的具体应用，以及各项技术所起的核心作用。
2. 结合条码、IC 卡、RFID 的应用特点，对比磁条/磁卡、声音、视觉等自动数据采集方式的优劣。
3. 物联网对物流信息系统的影响有哪些？

◇ **补充阅读材料**

[1] 刘伟荣，何云. 物联网与无线传感器网络[M]. 北京：电子工业出版社，2013.
[2] 王喜富，沈喜生. 现代物流信息化技术[M]. 北京：北京交通大学出版社，2015.
[3] 姚宏宇，田溯宁. 云计算：大数据时代的系统工程[M]. 北京：电子工业出版社，2016.
[4] 林子雨. 大数据技术原理与应用[M]. 2 版. 北京：人民邮电出版社，2017.

第 3 章

物流信息系统规划

3.1 物流信息系统战略规划

现代物流是一系列繁杂而精密的活动，业务运作过程中环节众多、信息量大、信息的动态性和准时性特征尤为突出，因此，要计划、组织、协调、控制好这一系列活动，离不开物流信息系统的支持。对于从事物流活动的企业而言，物流信息系统的建立是一项投资巨大、技术复杂、涉及面广、周期较长的社会技术系统工程。它需要整合物流过程，收集、处理、存储、加工和利用物流信息，管理物流活动中会涉及人员、设备和软硬件资源等要素，因此，在开发初期对整个系统进行缜密、合理地总体规划尤为重要。实践证明，在建设物流信息系统的过程中，预先做了系统规划的企业要远比不做规划的成功。本章重点介绍物流信息系统的规划问题，首先了解一下物流信息系统的战略规划。

3.1.1 物流信息系统战略规划的含义与作用

1. 物流信息系统战略规划的含义

战略是组织领导者关于组织的使命与长期目标、环境约束与政策，以及计划与计划指标等概念的集合。规划是组织为了消除未来期望状况与目前状况之间的差异而所制订计划的过程与结果。物流信息系统战略规划是物流组织战略规划的重要组成部分，是关于物流信息系统长远发展的计划。它以整个组织的发展目标、经营战略、运作模式为基础，结合行业信息化的最佳实践以及对信息技术发展趋势的把握，确定物流组织信息化的远景与目标，并为物流组织在战略、管理、运作等层面提供信息技术服务与支持。

2. 物流信息系统战略规划的作用

物流信息系统战略规划是物流信息系统开发的第一阶段，此阶段的主要任务是对目标系统提出完整、明确的要求，从总体上把握目标系统的主要功能和约束条件等。这一阶段的工作决定着物流信息系统生命周期的发展方向、系统规模和开发计划，对系统开发的成败至关重要。物流信息系统战略规划的作用主要表现在以下几个方面：

（1）制定物流信息系统战略规划有助于实现组织的战略目标，促进信息资源的合理分配与利用，节省物流信息系统建设投资。物流组织的战略目标是物流信息系统战略规划的出发点，物流组织以组织战略目标为基础，分析物流信息需求，逐步导出物流信息系统战略规划与总体结构，因此物流信息系统战略规划的确立与实现，实质上也是组织战略目标的部分实现。同时，物流信息系统也可为组织制订和调整战略规划提供各种必要的信息支持,从这种意义上讲,物流组织的战略目标也是物流信息系统战略规划的归宿点。另外,根据诺兰模型,组织在信息化发展过程中,通常要经过初始期、蔓延期、控制期、集成期、数据管理期和信息管理期六个阶段。一般认为模型中的各阶段都是不能跳跃的,因此物流组织在建设物流信息系统时,必须首先明确本组织当前处于哪一发展阶段,进而根据该阶段的特征来建立新的物流信息系统战略规划,这样就能使组织中原有的信息系统、通信设备、计算机软硬件资源和技术人员等得以充分利用,从而节省物流信息系统的投资。

(2)制定物流信息系统战略规划有助于物流组织管理改革与流程重组,并形成核心竞争力。现代物流信息系统不是对传统物流业务流程的重复、模仿与信息化,而是站在全面提升物流组织竞争力的高度,对原有业务流程再思考、再设计与再规划的结果。在进行物流信息系统战略规划的过程中,物流组织必须思考现行运作模式中存在的问题,组织外部环境中的机会与风险,组织内部的优势与劣势,所在行业的信息化发展趋势等问题,然后,重新对组织战略目标以及物流信息系统战略目标进行定位。为达成新的战略目标,物流组织将利用信息共享机制,将垂直化管理向组织扁平化、矩阵式管理转变;利用信息技术重构业务流程,将供应链中原来处于割裂状态的运输、仓储、包装、装卸、加工、配送等多个物流环节整合在一起,以一个整体面对社会的物流需求。通过管理改革与流程重组,物流组织减少了服务时间,提高了运作效率,增强了反应能力和信息透明度,有效降低了成本,所有这些有益的改善、提高与融合构成了物流组织的核心竞争力。这一切都得益于物流信息系统战略规划的制定。

(3)制定物流信息系统战略规划有利于物流信息系统的开发成功。物流信息是物流组织的重要资源。在物流信息系统建设过程中,涉及大量复杂的数据共享与交换,如何在各系统、各部门间进行数据收集、存储、加工、传输和利用,必须有来自高层的、统一的、全局的战略规划。综合物流信息系统通常由客户服务系统、物流资源调度系统、仓储系统、配送系统、实时信息采集系统等子系统组成,各子系统在完成独立功能的同时,还需要相互协作。为了降低各个子系统之间信息交换的成本,并防止数据操作的重复性、不一致性以及数据冗余等技术问题的产生,对物流信息系统进行总体上的战略规划至关重要。同时,物流信息系统的开发也受到技术因素的影响,现代信息技术的发展非常迅速,如果事先未能做好技术预测方面的战略规划,那就有可能在开发或实施过程中因信息技术选型不当,而使所开发出来的系统成为落后的系统或使用效果的性价比不高的系统。最后,物流信息系统的开发是一项复杂的系统工程,各项工作不能同时进行,需要循序渐进地逐步开发,系统开发过程中涉及对组织中人、财、物力资源在时间、空间上的合理安排,这些问题也必须事先通过物流信息系统战略规划来解决。

(4)制定物流信息系统战略规划有助于为将来考核开发工作确立标准。物流信息系统战略规划将制定出一系列合理有效的、可量化的、可考核的近期目标与长远目标,并对物流信息系统建成后的实施效果有所预测,这些都可以作为将来考核系统开发工作成败的标准和依据。

3.1.2 物流信息系统战略规划的内容

物流信息系统战略规划的内容根据物流组织的规模和复杂程度而有所不同,一般包括3~5年的长期规划和1年的短期计划,其主要内容应包括以下几个方面:

1. 组织的战略目标、计划和指标分析、政策和约束

组织的战略目标、计划和指标分析包括：组织的总体目标、分步目标及战略。政策和约束主要包括：组织外部环境中的机会与风险（如物流业的发展状况、国家颁布的支持或限制物流组织的相关法规、客户与供应商等）、组织内部的优势与限制条件（如保守的经营理念等）等。

2. 物流信息系统战略目标、约束及总体结构

物流信息系统的战略目标确定了该系统的发展方向（即该系统将会实现的功能）、实现各项功能的具体步骤与每步应达到的子目标，以及衡量具体工作是否完成的标准。物流信息系统的约束是指物流信息系统实现的环境与条件等因素。物流信息系统的总体结构指明了信息的主要类型和主要子系统。

3. 组织中现有信息系统的状况及管理状况

组织中现有信息系统的状况主要包括组织的计算机硬件设备、软件设备（系统软件、数据库管理系统等）、通信设备、现行应用系统的分析与评价、人力资源配备情况及各项费用的投入情况等。管理状况主要包括组织当前的文化、管理制度、组织结构、业务流程的现状与存在的问题，以及在考虑先进信息技术的条件下组织业务流程的重组状况等。

4. 相关信息技术发展预测

物流信息系统战略规划必然受到信息技术发展的影响。因此，应该对规划中所涉及的信息技术与方法的发展变化及其对物流信息系统的影响及时做出预测与评估，以确保技术选型与产品选型的正确性，从而使开发出来的物流信息系统具有更优越的性价比与更强的生命力。这里的信息技术主要包括计算机软硬件技术、网络技术、数据处理技术等。影响物流信息系统建设的各种信息技术与方法范围很广，如互联网、网络电话、语音辨识、生物测定学、虚拟人像、自动数据采集与条码技术、IC卡技术、GPS技术、自动化立体仓库、EDI技术、大数据、云计算、物联网、物流无人化技术、区块链技术等。

5. 项目计划

项目计划是在物流信息系统战略目标的基础上做出的近期详细计划，主要包括软硬件设施的购置安排，系统开发与维护的时间安排，人力资源需求、聘雇、培训计划，财务资金需求计划等。

3.1.3 物流信息系统战略规划的过程

关于信息系统的规划过程，Bowman、Davis 和 Wetherbe 曾提出了著名的三阶段模型，即认为信息系统的规划分为战略规划、组织信息需求分析与资源分配三个阶段。根据大量实践观察与文献参考，本书以三阶段模型为基础，并借鉴王汝涌（1989）提出的四阶段模型，以及吴琮璠、谢清佳（2003）对三阶段模型的修正与补充，提出进行物流信息系统战略规划的五阶段模型，即整个规划过程分为确定组织战略规划、制定物流信息系统战略规划、组织物流信息需求分析、组织资源分配、制订项目计划五个阶段，如图3-1所示。

第 3 章　物流信息系统规划

图 3-1　物流信息系统战略规划过程

1. 确定组织战略规划

组织战略规划是制定物流信息系统战略的前提与基础，物流信息系统战略目标的实现归根结底是为了实现组织战略。组织战略规划是组织的方向与目标、约束与政策、计划与指标的集合，具有未来导向性、资源分配导向性、环境约束导向性以及动态性等特征，因此在制定组织战略时，不但要考虑外部环境（社会、政治、经济、科技、法律、行业环境等）中的机会与风险，而且要考虑到组织内部（财务状况、管理制度、人力资源、技术力量等）的优势与劣势。一个有效的组织战略通常具有良好的可执行性、灵活性、前瞻性等特征。制定组织战略规划的方法很多，如态势分析法（SWOT 分析法）、波士顿矩阵（BCG Matrix）法、Michael Porter 的五力分析模型等。这些方法在战略管理类书籍中均有介绍，本书在此不再做详细说明。

2. 制定物流信息系统战略规划

物流信息系统战略规划是组织为建立与发展物流信息系统而做出的一种特殊战略计划，它以组织战略为导向，以外界环境为依据，以物流业务与信息技术的整合为重心，从而正确定位物流信息系统在整个组织中的作用，保证物流信息系统的战略目标能够和组织发展目标相协调。物流信息系统战略规划是物流信息系统开发工作的指导方向与依据，它能够合理分配组织资源、合理安排实施进度，确保开发工作协调有序进行，并为系统开发人员及项目管理人员日后的绩效考评提供质量标准和控制机制。一个典型的物流信息系统战略规划包括战略目标、总体结构及约束等内容。

例如，某制造企业对其新建立的物流信息系统定位为：应充分体现现代管理思想与方法以及对先进信息技术的综合运用，应能充分实现信息资源的共享和企业资源的集成，具有良好的开放系统结构，能够连接外部系统并且安全可靠。其战略目标包括：

（1）本系统应当是一个供应链级的集成系统。通过该系统可以把以物流中心为核心的供应链上的上、下游合作伙伴连接在一起，实现信息流、业务流、资金流的集成。

（2）本系统应当是一个企业级的集成系统。在横向上，以生产运作管理为中心，以计划管理为龙头，通过统一计划与控制使企业的物资供应、生产运作、研发、财务、人事、销售等部门协同运作；在纵向上，集成企业经营战略规划、管理计划、作业计划，通过这三层计划的统一，企业的经营目标层层细化、滚动运作、分步实现。

（3）本系统应当为物流中心各工作部门提供办公自动化环境，以提高各部门协同工作的整体效率。

（4）本系统应当实现与集团内部局域网以及外部网络的连接。

为实现上述战略目标，该企业将分两阶段进行物流信息系统建设：

（1）内部信息系统建设阶段。这一阶段主要实现内部信息的互动和有限信息的外部共享。具体来说，就是针对物流中心的各项作业和各项事务，建立完整的信息处理系统、管理支持系统、办公自动化系统和决策支持系统；同时为外部客户提供简单的查询服务支持。

（2）物流中心商务网络信息系统建设阶段。这一阶段的主要任务是将信息系统延伸到所有合作伙伴处并建立电子商务平台，为外部客户提供完整的服务，如网上查询、网上报价、网上交易和网上支付等功能。这是以物流中心为核心，建立一条物流供应链的重要阶段。

该物流信息系统中的信息类型主要分为四种：仓储保管信息（以仓储运作相关业务为主的信息，如进库数据、出库数据、库存管理数据、储位管理数据等）、运输配送信息（以配送运输的调度与指派为主的信息，如配送车辆计划、路线规划、分拣货物计划等）、汇总分析信息（进一步整合、分析的管理信息，如绩效管理、决策支持分析、资源计划等）、营运管理信息（通过信息技术手段对物流中心的各方面进行管理所提供的信息，如财务管理信息、人事管理信息等）。

根据所要实现的功能架构，将该物流信息系统划分为八个子系统：进货管理系统、出货管理系统、库存储位管理系统、财务管理系统、营运与绩效管理系统、客户管理系统、决策支持系统、辅助管理系统。⊖

制定物流信息系统战略规划的方法主要有：战略目标集转化法、战略信息模式与信息系统战略规划法等。相关内容将在下一节进行介绍。

3. 组织物流信息需求分析

物流信息系统的战略目标确定之后，下一步工作就是找出组织的物流信息需求。这需要分别针对组织的各个部门与各个层级，确定出与物流系统相关的信息需求，这些需求既包括日常事务处理的信息需求，也包括决策支持类的信息需求。然后，在此基础上进行信息的整合、分析与处理，并据此建立物流信息系统的总体功能结构，以指导系统的开发。与系统设计阶段的信息需求相比，物流信息系统规划阶段的信息需求描述得相对简略。现实中，获取物流信息需求的方法主要有：企业系统规划法、关键成功因素法、结果–手段分析法等。

4. 组织资源分配

经过上述三个阶段的工作，物流信息系统的总体功能结构基本确定下来，即整个物流信息系统包括哪些子系统，以及这些子系统之间的关系如何都已经较为清晰。然而，由于组织资源的有限性，这些子系统不可能同时开发，必须依据它们的重要性与优先级确定开发次序，这是组织资源分配阶段需要解决的问题。而且，在系统开发与维护过程中，需要耗费组织的人、财、物、信息等资源，这些资源在各系统之间如何分配也是资源分配阶段需要解决的问题。常用的资源分配方法主要有：投资回收分析法、内部计价法、零点预算法、指导委员会决定等。

5. 制订项目计划

在组织资源分配阶段识别出各子系统开发的先后顺序，并对组织中的开发资源与运行资源进行分配后，就要对物流信息系统开发项目做出详细的计划安排。这类计划属于近期计划，不同于时间跨度较长的战略计划，其主要涉及对系统开发所耗资源的成本预算和对开发活动的时间安排。对系统开发所耗资源的成本预算是指依据项目支出，建立财务资金

⊖ 林勇，马士华. 物流中心物流信息系统发展规划的理论、方法[J]. 物流技术，2003（10）.

预算需求计划等；对开发活动的时间安排主要包括硬件购置时间表，软件购置时间表，各子系统开发时间表，软件升级及系统切换与维护时间表，人力资源需求、聘雇、培训计划等。制订项目计划的方法有阶石法、计划评审法、甘特图等。

3.2 物流信息系统规划的主要方法

本节将按照确立物流信息系统战略规划过程的各个阶段，分别介绍完成各阶段任务常采用的主要方法。其中，第一阶段——确定组织战略规划的方法在战略管理类书籍中介绍较多，本书在此不做说明。第四阶段——组织资源分配的方法和第五阶段——制订项目计划的方法在项目管理类书籍中均有详细论述，本节只做简单介绍。本节以物流信息系统战略规划为例，重点介绍在信息系统规划领域所特有的典型方法——制定物流信息系统战略规划的方法与确定组织物流信息需求的方法。

3.2.1 制定物流信息系统战略规划的方法

制定物流信息系统战略规划的方法主要有：战略目标集转化法、战略信息模式与信息系统战略规划法等。

1. 战略目标集转化法

战略目标集转化法（Strategy Set Transformation，SST）由 William King 于 1978 年提出，他把整个组织的战略目标看作一个"信息集合"，由使命、目标、战略和其他战略变量组成。⊖战略规划过程是把组织的战略目标转变为物流信息系统战略目标的过程，如图 3-2 所示。⊖

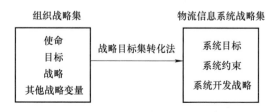

图 3-2 战略目标集转化法

这个方法的第一步是识别组织的战略集，先考查一下组织是否有成文的长期战略规划，如果没有，就要去构造这种战略集合。构造方法可采用以下步骤：①罗列出组织的各类人员结构；②识别出每类人员的目标；③对于每类人员，识别其使命及战略。当组织战略被初步识别后，应立即交送总经理审阅和修改。

第二步是将组织战略集转化成物流信息系统战略集，物流信息系统战略集应包括系统目标、系统约束以及系统开发战略等。这个转化的过程包括对组织战略集的每个元素识别出对应物流信息系统的战略约束，然后提出整个物流信息系统的结构，最后选出一个方案

⊖ 薛华成. 管理信息系统[M]. 2 版. 北京：清华大学出版社，1998：70.
⊖ 姚家奕，等. 管理信息系统[M]. 北京：首都经济贸易大学出版社，2003：277.

送总经理审阅。图 3-3 是一个简单的物流组织战略目标集转化实例。

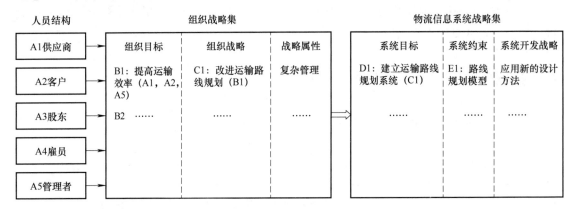

图 3-3 物流组织战略目标集转化实例

在此例中，物流组织的人员结构包括：供应商、客户、股东、雇员、管理者等，组织的目标之一是提高运输效率，该目标来自供应商、客户和管理者的要求。对于该目标，企业的一个战略是改进运输路线规划。从组织战略集中得到的物流信息系统目标是建立运输路线规划系统，该系统目标的主要约束是路线规划模型，其系统开发战略可能是应用新的设计方法。这样，就将物流组织的一个战略规划转换为物流信息系统的战略规划。

战略目标集转化法的特点是能够全面地将组织中各类人员的要求反映出来，转化为物流信息系统的战略规划；其不足之处在于可能会由于组织目标较多而导致重点问题不够突出。

2. 战略信息模式与信息系统战略规划法

1987 年，Henderson 与 Rockart 等人提出了"战略信息模式与信息系统战略规划方法"。[一]根据该方法，确定物流信息系统战略规划的流程为：先从组织的愿景分析入手，在考虑内外部环境因素的条件下，确立组织战略；然后以组织战略目标为依据，分析组织的关键成功因素；接着再以组织关键成功因素为依据，找出组织的关键决策、有价值的组织流程以及关键假设；之后，在这三者的基础上导出组织的战略信息模型；最后根据战略信息模型制定物流信息系统战略规划，具体过程如图 3-4 所示。

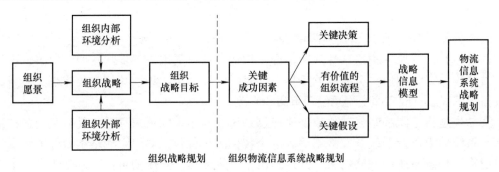

图 3-4 战略信息模式与信息系统战略规划法

[一] 吴琼璠，谢清佳. 管理信息系统[M]. 上海：复旦大学出版社，2003：271.

3.2.2 确定组织物流信息需求的方法

确定组织物流信息需求的方法主要有：企业系统规划法、关键成功因素法、结果-手段分析法等。

1. 企业系统规划法

企业系统规划（Business System Planning，BSP）法是由 IBM 公司于 20 世纪 70 年代提出的一种企业管理信息系统规划的结构化方法论。最初，它仅在 IBM 内部使用。后来，由于 IBM 的很多客户希望学习如何能更好地管理它们的信息系统资源，因而 BSP 法就被作为一种通用的信息系统规划理论推介出去，为此，IBM 公司还出版了一系列使用手册，并开设了专门的培训课程。

BSP 的总体思路强调：先自上而下识别出企业的战略目标和信息系统战略目标，然后以企业流程为主线找出企业的信息需求，最后定义出企业的信息系统架构。因此根据 BSP 法确定企业物流信息需求的步骤可用图 3-5 来表示。

图 3-5 企业系统规划法的作业步骤

（1）定义企业战略目标与物流信息系统战略目标。在定义企业战略目标和物流信息系统战略目标时，要注意必须使所建立的物流信息系统支持企业的目标与战略，同时也要配合组织和管理的特点。具体方法可借鉴前面介绍的战略目标集转化法、战略信息模式与信息系统战略规划法。

（2）定义物流业务流程。定义业务流程是 BSP 的核心。业务流程又称企业过程或管理功能组，它是逻辑上相关的一组决策或活动的集合，如运输服务、库存控制等业务处理活动或决策活动。业务流程构成了整个企业的管理活动，而物流业务流程则构成了整个企业的物流管理活动。识别物流业务过程可对企业如何完成其物流服务目标有较深刻的了解，可以作为建立物流信息系统的基础。按照物流业务流程所建设的物流信息系统，其功能与企业的组织机构相对独立，因此，组织结构的变动不会引起物流信息系统结构的变动。

在定义企业物流业务流程时，首先要识别出企业的物流产品与服务，以及支持这些产品与服务的相关资源（资金、材料、设备、人员等），其次定义与产品、服务及支持资源相关的作业流程。在确定此类业务流程时，要注意按照产品、服务及支持资源的生命周期来进行分析。一般企业中的产品、服务及支持资源都要经过需求、获得、服务、退出这四个阶段，按这一周期进行分析，可以完整、全面地识别出与其相关的所有作业流程。此外，为顺利完成物流活动，企业中还存在着一些计划与控制类的管理流程，对这些流程也应进行识别。最后，分析所有的流程，将相关流程进行合并、补充、删减、修改或再细分，从而形成一组新的流程，以有效完成相关作业。同时，还要说明流程与企业各部门间的关系，并对重组后的新流程进行描述与说明，作为备查资料。

(3) 定义物流数据类。定义企业物流数据类时，通常第一步是先确定出企业所有的相关实体。企业的相关实体有人（如客户、供应商、雇员等）、地点（如仓库、配送中心等）、物体（如产品、材料、设备等）、概念（法律要求、管理制度等）、事件（采购、运输、配送等）五大类，按照这些类别找出企业的所有相关实体后，仔细检查并进行适当的组合或拆分，使得实体数量得当，且足以全面覆盖研究范围，并在重要性上大体匹配。

　　第二步是确定每一流程所生成和使用的数据。利用前面识别出来的企业物流业务流程，确定每一流程使用了什么数据，产生了什么数据，或者说每一流程输入、输出的数据各是什么，然后再建立它们和某一实体的联系。

　　第三步是识别数据类。将第二步中识别出的所有数据进行分类、整合，将属性相同的数据组合成数据类。为了保证数据的完整性、及时性与准确性，每一类数据最多只能有一个来源，因此，当多个流程产生关于某一实体的不同数据时，就要把数据分成多个数据类。在此步骤的最后，定义描述每一个数据类，并编写说明文件。

　　(4) 定义物流信息系统结构。识别出物流数据类后，就要建立数据类与企业物流业务流程之间的关系，这样做不但可以保证所有的数据类和流程都被完全识别出来，而且可以保证每个数据类仅由一个流程生成。用来建立数据类与企业物流业务流程之间关系的矩阵被称为过程/数据类矩阵或 U/C 矩阵。其中，U 表示使用（Use），C 表示产生（Create），具体内容如图 3-6 所示。通过对 U/C 矩阵做交互分析，可以检查流程与数据类之间的关系，再依照流程分组或简化，就可以定义出物流信息系统的结构，即划分出物流信息系统的各个子系统。

　　在图 3-6 中，如果某个过程产生了某类数据，就在所对应的企业过程与数据类交叉点处的方格中填写 C。如果某个企业过程使用了某类数据，则在对应的企业过程与数据类交叉点处的方格中填写 U。最初，数据类与企业过程是随机排列的。U、C 在矩阵中的排列也是分散的。通过调整企业过程或数据类排列顺序，尽量使 U 与 C 集中到对角线上排列。然后把 U 与 C 比较集中的区域用粗线框起来，这样形成的框就是一个个子系统。在粗线框外的 U 表示一个系统使用了另一个系统的数据，图中用带箭头的线表示。这样就完成了子系统的划分，即确定了信息系统的架构。

　　BSP 法是对信息需求分析的一种全面综合调查法，它能够从总体上利用业务流程与信息需求推导出支持企业战略目标的物流信息系统架构。但这种方法在使用过程中需要收集大量的资料与意见，分析、处理、归整大量信息，要使这些工作在实际中准确无误地完成，并设计出一个令所有相关人员满意的物流信息系统，难度还是很大的。

2. 关键成功因素法

　　关键成功因素（Critical Success Factor，CSF）法是 20 世纪 80 年代麻省理工学院的 John Rockart 教授所提出的一种用以界定组织信息需求的方法。该方法不同于 BSP 法，它并非着眼于组织的整体流程，而是侧重于从影响组织经营成功的关键因素出发，来分析组织的信息需求。这种方法假设一个组织的成功总是取决于少数几个部门或工作，如果在这些方面达到了一定水平，组织就能兴旺发达，反之则会陷入困境，这些因素就被称为关键成功因素。

第 3 章　物流信息系统规划

企业过程	计划	财务	产品	零件主文件	材料单	卖主	原材料库存	成品库存	设备	过程工作	机器负荷	开列需求	日常工作	客户	销售领域	订货	成本	雇员
企业计划	C	U	U						U					U			U	U
组织分析	U																	
评价与控制	U	U																
财务计划	C	U										U						U
资本寻求		C																
研究			U											U				
预测	U	U										U		U				
设计、开发			C	C	U													
产品说明维护			U	C	C	U												
采购						C									U			
接收						U	U											
库存控制							C	C	U									
工作流图			U							C			U					
调度			U				U				U	C						
能力计划							U				U	C	U	U				
材料需求			U		U	U						C						
运行										U	U	U	C					
领域管理			U											C	U			
销售			U											U	C	U		
销售管理															U	C		
订货服务			U											U		C		
运输			U					U								U		
会计总账		U				U								U		U		U
成本计划						U										U	C	
预算会计	U	U										U					U	U
人员计划		U																C
招聘/发展																		U
赔偿			U															U

图 3-6　U/C 矩阵

薛华成. 管理信息系统[M]. 3 版. 北京：清华大学出版社，1999：274.

识别一个组织的关键成功因素需要与管理人员做一系列的访谈。这些访谈通常分为两个阶段：第一阶段是向管理人员询问组织的目标以及实现这些目标的关键成功因素，并通过充分的讨论来确定这些目标与关键成功因素之间的内在联系，然后决定哪些关键因素可以合并，哪些因素可以删除，哪些因素需要重新阐释。第二阶段首先在进一步理解关键成功因素与组织目标之间联系的基础上，确定每个关键成功因素的性能指标和评估标准；其次识别测量性能指标的数据有哪些，并对这些数据进行描述，建立数据字典。具体过程如图 3-7 所示。

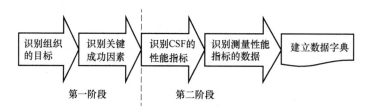

图 3-7 关键成功因素法的主要步骤

识别关键成功因素所用的工具主要是树状因果分析图。例如，某个物流组织的目标是提高组织的竞争力，我们可以用树状因果分析图画出影响这一目标实现的各种因素，以及影响这些因素的子因素，如图 3-8 所示。

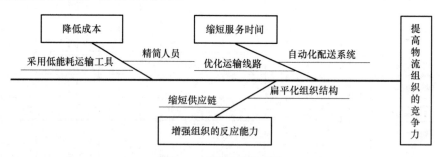

图 3-8 树状因果关系图

关键成功因素法是一种帮助组织管理者（特别是高层管理者）确定重要信息需求的有效方法，它的主旨是"抓住主要矛盾"，这一点不同于 BSP 法所强调的"全面综合调查"。由于现实中组织的管理者们比较熟悉这种方法，所以用这种方法确定的目标，管理者们比较乐于接受，并乐于去努力实现。这种方法的缺点是通常只在确定管理目标阶段最为有效。

3. 结果-手段分析法

结果-手段分析（Ends-Means Analysis，E/M）法是 1982 年由 Wetherbe 与 Davis 基于系统理论提出的一种确定组织、部门及个别管理者信息需求的方法。⊖这种方法的出发点是组织及其内部的各个子系统与流程既有输入又有输出，输入就是手段，输出就是结果。采用结果-手段分析法获得信息需求的步骤为：首先确定出组织过程产生的结果或输出，这些输出可以是产品或服务，也可以是信息；其次分析得到这些结果的手段，这些手段包括输入和过程；最后确定出与结果和手段相关的各种信息。

⊖ 王汝涌. 管理信息系统[M]. 北京：中国财政经济出版社，1989：137.

一个过程，不论它是关于组织的过程，还是关于组织子系统的过程，或是关于个人的过程，它的结果或输出总会是另一过程的输入或手段。例如，存储过程向生产过程提供零部件，会计过程向其他组织过程提供预算信息。因此，这种分析可以反复迭代地进行。

结果-手段分析法在注重分析输入、输出信息的同时，还注意分析过程产生输出或结果的有效性与效率。所谓有效性，是指一个过程的输出满足作为另一过程的输入的要求的程度；而效率则是指把输入转化为输出时所需的资源及这些资源的利用情况。因此，结果-手段分析法在提供信息的同时，还提供了关于信息有效性及效率的度量标准。

下面以库存管理为例，介绍结果-手段分析法的具体过程。

（1）库存管理的结果或输出：使库存水平尽可能低，但又不会影响其他业务过程。

（2）库存管理的手段或输入：是指产生结果（库存水平尽可能低，但又不会影响其他业务过程）的一些输入或过程。包括：库存量和订货量；需求的变化与预测；订货和存货费用；各项存货的价格；缺货情况及安全库存政策。

（3）库存管理效率的度量：发出的订单数及订货费用、库存费用。

（4）库存管理有效性的度量：缺货次数及严重程度。

采用结果-手段分析法确定信息需求通常要比其他方法更简单、广泛一些，而且所确定出来的信息较为全面，既有需求信息，又有效率信息和有效性信息。但运用该方法确定信息需求时，必须要求分析人员对组织系统的各种运作过程以及输入输出关系非常熟悉。

3.2.3 确定组织资源分配的方法

确定组织资源分配的方法主要有：投资回收分析法、内部计价法、指导委员会决定法、零点预算法等。

1. 投资回收分析法

投资回收分析（Return On Investment，ROI）法又称为成本效益分析法，它是一种进行项目规划的有效方法。在物流信息需求分析阶段划分出来的各个子系统具有不同的成本/效益比（即投资回收率），有些子系统在建设时耗费的资源不多，但建成运行后能给组织带来巨大的经济效益，对于这类子系统应考虑优先实施。根据投资回收分析法确定各子系统的实施顺序及分配资源时，首先要量化各子系统的成本与收益，计算出投资回收率；其次将各子系统按投资回收率的大小降序排列；最后选择排在前面并且其投资回收率达到一定标准的子系统率先实施。

当然，在实际确定系统开发顺序与资源分配时，投资回收率并非唯一指标，还要综合考虑各子系统在组织中的重要地位、组织的资源约束以及实施风险等因素。比如某个子系统的投资回收率虽然不高，但该子系统的运行是其他子系统开发的前提条件，该子系统的开发优先级也要重点考虑。

投资回收分析法对于成本与效益可以量化的物流信息系统项目来说，是一种简便易行的好方法。但是不少物流信息系统项目的成本与收益很难量化或不易估算，这时投资回收分析法的作用就很有限。而且，采用投资回收分析法往往会忽略各子系统相互配合形成的整体成本与效益。

2. 内部计价法

内部计价法也叫收费制，它是一种将信息系统的成本分摊给系统使用者的资源分配方法。内部计价法通常采用两种方式。一种方式是直接将系统开发、运行与维护的总成本按照一定的标准分配给不同的使用者，这时，各部门的使用者不能控制成本，但能够了解系统总成本的生成以及资源的利用情况。另一种方式是把物流信息系统看作一个服务中心，它向组织内各部门提供服务并依据服务类型和服务数量收取费用。在这种方式下，接受服务的部门能够控制它们的信息使用成本，这很符合"成本中心"或"利润中心"的原则。在后一种方式下，新系统开发费用的分担原则是接受服务的部门是否愿意购买针对本部门的这些应用，如果愿意，则需要支付开发费用，信息部门负责组织人员进行开发。

内部计价法（尤其是后一种方式）有利于成本控制，但是以收费概念为基础建立的信息系统规划往往只顾局部利益，而和组织的总体战略目标与规划之间缺乏联系，这就使得组织内部信息系统的开发自下而上、各自为政，常常只能满足本部门的需要与短期目标。

3. 指导委员会决定法

指导委员会决定法是组织成立一个以高层管理者为领导，以信息部门的主管以及各职能部门的主管为成员的指导委员会，由指导委员会来决定各子系统的开发顺序以及开发资源的分配。这种方式的优点是有各级管理者的支持做保障，决策执行较为顺利。缺点是在指导委员会进行协调时，弱势团体或部门的需求很可能被忽视。

4. 零点预算法

零点预算法（Zero-Based Budgeting，ZBB）的思路来源于会计学中的零基预算，这种方法首先假设所有的信息系统开发工作都还没有进行，一切从零开始；其次把将要开发的信息系统中所有的子系统都罗列出来，并按照它们的应用层次详细分类，同时按照每一个细分的应用层次列出期望的效益和开发系统所需要的支持资源，这就形成了一个应用系统的总清单；最后将这份清单交给系统建设指导委员会，由指导委员会来决定各子系统开发的先后顺序，计算需要的资源并分配资源。

零点预算法需要指导委员会参与决策。与投资回收分析法相比，零点预算法更为灵活，因为它不需要将所有的成本与效益都定量化；与内部计价法相比，零点预算法侧重于从组织整体的角度考虑系统开发与资源分配，并且通过指导委员会集中决策，因此实施效果能够较好地体现组织的整体目标与利益。

3.2.4 制订项目计划的主要方法

制订项目计划的方法主要有阶石法、计划评审法、甘特图等。

1. 阶石法

阶石（Milestone）法又称为里程碑事件法，它是以项目中某些重要事件的完成或开始作为基准来制订项目计划的一种方法。它以中间产品或可实现的结果为依据，显示了项目为达到最终的目标而必须经过的条件或状态序列，描述了在每一阶段应达到的状态。阶石或里程碑的编制应根据项目的特点，按项目可交付成果清单进行。

对于物流信息系统开发项目而言，一旦确定了项目的范围和各子系统的开发顺序，就可以根据各开发阶段的可交付成果清单确定每阶段的阶石或里程碑。里程碑是项目管理小组对项目进行控制的主要依据。里程碑一旦确定，各阶段的负责人就应确保按时交付任务，不管采取何种措施，都必须在里程碑图所注明的时间内完成各项任务，不能有任何工作环节的延迟，否则将会影响整个项目的进度。某物流信息系统开发项目的里程碑图如图 3-9 所示。

某物流信息系统开发项目	1月	2月	3月	4月	5月	6月
里程碑事件	上 中 下	上 中 下	上 中 下	上 中 下	上 中 下	上 中 下
系统分析	30/1 ▲					
系统设计				15/4 ▲		
系统集成					30/5 ▲	
系统测试						30/6 ▲

图 3-9　某物流信息系统开发项目的里程碑图

图 3-9 中，系统分析必须在本年度的 1 月 30 日前完成，系统设计必须在本年度的 4 月 15 日前完成，系统集成必须在本年度的 5 月 30 日前完成，系统测试必须在本年度的 6 月 30 日前完成。

采用阶石法制订项目计划虽然重点突出，但计划内容不够完整。因为里程碑图里只注明了完成项目的重要环节与事件，而未将其他活动包括进去。

2．计划评审法

计划评审法（Program Evaluation and Review Technique，PERT）又称为网络计划技术，它是一种运用特定的、有顺序的网络逻辑来反映和表达整个项目的安排，并依据这些网络逻辑选择最优方案，合理安排各项资源的运用，组织、协调、控制项目进度，以达到预定目标的科学管理方法。

计划评审法的主要步骤是：①将整个项目任务划分为若干具体的作业过程或阶段；②根据作业间的逻辑关系绘制反映整个项目状况的网络图；③根据经验或历史数据估计完成每项作业的时间值，并运用概率论求出按此时间完成项目任务的可靠程度；④通过数学计算找出对全局有影响的关键活动和关键路线；⑤从时间分析、费用分析、资源分析方面调整与优化网络计划，对整个项目任务进行统筹规划，选择一个最优方案，从而得到加快系统开发进度、降低成本、节约资源的效果。

计划评审法的实施过程较为烦琐，但应用范围很广。它特别适用于一次性的大型复杂项目，而且项目越复杂，采用计划评审法获得的效益越大，因此 PERT 已经成为很多信息系统开发项目编制计划、控制进度的首选方法。

3．甘特图

甘特图（Gantt Chart，GC）又称为横道图、条形图，它是一种用线条来表示工作计划与进度的图示方法。在甘特图中，物流信息系统开发项目的活动通常在图表的左侧列出，时间在图表的顶部列出，然后依据计划的详细程度，以年、月、周、天或小时作为度量项目进度的时间单位。某物流信息系统开发项目的甘特图如图 3-10 所示。

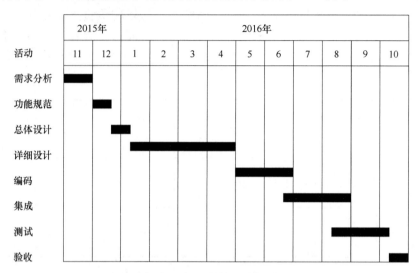

图 3-10 某物流信息系统开发项目的甘特图

在甘特图中，横道线显示了每项活动的开始时间和结束时间，横道线的长短代表了各项活动持续时间的长短。

甘特图的优点是直观、明了、简单、容易绘制；缺点是不能系统地将项目各活动之间的复杂关系表示出来，难以进行定量分析与计算，同时也没有指出影响项目进度的关键所在。因此，甘特图通常比较适用于简单的小项目，对于复杂的大项目，甘特图往往难以应对。

3.3 企业流程再造

3.3.1 企业流程再造产生的背景

200 多年来，亚当·斯密提出的专业化分工理论在组织理论与管理实践领域蓬勃发展，并为社会经济的繁荣、社会财富的积累做出了巨大贡献。尤其是在管理实践领域，形成了以职能划分为基础、以统一领导与分级管理为核心的高耸型金字塔式组织结构。这种组织结构管理严密、分工明确，充分发挥了各职能部门的专业化优势。然而由于过于强调专业分工，各部门只负责其职能范围内的工作，企业中的众多业务都被分解得支离破碎，这不仅容易造成各部门之间信息传递失真、协调困难、重复劳动、计划控制工作复杂化、人员积极性不高，而且严重影响了任务完成的质量与效率，还导致各部门本位主义泛滥，只顾局部利益忽视全局效益，这使得专业化分工带来的优势被大打折扣。尤其是 20 世纪 70 年代以后，随着信息技术在组织中的广泛应用与推广，以及全球经营环境朝着竞争驱动、顾客驱动、变革驱动方向的发展，专业化分工已经不再是管理理论与实践领域的主流，取而代之的是对组织的业务流程进行重新审视、思考与设计的企业流程再造。

3.3.2 企业流程再造的定义与本质

企业流程再造(Business Process Reengineering,BPR)又称为业务流程重组,它是由美国学者 Michael Hammer 和 James Champy 在 1993 年正式提出的。两位管理理论大师认为,BPR 是以业务流程为改造对象和中心、以顾客需求和满意度为目标、对现有业务流程进行根本性的再思考和彻底的再设计,利用先进的制造技术、信息技术以及现代化的管理手段,最大限度地实现技术上的功能集成和管理上的职能集成,以打破传统的职能型组织结构,建立全新的以流程为核心的组织结构,从而实现企业在成本、质量、服务与速度等方面的巨大改善。

企业流程再造的本质是一种组织变革。一个企业只要开始运营,就自然会产生业务流程,但长期以来由于受亚当·斯密专业化分工理论的影响,企业原有的业务流程大多建立在劳动分工的基础上,这些业务流程以职能划分为基础,没有考虑企业的总体战略;其结果是,流程运作在部门内部可能很有效,但就整个企业范围而言,运作常常是低效率的,并缺乏灵活性与应变能力。而且随着组织的发展变化,有些业务流程是重复的,有些是多余的,有些建立伊始就不科学,还有一些自发形成的流程随意性大,没有实现标准化,等等。因此,为了提高企业的效率、服务和质量,组织就需要借助信息技术在企业中的应用,重新思考与设计业务流程,新业务流程的确立将会带来一系列组织变革,如组织结构扁平化、组织权力下放给与顾客直接打交道的员工、组织文化与观念的重建等。如果没有这些方面的变革相配合,企业流程再造就不可能获得成功。鉴于此,一些学者认为信息技术和组织变革是 BPR 得以成功实现的两大助推器,二者缺一不可。

3.3.3 企业流程再造与物流信息系统规划的关系

物流组织为了在复杂多变的竞争环境中提高运作效率、增强反应能力、有效降低成本,采用信息技术提高企业核心竞争力是必然选择。信息技术的应用有可能改变企业原有的信息采集、加工和使用方式,甚至使信息的质量、获取途径及传递手段等都发生根本性的变化。所以,在建设物流信息系统的过程中,具有远见的企业会以推动信息技术在物流组织中的应用为契机,重新定位与思考企业的经营模式,对业务流程进行根本性再造与重组,这就是 BPR。新建立的物流信息系统不是原有业务流程的自动化翻版,而是以再造后的业务流程为基础。因此,物流信息系统建设推动了企业流程再造,企业流程再造也为物流信息系统规划提供了基础。

从另一个角度看,企业流程再造不仅是一种推动组织变革的有效方式,而且是一种进行信息系统规划的好方法。在本章第二节中,我们介绍了一些进行物流信息系统战略规划的方法,如战略目标集转化法(SST 法)、关键成功因素法(CSF 法)以及企业系统规划法(BSP 法)等。这些方法通常被认为是进行信息系统战略规划的传统方法,这些方法虽然思路不同,但它们都有一个共同之处,那就是它们都是面向职能或以企业现有职能为基础进行信息系统规划的。如 SST 法和 CSF 法,面向职能部门,在分析企业现有状况的基础上,提出组织的战略规划与物流信息系统的战略规划。BSP 法虽然面向过程,但这种方法所定义的过程仍然基于当前组织的功能结构,是从当前组织的业务流程中识别出来的。BSP 法的应用也涉及对相关流程进行合并、补充、删减、修改或再细分,但这种流程变动只是对当前流程的修补与完善,而非彻底的、根本性的重组和再造。BPR 法与上述三种方法有着本质的区别,它是完全面向过程并从过程出发(而不是以职能部门为核心)进行信息系统的规划的,所以最后的结果是:为了适应再造与重组后的流程,企业的职能部门将要变革、精简,一切都以提升企业核心竞争力的流程为重心。这一点完全不同于传统的信息系统规划方法。

3.3.4 企业流程再造的实施步骤

Davenport 与 Short 在 1990 年曾提出过一个五阶段模型,用来描述企业流程再造的步骤,此五阶段为:①建立企业愿景与目标;②确定需要重新设计的流程;③了解现行流程;④确定信息技术的功用;⑤建立雏形的新流程。⊖根据实践应用及 BPR 与物流信息系统规划之间的关系,我们对五阶段模型进行了修正与补充,修正后的 BPR 实施步骤如下:

1. 确定物流组织的战略规划

物流组织进行流程再造的最终目的是实现组织的战略目标,因此在这一阶段必须先明确物流组织的战略目标、服务对象等根本问题,才能够使以后的业务流程再造活动有的放矢。确定组织战略规划的方法主要有 SWOT 分析法、波士顿矩阵法、迈克尔·波特的五力分析模型等。

2. 确定需要重新设计的业务流程

根据组织的战略目标,在熟悉物流组织整体业务运作的基础上,确定影响战略目标实现的关键流程与作业,然后仔细检查这些流程的现行状况,对其进行全面的效率和功能分析,发现其存在的问题,并绘制详细的业务流程图。

3. 确定信息技术对业务流程的影响

信息技术在 BPR 中扮演着关键性角色,因为它可能改变组织中的很多活动。例如,组织中的非结构性工作因信息技术的采用而变成例行的结构性作业,一些在流程上属于串行的作业因信息技术而变为并行过程,信息技术的运用加速了管理者的日常规划、决策与控制活动,信息技术促进了组织中的沟通与交流等。因此,在进行流程再造时一定要考虑到信息技术的影响与威力。

4. 新流程的确立

结合第二与第三步的分析,重新思考与设计组织的业务流程。在设计过程中要以过程管理为基础,打破部门间的界限,提高关键流程对客户的价值。并且由关键流程出发,精简过分分散的流程,纠正错位的流程,删减冗余的流程,取消不增值的流程,等等,使重新设计的流程能够全面提高顾客满意度,提升物流组织竞争力。

5. 制订与 BPR 相配套的组织变革方案

前面曾经提到,BPR 的本质就是一种组织变革,因此,要想使 BPR 实施成功,就必须对组织结构、企业文化、管理制度、员工价值观等方面进行一系列的调整与改革,制订系

⊖ 吴琼璠,谢清佳. 管理信息系统[M]. 上海:复旦大学出版社,2003:372.

统的再造方案，使其适应 BPR 的推行。在 BPR 的推行过程中，必然会触动原有的利益格局，高层管理者必须大力支持、精心组织、谨慎推进。在流程再造过程中，有些变化事先不能预料，因此新设计的流程在实施过程中也必须不断改进、持续调整，以求更能反映组织的战略目标。

6. 建立物流信息系统战略规划

此步骤的工作是在新流程确立的基础上进行的，新业务流程与运营模式的确立将引出新的信息需求，在考虑第三步所提及的信息技术的基础上，确立物流信息系统的技术框架，形成新的物流信息系统战略。

7. 物流信息系统战略规划的实施

此步骤的主要任务是制订物流信息战略规划的实施计划，确保组织战略目标与物流信息系统战略规划能够顺利实施，这一步骤的主要工作为确定信息系统开发顺序、制订项目开发计划。

3.3.5 企业流程再造中应注意的问题

企业流程再造理论的核心思想是以流程管理为重心，通过对流程的明晰、设计、优化、再造和标准化，使企业解决专业化分工所导致的推诿、扯皮、混乱、效率低下、本位主义严重等问题。更重要的是，使企业将重点力量放在提高企业竞争优势与顾客满意度的核心流程上，在成本、质量、服务、速度与创新上获得巨大改善。然而，企业流程再造是一项涉及技术更新、观念更新、流程重组与组织重组并行的系统工程，要想获得成功，企业必须注意以下问题：

（1）企业高层管理者对 BPR 的大力支持。BPR 在实施过程中涉及组织变革、机构精简等问题，这必然会触动一部分人的利益，尤其是企业中层管理者。为了克服阻力，改变旧的业务流程，企业高层管理者必须对 BPR 给予大力支持，为 BPR 创造一个积极的实施氛围，只有这样，BPR 获得成功才有保证。

（2）BPR 与观念更新、组织变革、信息技术的推进同步并行。BPR 的实施是一项浩大的系统工程，既涉及技术，也涉及人员与管理，具体包括企业文化的更新、员工观念的转变、组织结构的调整与扁平化、业务流程的重组、经营模式的替换等。其中，文化与观念的更新是 BPR 成功施行的思想基础，组织变革与信息技术的推进是 BPR 实现的使能器。因此，在实施过程中，BPR 与观念更新、组织变革、信息技术的推行同步并行非常必要。

（3）BPR 要以提升企业核心竞争力为前提，以促进企业目标的实现为依据。核心竞争力是企业生存与发展的基石，是企业获得持久竞争优势的根本所在。企业必须把握自己的核心竞争力，然后根据核心竞争力确定企业的核心业务工作内容，进行业务流程再造。BPR 的根本目标与直接驱动力是提高顾客满意度，为了达成这一目标，以信息技术推广为基础的 BPR 使员工直接面对顾客，使组织系统更加柔性化，使产品与服务更加个性化，从而满足顾客不断变化的多种需求。

（4）在 BPR 过程中，确立适应新流程的员工岗位职责、部门职责以及绩效考核制度至关重要。重组后的新业务流程以过程为中心，这有别于专业分工制度下以部门为中心的组织运作方式，因此，与之相应的员工岗位职责将会扩展，各部门间的界限将会消除，部门间的团结合作将会代替推诿扯皮，绩效考核将会以整个流程的共同绩效作为衡量标准。因此，必须及时确立适应新业务流程的员工岗位职责、部门职责以及绩效考核制度。

（5）根据实际情况正确选择 BPR 的方法。一些专家认为，重新设计企业业务流程有两种方法：一种是系统改造法，即通过分析理解现有流程，系统地重建提供所需产品与服务的新流程；另一种是全新设计法，即不考虑现有流程，根据企业的核心竞争力与组织目标，从根本上重新思考产品与服务的提供方式，零起点设计新流程。这两种方式的风险与花费各不相同。一般来说，全新设计法的风险较大，所需要支付的一次性费用较多，这种方法适用于组织绩效低下、濒临破产的企业。系统改造法的风险较小，所需费用是连续支付的，每次金额较少，这种方法适用于当前经营状况较好的企业。当然，在进行具体选择时，企业还应考虑需要再造的环节、本行业的竞争程度、经济环境的变化情况等。

BPR 是一种有效的信息系统规划方法，也是一种重要的组织变革途径，如果实施成功，它对企业在成本、质量、服务、速度与创新方面的促进将是巨大的。但是，作为一项复杂的系统工程，BPR 的实施涉及众多环节、众多因素，要想使其推行成功并发挥效力，除了要具备相关的理论知识外，还需要实践经验。

3.4 物流信息系统建设策略

在确立了战略规划之后，物流信息系统具体采用何种技术模式（分散式还是集中式）进行建设，也是在系统规划阶段需要决定的重要议题。近年来，随着 IT 技术的不断发展与改进，信息系统的大集中管理已经成为一种趋势，而物流信息系统的建设必然会受到这一趋势的影响。

3.4.1 信息系统大集中管理模式的基本含义及其分析

大数据时代下，随着企业业务与规模的扩大，以及计算机技术与通信环境的日趋成熟，信息系统的发展也开始由分散式管理走向集中式管理，例如数据集中为银行业的发展带来了巨大成效。作为供应链必不可少甚至非常重要的一个环节，物流行业面临着资金分散、管理失控、资金利用效率低下等问题，如何利用大集中管理模式来解决这些问题对于指导现代物流组织的发展具有重要意义。

1. 信息系统建设模式的基本含义

在信息系统的建设过程中，存在三种比较典型的技术模式：大集中模式、分散式模式和分级集中模式。

（1）大集中模式。"大集中"可以理解为信息化的"集中与整合"，其实质是在现代计算机技术发展与提高的前提下，适应现代化管理要求的信息化建设模式，表现为数据集中和系统整合。大集中模式中包括机器设备集中、物理数据集中和应用处理集中三个层面。

机器设备集中是指简单地将原来多个信息处理中心的设备进行集中。机器设备集中是技术方面最低层次的集中，一般可以被其他两个层面所包含，只在信息化的初级阶段经常出现。

物理数据集中是指企业内部数据的管理都集中到一台服务器上或多台服务器构成的集

群系统中，实现数据的集中存储和管理。因此，物理数据集中能够在保证数据完整、全面的前提下，分析企业内部数据和外部数据，为企业的各级决策提供有力的支持。

应用处理集中是指在企业软件体系架构中实现一体化设计，以覆盖所有业务，并集中在一台服务器上或多台服务器构成的集群系统中，使分布在各地的分支机构，通过广域网连接到相应的服务器上进行业务处理。应用处理集中打破了以往业务系统的界限，对业务、流程和管理进行统一规划，形成了真正意义上的企业信息平台。

不论是国内还是国外，物理数据集中和应用处理集中目前采用的最多。应用处理集中是最高层次的集中，打破了以往业务系统的界限，对业务、流程和管理进行重整，以实现企业信息架构的再造。电信部门的业务运营支撑系统可以被视为应用处理集中的范例。物理数据集中在实际应用中常常容易和应用处理集中混淆，主要是因为物理数据集中模式下应用往往是分离的，而应用处理集中模式下物理数据往往是集中的。

（2）分散式模式。分散式模式是指在各地网点建立局域网、设立数据分中心，业务数据处理以本地为主。这种模式要求在每一个分支机构都配备一套业务应用的支撑环境，包括应用软件、数据库、服务器等，相当于每个分支机构都设立一个规模相对小的数据中心，这些数据中心定时或不定时地将有关数据传送到总部的数据库中，以便总部进行分析和使用。这种模式要求每个分支机构必须配备专职的具有较高水平的计算机技术人员去维护数据中心。在软件体系结构上，基于局域网的比较多，而且多数采用客户/服务器（C/S）结构。这种体系结构在管理跨区域大型企业的应用管理需求时，存在数据管理效率低、初期投入和维护成本高、系统拓展困难和不利于企业面向电子商务的发展等问题。

（3）分级集中模式。分级集中模式是根据具体的业务需要，实行大集中与分散式模式的融合应用。这种方式也存在很多组合方式，如：数据存储和应用处理集中到若干个分中心进行，最后再由各分中心将数据定时汇集到总部，使得总部最终存有所有的业务数据，而不只是简单的加总数据。这种应用分散分级集中模式，实际上已是小规模的应用"大集中"模式，在计算机集群技术发展到十分成熟的今天，已经逐步被总部大集中所替代。

2. 信息系统大集中管理模式的比较优势

（1）大集中管理模式是信息系统建设技术上的择优选择。从技术角度看，大集中模式与分散式模式在技术发展趋势、整体运行效果、建设成本、系统维护、软件开发难度、推广速度和风险因素等方面均有所不同，具体比较见表3-1。

表 3-1 分散式模式与大集中模式比较

序号	比较因素	大集中模式	分散式模式
1	发展趋势	在大型企业应用中逐渐占主导地位	大型企业信息化建设初期比较流行的模式
2	整体运行效果	适应业务总揽、垂直管理的发展要求 整个系统数据统一、便于管理 业务操作流程标准、规范 数据信息实时共享 各级人员在权限范围内可查阅所有相关的基础明细数据	适应分级经营、分级管理的业务模式 数据统一管理难度大 业务流程难以统一 数据信息难以实时共享 总部高层管理人员实时查阅基础明细数据的难度大或成本高
3	建设成本分布	总部数据中心投资大，下属网点投资相对小 网点数量规模越大，总体投资越经济	下属网点投资相对大，总部投资相对小 网点数量规模越大，总体投资越大

(续)

序号	比较因素	大集中模式	分散式模式
4	系统维护 软硬件故障维护 需求改变、增加和扩充功能	大量的系统维护工作集中在总部 便于系统升级、扩充功能 总部的技术人员要求高，各地网点的技术人员要求相对很低 由于企业信息化建设的技术含量和复杂程度越来越高，而且技术人员工资成本很高，采用集中式方案有利于降低总体的技术人员成本和保障系统的运行	大量的系统维护工作发生在各地网点 系统升级、扩充功能难度大 各个网点需要有大量的高水平技术人员 采用需要大量技术人员的分散式方案将使技术人员维护成本大大增加，同时极大地增加了队伍建设的难度
5	开发难度	技术工具正在发展，开发难度相对大	技术工具比较成熟，开发难度有所降低
6	推广速度	各个接入网点在网络线路通畅的情况下就可以使用系统，不存在软件安装调试，推广速度快 接入网点的数量越多，推广速度快的优点越明显	需要在各个网点安装调试软件，推广速度相对慢 接入网点的数量越多，推广速度越慢、难度越大
7	风险	风险关键控制点在于总部数据中心和通信线路 为保证系统的可靠运行，需采取服务器双机备份、通信线路双备份（如DDN+拨号备份）等技术手段进行保障	最大的风险是不能很好地适应企业总体发展战略，建立垂直管理体系 各个仓库网点都成为风险控制点，需要采取本地备份措施；同时，通信线路和总部系统也需要保障

根据比较可以看出，从技术角度讲，物流组织实施信息系统大集中管理模式是大势所趋；从管理角度看，实施信息系统大集中管理模式是物流组织管理体制变革的需要。

（2）大集中管理模式是物流组织管理体制变革的有效方案

1）传统分散式管理模式的缺陷。实施信息系统大集中管理模式，是因为传统的分散式管理模式具有难以克服的缺陷。首先，随着经济发展的全球化，大型物流组织中跨行业、跨地区乃至跨国性事务处理越来越烦琐，分散的数据处理需要经过多次数据交换，这不仅费时费力，而且增加了企业成本，事务处理效率也不高。其次，分散式管理往往会使得计算机硬件资源利用率低，软件及维护费用高，运行与管理困难，而且分散的数据管理不能保证数据在系统中的正确性，这也增加了数据完整性的安全风险。再次，由于各分散网点技术人员和操作人员的技术水平参差不齐，造成了管理水平的不平衡，总中心的技术人员在保证整个系统正常运转的同时，还要给各分散网点提供技术支持，这大大增加了技术人员的数量和工作量，导致企业管理成本增加。最后，由于实行分散式管理，物流组织内部无法进行顺畅有效的信息沟通，高层管理者无法快速得到决策信息，基层人员也无法迅速得到上层指令，这导致企业中间业务处理效率低，创新业务开展困难，企业竞争力下降。

2）大集中管理模式的优势。鉴于传统分散式管理模式的弊端，大集中管理模式呼之欲出。经济全球化与企业事务处理电子化为数据大集中的发展提供了契机与可能性，而数据大集中也为全球经济发展与物流组织竞争力的提升提供了有利条件。

就全球经济发展而言，数据集中为频繁的全球化资金往来带来了诸多有利因素，如交易时间的缩短、资金安全性和完整性的提高、投资风险的降低、管理的规范化和费用的节省等。对物流组织而言，数据大集中减少了决策、管理、执行过程的中间环节，使为客户提供的服务更加方便快捷，工作效率极大提高；大集中管理模式解决了物流组织原来因数据分散、标准不一、地域分割而导致的事务处理困难，为企业运行体制的改革提供了前提；数据大集中后，物流组织可以利用有效的手段、方法和工具对数据进行分析和挖掘，从而为有价值的客户提供有效产品和服务，这将进一步拓展企业的服务与利润空间；同时，大集中管理模式也使得物流组织出现逐渐将权力收归高层，实行"扁平化、垂直化"管理的趋势，这一转变最大的好处在于企业高层人员与市场和客户之间的距离拉近了，有利于管理层针对客户要求和市场变化快速决策，同时也有利于企业总部严密监控分支机构，控制经营风险。

由于大集中管理模式的诸多优势，很多物流组织已将数据集中作为企业未来信息系统建设的发展方向，但是，数据集中的实施模式与集中程度也多种多样。

3. 大集中管理模式的实施

银行业是较早实现大集中管理模式的行业，因此研究以银行业数据集中为背景的大集中管理模式对于指导现代物流组织的发展意义重大。以我国商业银行为例，各商业银行进行的全国性数据集中大多属于数据集中或应用集中。采用数据集中模式的银行，先将各支行的不同业务系统主机集中安放到所建立的数据处理中心，同时对不同业务系统进行运行和维护，然后将部门内部数据集中到同一台主机或多台主机构成的集群系统中，以实现数据的集中存储和管理。这种模式虽然未对业务系统进行任何改造与整合，但通过设备集中与数据集中先行将银行的科技资源与业务数据进行集中管理，从而为将来的应用集中奠定基础。采用应用集中模式的银行都相应开发或应用了新的综合业务系统，这些系统打破了原有的业务流程和运行模式，将原来按地域分割的业务整合起来，实现了所有业务的集中处理、所有数据的集中共享。

在确定集中程度时，根据业务规模、网络基础及分支行地域分布情况，各商业银行主要采用单中心、双中心或多中心三种形式，如业务量较小、分支行较集中、网络基础设施较好的光大银行、民生银行、深圳发展银行等股份制商业银行，都建立了一个数据中心。而对于业务量较大、分支机构遍布全国的国有商业银行而言，建立单中心的风险太大、成本过高，只能采用从区域到全国分步集中的方式，最终集中到全国性的一个或多个数据中心。如中国工商银行的南北两大数据中心，中国银行的五大数据中心，中国农业银行在36个省域中心的基础之上最终建立一个全国性的数据中心。

我国银行业在数据集中实施模式与集中程度的抉择上，都是根据自身的具体情况而定的。虽然数据集中对银行业发展的意义与价值已经在业内与学术界达成共识，但具体的实施途径与方式却是多种多样的。因此，借鉴银行业的信息化发展经验，不同的物流组织应根据组织的实际情况选择适宜的实施模式与集中程度。

3.4.2 物流信息系统大集中管理模式的应用策略

大集中管理模式下的信息系统建设是一项涉及面广、技术难度大的系统工程。要想实施成功，物流组织在信息系统建设过程中必须考虑如下一些问题：

1. 数据集中与管理业务变革相促进

大集中工程的顺利实施得益于管理层自上而下的推动。尽管仍有一些人认为数据集中主要是技术部门的事，但如果仅仅建立一套集中数据的硬件设施与系统，而无相应的管理业务变革相配套，那么数据集中工程的效果就会事倍功半，组织将很难实现真正意义上的"一级法人"治理结构。业务和管理集中的需求带动了数据集中，数据集中反过来促进了业务的集中和管理的变革，实际上二者的关系是互动的。数据大集中的整体联动效应表现为组织人事用工制度、业务管理体系、营销体系、风险防范体系等将发生全面改变。

2. 企业高层管理者的大力支持

信息系统大集中管理模式的实施，实质上是一场将分支机构权力收归总部的集权式管理变革，这势必会遭到分支机构管理者的强烈反对，为了维护既得利益，他们会想方设法阻碍这项工程的开展。面对这种情况，高层管理者一定要以组织大局为重，做好企业上上下下的工作，对数据集中工程给予坚决的支持，使关系组织生存与发展的数据大集中工程顺利实施。

3. 数据集中的实施模式、程度、范围与速度

数据集中的实施模式、程度及范围是物流组织在建立信息系统总体规划时要认真考虑的问题。信息系统的三种集中模式（设备集中、数据集中和应用集中）各有优劣，对于物流组织而言，具体采用何种模式取决于组织所处行业的信息化水平以及组织业务与管理的实时性需求。对于业务与管理实时性要求高的物流组织，宜采用应用集中模式；对于业务与管理实时性要求不高的物流组织，既可以选择应用集中，也可以选择数据集中。另外，一些大规模的物流集团在确定集中程度时，到底应该采用单中心、双中心还是多中心，应根据物流集团的业务规模、网络基础与分支机构的地域分布情况而定，不可一味地为追求集中而不顾企业的实际情况。再者，根据我国银行业的实践来看，数据大集中管理模式对于大企业和小企业都同样适用。大企业可以凭借雄厚的资金实力和技术力量，小企业则可以利用灵活的优势，按照各自的特点来建设集中式信息系统。国内各大银行成功实现大集中管理模式的案例向物流组织表明，大集中是业务范围广泛、网点众多的集团企业最佳的管理模式。最后，数据集中的速度也存在一个"度"的问题。大集中管理模式的建立涉及许多变革，企业需要有一个消化、吸收、逐步适应的过程。物流组织在实施数据大集中的时候，要考虑自身的资金状况以及对管理变革的承受能力，循序渐进。

4. 风险管理

数据集中的同时也带来了风险的集中，这些风险包括网络通信风险、数据中心运行及实现风险等。数据大集中是建立在网络系统之上的，链路、网络设备、网络安全等任何环节上的问题都可能导致系统部分或全部瘫痪，因此，物流组织在网络通信设计上必须有充分的准备。同时，由于总部数据处理中心运行管理的复杂性以及一些不可抗力事件的发生等，实施数据集中的物流组织必须充分认识到灾难备份的重要性。实现灾难备份可采取自建灾备中心（如中国工商银行的南北两大中心互为备份，光大银行在集中后建立了同城灾备中心）或接受专业公司提供的灾难备份服务（如美国"9·11"事件发生后，Sungard、Comdisco等专业灾备服务供应商迅速提供灾备服务，成功支持了上百家客户 1h 内恢复业务运作）等措施。

5. 数据挖掘

数据集中后，物流组织建立了庞大的数据仓库。如何利用有效的技术手段、方法和工具对数据进行分析和挖掘，从所掌握的海量数据中提取有用信息，为决策者提供有效的数据分析和决策支持，为有价值的客户提供有效的产品和服务以拓展企业的服务和利润空间，也是值得物流组织深思的问题。

6. 业务创新

数据集中为物流组织总体业务创新提供了十分便利的平台。如大集中后，物流组织各分支机构可同时快捷地推行同种新业务，数据交换与处理也十分便利。但另一方面，由于各分支机构权力、设施以及技术资源的限制等问题，也使得一些满足本地需求的特色业务得不到有效开展。因此，数据集中后，总部与各分支机构如何针对本地经济环境的特点，积极开发特色中间应用和前台程序，努力开拓适应当地经济环境的新业务品种，也是值得物流组织考虑的又一个问题。

本 章 小 结

物流信息系统的建立是一项投资巨大、技术复杂、涉及面广、周期较长的社会技术系统工程，它需要整合物流过程，收集、处理、存储、加工和利用物流信息，管理物流活动中所涉及的人员、设备和软硬件资源等要素。因此，在开发初期对整个系统进行缜密、合理的总体规划尤为重要。

物流信息系统战略规划是物流信息系统开发的第一阶段，此阶段的主要任务是对目标系统提出完整、明确的要求，从总体上把握目标系统的主要功能和约束条件等。物流信息系统战略规划主要包括五部分：组织的战略目标、计划和指标分析、政策和约束，物流信息系统战略目标、约束及总体结构，组织现有信息系统的状况及管理状况，相关信息技术发展预测，项目计划。物流信息系统战略规划的过程主要为：确定组织战略规划→制定物流信息系统战略规划→组织物流信息需求分析→组织资源分配→制订项目计划。

制定物流信息系统战略规划的方法主要有战略目标集转化法、战略信息模式与信息系统战略规划法；确定组织物流信息需求分析的方法主要有企业系统规划法、关键成功因素法、结果-手段分析法；确定组织资源分配的方法主要有投资回收分析法、内部计价法、零点预算法、指导委员会决定法；制订项目计划的方法有阶石法、计划评审法、甘特图等。

企业流程再造的本质是一种组织变革。物流信息系统建设推动了企业流程再造，企业流程再造为物流信息系统规划提供了基础，同时也是一种进行信息系统规划的好方法。物流组织流程再造需要经过确定物流组织的战略规划、确定需要重新设计的业务流程、确定信息技术对业务流程的影响、确立新流程、制订与 BPR 相配套的组织变革方案、建立物流信息系统战略规划、实施物流信息系统战略规划等步骤。

在介绍信息系统建设模式基本含义和相关优势的基础上，说明在现代信息技术飞速发展和管理体制不断变革的条件下，集中式管理模式优于分散式管理模式，物流组织实施信息系统大集中管理模式是大势所趋。

◇ 关键概念

- 物流组织战略规划
- 战略目标集转化法
- 战略信息模式与信息系统战略规划法
- 企业系统规划法
- 关键成功因素法
- 结果-手段分析法
- 投资回收分析法
- 零点预算法
- 阶石法
- 计划评审法
- 甘特图
- 企业流程再造
- 信息系统大集中管理模式

◇ 思考题

1. 物流信息系统战略规划与企业战略规划之间有什么关系？
2. 制定物流信息系统战略规划要经过哪些步骤？
3. 物流信息系统规划的主要方法有哪些？比较它们的优缺点。
4. 运用战略目标集转化法（SST 法）、企业系统规划法（BSP 法）、关键成功因素法（CSF 法）与企业流程再造（BPR）进行物流信息系统规划时有何差异？
5. 为什么说 BPR 的本质就是一种组织变革？物流组织进行 BPR 应注意哪些问题？
6. 信息系统大集中管理模式与分散式管理模式相比有何不同？
7. 物流组织采用大集中管理模式进行信息系统建设时应注意哪些问题？

◇ 课堂讨论题

阅读下面的案例，讨论相关问题。

中海：完善的物流信息化系统

在中海物流分管营销和信息化业务的主管看来，中海物流能在与中远物流、中外运、招商局、宝供物流等公司的激烈角逐中脱颖而出，很大程度上缘于先人一步建立了比较完善的信息化系统。

转型：实现三级管理

中海集团与中远集团、中外运被称为中国航运市场的三巨头，在集装箱运量取得突飞猛进的 2002 年，中海物流应运而生。按照中海集团的发展规划，物流业是发展重点和支柱性产业，形成了以航运为核心，船代、货代、仓储堆场、集装箱货车（俗称集卡）、驳船、空运、海铁联运等业务并举的大物流发展框架。

调整后的中海物流采用三级管理的业务模式，总部管片区、片区管口岸。总部代表集团领导、管理、计划、协调中海的物流业务，加强对整个物流业务总成本的控制，建立物流供应链；片区公司在总部的领导和管理下，经营各片区的配送业务、仓储业务、车队业务、揽货业务等，建立所属各地区的销售网点，负责对该地区的成本控制；口岸公司在片区公司的管理下，进行揽货、配送等具体业务操作，并负责业务数据采集。

要实现三级管理，没有强大的信息系统支撑是不可能的。中海物流在公司成立初期就指出，要做一流的物流企业首先要有一流的 IT。为实施集团制定的"大物流"战略，中海物流最终选择了招商迪辰作为软件供应商。

模式："一个心脏跳动"

虽说招商迪辰是首家在国内将地理信息（GIS）、卫星定位（GPS）、无线通信（Wireless）与互联网技术（Web）集成一体，应用于物流、交通和供应链管理领域的软件供应商。但为中海物流这样规模的企业建立全国性的物流信息化系统，在国内并无先例可循。招商迪辰的相关负责人表示："现在不是一个点上看单个物流系统，而是要在整个物流网络的高度，从供应链衔接的角度设计整套系统。"

经过反复论证，双方一致认定，要在全国范围内应用一套企业级集成的系统，该系统能实现信息的共享与交换，并保持数据的一致。该系统以市场需求为驱动，以计划调度为核心，使物流各环节协同运作。它需要集成管理企业所需的计划、指标、报表、结算等，可层层细化与监控，并有统一的企业单证、报表、台账格式，而且有良好的可扩展性和开放结构。更为关键的是，系统建成后应当是一套面向订单流的信息系统，从接受客户委托订单开始到订单管理，围绕订单制订物流方案，落实相关运力或仓储等物流资源、调度直至物流作业、质量监控等环节，都要有一个平滑共享的信息流。

软件项目最大的困难在于业务变更。中海物流的业务繁杂、需求众多且不断变化，信息系统也必须随之改进。中海物流项目开始时做调研主要是为了海运业务，关注的主要是货物从这个港运到那个港，真正涉及的项目物流非常少，在经过企业战略转型后，中海物流已经将海运、货代业务剥离出去，专做第三方物流。

"一个心脏跳动"，这个形象的比喻可以用来描述中海现有的业务模式。"中海物流集团总部是一个利润中心，底下八大片区视为成本中心，资源统一调配，全国一盘棋。拿到第三方物流单子，多少货发到什么城市、什么仓库，完全由中海物流自己来决策。仓储资源、运输资源、人力资源统一调配，中海物流完全按这种模式运作。第三方物流强调'一个心脏跳动'，集中式管理、集中式调度、统一核算，客户进来不是面对单个分公司，而是面对整个物流体系，整个体系通过一套信息系统协同作业。"

令中海物流自豪的是，当时国内还没有同类物流企业能够做到这一点。

海信：初战告捷

从某种意义上来说，中海物流之所以要做战略调整，就是因为签了海信电器这样的项目物流大单。2002年年底，海信电器进行首次第三方物流的招标，中海物流在经过为期一个月的投标、调研、实施方案制订后，凭借着中海的强势品牌和完善的物流方案，一举击败国内数家知名物流企业，中标海信电器电视机产品的全国配送物流服务项目。

中海物流相关负责人得意地说："我们之所以能拿下将近45%的份额，超过中远、中外运，关键就是IT系统。这套系统全部无纸化操作，海信电器所有的客户需求，发送到当地销售公司，再到总部的销售中心，再转到总部的物流部，接着到我们的物流中心，继而到我们的操作点，整个过程可以说是全部无纸化，实现了无缝连接。从他们的系统到我们的系统，整个过程是非常完美的。我们给海信电器的承诺是2h，但实际上最快只需要几分钟，而过去从客户指令发出到我们单子打出来，都是传真操作，几个来回半天时间就过去了。"

与此同时，招商迪辰作为中海物流的战略伙伴，也不时出现在中海物流的客户那里，为他们打单完成IT部分的"亲密接触"。而招商迪辰,又不失时机地将中海物流请到一些物流信息化的研讨会上"现身说法"。于是,一个有趣的现象出现了:很多客户选择中海物流作为第三方物流供应商,又选择招商迪辰作为物流系统供应商,比如健力宝、椰树集团。

扩张:以柔克刚

海信电器项目的成功运作增强了中海物流的信心,中海物流正尝试以一流的网络服务和先进的电子商务为手段,积极发展国内、国外物流合作,整合社会资源,构筑供应链一体化经营模式。

随着信息系统应用的不断深入,中海物流逐步向客户提供通过网络操作订单、追踪货物以及其他个性化的增值服务,并能根据VIP客户的需要,建立和客户自身管理系统的电子数据交换,确保信息交换的及时性和准确性。

业务扩张带来的是对系统柔性要求越来越高,由物流层面要求提升到供应链层面要求,系统柔性要求已成为客户业务模式的一部分。招商迪辰的相关负责人介绍:"这当然需要优化,其中包括物流运输的优化、仓储的优化、人力的优化。系统最高层面的信息库,更要上升到决策分析层面,通过数据比较确定做什么类型的货物配送最赚钱,做什么样的货物是合理的,单车利润率、仓储周转率等数据,都要成为决策层参考的重要依据。"

中海物流认为其目前应用的系统具备了较好的柔性,整套系统通用性比较强,饮料类企业能使用,家电类企业也能使用,系统的平台能力很强,只不过要和客户系统连接起来。

应当说,中海物流的系统现在还并不是一个非常完整的系统。从系统开发至今,已经有仓储管理系统、运输系统、集卡管理系统、GPS跟踪系统等陆续投入使用。目前中海物流的IT项目已经投入2000多万元,接下来还会源源不断地投入,近期要开发的有集团总部管理模块、集装箱运作模块、财务商务增强性模块、自动配载系统等。

CIO之痛

物流企业信息系统的开发不是一朝一夕的事情,要立足长远。就中海物流而言,整个过程是相当痛苦的,企业的需求在改变,信息系统也要跟着改变。大的物流企业必须开发自己的信息系统,而规模稍小的物流企业,可以采用租赁的形式,例如租用GPS或者可以跟大物流公司合作。物流企业实施信息化应该根据自己的资金实力、物流系统供应商的能力等具体情况,一步步地实施。选择物流系统供应商的过程尤为重要,千万不要选择资金实力小、人员流动频繁的。

(资料来源:http://www.guangzhou-logistics.com/wlal/wlal/200606/40753.html。)

讨论题:

1. 中海物流的企业战略规划是什么?这种规划是否一直如此?中海物流信息系统战略规划是什么?这种规划是如何制定的?

2. 中海物流在进行信息系统建设时,是否用到了大集中管理模式?具体是如何实施的?

3. 如果你是中海物流负责信息系统建设的副总裁,或是信息部门的主管,你认为中海物流现行的信息系统还存在哪些值得改进之处,并结合实际考虑一下未来的发展规划。

◇ **补充阅读材料**

[1] 薛华成. 管理信息系统[M]. 6 版. 北京：清华大学出版社，2012.
[2] 王玉珍. 管理信息系统理论与实践[M]. 北京：清华大学出版社，2014.
[3] 蒋翠清. 管理信息系统[M]. 北京：高等教育出版社，2016.
[4] 劳顿 K C，劳顿 J P. 管理信息系统：原书第 15 版[M]. 黄丽华，俞东慧，译. 北京：机械工业出版社，2018.

第 4 章 物流信息系统开发方法论

4.1 物流信息系统的建设与开发设计原则

物流信息系统的开发是一个较为复杂的系统工程，它涉及计算机技术、系统理论、组织理论、管理知识、认识规律以及工程化方法等方面的问题。在物流信息系统的开发和设计中常常存在着一个误区：物流信息系统的开发过程是一个纯粹的技术过程。没有正确认识到用户和开发人员之间的关系，也没有认识到研究科学的开发方法和工程化的开发步骤，对确保物流信息系统开发工作能够顺利进行有着重要的作用。为了确保物流信息系统能达到预期的目的，应该坚持科学的系统建设原则和开发设计原则。

1. 物流信息系统的建设原则

（1）先进性原则。物流信息系统设计的技术水平应达到国内外同期同类系统的整体水平，并保证系统在今后一段时间不落后。

（2）经济性原则。充分利用现有资源，保护既往投资，系统建设要考虑对已有业务应用系统和数据库等资源的完善与整合，最大限度地降低成本。

（3）实用性原则。满足和贴近实际需要，结合科学管理的要求进行优化与创新。提供友好的用户操作界面，使得系统操作方便、快捷、易用，符合用户的日常工作习惯和流程。

（4）可扩展性原则。系统要具有一定的适应环境变化的能力。在设计、功能和界面上尽可能留有接口，使功能可进一步扩展，便于维护、修改、衔接以及增加新的功能。

（5）标准化原则。在系统建设和开发过程中的每个环节，遵循有关国际、国家主流技术标准；采纳行业通行的业务模式和业务处理方法。按照标准化、工程化的方法和技术来开发系统。

2. 物流信息系统的开发设计原则

（1）抽象化原则。抽象是指在软件设计规模逐渐增大的情况下，控制复杂性的基本策略。抽象的过程是从特殊到一般的过程，上层概念是下层概念的抽象，下层概念是上层概念的细化。软件开发过程的每一步都是对较高一级抽象的解进行一次具体化的描述。

软件设计中的主要抽象手段有过程抽象和数据抽象。过程抽象（也称功能抽象）是指任何一个完成明确定义功能的操作都可被使用者当作单个实体看待，尽管这个操作实际上是由一系列更低级的操作来完成的。数据抽象是指定义数据类型和施加于类型对象的操作，并限定了对象的取值范围，只能通过这些操作修改和观察数据。

（2）逐步求精原则。逐步求精，把问题的求解过程分解成若干步骤或阶段，每步都比上一步更精细，更接近问题的解法。抽象使得设计者能够描述过程和数据而忽略低层级的细节，而求精有助于设计者在设计过程中揭示低层级的细节。

（3）模块化原则。模块化即把软件按照规定原则，划分成一个个较小的、相互独立的但又相互关联的部件，实际上是系统分解和抽象的过程。模块是数据说明、可执行语句等程序对象的集合，它是单独命名的，并且可以通过名字来访问。

（4）信息隐藏原则。每个模块的实现细节对于其他模块来说应该是隐蔽的。模块中包含的信息（包括数据和过程）不允许其他不需要这些信息的模块使用。通过信息隐蔽，则可定义和实施对模块的过程细节和局部数据结构的存取限制。

（5）模块独立原则。模块独立是指模块完成独立的功能并且与其他模块的接口简单，符合信息隐蔽和信息局部化原则，模块间关联和依赖程度要尽可能小。模块独立使得功能被划分，并且接口被简化，所以具有有效模块化的软件更易于开发。由于因设计和编码修改引起的副作用受到局限，错误传播被减小，并且模块复用成为可能，所以独立的模块更易于维护和测试。

4.2 物流信息系统的开发过程及其生命周期

1. 物流信息系统的开发过程

软件开发过程是一个将用户需求转化为软件系统所需要的活动的集合。这些活动一般包括系统规划、系统需求分析和定义、软件需求分析、概要设计、详细设计、软件实现、组装测试、确认测试、系统联试、验收与交付、软件维护等。物流信息系统的开发过程就是一个软件开发过程。不同的软件开发方法对软件开发过程有着不同的划分方法。

（1）结构化开发方法的软件开发过程。结构化开发方法将开发过程分为规划阶段、需求阶段、设计阶段、编码阶段、测试阶段、维护阶段。各阶段的主要任务描述如下：

1）规划阶段：对开发任务进行初步调研和可行性研究，确定工作范围、经费投入概算和开发时间等。

2）需求阶段：也称为系统分析阶段，通过详细调查，以及与用户反复沟通，对系统进行功能需求、性能需求、环境要求与限制等方面的分析，对业务流程和业务数据流程进行分析与梳理，最后形成软件规格说明书。

3）设计阶段：根据系统规模的大小，设计阶段进一步分成总体设计和详细设计。总体设计包括系统的总体结构、模块划分、模块的功能说明以及模块之间的调用关系等内容；详细设计则包括模块内部的实现算法、输入/输出设计、数据库设计，最后形成软件设计说明书。

4）编码阶段：由程序员根据软件设计说明书的要求，采用程序设计语言和相应的软件开发工具，编写出程序代码。

5）测试阶段：通过制订测试计划，使用测试用例对软件进行单元测试、综合测试和系统测试，发现和排除程序中存在的错误。

6）维护阶段：对已投入运行的系统进行完善性维护、正确性维护和适应性维护，包括系统功能的局部修改、故障的排除、性能的提高等。

（2）面向对象开发方法中的软件开发过程。在面向对象开发方法中，由著名的 Rational 软件公司提出的统一软件开发过程（Rational Unified Process，RUP）将软件系统的开发过程看作由一系列循环组成，每一次循环都包括四个阶段：初始（Inception）、细化（Elaboration）、构造（Construction）和移交（Transition）。每个阶段又进一步细分为对阶段性目标的实现所进行的多次迭代过程。这四个阶段的主要任务是：

1）初始阶段：提出软件系统的业务实例；提出包含主要子系统的系统框架；确定系统最主要的风险及其优先次序；对细化阶段进行详细规划，对整个项目进行粗略估算。

2）细化阶段：详细说明软件系统的绝大多数用例（Use Case），设计出系统的架构。规划完成项目的活动，估算完成项目所需的资源。最关键的用例都要在本阶段具体化，最终形成系统的架构基线。

3）构造阶段：构造出最终的软件产品。在这个阶段，架构基线逐渐发展成为完善的系统。

4）移交阶段：包括用户培训、提供在线支持，以及改正交付之后发现的产品缺陷等活动。

2. 物流信息系统的生命周期

生命周期是指从设计信息系统开始到信息系统不能再使用为止的时间周期。生命周期可以划分成四个阶段，即诞生阶段、开发阶段、生产阶段和消亡阶段。

诞生阶段即开发过程中的规划阶段。开发阶段包括需求、设计、编码、测试、安装调试和验收等环节。生产阶段是指系统投入正式运行的阶段，对应于开发过程中的运行维护阶段。消亡阶段是指系统不再有价值时的终止运行的过程。

4.3 物流信息系统的开发方法

4.3.1 结构化方法

结构化方法（Structured Method）是 20 世纪 80 年代使用最广泛的软件开发方法。结构化方法以数据流为中心构建软件的分析和设计模型。它用结构化分析（Structured Analysis，SA）方法对软件进行需求分析，用结构化设计（Structured Design，SD）方法进行总体设计，用结构化编程（Structured Programming，SP）方法进行实现。结构化开发方法是一种自顶向下、逐步求精的软件开发方法，也是软件系统开发过程中使用最广泛、最成熟的一种技术方法。

结构化方法首先将整个开发过程划分出若干个相对独立的阶段；其次在系统分析和设计阶段，自顶向下地对系统进行结构化划分，将系统划分成若干大的模块，再对各模块进行逐步深入细分，直到不能再分的具体功能；在系统实施阶段，则自底向上地逐步实施，先完成具体功能的编码与测试，再按照系统设计的结构，对功能组成的模块进行调试，再对由模块组成的整个系统进行整体调试，最终完成整体系统的开发。

1. 结构化分析方法

系统分析是保证物流信息系统质量的第一步，它的任务是艰巨的、复杂的。如何分析用户需求，用什么形式表示系统分析说明书等，都需要有相应的方法、模型、语言和工具。结构化分析（SA）方法由美国 Yourdon 公司在 20 世纪 70 年代提出，它是一种简单实用、使用范围很广的方法。该方法通常与后面要介绍的系统设计阶段的结构化设计（SD）方法衔接起来使用，适用于分析大型的数据处理系统，特别是管理信息系统。

（1）结构化分析方法的基本思想。结构化分析方法的基本思想是：用系统工程的思想和工程化的方法对系统进行分析与设计，即抽象与自顶向下的逐层分解的方法。抽象是指在每个抽象层次上忽略问题的内部复杂性，只关注整个问题与外界的联系；分解则是指将问题不断分解为较小的问题，直到每个最底层的问题都足够简单为止。

结构化分析方法的过程是：首先，对现实情况进行深入的分析和理解，从中提取与未来的目标系统相关联的关键信息和主要业务流程，从而整理出系统的具体模型，也称为系统的物理模型，即简化了的现实环境。其次，对系统的物理模型再进行进一步抽象，自顶向下逐层分解，从而形成系统的逻辑模型。最后，将系统的逻辑模型与理想中的目标系统进行分析和对比，找出其中的不足与差别，修改系统的逻辑模型，最终形成目标系统的逻辑模型。

（2）结构化分析模型。结构化分析模型主要由数据流图、数据字典、实体关系图和状态转换图构成。数据流图用于对系统的功能建模，用来描述数据处理过程；数据字典是结构化分析模型的核心，它包含了对软件系统使用和产生的所有数据的描述；实体关系图用于数据建模，描述数据字典中数据之间的关系；状态转换图用于行为建模，描述系统接收哪些外部事件，以及在外部事件的作用下的状态迁移情况。

1）数据流图。数据流图（Data Flow Diagram，DFD）是结构化分析模型中结构分析的基础，主要采用数据流分析技术（Data Flow Analysis，DFA）获得。DFA 来源于 Yourdon 的结构化分析，将软件系统抽象为一系列的逻辑加工单元，各单元之间以数据流发生关联。按照数据流分析的观点，系统模型的功能是数据变换，逻辑加工单元接收输入数据流，使其变换成输出数据流。DFA 是一种软件需求分析方法，特别适合于信息控制和数据处理系统。这种方法常与软件设计阶段的结构化设计方法衔接使用。通过 DFA 可以得到数据流图和数据词典描述的需求规格说明书。

数据流图用于功能建模，描述系统的输入数据流如何经过一系列的加工（变换）逐步变换成系统的输出数据流。数据流图是用来描述数据处理过程的一种图形方法，包括数据流、加工（即数据处理）、数据存储、数据源点或数据终点四种基本元素。图 4-1 给出了这四种元素的图例。

图 4-1　数据流图中四种元素的图例

源或宿（Source or Sink）也称为数据源点或数据终点，表示数据流图中数据的始发点或终止点，表示软件系统输入数据的来源和输出数据的去向，代表的可能是操作人员或计算机外部设备，也可能是存在于软件系统之外的人员或组织。源或宿由一组固定成分的数据组成，用长方形表示。当数据流从长方形符号流出时表示源，当数据流流入长方形符号时表示宿，当长方形符号既有流入又有流出的数据流时，则既是源又是宿。

加工（Process）是指对输入数据进行处理，描述了输入数据流到输出数据流的变换，即将输入数据流加工成输出数据流。加工即对输入数据进行处理，以获得预期的输出数据的全部操作。每个加工用一个定义明确的名字标识，并且至少有一个输入数据流和一个输出数据流，也可以有多个输入数据流和多个输出数据流。

文件（File）也称为数据存储，是保存数据信息的外部单元，在数据流图中发挥保存数据的作用，在具体实现时可以用文件系统实现也可以用数据库系统等实现。每个文件用一个定义明确的名字标识，文件由加工进行读写。

数据流（Data Flow）由一组固定成分的数据组成，并由一个定义明确的名字来标识。数据流表示数据在加工与加工之间，或加工与数据源点或数据终点之间的传输，数据流以命名的箭头表示，箭头代表数据的流动方向。在数据流图中，数据流共有以下几种流向：①从一个加工流向另一个加工；②从加工流向文件（写文件）；③从文件流向加工（读文件）；④从源流向加工；⑤从加工流向宿。

例如，在某仓储管理系统中，业务受理员管理模块中表示发货业务的数据流图如图 4-2 所示。

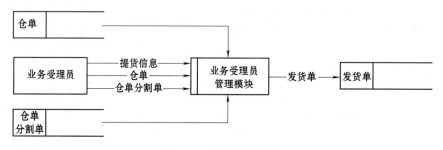

图 4-2　数据流图示例

在实际应用数据流图进行系统分析时，根据自顶向下逐层分解的思想将数据流图画出层次结构，每个层次画在独立的数据流图中，加工个数一般控制在 5~9 的范围内，如图 4-3 所示。

数据流图的顶层图只有代表整个软件系统的 1 个加工，该加工不必编号，描述了软件系统与外界（源或宿）之间的数据流。顶层图经加工分解后的图也只有 1 张，称为 0 层图，图中的加工编号分别为 1、2、3 等。中间层图中至少有 1 个加工（也可以有多个）在下层图中被分解成一张子图，该子图号记为"图 x"（x 为父图中的加工号），而子图中加工的编号则为 $x.1$、$x.2$、$x.3$ 等。在图 4-3 中，1 层图共包含 2 个子图，子图号分别记为图 2 和图 4，分别由 0 层图中的加工 2 和加工 4 分解而来的。图 2 中的加工编号则为 2.1、2.2、2.3 和 2.4；图 4 中的加工编号则为 4.1、4.2、4.3。在 2 层图中，共有 3 个子图，子图号分别记为图 2.1、图 2.4 和图 4.3，分别由 1 层图中的加工 2.1、加工 2.4 和加工 4.3 分解而来。处于最底层的图称为底层图，其中所有的加工不再分解成新的子图。

2）数据字典。数据字典（Data Dictionary）是结构化分析模型的核心，它的作用是给数据流图上每个成分以定义和说明，也就是说，数据流图上所有成分的定义和说明的文字集合就是数据字典。数据流图与数据字典是密不可分的，两者结合起来构成软件系统的逻辑模型（分析模型）。数据流图只能给出系统逻辑功能的一个总框架而缺乏详细、具体的内容；数据字典对数据流图的各种成分起注解、说明作用，给这些成分赋予实际的内容，它包含了对软件系统使用和产生的所有数据的描述。除此之外，数据字典还要对系统分析中其他需要说明的问题进行定义和说明，如有些信息不便在数据流图上注明，但对于系统分析、系统开发以及系统运行与维护都是必需的，就应该尽可能地在数据字典中加以描述。

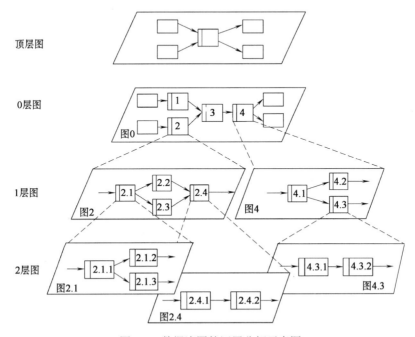

图4-3 数据流图的逐层分解示意图

数据字典由字典条目组成，每个条目描述数据流图中的一个元素，也就是说数据字典条目描述应包括对数据流、数据存储（文件）、加工、源或宿的描述。不同的开发组织或团队可以根据项目需要定义字典条目的描述内容，其主要包括：①数据流图元素的基本信息（名称、别名、简述、注解）；②定义（数据类型、数据组成）；③使用特点（取值范围、使用频率、激发条件）；④控制信息（来源、去向、访问权限等）。

如果要编写关于数据流的数据字典条目，则其描述内容可包括：①名称，即数据流名（可以是中文名或英文名）；②别名，即名称的另一个名字；③简述，是对数据流的简单说明；④数据流组成，描述数据流由哪些数据项组成；⑤数据流来源，描述数据流是从哪个加工或源流出的；⑥数据流去向，描述数据流流入哪个加工或宿；⑦数据量，即系统中该数据流的总量；⑧峰值，即某时段处理的最大数量；⑨注解，是对该数据流的其他补充说明。

其中，数据流组成是所有描述内容中最重要的一项。一个数据流可以由一个或多个数据项组成。数据项分为简单数据项和复合数据项。简单数据项是指不可再分解的数据项；复合数据项是指可以进一步分解成若干个简单数据项的数据项。

数据项是数据流的基本组成，只有数据项已被定义了，数据流才能被定义。因此，要定义数据流就要先定义所有数据项。因为一个数据项可以出现在多个数据流中，所以在数据字典中分别对数据流和数据项进行定义。

例如，在仓储管理系统中，发货单的数据流组成描述如下：

发货单=发货单编号+存货人+提货人+出库方式+结算方式+业务受理员+理货员+［发货明细］*。

需要对其中的每一个数据项加以说明，并给出数据项的取值范围。如出库方式，包括自提、专线、零担、水运、航空、集装箱、邮局、送货、其他。

对每一个复合数据项都需要做进一步的组成描述，直到该复合数据项不能再分解为止。复合数据项在发货单的组成描述中用中括号标识。如发货单中的发货明细就是复合数据项，它的组成描述如下：

发货明细=提货单号+货物品名+规格型号/批号/等级/材质+产地+验收码单号+码单序号+存放货位+计量方式+计量单位+件数+提货数量+实发数量+备注。

数据存储的组成与数据流类似，即由若干数据项组成。在数据字典中数据存储的定义也分两个层次，分别定义数据存储和数据项。如果组成数据存储的数据项已在数据流的数据字典中定义，则在数据存储定义时直接引用，指明其编号即可，不需要重复定义。对于未定义的数据项，应做出定义，并且要与在数据流的数据字典中定义的数据项统一编号，以便检索。

在对加工的描述中，应精确地描述用户要求一个加工"做什么"，包括加工的激发条件、加工逻辑、优先级、执行频率、出错处理等。其中最基本的部分是加工逻辑。加工逻辑是指加工"做什么"，说明加工对输入数据流做出怎样的变换才能使之成为输出数据流，即该加工的输出数据流与输入数据流之间的逻辑关系。加工逻辑不是对加工的设计，不涉及数据结构、算法实现、编程语言等与设计实现有关的细节。

对加工逻辑的分析应当是客观的、严格的、准确的，加工逻辑的表达应当是严谨的。加工逻辑的描述方法包括结构化语言（Structured Language）、判定表（Decision Table）和判定树（Decision Tree）。

结构化语言是一种介于自然语言和程序设计语言之间的半形式语言。程序设计语言严格精确，但不易被用户接受；自然语言容易理解，但不够精确，易于产生二义性。采用结构化语言既避免了程序设计语言无法被普通用户理解的问题，又避免了自然语言不严格及具有二义性等缺点，较严谨、不死板，易于使用、理解和交流。

结构化语言使用的词汇包括三类：陈述句中的动词，在数据字典中已定义的名词（如数据流名、文件名等），运算符、关系符等保留字。

结构化语言使用的语句通常也包括三类：简单的陈述句、判断语句和循环语句。在使用结构化语言描述复杂的加工逻辑时，可以复合使用这三种语句，即不同的语句之间可以嵌套使用。

结构化语言有三种结构，即顺序结构、选择结构和循环结构。顺序结构由一组有序的陈述句组成。一个陈述句说明要做什么事情，它至少要包含一个动词来说明要执行的功能；还应该包含至少一个名词，用以指明动作的对象。选择结构与程序设计语言类似，包括 if-endif、if-else-endif、docase-endcase 等选择结构。循环结构是在一定条件下重复执行某动作的结构，通常采用 do while 语句。

如果某个动作的执行不只依赖于一个而是依赖于多个条件，那么用结构式语言表示动作就需要多层的判断嵌套结构，从而使得这个逻辑表示不清晰。此时宜采用判定表或判定树。

判定表适用于逻辑中包含多个条件而不同的条件组合又需要做不同动作的加工描述。在加工中,如果判断条件多,各条件又相互组合,相应的决策方案较多,此时采用判断表可为描述这类加工的逻辑提供清晰、简洁的手段。

例如,在仓储管理系统中,业务受理员在接到提货人的提货凭证后,需要开出发货单,如果该存货人的货物数量不足,则不予受理;如果存货人的货物数量充足但被冻结,也不予受理。编制判定表可以按照以下步骤:

① 提取条件:通过分析可知,是否开出发货单与货物数量和货物冻结状态两个条件有关。

② 确定条件取值和条件状态的组合:货物数量的条件取值为充足和不足;货物冻结的条件取值为冻结和未冻结。

相应的条件组合为货物数量充足且货物未冻结、货物数量充足且货物冻结、货物数量不充足且货物未冻结、货物数量不充足且货物冻结,共四种。

③ 提取判定结果:判定的结果有两个,一是开出发货单,允许提货;另一个则是拒绝受理提货。

④ 填写判定表:判定表分为左右两部分。左边上半部分罗列所有的条件,左边下半部分罗列所有的判定结果;右边表头部分为条件的各种组合,右边下半部分为各条件组合下与判定结果对应的规则。

⑤ 判定表的优化:最后应对判定表进行检查,避免出现矛盾的条件组合,合并重复的条件组合。如货物数量不充足且货物未冻结和货物数量不充足且货物冻结两种组合可以合并为货物数量不充足一种条件即可。

通过以上步骤,得出相应的判定表,见表 4-1。

表 4-1 判定表的示例

		条件组合		
		1	2	3
条件	货物数量	Y	Y	N
	货物冻结	N	Y	
判定结果	开出发货单	OK		
	拒绝受理提货		OK	OK

判定树本质上与判定表是相同的,只是表示形式不同。判定树用一种树形方式来表示多个条件、多个取值所应采取的动作。在图 4-4 所示的示例中,判断树的左边是树根,它是判定序列的起点;右边是各个分支,即每一个条件的取值状态;最右侧(树梢的右侧)为应该采取的策略。从树根开始,自左至右沿着某一个分支,能够做出一系列的决策。

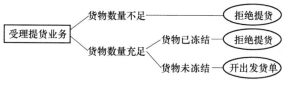

图 4-4 判定树示例

3）实体关系图。实体关系图（Entity Relationship Diagram，ERD）简称为 E-R 图，用于数据建模，描述数据字典中数据之间的关系。

E-R 图由实体、属性和关系三个要素组成，其中，实体是指客观存在并可区分的事物；属性是指实体所具有的某种特性，一个实体可以有多个属性；关系是指实体之间的对应关系，可分为一对一关系、一对多关系和多对多关系。

例如，在仓储管理系统中，发货单可以看作一个复合实体，一个发货单可以进一步细分为发货单主表、发货明细两个实体，其中各实体的属性如下：

发货单主表的属性包括发货单编号、存货人、提货人、出库方式、结算方式、业务受理员、理货员等。

发货明细的属性包括提货单号、货物名称、规格、材质、存放货位、计量方式、计量单位、发货数量等。

发货单主表和发货明细之间是一对多的关系，即一个发货单主表内容对应多个发货明细的内容。因此，在前面的发货单的数据项描述中，发货明细不仅用中括号标注，还用"*"代表多次重复。

验收码单也是复合实体，分别由验收码单主表和验收码单堆码记录两个实体组成，这两个实体之间为一对多关系。发货清单由发货清单主表和发货清单列表两个实体组成，这两个实体之间同样为一对多关系。这些实体之间存在着如图 4-5 所示的关系，其中发货明细与验收码单堆码记录之间是多对多关系。

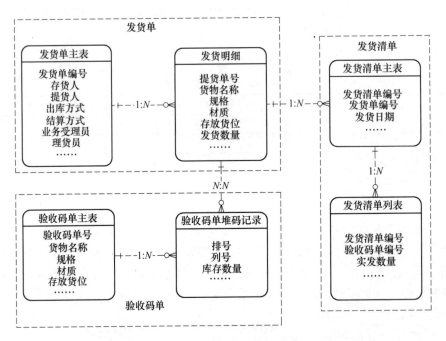

图 4-5　实体关系图示例

4）状态转换图。状态转换图用于行为建模，描述系统接收哪些外部事件，以及在外部事件的作用下的状态迁移情况。如在仓储管理系统中，库存货物在发货业务过程中有多种状态：待发状态、正在发状态、发货清单已生成状态、发货完成状态。在不同岗位的操作下货物状态的转换情况如图 4-6 所示。

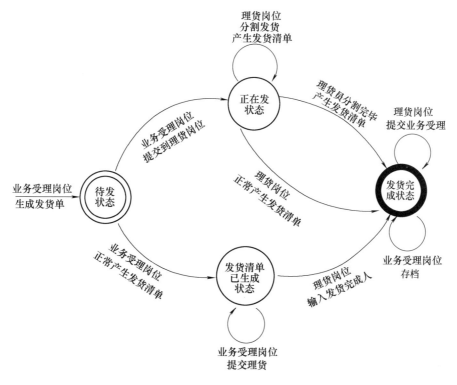

图 4-6　状态转换图示例

2. 结构化设计方法

结构化设计（Structured Design，SD）方法是最受人关注、使用最广的一种设计方法。它通常与分析阶段的数据流分析（DFA）结合起来使用，将结构化分析（SA）得到的数据流图映射成软件体系结构。

结构化设计方法的目标是建立结构良好的程序系统，强调模块化、自顶向下逐步求精、信息隐蔽、高内聚低耦合等设计准则，提出了评价设计质量的两个标准——块间联系和块内联系，给出了从描述用户要求的数据流程图导出模块结构的原则。

结构化设计分为概要设计和详细设计两大步骤。概要设计是对软件系统的总体设计，采用结构化设计方法。其任务是：将系统分解成模块，确定每个模块的功能、接口（模块间传递的数据）及其调用关系，并用模块以及对模块的调用来构建软件的体系结构。详细设计是对模块实现细节的设计，采用结构化程序设计（Structured Programming，SP）方法。结构化分析（SA）、结构化设计（SD）和结构化程序设计（SP）构成了完整的结构化方法体系。

结构化设计的基本思想是把系统设计成由相对独立、功能单一的模块组成的结构，这样每个模块可以独立地被理解、编程、调试和修改，从而使复杂的开发工作得以简化，使产生的错误控制在每个模块内而不影响其他模块，以保证系统质量，减轻系统开发负担。

（1）结构图。结构化设计用结构图（Structure Chart）来描述软件系统的体系结构，描述一个软件系统由哪些模块组成，以及模块之间的调用关系。结构图也称为模块结构图

（Modular Structured Chart），经过自顶向下的逐层分解，把一个复杂系统分解成多个大模块（或子系统），每个大模块又分解为多个更小的模块。这样就得到具有层次结构的模块结构。模块结构图反映了系统的组成及相互关系。结构图的基本成分有：模块、调用和数据。

1）模块。模块（Module）是指具有一定功能的可以用模块名调用的一组程序语句，如函数、子程序等，它们是组成程序的基本单元。一个模块具有外部特征和内部特征，外部特征包括模块的接口（模块名、输入/输出参数、返回值等）和模块的功能；内部特征包括模块的内部数据和完成其功能的程序代码。在结构化设计阶段，只关注模块的外部特征而忽略其内部特征。

将整个软件看作一个大的功能模块，通过功能分解不断将其分解成若干个较小的功能模块，直至得到一组不必再分解的模块，这时就得到结构图中的底层模块。

2）调用和数据。调用（Call）以从一个模块指向另一个模块的箭头来表示，其含义是前者调用了后者。有时为了方便，常用直线替代箭头，此时表示位于上方的模块调用位于下方的模块。数据（Data）是指模块调用时需传递的参数，可通过在调用箭头旁附加一个小箭头和数据名来表示。

（2）结构化设计的步骤。结构化设计就是将结构化分析的结果（数据流图）映射成软件的体系结构（结构图）。

数据流图映射到结构图的步骤包括：复审和精化数据流图，确定数据流图的类型（变换型、事务型），采用变换分析或事务分析技术将数据流图映射成初始结构图，改进初始结构图。下面详细介绍如何建立初始结构图和改进初始结构图。

1）建立初始结构图。初始结构图可由数据流图导出。根据数据流图中数据流的特征，将数据流图分为变换型数据流图和事务型数据流图，对应的映射分别称为变换分析和事务分析。

变换型数据流图可明显地分成输入、变换中心、输出三部分。变换型数据流图中的数据沿着输入路径进入系统，并将输入数据的外部形式经过编辑、格式转换、合法性检查、预处理等辅助性加工后变成内部形式，内部形式的数据再由变换中心进行处理，并沿着输出路径经过格式转换、缓冲处理等辅助性加工后变成输出数据，最后送到系统外。

把变换型数据流图转换为模块结构图的步骤是：

第一步，找出逻辑输入、逻辑输出，确定输入、变换中心和输出三大部分。

第二步，设计顶层模块，把输入、变换中心和输出连到顶层模块下作为第二级模块。

第三步，其他加工在将数据流连线直接转换成调用连线后作为该调用的下级模块。

第四步，标注模块名、数据流名、控制流名、调用关系等。

事务型数据流图的特征是数据流沿着输入路径到达一个事务中心，事务中心根据输入数据的类型在若干条动作路径中选择一条来执行。事务中心的任务就是接收输入数据（即事务），分析每个事务的类型，根据事务类型选择执行一条动作路径。

事务型数据流图转换为模块结构图的步骤是：

第一步，找出前事务中心和后事务中心。

第二步，设计顶层模块，建立一个事务类型获取模块。把事务类型获取模块和事务中心调度模块连接到顶层模块作为第二级模块。

第三步，其他加工以数据流连线直接转换成调用连线后作为该调用的下级模块。如果有后事务中心，将其作为二级模块。

第四步，标注模块名、数据流名、控制流名、调用关系等。

2）对结构图进行改进。根据模块化设计准则和启发式设计策略对初始结构图进行改进。模块化设计准则是减少模块间联系、增加模块内联系、消除重复功能。

根据模块内的成分之间的关系将模块分为偶然性模块、逻辑性模块、时间模块、数据模块和功能模块。偶然性模块是指模块内的成分之间没有任何联系，偶然性模块的块内联系最差。逻辑性模块是指把若干相似的加工放在同一模块中，逻辑性模块的块内联系也很少。时间模块是指把几乎需同时处理的成分或有逻辑顺序的成分放在同一模块中，时间模块的块内联系稍强。数据模块是指将多个使用共同数据的成分放在同一模块中，数据模块的块内联系较强。功能模块是指一个模块仅包括一个独立加工处理所必需的所有成分，功能模块的块内联系最强。

按照模块化设计原则，相应的启发式设计策略如下：

① 改造结构图，降低耦合度，提高内聚度。改造结构图，使模块之间的耦合（即块间联系）尽可能少而简单，使每个模块内各部分的联系（即块内联系）尽可能紧密，即降低耦合度，提高内聚度；如果在多个模块中发现共有的子功能，一般应该将该子功能独立出来作为一个模块，以提高模块的独立性；合并那些具有较多控制信息传递的模块以降低模块之间的耦合度。

② 减少扇出，追求高扇入。避免高扇出，并随着深度的增加，力求高扇入。扇出是指一个模块直接调用的其他模块的数目；高扇出意味着需要控制和协调许多下属模块。扇入是指调用一个给定模块的其他模块的数目。深度是指软件结构的层次数。结构的深度在一定意义上反映了软件结构的规模和复杂程度。一个好的软件结构通常顶层扇出较高，中间层扇出较低，底层高扇入到公共模块中去。

③ 模块的影响范围应限制在该模块的控制范围内，使任一模块的作用域在其控制域内。作用域是指受模块内部判定影响的所有模块。控制域是指其所有的下属模块。

④ 其他策略。降低模块接口的复杂程度和冗余程度，模块接口上应尽可能传递简单数据，而且传递的数据应保持与模块的功能相一致，即不传递与模块功能无关的数据，提高一致性。

模块的功能应是可预测的，避免对模块施加过多限制。模块的功能可预测是指输入恒定则输出恒定，即模块对相同的输入能产生相同的输出。一个模块只处理单一的功能，那么，这个模块就能体现出高内聚度。

尽可能设计单入口和单出口的模块，能有效地避免内容耦合。

对结构图进行改进，就是判断这种改进是否符合模块化设计准则和启发式设计策略。一般来说，采用减少共用信息量的方式来减小块间的联系，如由模块 A 调用模块 B，比采取模块 A 利用变量名直接存取模块 B 的数据的块间联系要小；模块 A 只利用模块 B 变量，比去修改模块 B 的变量值的块间联系要小；调用模块时传递的参数个数越少，块间联系也就越少。改进往往伴随着折中，例如提取多个模块中的相同功能可以提高模块的独立性和复用性，但会增加块间联系。改进不是一次能够完成的，需要反复多次，有时还需要在多个改进方案中进行选择。

3）编写设计文档。完成结构图改进工作后，就要进行软件设计说明书的编写。在软件设计说明书中，要为每个模块编写功能、接口、约束和限制等。最后，要对软件设计说明书进行设计评审。

3. 结构化程序设计

结构化程序设计（Structured Programming，SP）是指为使程序具有一个合理结构以保证程序正确性而规定的一套如何进行程序设计的准则。结构化程序设计的目的是以程序静态结构的良好性保证程序动态运行的正确性，即通过设计结构良好的程序，使其易理解、易调试、易维护，以提高软件开发的效率，减少出错率，保证正确性。

结构化程序的基本结构由顺序、选择、重复这三种基本控制结构组成。三种结构的共同特点是一个入口、一个出口。其中，顺序结构依次按任务的顺序执行；选择结构按条件选多个分支之一执行；循环结构在逻辑条件的基础上对某一任务反复执行。以三种基本控制结构为主流的程序控制结构，能改善程序清晰度，提高程序的可读性。同时这三种结构也可组合起来表示其他结构。

结构化程序设计方法的要点是自顶向下、逐步求精、模块化原则。这个设计方法的基本思想是先全局后局部、先整体后细节、先抽象后具体。从总体出发，分层次抽象，逐层细化，按功能划分模块。采用层次结构的模块组织，这种方法符合人们解决复杂问题的普遍规律，设计出的程序具有清晰的层次结构，可提高设计效率和结构清晰性，便于验证程序的正确性，并且易于维护。

4. 系统开发过程及开发文档规范

结构化系统开发方法把软件系统开发过程分为软件规划、需求分析、设计、编码、测试、维护六个阶段，这六个阶段有着严格的界定，完成一个阶段后，方可进入下一个阶段，使整个开发过程就像瀑布一样，因此也被称为瀑布式生命周期模型。结构化系统开发方法提供了一套完整的开发文档规范。

（1）软件规划阶段。软件规划阶段通过对整个开发任务进行全面的调查和可行性研究，制定出系统的总体逻辑结构、开发策略、确定工作范围、经费投入概算和开发时间等。

系统规划的主要内容包括：企业目标的确定、解决目标的方式的确定、信息系统目标的确定、信息系统主要结构的确定、工程项目的确定、可行性研究等。

（2）需求分析阶段。需求分析阶段也称为系统分析阶段，通过详细调查，以及与用户反复沟通，确定被开发软件的运行环境、功能和性能要求。系统分析的主要内容包括数据的收集、数据的分析、系统数据流程图的确定、系统方案的确定等。通过对软件系统进行功能需求、性能需求、环境要求与限制等方面的分析，对业务流程和业务数据流进行分析与梳理，最后形成软件需求规格说明。

软件需求规格说明书（Software Requirements Specification）必须清楚、准确地描述软件的每一个基本需求（功能、性能、设计约束和属性）和外部界面，使得每一个需求能够通过预先定义的方法（例如检查、分析、演示或测试等）进行验证与确认。要确保软件需求的可追踪性、正确性、无二义性以及完备性，同时要做到需求的可测试性和需求之间的一致性。

需求阶段还需要提供的文档有软件测试计划确认和软件用户手册的概要。

（3）系统设计阶段。根据系统规模的大小，设计阶段进一步分成概要设计和详细设计。概要设计根据软件需求规格说明书，建立软件的总体结构、模块划分、模块的功能说明以及模块之间的调用关系，定义各功能模块的接口和控制接口，设计全局数据库和数据结构；详细设计则对概要设计中产生的功能模块进行方法和过程描述与设计，设计功能模块的内部细节，为编写代码提供必要的说明，包括模块内部的实现算法、输入/输出设计、数据库设计。最后形成软件设计说明书。

软件设计说明书（Software Design Description）应该包括软件概要设计说明和软件详细设计说明两部分。概要设计部分必须描述所设计软件的总体结构、外部接口、各个主要部件的功能与数据结构以及各主要部件之间的接口；必要时还必须对主要部件的每一个子部件进行描述。详细设计部分必须给出每一个基本部件的功能、算法和过程描述。

设计阶段还需要提供的文档有软件组装测试计划。

（4）编码阶段。编码阶段也称软件实现阶段，是指由程序员根据软件设计说明书的要求，采用程序设计语言和相应的软件开发工具，编写出程序代码的过程。编码阶段的主要工作内容包括对各程序模块进行编码、调试、静态分析和单元测试，验证程序模块与设计说明的一致性，并将经过测试的模块集成为一个完整的软件系统。编码阶段还需要进一步完善软件用户手册。

在进行单元测试时应满足《计算机软件测试规范》（GB/T 15532—2008）中的要求。

编码阶段需要提交的文档有模块开发文档和单元测试分析报告。

（5）测试阶段。测试阶段的主要任务是发现并排除在软件需求分析、设计和编码阶段产生的各种错误，以保证交付软件的质量。软件测试的目的是在一定时间和经费的前提下，通过执行有限个测试过程，尽可能多地发现软件中的错误，而不能证实软件中不再包含错误。

测试阶段进一步细分成组装测试、确认测试和系统联试。组装测试按照概要设计建立的结构，根据软件组装测试计划，将程序单元逐步组装成软件部件乃至整个软件系统。确认测试是根据软件需求规格说明中定义的全部功能和性能要求，以及确认测试计划测试整个软件是否达到规定的要求。系统联试的任务就是在真实的系统工作环境下检验软件与系统环境的协调性，并进一步确认软件是否达到软件需求规格说明中的要求。

测试计划文档在测试用例的设计时，不仅要确定输入数据，还要确定预期的输出结果。不仅要考虑合理的输入数据，还要考虑不合理的输入数据，如异常的、临界的、可能引起异常的输入数据。测试计划还应包括检查程序是否做了该做的事情和是否做了不该做的事情。

测试阶段需要提交的文档有软件组装测试分析报告、软件确认测试分析报告、系统联试报告、软件问题报告单和软件问题修改单。

（6）维护阶段。维护阶段对已投入运行的系统进行完善性维护、正确性维护和适应性维护，对软件系统的使用提供持续性保障。软件维护主要以修改软件的方式加以实现，包括系统功能的局部修改与功能的扩充、故障的排除与潜在缺陷的消除、性能的提高与适应软件运行环境的变化等。

系统运行与维护的主要内容包括：系统投入运行后的管理及维护，系统建成前后的评价，发现问题并提出系统更新的请求，按软件更改申请的要求更改软件及相关文档，进行充分的回归测试，以及进行软件更改的评审。

测试阶段需要提交的文档有软件问题修改单、修改后的相关文档。

5. 结构化开发方法的特点

总体上讲，结构化开发方法的特点主要表现在以下几个方面：

（1）自顶向下整体性的分析与设计和自底向上逐步实施的系统开发过程。

（2）用户至上。用户对系统开发的成败是至关重要的，因此在系统开发过程中要面向用户，充分了解用户的需求和愿望。

（3）需要深入调查研究。

（4）严格区分工作阶段。

（5）充分预料可能发生的变化。

（6）开发过程工程化。要求开发过程的每一步都按工程标准规范化，文档资料也要标准化。

4.3.2 原型开发法

原型开发法是一种通过快速建立原型，与用户进行反复交流、细化需求，最终确认需求的软件开发方法。在软件开发过程中，关键的环节是需求的定义，即明确软件要实现的功能是什么。绝大多数用户很难在系统开发初期就提出具体而清晰的需求，而是在系统开发的过程中逐渐明确自己的需求。原型开发法就是通过一组基本的需求，建立一个具有基本功能的模型，来直观地表现用户需求，并通过系统分析人员与用户进行交流和沟通，逐步完善该模型。通过给用户提供具体的实物模型，不断地启发用户以尽可能地缩短明确需求的时间。原型开发法的模型主要是目标系统的用户界面，这样就比结构化方法中用文字和图形与用户进行讨论、确定及修改需求说明更有效，更有利于用户提出正确的需求和修正不完全的需求，从而得出的需求分析结果会更好，更符合用户的实际需求。

1. 原型开发法的分类

目前主要有两种快速原型方法：

（1）抛弃原型法（Throw-Away Prototyping）。它的目标只是为了明确需求，使用最简单的开发方法，以最低的成本实现一个可工作的系统。该系统只关注功能，不考虑开发工具、性能、容错、未来实际运行环境等。通过反复与用户交流和修改原型，使原型的功能能够充分体现用户需求。建立这种原型系统的目的，是评价目标系统的某个（或某些）特性，以便更准确地确定需求，或者更严格地验证设计方案。在明确了需求之后，原型就会被抛弃。以后软件的开发将根据已明确的需求，按照传统的工程化方法来开发。建立原型只不过是一种辅助性的步骤。

（2）演化原型法（Evolutionary Prototyping）。它的目标就是与用户一起工作，从一个原始的需求的轮廓开始，逐步改进，最终发展成为符合实际需要的系统。演化原型法认为信息系统本质上就是不断演化的，最初的需求经过一段时间后自然就变得无效了。这种方法的目标，是使得信息系统能够适应不可避免的变化。

演化原型法的基本做法是，经过初步调研和分析获知用户的需求后，利用适当的软件工具快速地实现一个原型系统，作为沟通各方的基础和用户实践的场所，程序员根据用户试用后的意见，对原型进行修改和扩充，然后再次交付给用户试用，并根据试用后提出的意见，再次对原型进行修改和扩充。这样，经过多次迭代直到用户感到满意为止。

2. 原型开发法的步骤

（1）识别基本需求。首先进行详细的需求调查，识别出用户的基本需求。例如，系统功能，系统的输入与输出，数据元素的名称、含义、格式，系统的用户权限要求，等等。

在本阶段，原型开发法所识别的需求不必是完备的，而只是一种对未来系统的设想，所以被称为基本需求。基本需求的识别，关系到采用原型开发法的软件系统的成败。原型开发法从一开始就需要用户的积极参与。一般来说，由基本需求导出的初始原型，其在需求方面的准确性至少应达到 60%，否则会打击用户对原型开发法的积极性，使用户失望。因此，必须仔细对用户现行系统进行调查分析，与用户进行细致的交互，做业务性研究等工作，真正获取用户的基本需求，为下一步建立系统的初始原型提供依据。

（2）开发系统原型。根据基本需求建立系统的初始原型。初始原型应包括系统基本功能、用户操作界面等。初始原型最好是能够让用户在计算机上模拟实际的操作过程，使用户能够"感受"到最终系统的情况，从而判断该初始原型所包含的基本需求是否为用户真实的需求。

在本阶段，建立的初始原型应是未来系统的"雏形"，虽然功能并不完备，但一定是最终系统的核心部分，通过若干次的迭代、修改加以完善。初始原型既不能过于简单也不能一味地追求大而全。开发一个初始原型所需的时间与系统规模和复杂性有关。一般认为，开发初始原型的时间最长不要超过两个月，这样不仅有利于用户保持对原型法和最终系统的兴趣，也为正式的系统开发留出了更多的时间。

（3）验证系统原型。在本阶段，用户通过模拟实际需求来使用系统原型，找出初始原型与实际需求不一致的地方，发现初始原型的错误和不足之处，提出对功能和用户界面的修改与完善的建议，补充遗漏的需求，最终验证初始原型与基本需求的符合程度。原型开发法的初衷就是希望在系统开发的初期，更多、更准确地得到用户对"心目"中系统的描述，所以，用户对原型提出的问题越多，就为今后的开发工作扫除了越多的潜在问题，因此，程序员应耐心地倾听用户的意见，甚至是抱怨，同时应充分向用户解释而不是辩解初始原型的合理性，通过几轮交互和修改的过程（即原型的迭代过程），最终与用户在初始原型上达成共识。

（4）修正和改进原型系统。在本阶段，根据发现的问题、用户提出的修改意见或新的需求，对初始原型进行修改和完善。很多时候，用户在需求方面会出现摇摆不定的情况，例如用户会认为刚修改后的初始原型还不如原先的版本，甚至反复多次。因此，在进行原型迭代的过程中，最好能保留改进前后的原型版本，以便在必要时，放弃本次修改退回原来的版本。

（5）确定系统原型。经过修改和完善得到新的原型后，再由用户进行新一轮的模拟操作，继续验证和评价改进后的原型是否已充分表达了用户的需求：如果是，则进入下一步骤；如果否，则进一步提出修改意见，再对原型进行修正和完善，再模拟使用与验证。如此重复，直到用户满意为止。

（6）整理系统原型文档。确定系统原型后，需要进一步整理原型的技术文档，为下一步正式开发系统提供依据。相关的文档包括用户需求说明书、系统的逻辑方案、系统设计说明书、数据字典、系统使用说明书等。

3. 原型开发法的使用

（1）原型开发法的限制因素。采用原型开发法，通过动态演示，能使以用户为中心的需求得到检验和认可，能使最终系统的需求定义合理化。但是，并不是所有的软件系统的需求定义工作都适合采用原型开发法。原型开发法适用于联机事务处理、管理信息系统等系统，不适合批处理和基于大量算法的系统。原型开发法适用于那些能够积极参与系统开发工作又难于确定需求的用户，如果得不到用户的积极参与，原型开发法是绝对不适用的。

（2）原型修改次数的控制。原型开发法是一个不断地对系统原型进行使用、评价、修改的迭代过程，迭代次数越多，原型的质量就越高。但由于人力、物力和时间的限制，因而可以通过限制修改次数或设置用户接受程度这两种方法，对原型修改次数进行控制和限制。

限制修改次数的方法是指根据原型或原型中各模块的重要性、复杂程度以及经费、时间限制情况等因素，分别设定相应的最大修改次数。如果修改次数达到设定值就停止修改。该方法的缺点是当达到设定值时，原型有可能仍达不到用户要求的接受程度。

设置用户接受程度的方法是设定一个用户接受原型的百分数标准，当用户接受程度达到该值时就可停止原型修改。该方法的缺点是如果用户对原型某些方面的想法经常在变，很难在有限的时间内提高用户接受原型的程度。

（3）原型构造的修改控制。由于原型不同于最终系统，它既要快速建立，又要能够快速地修改以体现用户的最新意图，为最终系统提供明确的需求定义。所以，原型应重点展现系统的人机界面形式、功能结构的整体性方面，而对一些细节应该舍弃，如报表格式、人/机错误处理等。

（4）原型开发法的人员组织和开发环境。原型开发法适用于具有较丰富系统开发经验的人员采用。

4. 原型开发法的特点及其优点

原型开发法从原理到流程都十分简单，有着传统方法无法比拟的优越性，它有以下特点：

（1）原型开发法符合人们认识事物的规律。从认识论的角度来看，原型开发法更多地遵循了人们认识事物的规律，因而更容易为人们所普遍接受。人们认识事物不可能一次就完全了解，认识和学习的过程是循序渐进的，人们对事物的描述都是受环境的启发而不断完善的，人们改进一些事物比起创造来要容易。

（2）原型开发法有利于项目的开发者和用户之间的交流。原型开发法将模拟的手段引入系统分析的初期阶段，通过具体的、看得见、摸得着的模型，启发了人们的认识，其直观性使之能准确描述需求，减少误解和不确定性，便于用户和开发者交流，缩小用户和开发者对问题的理解与认识的差距，解决结构化方法中最难于解决的一环。原型能够及早暴露系统存在的问题。

（3）实际的原型为准确认识问题创造了条件。原型的直观性、感性特征易使用户理解系统的全部含义；讨论的原型是开发者与用户共同确认的；讨论问题的标准是统一的；信息的反馈是及时的。

（4）能充分利用最新的系统开发环境。原型开发法利用最新的软件工具，建立系统的开发、生成环境，大大地减少了系统开发的时间、费用，加快了系统开发的速度，提高了效率。原型开发法必须要有一个强有力的软件支持环境作为背景，以提供原型的可视化，这样能够强化沟通，降低风险，节省后期变更的成本，提高项目的成功率。

（5）原型开发法提高了用户参与系统开发的积极性。原型开发法将系统的调查、分析、设计融为一体，用户从一开始就能看到系统实现以后的具体样子，消除了心理负担，打消了对系统是否可实现、是否适用等的疑虑；为用户参与开发过程创造了良好的条件；提高了用户参与系统开发的积极性。

原型开发法通过对原型的反复使用、评价和修改，给用户和开发者双方提供了一个学习和实践的机会，从而产生对系统需求的新认识，提出新的需求。该过程与人们的认识论相一致，这正是原型开发法能够克服严格定义方法难以克服的困难的根本原因。

原型开发法的最大不足在于其缺乏规范性，失去了软件工程中应该具有的规范化、标准化和工程化等特点，使开发的过程很模糊，不易于控制开发过程。原型开发法强调用户的参与，但是让用户控制过多，使开发者不能控制自己的开发进度，使工期无法保证。当用户参与热情并不高时，原型开发法起不到应有的作用，因而它的成功与否在很大程度上取决于开发者和用户是否都愿意在很长一段时间内对信息交流和修改系统采取开放的态度。

4.3.3 面向对象的开发方法

在软件开发过程中，甚至在软件投入使用后，用户都会不断地提出各种更改要求，在用结构化开发方法的程序中，进行相应的修改是很困难的，而且还会因为计划或考虑不周，不但旧错误没有得到彻底改正，又引入了新的错误；另一方面，在过去的程序开发中，代码的重用率很低，使得程序员的效率并不高。为提高软件系统的稳定性、可修改性和可重用性，人们在实践中逐渐创造出软件工程的一种新途径——面向对象的开发方法。

面向对象（Object Oriented，OO）的开发方法是一种自底向上和自顶向下相结合的方法，以对象建模为基础，不仅考虑了输入、输出数据结构，同时包含了所有对象的数据结构。它能够真正基于用户的需求，而且系统的可维护性大大改善。面向对象的开发方法包括面向对象分析（OOA）、面向对象设计（OOD）及面向对象编程（OOP）。

1. 面向对象的基本概念和用语

（1）对象。对象（Object）是数据（或称为属性）和对数据的操作（也称为方法）组成的集合。对象的方法定义了对象可对自己的数据进行什么样的操作，对象的方法与对象的数据是密切相关的。

对象可以看成一组属性以及这组属性上的专用操作的封装体。属性（Attribute）通常是一些数据，也可以是另一个对象。每个对象都有自己的属性值，表示该对象的状态。对象中的属性只能通过该对象提供的操作来存取或修改。

操作（Operation）也称为方法或服务，操作规定了对象的行为，表示对象所能提供的服务。

(2）消息。消息（Message）是来表达对对象的数据进行某种操作的具体要求。消息传递是对象间通信的手段，一个对象通过向另一个对象发送消息来请求服务。消息传递是通过调用对象的方法和传递参数来实现的。

一个消息通常包括接收消息的对象名、调用的操作名和适当的参数（如果有必要的话），只告诉接收对象需要完成什么操作，但并不指示接收对象怎样完成操作。消息完全由接收对象解释，接收对象独立决定采用什么方法完成所需的操作。

（3）类和实例。类（Class）是一组具有相同属性和相同操作的对象的集合。类定义了一组对象共有的属性和方法的抽象表达。也就是说，类不仅定义对象内部的数据，还定义操作对象内部数据的方法。一个类中的每个对象都是这个类的一个实例（Instance）。

类是创建对象的模板，基于该模板而构造出来的对象的过程称为对象实例化。从同一个类实例化的每个对象都具有相同的结构和行为，此时对象的属性都有具体的取值，表示该对象的状态。

（4）封装性。封装（Encapsulation）是一种信息隐蔽技术。封装性是指数据被隐藏在对象中，外界只能通过对象自身提供的方法对其进行访问，确保了对象内部数据的安全。同时，方法也不再是独立的实体，而与对象的数据密切相关，也封装在对象中。用户只能看见对象封装界面上的信息，对象的内部实现对用户是隐蔽的。封装的目的是使对象的使用者和构造者分离，使对象的定义和实现分开。

（5）多态性。多态性（Polymorphism）是指同一个对象的方法可以根据消息对象的不同类型而产生不同的行为方式。多态性使得同一个操作作用于不同的对象上可以有不同的解释，并产生不同的执行结果。也就是说，相同的消息作用于不同的对象时，每个对象根据自己所属类中定义的这个操作去执行，从而产生不同的结果。

多态性使得程序员只考虑共性，由执行时的环境完成具体特性。

（6）继承性。继承（Inheritance）是类之间的基本关系，它是基于层次关系的不同类用来共享数据和操作的一种机制。继承性是指允许一个对象获得另一个对象的属性和操作。前者称为子类，后者称为父类。父类的父类可叫祖先类，都统一称为父类。父类中定义了其所有子类的公共属性和操作。继承性允许子类继承父类的所有属性和方法，并允许子类增加自己的属性和方法。也就是说，在子类中除了定义自己特有的属性和操作外，既可以继承其父类的属性和操作，还可以对父类中的操作重新定义实现方法。继承性实现了代码复用。

2. 面向对象分析（OOA）

面向对象分析（Object-Oriented Analysis，OOA）的基本任务是从现实问题空间抽象出对象空间，目的是获得对用户需求的准确理解，以确定系统的功能、性能要求。

具体来说，面向对象分析的核心就是从问题空间中选出词汇，以建立类和对象的模型。在分析阶段，主要问题集中在如何找出关键抽象，明确问题中存在哪些数据实体，它们的意义是什么，暂时并不考虑它们需要如何处理。

面向对象分析的主要过程如下：

（1）获取用户对系统的需求，建造需求模型。需求获取必须让用户与开发者充分地交流。可以采用用例（Use Case）方式来收集用户需求。开发者首先标识使用该系统的不同的执行者（Actor），这些执行者代表使用该系统的不同的角色。每个执行者可以叙述他如何使用系统，或者说他需要系统提供什么功能。执行者提出的每一个使用场景（Scenario）（或功能）都是系统的一个用例，一个用例描述了系统的一种用法（或一个功能），所有执行者提出的所有用例构成系统的完整的需求。

注意，执行者与用户是两个不同的概念，一个用户可以扮演几个执行者（角色）；一个执行者可以是用户，也可以是其他系统（应用程序或设备）。得到的用例必须进行复审，以使需求完整。

（2）标识类和对象。类和对象是问题域中客观存在的，开发者的主要任务就是理解用户基本的需求，通过分析把与问题域有关的对象找出来，包括对象的属性和操作。

首先要找出所有候选对象，标识候选类，再从候选对象中筛掉不正确或不必要的。通常用一种简单的方法可以识别问题域中的对象：先对要建立的系统进行描述；然后对这些描述进行语法分析，把名词作为对象的候选者（形容词作为确定属性的线索，动词作为服务的候选者），并将它们填进一张简单的表里；最后对表中的项进行分析，从中确定问题域的对象。

确定属性和服务就是识别对象的内部特征，即定义对象的属性和服务。问题域中事物的特征可分为静态的和动态的，静态特征可以通过一些数据来表达，动态特征表明事物的行为，只能通过一系列操作来表达。在面向对象的开发方法中，用对象表示问题域中的事物，用对象中的一组属性和一组服务来表达事物的静态特征和动态特征。属性是描述对象静态特征的一个数据项，是对对象性质的刻画和描述。

确定属性的过程包括分析和选择两个步骤。服务是描述对象动态特征（即行为）的一个操作序列。在确定服务的活动中可以考虑运用发现服务的策略与启发原则。

（3）定义类的结构和层次。对象之间存在复杂的外部特征，建立结构就是从对象的外部研究其结构特征，描述对象间的相互作用，从而达到认识对象更深层次本质和规律的目的。对象之间存在着分类关系和组成关系。分类关系是指对象类之间的一般与特殊的关系（继承关系）。组成关系是指对象类之间的整体与部分的关系。

相应地，类的结构也就存在着两种结构：一般-特殊（Generalization-Specialization）结构与整体-部分（Whole-Part）结构。一般-特殊结构反映了类之间的一般与特殊的关系。特殊类还可以进一步分为更特殊的类，这样就形成了类的层次结构。整体-部分结构反映了类间的整体与部分的关系。值得注意的是，整体-部分关系是对对象而言的，而不是对类的。

（4）建造对象-关系模型。对象-关系模型描述了系统的静态结构，它指出了类之间的关系（Relationship）。类之间的关系有关联、依赖、泛化、实现等。

对象间的结构反映的是对象层次和构成方面的特征。但是，结构关系还不是对象间全部的外部特征，另一部分外部特征反映的是对象之间相互依赖和相互作用的关系，即所谓的关联。对象的关联包括对象之间的静态联系和对象之间的动态关系。对象之间的静态联系是指通过对象属性反映的联系，用实例连接表示。对象之间的动态关系是指对象行为之间的依赖关系，用消息连接表示。

实例连接用于表示某个对象的属性或服务需要其他对象的参与才能实现，即一个对象对另一个对象的依赖关系。实例连接有一对一、一对多、多对多三种类型。

消息连接表示对象之间进行通信联系的通道。由于对象封装了全部的内容——数据结构和行为过程，因而消息成了对象之间行为上唯一的联系方式。消息是向对象发出的服务请求。发出消息的对象将消息传送给接收消息的对象,请求接收消息的对象提供某种服务。

(5)建造对象-行为模型。对象-行为模型描述了系统的动态行为,指明系统如何响应外部的事件或激励(Stimulus)。

对象-行为建模的步骤如下:

① 评估所有的用例,以完全理解系统中交互的序列。
② 标识驱动交互序列的事件,理解这些事件如何和特定的对象相关联。
③ 为每个用例创建事件轨迹(Event Trace)。
④ 为系统建造状态机图。
⑤ 复审对象-行为模型,以验证准确性和一致性。

(6)复审 OOA 模型。OOA 过程的最后一个环节复审所得到的 OOA 模型是否满足需求。利用用例来检查 OOA 模型的可执行部分是否与用户场景及用户需求相一致;利用评审检查表对 OOA 模型的所有层次逐项进行检查。

3. 面向对象设计

OOA 所得到的只是问题空间的概念模型,面向对象设计(Object Oriented Design,OOD)是把概念模型转换成物理模型,即以范式的形式将它确定下来。在 OO 方法中,OOA 和 OOD 之间有着密切的衔接关系。OOA 是提取和整理用户需求,并建立问题域精确模型的过程,在分析建模过程中以对象为中心,可以不考虑任何与计算机有关的问题。而 OOD 则是用 OO 方法建立求解域模型的过程,是针对计算机的开发活动。OOD 的目标是生成对问题域的表示,并将这种表示映射到计算机的求解域中。与传统方法不同的是,OOD 把数据对象和处理操作连接起来,把数据和处理一起模块化。

由于 OO 方法在概念和表示方法上的一致性,使得分析和设计的界线比较模糊,许多分析结果可以直接映射成设计结果,而在设计过程中又会反过来加深和补充对系统需求的理解。因此,分析和设计活动是一个反复交替进行的过程。各项开发活动之间可以做到无缝连接,使得开发者比较容易地追踪整个系统的开发过程,这是 OO 方法比较传统方法的一大优势所在。

在 OO 方法中,OOD 也分为两个阶段,即高层设计阶段和低层设计阶段。高层设计阶段开发系统的结构,构造软件系统的总体模型,包括开发用户界面等。低层设计阶段集中于类的详细设计,包括对象类的关联、接口形式及实现服务的算法等。

(1)OOD 的基本准则

1)模块化。面向对象软件开发模式很自然地支持了把系统分解成模块的设计。对象就是模块,是把数据结构和操作这些数据的方法紧密结合在一起所构成的模块。

2)抽象。面向对象方法不仅支持过程抽象,而且支持数据抽象。类实际上是一种抽象数据类型,它对外开放的公共接口构成了类的规格说明(即协议),这种公共接口规定了外界可以使用的合法操作符,利用这些操作符可以对类实例中包含的数据进行操作。使用者无须知道这些操作符的实现算法和类中数据元素的具体表示方法,就可以通过这些操作符使用类中定义的数据。通常把这类抽象称为规格说明抽象。

3)信息隐藏。在面向对象方法中,信息隐藏通过对象的封装性来实现。例如类结构分离了接口与实现,从而支持了信息隐藏。对于类的使用者来说,属性的表示方法和操作的实现算法都应该是隐藏的。软件设计通过信息隐藏可以增强抽象能力,既方便了使用者,又提高了开发效率。

4）弱耦合。弱耦合有助于将因系统局部变化而产生的影响降到最小，所以是面向对象设计的一个重要标准。面向对象方法中有交互和继承两种耦合。交互耦合是指通过消息连接实现的耦合。为得到较弱的交互耦合，应尽量降低消息连接的复杂程度和减少对象发送（或接收）的消息数。继承耦合是一般类与特殊类之间的一种耦合形式，一般类和特殊类应该结合得越紧密越好。为获得紧密的继承耦合，在设计时应该使特殊类尽量多继承并使用其一般类的属性和服务。

5）强内聚。强内聚有助于提高系统的可维护性和可重用性。在 OOD 中，包括服务内聚、类内聚和一般-特殊内聚三种内聚。服务内聚是指一个服务只完成一个功能。类内聚是指一个类只有一个用途，类的属性和服务应该全都是完成该类对象的任务所需的。一般-特殊内聚是指设计出的一般-特殊结构应该是对特定领域知识的正确抽象。

6）可重用。软件重用是提高软件开发生产率和目标系统质量的重要途径。在 OOD 中，重用有两个方面的含义：一是尽量使用已有的类；二是如果确定需要创建新类，则在设计这些新类的协议时，应该考虑将来的可重用性。

（2）OOD 的步骤。因为在 OOA 阶段已识别和定义了与应用问题有关的所有类和对象，所以在 OOD 阶段，根据实际需要对类和对象做进一步的细化处理。主要是根据需求的变化，对 OOA 生成的模型中的某些类和对象、结构、属性、操作进行组合与分解。要考虑对时间和空间的折中、内存管理、开发者的变更以及类的调整等，增加必要的类、属性和联系。

OOD 的一般步骤包括系统设计、对象设计、消息设计和复审。

1）系统设计。系统设计包括子系统设计、数据管理设计、任务管理设计、人机交互设计、资源管理设计。

① 子系统设计。子系统设计是指将分析模型划分成子系统，把分析模型中紧密相关的类、关系等设计元素包装成子系统。通常，子系统的所有元素共享某些公共的性质，可能都涉及完成相同的功能，可能驻留在相同的产品硬件中，或者可能管理相同的类和资源。子系统由它们的责任所刻画，即一个子系统可以通过它提供的服务来标识，这种服务是完成特定功能的一组操作。

子系统设计的准则是：

a．子系统应具有定义良好的接口，通过接口和系统的其他部分通信。

b．除了少数的"通信类"外，子系统中的类应只和该子系统中的其他类协作。

c．子系统的数量不宜太多。

d．可以在子系统内部再次划分，以降低复杂性。

② 数据管理设计。数据管理设计的目的是将数据的物理存储及操作与系统的业务逻辑加以分离，包括在数据管理系统中存储和检索对象的基本结构、对永久性数据的访问和管理。数据管理设计包括设计系统中各种数据对象的存储方式以及设计相应的服务。

数据管理通常设计成层次模式。数据管理模式主要包括文件管理、关系数据库管理和面向对象数据库管理。数据对象的存储方式（如内部数据结构、文件、数据库）可采用三种数据管理模式之一。

设计数据对象的存储方式相应的操作，则是为每个需要存储的对象及其类增加用于存储管理的属性和操作，并在类及对象的定义中加以描述。

③ 任务管理设计。任务是进程的别称，是执行一系列活动的一段程序。任务管理主要包括任务的选择和调整。任务管理设计包括任务定义、通信和协调，也包括硬件分配、外部系统及装置协议。

通过对对象-行为模型的分析，可以发现系统的并发性。如果对象（或子系统）不是同时活动的，则它们无须并发处理；如果对象（或子系统）必须对一些事件同时异步地动作，则它们被视为并发的。当系统中有许多并发行为时，需要依照各个行为的协调关系和通信划分各种任务，以简化并发行为的设计和编码。

通过了解任务是如何被启动的来确定任务的类型，如事件驱动任务、时钟驱动任务。应该定义每个任务的优先级，并识别关键任务。当有多个任务时还可以考虑增加一个协调者任务和关联的对象，将协调者任务和其他任务集成，以控制这些任务协同工作。

子系统之间可以通过建立客户/服务器（Client/Server）连接进行通信，也可以通过端对端（Peer to Peer）连接进行通信。必须确定子系统间的合约（Contract），合约提供了一个子系统和另一个子系统交互的方式。

④ 人机交互设计。对大多数应用系统而言，人机界面是一个非常重要的子系统。人机界面主要强调人如何命令系统，以及系统如何向人提交信息。人机交互设计包括窗口、菜单、报告的设计。

在 OOA 阶段给出了所需的属性和操作，在设计阶段必须根据需求把交互的细节加到用户界面的设计中，包括有效的人机交互所需的实际显示和输入。用户界面设计主要考虑用户分类、描述用户及其任务的场景、设计命令层三个方面。

⑤ 资源管理设计。面向对象系统可利用一系列不同的资源（如磁盘驱动器、处理器、通信线路等外部实体，或数据库、对象等抽象资源），很多情况下，子系统同时竞争这些资源，因此要设计一套控制机制和安全机制，以控制对资源的访问，避免资源使用的冲突。

2）对象设计。对象设计是为每个类的属性和操作做出详细的设计，并设计连接类与它的协作者之间的消息规约。对象设计步骤包括对象描述，设计算法和数据结构，细化 OOA 的工作，找出子类、消息特性和其他详尽的细节。

① 对象描述。对象描述要指出对象及其属性，指出可能适用于对象的服务，说明对象及服务，确定将为对象提供实现描述的详细设计问题。

对象描述可以采取协议描述和实现描述两种形式。协议描述只描述对象的接口，即定义对象可接收的消息以及当对象接收到消息后完成的相关操作；实现描述是指描述传送给对象的消息所蕴含的每个操作的实现细节，实现细节包括有关对象私有部分的信息，即关于描述对象属性的数据结构的内部细节和描述操作的过程细节。对对象的使用者来说，有协议描述就够了。

② 设计算法和数据结构。设计算法是指为对象中每个服务设计关联的过程细节和具体实现；设计数据结构是指为对象中的属性设计关联的数据结构。

3）消息设计。使用对象间的协作和对象-关系模型，设计消息模型。

4）复审。复审设计模型，并在需要时进行设计模型迭代。

4. 面向对象编程

面向对象编程（Object Oriented Programming，OOP）就是把 OOD 的结果转变成用面向对象语言书写的面向对象程序，测试并调试面向对象的程序。目前常用的面向对象语言主要有 C++、Java、C#、VB.Net 等。

在 OOP 中，程序被看作相互协作的对象集合，每个对象都是某个类的实例。类是具有相同属性的对象的集合，类也可以看作用于产生一系列具有相同属性对象的一个模板。功能是通过向对象发消息而获得的。发消息的实质是要调用对象的某个方法，当对象收到发来的消息时，则执行对象内部的相应方法，该方法即为实现了特定功能的一段程序代码。

OOP 的主要特点包括以下几个方面：

（1）封装性。在 OOP 中，通过对象和类来实现封装，对象由数据和处理该数据的方法构成，外界只能看到其外部特性，例如怎样引用它的方法，其方法能够提供的处理能力等；而对象的内部特性，如私有数据、方法的实现细节等对外是不可见的。

对象的封装性使得信息具有隐蔽性，减少了程序之间的相互依赖，降低了程序的复杂性，提高了程序的可靠性和数据的安全性。

（2）继承性。继承性反映的是类与类之间的不同抽象级别，根据继承与被继承的关系，可分为基类和衍生类，基类也称为父类，衍生类也称为子类。子类从父类那里获得所有的属性和方法，并且可以对这些获得的属性和方法进行改造，使之具有自己的特点。

继承性使得相似的对象可以共享程序代码和数据，是程序可重用性的关键。

（3）多态性。多态性在形式上表现为一个方法根据传递给它的参数的不同，可以调用不同的方法体，实现不同的操作。将多态性映射到现实世界中，则表现为同一个事物随着环境的不同，可以有不同的表现形态及不同的与其他事物通信的方式。多态性使程序员能在一个类等级中使用相同方法的多个版本，使程序员可以集中精力开发可重用的类和方法，而不必过分担心名字的冲突问题。

5. 面向对象方法的优点

（1）与人类习惯的思维方法相一致。现实世界中的问题是由一些相互之间存在一定联系的事物所组成的。每个具体的事物都具有行为和属性两方面的特征，所以，把描述事物静态属性的数据结构和表示事物动态行为的操作放在一起构成一个整体，才能完整、自然地表示客观世界中的实体。面向对象的软件技术以对象为核心，用这种技术开发出的软件系统由对象组成。对象是对现实世界实体的正确抽象，它是由描述内部状态（表示静态属性）的数据以及可以对这些数据施加的操作（表示对象的动态行为）封装在一起构成的统一体。对象之间通过传递消息互相联系，以模拟现实世界中不同事物彼此之间的联系。

传统的程序设计技术是把数据和过程分开，数据代表问题空间中的客体，过程则用于处理这些数据。数据与过程的不一致将导致软件系统的解空间与问题空间不一致。

（2）稳定性好。面向对象方法基于构造问题领域的对象模型，以对象为中心构造软件系统，而不是基于对系统应完成的功能的分解，所以系统的功能需求变化并不会引起软件结构的整体变化，往往仅需要做一些局部的修改。因此，以对象为中心构造的软件系统是比较稳定的。

传统的软件开发以算法为核心，开发过程基于功能分析和功能分解。用传统软件开发方法所建立起来的软件系统的结构紧密依赖于系统所要完成的功能，当功能需求发生变化时将引起软件结构的整体修改。事实上，用户需求变化大部分是针对功能的，因此这样的软件系统是不稳定的。

（3）可重用性好。在面向对象技术中，因为对象具有封装性和信息隐藏等特点，具有很强的独立性，可提供比较理想的模块化机制和比较理想的可重用的软件部分。面向对象的软件技术所构造的软件系统具有继承性机制，可重复使用对象类。

传统的软件重用技术是利用标准函数库，但它缺乏必要的柔性，不能适应不同场合的不同需要。

（4）可维护性好。面向对象方法开发出的软件系统具有稳定性好、易于理解、修改、测试和调试等特点，因此，面向对象的软件系统的维护性比较好。面向对象技术特有的继承机制，使得对所开发的软件系统的修改和扩充主要通过从已有类派生出的一些新类来实现，无须修改软件原有部分。类具有理想的模块机制，独立性好，修改一个类通常很少会影响到其他类。如果仅修改一个类的内部实现部分（私有数据成员或成员函数的算法），而不修改该类的对外接口，则可以完全不影响软件系统的其他部分。面向对象的多态性机制，使得当扩充软件系统功能时对原有代码的修改可以进一步减少，需要增加的源代码也比较少。

4.3.4 计算机辅助开发方法

计算机辅助软件工程（Computer Aided Software Engineering，CASE）是运用计算机软件工具来辅助系统开发的一种方法。CASE 技术是系统开发工具与方法的结合，集图形处理技术、程序生成技术、关系数据库技术和各类开发工具为一身，用以代替人在信息处理领域中的重复性劳动。它的目标是实现一种较完善的技术，为系统开发人员提供一组优化的、集成的且能大量节省人力的系统开发工具，使整个软件生命周期各阶段开发过程自动化，包括系统分析、设计、程序实现和维护等各个环节的自动化。

1. CASE 工具的分类

CASE 工具是用来辅助完成计算机软件系统开发、运行、维护、管理、支持过程中的活动或任务的软件。随着软件开发的新技术、新方法、新概念的不断发展，新的 CASE 工具也会不断产生。根据其在软件过程各个活动中的使用情况，通常可将 CASE 工具分为以下几种：

（1）支持软件开发过程的工具。如需求分析工具、需求跟踪工具、设计工具、编码工具、排错工具、测试和集成工具、安装工具等。支持软件开发过程的工具还可以按照支持的开发方法进一步细分为相应的结构化工具和面向对象工具。

（2）支持软件维护过程的工具。如版本控制工具、文档工具、开发信息库工具、逆向工程（Reverse Engineering）工具、再工程（Reengineering）工具、代码重构与分析工具等。

（3）用于软件管理和支持过程的工具。如项目计划工具、项目管理工具、配置管理工具、软件评价工具、度量和管理工具等。

2. CASE 工具的选择与采用

在数量众多的 CASE 工具中选择出满足企业的目标、与企业的文化背景和应用环境相融合的、最适合的 CASE 工具，对避免不必要的时间和资源的浪费，提高生产率和软件质量是十分必要的。通过采用一种客观的对 CASE 工具的评价、选择与采用机制，可以对企业选用合理的 CASE 工具、提高生产率、改进软件开发过程起到重要作用。

在国家标准《信息技术 软件工程 CASE 工具的采用指南》（GB/Z 18914—2014）中指出，CASE 工具的采用包括四个主要过程：准备过程、评价和选择过程、项目试点过程和推广过程。

（1）准备过程。定义采用 CASE 的总目标，建立高层指导，以及规定各方面的管理工作，如日程安排、资源、成本等。准备过程由设定目标、验证可行性和可测量性、制定方针和制订计划四个活动组成。

（2）评价和选择过程。评价和选择过程是为了从众多的候选工具中确定最合适的工具，以确保推荐的工具符合原定的目标。评价和选择过程由准备、构造、评价和选择四个子过程组成。其中关键的子过程是构造，主要是分析企业对 CASE 工具的需求，列出属于 CASE 工具的若干特性或子特性，并对其进行评价和测量，企业根据对候选工具的评价结果决定选择哪一种工具。在国家标准《信息技术 CASE 工具的评价与选择指南》（GB/T 18234—2000）中完整地定义了评价和选择过程。

（3）项目试点过程。项目试点过程是指对 CASE 采用过程的早期阶段所做的工作进行确认，并且确认 CASE 工具的实际能力是否满足企业的要求。项目试点过程由试点启动、试点执行、试点评价和决定下一步四个活动组成。

（4）推广过程。推广过程是指从当前的工作过程或工作习惯转到在软件组织内推广使用新的 CASE 工具的过程，充分利用试点项目的经验，把混乱状况尽可能地减到最低。推广过程由推广启动过程、培训、制度化、监控和持续支持、评价采用项目和完成情况五个活动组成。

3. CASE 工具的优点

CASE 工具的优点主要表现在以下几个方面：
（1）显著提高系统分析和设计人员的生产率。
（2）能够培训和指导用户应用软件工程方法开发系统。
（3）使用交互式图形技术支持结构化系统分析/设计，用户容易理解。
（4）由于 CASE 工具自动化程度高且能自动生成程序代码，使开发者把系统开发重点转移到系统分析/设计上，能控制系统开发的质量与实现。
（5）CASE 工具的信息库、软件库、数据字典的可重用技术，使得系统的定义与描述可以从非冗余的数据字典、软件库中产生，具备系统分析/设计的一致性与完整性检验。

4.3.5 各种开发方法的比较与分析

上述四种方法在信息系统的开发过程中发挥了极其重要的作用，被广泛采用，属于比较经典的开发方法。其中，结构化系统开发方法是真正能够较全面地支持整个系统开发过程的方法。尽管其他方法有许多优点，但都只能作为结构化系统开发方法在局部开发环节上的补充，暂时都还不能替代结构化系统开发方法在系统开发过程中的主导地位，尤其是在目前系统开发工作量最大的系统调查和系统分析这两个重要环节。原型开发法由于要不断地对原型进行修改，因此不适合应用于大型物流信息系统开发过程中的所有环节，一般多用于小型局部系统，或处理过程比较简单的系统设计到实现的环节。面向对象方法多用于系统分析和系统设计，但不能用于系统分析以前的环节。CASE 方法虽不能用于系统调查,但可以全面支持系统开发过程,同时也是一种自动化的系统开发方法。CASE 方法具有结构化系统开发方法、原型开发法和面向对象方法的各种特点。这四种开发方法的比较见表 4-2。

表 4-2 四种开发方法的比较

比较内容	结构化方法	原型开发法	面向对象方法	CASE 方法
开发过程中的阶段性	严格划分	无明显划分	不严格,允许迭代	严格划分
是否支持整个系统开发过程	支持	只支持需求分析和设计阶段	不支持系统分析阶段中的调查环节	不支持系统分析阶段中的调查环节
适用的系统规模	大型系统	小型系统	大型系统	大型系统
系统的稳定性	低	低	高	高
系统的可维护性	低	低	高	高
可重用性	低	低	高	高
用户参与的积极性	低	高	低	高

4.3.6 开发物流信息系统的新方法

在数字化企业环境下,企业要能够快速增加、改变和更换其使用的技术,快速应对新的机遇。企业开始使用耗时更短、更加非正式的开发流程来快速解决问题。除了使用软件包和在线软件服务,企业更多地依赖快速周期性技术,如快速应用开发、联合应用设计、敏捷式开发、DevOps、基于组件的开发等方法。

1. 快速应用开发

快速应用开发(Rapid Application Development,RAD)技术是指在很短时间内创建可运行系统的过程,具有可以随着项目的演进而适应的柔性。RAD 还涉及最终用户、信息系统专家以及开发和运行系统的 IT 团队之间的密切合作。简单的系统可以从预制的组件中组装而成。这个过程不一定需要按顺序完成,开发过程中的关键部分也可以同时进行。

2. 联合应用设计

联合应用设计(Joint Application Design,JAD)技术一般用来加快系统信息需求的产生和设计初步系统。JAD 将最终用户和物流信息系统专家聚集在一起,交互讨论系统设计。如果使用得当,JAD 技术能够显著加快设计阶段,而且能够大大提高用户的参与度。

3. 敏捷式开发

敏捷式开发(Agile Development,AD)将一个大的项目分解为一系列小的子项目,可使软件开发快速完成。这些小的子项目采用迭代方法以及持续反馈方法,实现子项目的快速完成。每个小项目由一个团队完成,是一个单独、完整的项目。开发者明确需求后,在下一个阶段的迭代过程中将持续改进或增加新的功能。这可以帮助降低系统整体风险,而且使项目能够更快地适应变化。敏捷式开发的方法更加强调面对面沟通,鼓励人们进行合作,以便更快、更有效地做出决策。

4. DevOps

DevOps 代表"开发和运营",强调创建应用程序的 IT 开发人员与运行和维护应用程序的 IT 运营人员之间要紧密协作。从传统意义上讲,在大型企业中,应用程序开发团队负责收集应用程序的业务需求、设计应用程序、编写和测试软件。运营团队在投入生产后负责运行和维护软件。当开发团队没有意识到操作问题阻碍软件按预期工作时,会出现问题,就需要运营团队花费额外的时间和返工来修复软件。

DevOps 通过在整个应用程序开发生命周期中促进物流信息系统开发和运营团队之间更好、更频繁的沟通与协作,以及创建快速及稳定的工作流程,来改变这种关系。随着敏捷技术、标准化流程以及更强大的自动化软件创建和测试工具带来组织变革,企业可以更快速、更频繁地发布更可靠的应用程序。

5. 基于组件的开发

为了进一步加速软件开发,可以汇总分组对象,并提供拥有共同功能的软件部件,如图形用户界面或在线订单,进一步组合生成大规模的企业应用软件,这种软件开发方法叫作基于组件的开发(Component-Based Development)。这种方法可以通过装配、集成现有软件组件来构建新的物流信息系统。这些软件组件越来越多地来自云服务。企业使用基于组件的开发方法建立电子商务应用,并且通过装配、融合现有的商业组件来实现。这些组件包括购物车、用户身份认证、搜索引擎和软件目录(其中记录了各软件能满足的业务需求)等。

4.4 物流信息系统的开发模式及其选择

物流信息系统开发模式主要是指采用什么样的组织方式来完成系统的建设和应用,主要包括自行开发、系统开发外包、合作开发和直接购买四种模式。

4.4.1 自行开发

自行开发是指物流企业自己组织开发团队进行物流信息系统的开发。这种开发方式需要有出色的领导和自己的开发团队,包括系统分析师、程序设计师、计算机技术人员和有经验的管理人员等各类人员。

自行开发的主要优点是:可锻炼本企业计算机开发应用的团队;当物流企业管理业务有变化或发展时,可以及时对物流信息系统进行变更、改进和扩充。

自行开发的主要缺点是:系统开发周期一般较长,且容易受到本企业长期以来形成的习惯性管理方式的影响,不易开发出一个融入先进管理经验的高水平的物流信息系统。

4.4.2 系统开发外包

随着计算机技术的发展和物流企业信息化建设的推进,物流企业在激烈的市场竞争中迫切需要利用信息化手段提升自身的管理水平和服务水平,因而对物流信息系统的要求也越来越高,要求系统具有强大而完善的功能,良好的性能和易用性,高度的可靠性、可用性和灵活性，以及尽可能低的约束性。这些要求对软件开发组织和人员提出了巨大挑战。信息技术的广泛性、复杂性决定了物流企业不可能配备足够的、技术很全面的专业人员从事企业自身的物流信息系统开发工作。系统开发外包（也称为软件外包）就是物流企业为了专注于核心竞争力业务和降低物流信息系统开发项目的成本，将项目中的全部或部分工作发包给提供外包服务的 IT 企业来完成。

1. 软件外包的概念

软件外包（Software Outsourcing）就是企业为了专注于核心竞争力业务和降低软件项目成本，将软件项目中的全部或部分工作发包给提供外包服务的企业完成的软件活动，即将组织内部的一部分软件工作通过签约方式发包给一个外部组织来完成。软件外包的范围包括以下三种：全部或部分软件系统的开发、已经打包或定制成包的软件产品的采购、软件开发生命周期的某些活动或过程的外包。

在过去，软件外包仅限于子合同或小规模的委外加工，随着软件应用和服务要求的提高，更多的企业转向软件外包，因此软件外包的范围和规模也不断升级。

2. 物流企业选择软件外包的前提

随着物流活动的规模不断扩大和复杂性不断提高，以及信息技术的快速发展和变化，物流企业会发现企业自身对信息系统的要求以及客户对信息系统的要求，已经远远超出了企业内部系统开发团队的交付能力。此时，就需要考虑选择软件外包。实际上，外包的出现就是由于企业自身没有能力跟上信息技术的快速变化。因此，物流企业通过软件外包方式，可以充分利用组织外部最优秀的专业化资源，来达到降低成本、降低风险、提高效率、增强竞争力的目的。

3. 软件外包的过程

物流企业实施软件外包都是为了以最少的成本、最节约的资源来得到最高质量的软件产品。软件外包是一种跨组织的软件开发服务和合作的过程，这无疑增加了软件外包项目管理的难度和风险因素。因此，开展软件外包不仅对软件企业的管理模式和风险管理机制提出了要求，而且对物流企业的内外协作机制和高度协调能力提出了更高要求。

物流企业实施软件外包的过程主要包括以下几个阶段：

（1）计划阶段。计划阶段要明确定义外包的目的和范围，外包的可行性也要在外包决策之前进行论证；要确定外包项目的生命周期模型和里程碑时间表。

（2）招标书准备阶段。在确定外包决策之后，由物流企业编写并分发一份项目招标建议书（Request For Proposal，RFP），其中包含需要外包的具体软件产品或服务，需要开发方必须遵从的商业规则，以及一个合格开发方的选择标准。

（3）选择开发方阶段。物流企业采用招标的形式发布 RFP，收集投标者的反馈信息并加以分析，对投标者进行评价，最终选择出合格的开发方。

（4）签订合同阶段。物流企业与中标的开发方进行协商，共同制定并签订合同，将合同作为管理外包过程的基础。合同中需要明确软件产品的需求、IT 开发过程中的里程碑及交付的工作产品、验收的标准、例外处理规程以及付款方式等内容。

（5）跟踪监督开发方阶段。物流企业需要跟踪并监督开发方的开发活动，以确保开发方依据合同办事。项目的成本、性能、进度和风险是物流企业需要监控的主要指标。物流企业跟踪和监控的方式可以是对开发方的过程或中间产品进行评审或审计，保持与开发方之间的沟通渠道畅通，从而知晓开发方在开发过程中的有关情况。

（6）合同结束阶段。物流企业需要对开发方交付的产品或服务进行测试或评定，以确保符合合同要求。如果满足合同要求，物流企业就可以结束合同，否则按照合同的例外处理规程执行。合同结束时，物流企业需对开发方的业绩进行评价并备案。

4.4.3 合作开发

合作开发又称协同软件开发（Collaborative Software Development），是指企业内部组织和签约的外部组织一起完成一项软件开发任务。

当物流企业自身有一定的软件开发能力，又希望借助企业外部的资源和专业优势时，可以选择合作开发模式。选择合作开发模式的主要优点是：在合作开发中，可发挥企业外部的专业技术力量强、企业内部人员对物流业务熟悉的优势，共同开发出具有较高水平而又适用性强的系统。

4.4.4 直接购买

在物流软件市场，国内外已开发出很多具有一定通用性的物流信息系统软件，可供物流企业选择。理论上讲，购买商品化物流信息系统软件是最省力、最经济的开发方式。从第三方购买或获得现成的物流信息系统软件称为外购软件，它将商品化的物流产品或技术直接拿来使用。一般而言，成熟的软件产品都经历了多年的实践应用，成熟度高，性能稳定，且融入了许多先进的管理思想和手段。采购物流信息系统软件产品也符合社会专业化分工协作的规律，容易保证项目成功。因此，对于自身不具备系统开发能力的中、小型物流企业，可直接购买成熟的物流信息系统软件。

4.4.5 开发模式的比较与选择

如前所述，物流信息系统的四种开发模式各有优势和不足。下面将从人才队伍、项目管理和系统开发三个方面，对其进行比较和分析（见表4-3）。

表4-3 物流信息系统的四种开发模式比较

	比较内容	自行开发	系统开发外包	合作开发	直接购买
人才队伍	专门的开发团队	需要	不需要	需要	不需要
	管理人员	需要	需要	需要	不需要
	业务人员	需要	需要	需要	需要
	维护人员	需要	不需要	需要	不需要
项目管理	能力、部门、制度、质量保证体系	需要	不需要	需要	不需要
	协作机制、协调能力	需要	需要	需要	不需要
	软件采办能力	需要	需要	需要	需要
系统开发	适用性	最好	较好	好	最低
	集成性	较差	较强	较强	较强
	稳定性	较低	较低	较低	较高

（续）

	比较内容	自行开发	系统开发外包	合作开发	直接购买
系统开发	开发周期	长	较短	较长	最短
	成本控制	难	较易	较难	最易
	软件维护	便利	有保障	便利	有保障
	升级换代	定期困难	定期困难	定期困难	定期容易

在人才队伍方面，自行开发模式和合作开发模式，都要求物流企业必须拥有一支相对稳定的开发团队，以及管理人员、业务人员、维护人员。若采用系统开发外包模式，则不需要专门的开发团队，但必须有懂管理、熟悉业务、了解软件开发过程的人才参与。直接购买模式只需要熟悉业务的人员对计算机应用知识有基本的了解。

在项目管理方面，自行开发模式和合作开发模式都要求物流企业具有很强的项目管理能力，要求具有相应的项目管理部门、完善的项目管理制度和质量保证体系，才能确保开发出高质量的软件系统。在系统开发外包模式中，虽然物流企业不需要具备专门的软件开发过程的项目管理能力，但对内外协作机制和高度协调能力要求更高了，需要其从提高自身的角度获得必要的专业技术，如利用软件采办能力成熟度（SA-CMM）模型，来帮助物流企业对系统开发外包项目进行有效的质量管理，以分担项目风险和成本，以及重复利用产品和经验。直接购买模式不涉及软件系统的项目管理问题，但对物流企业的软件采办能力有一定的要求。

在系统开发方面的适用性上，自行开发的系统常常充分考虑了物流企业构内部管理的实际情况，由于充分熟悉业务而能对企业经营模式进行全面的把握，因此采用模式开发出来的软件系统在适用性上是最好的。采用系统开发外包模式开发系统时，往往会因开发方对物流企业的管理和业务流程的理解不完全准确，使得系统在适用性方面会有一定的偏差。合作开发模式开发出的系统，其适用性介于自行开发与系统开发外包之间。直接购买的系统更多地考虑通用功能和管理模式，所以适用性是最差的。

在系统开发方面的集成性上，自行开发的系统由于过于强调适用性，其结果往往只是对企业现有管理过程进行简单的信息化，将以往的手工文档现在变成了电子文档。软件的设计人员和开发人员一般不能通盘考虑企业的整体管理和经营思路，所以在系统管理的集成性方面较差。各个环节的电子数据常常会成为一个个"信息孤岛"，无法为物流企业的管理者和决策者提供有效的信息和决策依据。其他三种模式都可以借助软件开发方多年行业应用软件的开发实施经验和比较强的开发能力，使得目标系统能够基于先进的管理理论和实践经验，充分考虑物流企业的方方面面，将各个环节的数据集中分析、集中管理，注重系统的合理性，强调逻辑性，从而实现数据的一致性和有效性，将物流企业的物流、资金流、计划流、信息流合理规划，为企业的管理者和决策者及时有效地提供数据信息和决策依据。

在系统开发方面的稳定性上，直接购买的商品化软件一般经过了多年众多客户的检验，存在的问题几乎很少，具有较高的稳定性。其他三种模式开发出来的系统，由于未经过实践检验，所以在稳定性方面远远低于商品化软件。

在系统开发方面的开发周期与成本控制上，自行开发系统要经过软件生命周期的各个环节，开发周期较长，开发成本不容易得到有效控制。系统开发外包的开发周期可以因重用了软件开发方以往的项目成果而缩短。由于系统开发外包的投入是事先确定的，且有项目合同，所以对物流企业而言，成本是可控制的。合作开发模式的开发周期和成本控制的难度介于自行开发模式和系统开发外包模式之间。直接购买的商品化软件省去了软件生命周期的开发过程，直接进入安装、运行、维护阶段，周期最短，成本最容易控制。

在系统开发方面的软件维护与升级换代上，自行开发的系统和合作开发的系统，在维护方面有便利的一面，但也存在因开发人员的流动而陷入困境的情况。开发外包的系统和直接购买的商品化软件，无论软件开发方的人员如何变换，其软件质量和维护都是比较有保障的。与一个企业合作的风险显然要低于与个人合作的风险。直接购买的商品化软件往往会定期进行升级换代，其他三种模式开发出来的系统一般很难做到定期升级换代。

总之，物流企业应根据自身的实际情况来决定选择何种模式。例如，我国目前自行开发的商品化物流软件还比较少，国外的物流软件不大适合我国国情，价格也十分昂贵。如果大型物流集团企业的需求与现有的物流商品化软件差异较大，而且大型物流集团企业也具备实力雄厚的软件开发团队，可以选择自行开发物流信息系统的方式。对物流企业来说，系统开发外包模式是几种开发模式中最省事的一种。由于将整个开发工作委托给外部单位，因而选择具有丰富开发经验又熟悉物流业务的外部单位，并正确地将物流企业对新的管理信息系统的需求传达给外部单位，就成为开发能否成功的关键。因此，物流企业应当事前在调查研究的基础上，向委托开发的软件开发方提供系统开发任务书，明确新系统的目标、范围和总的功能需求。在开发过程中，物流企业应派出精通管理和业务的人员参与开发方案的研究，监督控制工作的进展，以保证物流信息系统的质量。

本 章 小 结

物流信息系统的开发过程是指系统从规划、开发到上线运行、维护的过程，一般包括系统规划、系统需求分析和定义、软件需求分析、概要设计、详细设计、软件实现、组装测试、确认测试、系统联试、验收与交付、软件维护等阶段。不同的软件开发方法对开发过程有着不同的划分方法。

结构化方法是一种自顶向下、逐步求精的软件开发方法，也是软件系统开发过程中使用最广泛、最成熟的一种技术方法。原型开发法是一种通过快速建立原型与用户进行反复交流、细化需求，最终确认需求的软件开发方法。面向对象开发方法是一种自底向上和自顶向下相结合的新软件工程方法，它以对象建模为基础，能够有效地提高软件系统的稳定性、可修改性和可重用性。计算机辅助开发方法是运用计算机软件工具来辅助系统开发的一种方法，用以代替人在信息处理领域中的重复性劳动。多种软件开发方法不是相互独立的，在物流信息系统开发过程的不同阶段，会不同程度地用到这四种方法。在数字化企业环境下，除了使用软件包和在线软件服务外，更多地依赖快速周期性技术，如快速应用开发、敏捷式开发、DevOps、基于组件的开发等方法。

物流信息系统的开发模式包括自行开发、系统开发外包、合作开发和直接购买，物流企业应根据自身的具体情况来选择最适用的开发模式。

◇ 关键概念

- 软件生命周期
- 结构化开发方法
- 原型开发法
- 面向对象开发方法
- 计算机辅助开发方法
- 软件外包
- 快速应用开发
- 基于组件的开发方法

◇ 思考题

1. 简述物流信息系统的开发过程。
2. 简述物流信息系统的生命周期。
3. 常用的物流信息系统的开发方法有哪些？各有什么特点？
4. 物流信息系统的开发模式有哪些？各有什么特点？

◇ 课堂讨论题

请阅读下面的案例，讨论相关问题。

中国远洋物流公司信息化管理实践

时至今日，一家不具备先进 IT 信息化系统的物流企业很可能会没有业务可做。

"由于历史和环境的原因，中远的客户和合作伙伴在信息化建设领域都已取得了非凡的成就。如今，数据交换、网上信息查询、7×24 小时不间断服务以及信息化合作解决方案已经成为企业选择物流或代理服务提供商的前提条件。在这种条件下，没有良好的信息化系统支持，物流企业很难获得订单。"中远网络物流信息科技公司总经理此时非常明白，要实现高效的物流管理，必须建立有效的信息化机制。

随客户而动

中国远洋物流公司（以下简称中远物流）是在中国外轮代理公司和中远国际货运有限公司的基础上成立的一家公司。今天，中远物流已经能够为其国内外客户提供现代物流，国际船舶代理、国际多式联运、公共货运代理、空运代理、集装箱场站管理、仓储、拼箱代理、项目开发与管理以及租船等多项服务；同时，中远物流在国内下设大连、北京、青岛、上海等 8 个分公司，建立了 300 多个业务网点，并与国外 40 多家货运代理企业签订了长期合作协议。

目前，中远物流的主要业务涉及国际船舶代理和货运代理的传统物流以及现代物流三块。其中，国际船舶代理业务的规模目前在国内排名第一，货运代理业务也名列前茅，而现代物流业务涵盖了汽车物流、家电物流、工程项目物流和展运物流等领域。上海别克、海尔、长江三峡水电站等知名企业已先后成为中远物流的客户。如此广泛的经营区域和如此巨大的业务规模，对中远物流而言，无疑是个不小的挑战。一个很简单的原因是，货主对物流的及时性要求越来越高，特别是随着企业客户大力引入信息技术、建立信息系统的进程加快，市场要求物流业者的信息技术应用水平也要不断提高，与客户同步成长。

"更何况，船代与货代的业务界限越来越模糊，现代物流要求各个领域应用系统间都要有极高的数据关联程度。因此，对信息系统内部的运行管理而言，系统间的集成化压力空前紧迫。"讲到这里，中远网络物流信息科技公司总经理举了海信公司的例子：以前，海信公司采用的是 Oracle 的 ERP，随着业务的发展，又上了 SAP 的 ERP，这就需要我们不断跟进。信息系统必须和企业业务保持同步或稍微超前，才能更好地匹配，这就要求我们的 IT 人员要具备自主开发能力。

主宰自己

由于客户信息化系统的复杂性，中远物流的信息系统建设选择了走自主开发的道路，并在今天形成了船代、货代和现代物流三个主要的业务系统。我国物流企业面临的情况异常复杂，所以采用自主开发的方法十分必要。一方面，只有国内的物流市场被规范之后，购买的商品化系统才能发挥作用；另一方面，客户的信息化系统变得越来越先进，为了适应这些系统，物流企业的信息管理系统也必须进行某些改进。"而要做到这些，没有自主开发能力显然是不行的。"对此，中远网络物流信息科技公司总经理有着清楚的认识。

然而，对于物流企业的 IT 人员来说，具备自主开发能力实际上是个不小的挑战。在许多企业中，IT 人员的工作性质往往被人误解。"我们公司中绝大多数 IT 人员所做的核心工作是研究业务流程，然后制订出相应的解决方案，并向业务人员讲解相关方案的使用方法。厂商提供的往往只是设备，而其给出的解决方案也往往只是一些行业用户的经验或者是设备的最优组合。因此，这种解决方案只能在技术架构方面满足物流企业的要求，但对物流企业来说，最重要的却是应用。"中远网络物流信息科技公司总经理对中远物流 IT 部门的定位很清楚，"事实上，企业中的 IT 人员往往并不只是在从事技术工作，而是需要从事很多的技术管理工作。如数据交换技术，在一般人看来用户只需将厂商提供的产品调试一下就可以直接使用了，而事实上，这中间还有大量的工作有待完成。把这些因素汇总在一起无形中就提高了对 IT 人员的要求。因此，一个不具备咨询能力的 IT 部门所起的作用将是非常有限的。"

开发能力和系统集成能力是建好系统的基础。对于中远物流来说，传统业务领域对其应用系统提出了很高的可靠性、稳定性和高效性要求。这使它在选择系统时异常谨慎。经过一番权衡，中远物流将船代系统和货代系统架构在了 IBM eServer i 系列平台上。

"从我出任中国远洋物流公司信息技术部总经理到现在，中远物流系统内部从未出现过因为 i 系列自身性能问题而致使业务应用停掉，其稳定和安全的特性被我们的 IT 部门和公司领导层所认可。"中远网络物流信息科技公司总经理很庆幸公司的选择没有错。对于中远物流 IT 部门的员工来说，经济、好用才是最大的好处。IBM eServer i 系列以应用集成为核心的特性，最大限度地整合了基于 UNIX、Linux、Windows 等不同操作系统而开发的多种应用，简化了系统基础架构，实现了简单的统一管理，同时降低了物流企业从系统投资、管理到维护的成本。

"1"不能代替"N"

既然中远物流的现代物流业务涵盖了汽车物流、家电物流、工程项目物流和展运物流等业务范畴，那么是不是这些物流业务共用一套系统就可以呢？绝对不是！不同种类的物流业务必须要采用不同形式的信息系统。以家电物流和汽车物流为例。一个家电集团可能在西安、辽宁、天津设有制造工厂，分别生产空调、彩电和小家电。因此，这个家电集团需要专业的物流企业帮助它将从生产线上下来的产品送到最终用户手中。这时，与之合作的物流企业不但需要考虑如何使自己的库存周转量最大、货物积压最小,还要想尽办法减少库存空间。某个城市同时需要空调、彩电和小家电时,还存在资源配置问题。这样,物流企业很可能需要在全国建立多个大型仓库,而且这些大型仓库的布局问题也将成为它们不得不考虑的问题之一。所有这些因素综合在一起,就要求物流企业要最大限度地降低物流成本。

汽车物流的情况则与此完全不同。汽车的某些配件需要进口,在进口途中还存在储运问题。在进厂时还要实现准时制生产(JIT),物流企业必须随时清楚哪些配件目前缺货,如何保证这些配件进库以及使它们在指定的时间到达工位。当新车从生产线上下来之后,如何将它们最经济地运到专卖店也是一个重要问题。由以上显然可见,家电物流和汽车物流不可能共用一套系统。而工程物流还可能会涉及面向多个国家的采购问题,这与家电物流和汽车物流更是有很大的不同。"现在和未来都不太可能存在一套能满足所有类型物流需要的系统。"中远网络物流信息科技公司总经理这样认为。

(资料来源:节选自《中远物流与狼共舞》,https://www.51test.net/show/196765.html。)

讨论题:

1. 远洋物流信息系统开发模式经历了哪些变化?这些变化的原因是什么?
2. 远洋物流信息系统的建设原则和开发设计原则有哪些?
3. 如果你是中远网络物流信息科技公司总经理,为了适应中远物流未来的变化和发展,对中远物流信息系统的后续升级和完善将选择哪些开发模式?利弊如何?

◇ 补充阅读材料

[1] 陈佳. 信息系统开发方法教程[M]. 2版. 北京:清华大学出版社,2005.
[2] 劳顿 K C,劳顿 J P. 管理信息系统:原书第15版[M]. 黄丽华,俞东慧,译. 北京:机械工业出版社,2018.

第 5 章
物流信息系统建设过程管理

5.1 物流信息系统建设过程质量管理

软件质量是指软件产品中能满足给定需求的各种特性的总和。这些特性称作质量特性，包括功能度、可靠性、易使用性、时间经济性、资源经济性、可维护性和可移植性等。

在软件开发的生命周期中，保证软件质量不但是测试人员必须承担的责任，同时也要求软件开发过程中的每一个环节都必须严守开发规范、遵守管理流程。软件质量管理在于软件开发全过程，而不仅仅是测试这一特定的环节，测试应该是软件开发全过程质量管理的最后一道关口。例如，在软件开发的初期，软件分析人员出现设计错误，如果没采取全过程的质量管理措施，就很难在开发初期及时发现错误并加以纠正，等到测试环节才发现的话，开发已经投入的人力和财力资源将会付之东流。研究和实践都表明，在软件开发过程中，越早发现问题，更正该问题所需付出的代价将越远远小于开发后期才进行更正时所付出的代价。

物流信息系统建设过程质量管理的目标包括物流信息系统功能满足用户需求、软件质量特性良好、开发成本和维护费用较低、软件及时交付使用等。要保证物流信息系统软件开发的质量，必须通过一定的管理模型（如 CMM/CMMI、ISO 9000）进行软件开发全过程的质量管理。

5.1.1 ISO 9000 系列标准

ISO 9000 系列标准是由国际标准化组织（International Organization for Standardization，ISO）于 1987 年颁布的，在世界范围内通用的关于质量管理和质量保证方面的系列标准。ISO 9000 最早源自英国标准协会（British Standards Institution，BSI）1975 年公布的 BS 5750 质量保证国家标准和质量认证模式，1979 年国际标准化组织（ISO）采纳 BSI 的建议，批准成立了质量管理和质量保证技术协会（ISO/TC 176），负责制定有关质量管理和质量保证的国际标准。

到目前为止，ISO 9000 系列标准共经历了五个版本：1987 版、1994 版、2000 版、2008 版以及 2015 版。相较于 ISO 9001：2008 版标准，ISO 9001：2015 版标准融合了管理科学的最新思想。ISO 9001：2015 版标准更适用于所有类型的组织，特别是服务行业的应用；更加适用于建立整合型管理体系，更加关注质量管理体系的有效性和效率。

1. 核心标准

2015 版 ISO 9000 系列标准包括三个核心标准：

（1）ISO 9000《质量管理体系　基础和术语》。ISO 9000《质量管理体系　基础和术语》是 ISO 9001 标准的不可替代的基础部分，要正确理解和建立 ISO 9001 标准的前提是对 ISO 9000《质量管理体系　基础和术语》的理解和掌握。《质量管理体系　基础和术语》是 ISO 9000 系列标准的基础标准。

（2）ISO 9001《质量管理体系　要求》。ISO 9001《质量管理体系　要求》是 ISO 9001 标准最重要的部分之一，ISO 9001《质量管理体系　要求》对质量管理体系做出了很详细的规定和要求，介绍了质量管理体系的重要知识点，组织通过这些规定和知识点的学习可以改进内部管理、加强内部沟通，培养员工优秀的服务意识，为顾客提供满意的产品和服务。ISO 9001《质量管理体系　要求》更是组织进行质量管理体系审核认证的依据。

（3）ISO 9004：2018《质量管理　组织的质量　实现持续成功的指南》。国际标准化组织于 ISO 9001：2015 标准认证的转换时期，在借鉴世界上成功企业的战略、追求卓越的实践和经验的基础上，推出了 ISO 9004：2018 新标准，旨在使已取得 ISO 9001：2015 符合性认证的组织有更大的发展空间，同时为有进一步提升管理水准意愿的组织提供指导，帮助它们预测和应对未来的挑战，并在此过程中实现更高水平的绩效。

2. 七项原则

ISO 9001：2015 标准提出了质量管理的七项原则：

（1）以顾客为关注焦点。顾客是组织生存和发展的基础，组织依存于它们的顾客，因而组织应理解顾客当前和未来的需求，满足顾客需求并争取超过顾客的期望。顾客的需求和期望、市场需求是组织工作的依据和目标。顾客满意程度是对组织质量管理体系业绩的一种度量。

（2）领导作用。领导者应该确立组织统一的宗旨和方向，应当创造并保持使员工能充分参与实现组织目标的内部环境。组织的领导者必须将本组织的宗旨、方向和内部环境统一起来，积极地营造一种竞争机制，调动员工的积极性，使所有员工都能够在融洽的气氛中工作。领导的作用，即最高管理者应该具有决策和领导一个组织的关键作用。确保关注顾客需求，确保建立和实施一个有效的质量管理体系，确保提供相应的资源，并随时将组织运行的结果与目标比较，根据情况决定实现质量方针、目标的措施，决定持续改进的措施。在领导作风上还要做到透明、务实和以身作则。

（3）全员积极参与。产品的质量取决于过程的质量，过程的有效性取决于各级人员的充分参与的质量意识、能力，以及主动、敬业、负责的精神。只有充分发挥每个员工的才干，以人为本，产品质量才会得到保证。

（4）过程方法。质量管理体系过程方法普遍采用 PDCA 循环，即任何过程的实施都要认真执行策划（Plan）、实施（Do）、检查（Check）、处置（Action）四个阶段的过程。其中，策划阶段对工作进行策划，制定目标、计划、规范、标准、图样和技术文件等；实施阶段根据策划阶段的要求进行实施；检查阶段则是通过监视和测量，将实施结果与策划阶段的要求进行比较，判定是否达到策划的要求，并报告结果；处置阶段是根据检查阶段得出的结果来采取措施，防止类似问题再发生，以持续改进过程业绩。

（5）改进。成功的组织持续关注改进，持续改进是组织的一个永恒的目标。在质量管理体系中，改进是指产品质量、过程及体系有效性和效率的提高，持续改进包括：了解现状；建立目标；寻找、评价和实施解决办法；测量、验证和分析结果，把变更纳入文件等活动。在每个过程的实施过程中不断发现问题、解决问题，就会形成一个良性循环。质量管理体系的每一个过程都应按照 PDCA 循环持续提升自身能力，包括产品实现过程、资源管理过程、管理职责过程等，实现组织质量管理体系的持续改进，最终使组织的产品质量不断提升。

（6）循证决策。有效性决策需要领导者运用科学的方法，在数据和信息分析的基础上做出正确的决断。数据和信息是客观事实的反映，建立在数据和信息分析基础上的决策就是基于事实的决策方法，可以防止决策失误。因此，各级领导应重视数据与信息的收集和分析，为决策提供依据。

（7）关系管理。这里的关系管理不仅包括客户管理关系，还包括供方、承包商等相关方的关系管理。ISO 9000 中的关系管理不再是单一的关系管理，而是从之前的顾客关系管理调整为多个相关方，范围更广。组织只有充分处理好各个相关方的关系，才能保证其绩效的实现，才能实现持续高效管理。

3. ISO 9000 系列标准与软件开发

ISO 9001 是一个适用于所有类型组织的标准，是具有通用性的质量保证和管理的标准。它对组织的质量管理体系给出了一个宏观的框架，描述了一般质量系统的需求，适用于硬件、软件、流程材料和服务四大类。

对于软件开发企业而言，ISO 9001 规定了质量管理体系要求，可用于证实软件开发企业具有提供满足顾客要求和实用法规要求的软件产品的能力，有助于提高顾客的满意度，可作为所有软件产品在设计、开发、生产、安装和维护时的质量保证的参考文件，是评价软件质量的首要标准。ISO 9001 标准的核心思想是将质量制作于产品之中，强调质量并非在产品检验中得到，而是形成于生产的全过程。为保证软件质量，组织需要注重整个软件生命周期的质量保证，包括签订开发合同、软件设计、软件实现以及软件维护全过程。ISO 9001 标准指出软件在完成编码以后，不论花多大的力气用于测试，提高质量都是有限度的，而且需求规格说明、设计说明中存在的问题常常是测试无法发现的，所以软件产品的质量取决于软件生命周期所有阶段尤其是前期阶段的活动。ISO 9001 标准要求明确供需双方的职责，对所有可能影响软件质量的各个因素都采取有力措施，严格进行管理和控制，必须使影响产品质量的全部因素在生产全过程中始终处于受控状态。

ISO 9004：2018《质量管理 组织的质量 实现持续成功的指南》标准专门用于企业内部建立和实施全面有效的质量体系，从而确保顾客满意，可以用作指导改善软件质量。该标准的制定不仅是帮助组织生存下去，而且要让组织取得持续成功的机会。面对不断变化的组织环境，组织为持续成功必须着重关注其质量管理体系的整体性，从仅仅关注产品和服务质量向关注组织的质量迈进。以相关利益方（包括顾客）及其需求和期望、外部问题、内部问题三个主要因素的识别为基础，组织的最高管理者必须确保持续改进过程中各种资源的正确配置，并且还必须建立起对执行和改进过程的测量、监督。该标准是指导服务企业建立有效质量体系的依据。因此，ISO 9004：2018 是指导软件维护和服务的质量体系标准，可用于指导和支持软件产品的维护和服务。

5.1.2 CMM 软件能力成熟度模型

软件能力成熟度模型（Capability Maturity Model for Software，CMM）是专门针对软件行业的国际标准，是卡耐基梅隆大学软件工程研究院（Software Engineering Institute，SEI）在美国国防部支持下于 1987 年推出，用于评价软件机构的软件过程能力成熟度的模型。这一研究成果得到软件界的广泛关注，并在其基础上形成了国际标准（ISO/IEC 15504）。该模型在建立和发展之初，主要目的在于提供一种评价软件项目承接方能力的方法，为大型软件项目的招投标活动提供一种全面而客观的评审依据。该模型发展到后来，被软件组织用于改进其软件过程。

CMM 侧重于对企业的软件过程和软件能力的评估，它提供的是一个软件过程改进的框架，这个框架与软件开发的生命周期无关，更与项目管理的生命周期无关。CMM 作为一个指南，能够帮助软件企业选择、采纳和合理地使用一些先进的软件项目管理方法和软件开发方法，并在实践活动中不断提高和完善，从而最大限度地提高企业按计划时间和计划成本提交有质量保证的软件产品的能力。

1. 基本概念

所谓成熟（Mature），是指项目开发依据企业早已明确的过程准则来实施；开发结果较少依赖于个人能力和自然因素；项目管理实施过程控制，并可对整个生产做出预测；产品质量得到有效监控（借助客观定量化的数据）；过去开发项目中所获经验得以积累，并可系统地用于现行和未来的项目之中。

成熟的软件组织具有全面而充分地组织和管理软件开发和维护过程的能力。例如，管理人员监视软件产品的质量以及生产这些产品的过程；制定了一系列客观基准来判别产品质量，并发现产品和过程中的问题；进度和预算可以按照以前积累的经验来制定，具有实施的可行性；预期的成本、进度、功能、性能和质量都能实现，并能达到预定目的；能准确及时地向相关人员通报实际软件过程，并按照计划有规则地工作；凡规定的过程都编成文档；软件过程和实际工作方法相吻合；必要时，过程定义会被及时更新，通过测试或成本-效益分析来改进过程；全体人员普遍地、积极地参与改进软件过程的活动；在组织内部的各项目中，每个人在软件过程中的职责都十分清晰而明确，所有人各尽其责，协同工作，有条不紊，甚至能预见和防范问题的发生。

不成熟（Immature）是指没有明确的软件过程体系可以依据；无法对生产进行预测；没有严格执行生产过程；无法保证质量；无健全的过程控制及质量控制体系；项目开发没有准则可遵循；开发结果主要依据项目小组及个人的带有主观因素的能力发挥。

在不成熟的软件组织中，一般并不预先计划软件过程，而是在项目进行中由实际工作人员及管理人员临时制订计划；或者即使软件过程已有计划，但不按计划执行；没有一个客观的基准来判断产品质量，或解决产品和过程中的问题；对软件过程步骤如何影响产品质量一无所知，产品质量得不到保障；一些提高质量的环节，如检查、测试等，经常因要赶进度而减少或取消；对客户来说，在产品交付前一切都是不可见的；没有长远目标，管理人员通常只关注解决当前的危机，而没有实事求是地估计进度、预算，因此经常超支、超时，当最后期限临近，往往在功能性和质量上妥协，或以加班加点方式完成。

2. CMM 的成熟度等级

CMM 为企业软件能力提供了一个阶段式的五级标准。任何开始采用 CMM 体系的企业都归于第一级（初始级）。每一级都设定了各自的目标组，如果达到了相应的目标，则可向上一级推进，由于每一个级别都必须建立在实现了低于它的全部级别的基础之上，因而 CMM 等级的提高只能是一个渐进有序的过程。

CMM 5 级标准按由低到高的成熟度分别为：

（1）初始级（Initial）。在这一级，整个企业的软件生产是不可重复、不可预见、不成体系、不可积累及不稳定的。软件过程的特点是杂乱无章，项目的执行是随意甚至混乱的，软件开发过程未经定义，没有明确定义的步骤，整个企业没有稳定的过程规则可依据，即使有某些规范，这些规范也没有得到严格执行。对客户的承诺多数无法兑现，许诺客户的产品与服务质量并无客观的预测与监控体系来保证实现。项目成功完全依赖个人努力和英雄式核心人物，项目能力来自个人能力而不是整个企业的能力，一旦人员流动或变动，整个企业的开发能力也就随之而去。管理是救火式的，哪里有漏洞就往哪里填补。

（2）可重复级（Repeatable）。这一级的管理过程包括需求管理、项目计划、项目追踪和监控、子合同管理、质量保证与配置管理六个方面。处在该级的企业可以在以往同类项目成功经验的基础上总结和建立起一整套过程准则，来保证成功重复开发活动，项目的开发是有计划的、有控制的、可重复的行为；确定了基本的软件生产管理和控制活动，能客观预测并有效追踪软件生产成本和工期，在项目实施中遵循过程标准；给客户提供较有保证的承诺，企业通过子合同管理与客户建立有效的供求关系；企业整体的规则和管理框架替代了个人能力，文档的准备和项目数据的收集也相对完备。

（3）定义级（Defined）。在这一级，有关软件工程及管理工程的过程文件被编制成整个软件企业的标准软件过程，所有项目必须按照这些标准软件过程来实施，也可根据项目的实际情况进行适当调整。软件生产和管理得到了重复的、稳定的和持续的应用，从而保障了软件开发的投入和时间，确保了项目计划和产品功能的实现，软件质量得以控制，项目成本、工期及质量最终均可控制，降低了开发风险。企业内部设置了软件工程过程小组（Software Engineering Process Group，SEPG）负责过程的制订、修改、调整和监督。这一小组直接向企业最高领导层汇报。企业还有培训机构专门对全体员工进行过程培训。各项目组的开发经验均可相互借鉴和相互支持。

（4）管理级（Managed）。在这一级，在所有的软件过程和产品质量方面都制定了详细的度量标准，所有定量指标都被尽可能详细地采集并描述，使其可具体用于软件产品的定量管理，由专门的软件过程数据库收集和分析软件过程中的各类数据，并将这些数据作为对软件活动的质量评估的基准，这样就提高了软件生产过程的可控制性和可预测性。同时生产过程中可能出现的偏差也被控制在可量化的范围内，这些偏差还可以被分析并得到解决。另外，在软件过程中如果采用新的软件开发技术，新技术可能带来的风险也能够被量化评估和有效控制。项目组成员对整个软件过程及管理体系有高度一致的理解并已学会运用数据库等方法定量地认识和理解软件工程。

（5）优化级（Optimizing）。在这一级，新技术的采用和过程的不断改进，被视为企业的常规工作。企业能不断调整软件生产过程，按优化方案改进并执行所需过程。加强定量分析，通过来自过程质量反馈和来自新观念、新科技的反馈，使软件过程能不断持续地改进。完善的数据库和长期积累的量化指标能够协助各项目组尽早、尽快识别工程缺陷并改正错误。项目组能主动找到产生软件问题的根源，能对导致人力和时间浪费等的低效率因素进行改进，防止浪费再发生。新技术的采用和自动化工具也使软件工程人员能够预防软件缺陷，并找到其根源以防止缺陷再现；整个企业都有强烈的团队意识，每个人都致力于过程改进、缺陷防范和高品质的追求，企业资源被有效利用和节约。

软件质量取决于软件过程的能力水平，软件过程是一个可度量的、可控制的、不断改进的流程。CMM 强调企业应对软件过程进行连续的改进，在这一改进过程中，分级结构将提供不同等级的目标和核心领域来规范改进过程，并为企业评估和改进自身生产能力提供客观标准。CMM 的五个等级较全面地描述和分析了软件过程能力的发展程度，即从混乱无序的软件生产到有纪律的开发过程，再到标准化、可管理和不断完善的开发过程。基于这种级别的划分，软件组织不仅可以标识自身的过程能力，评估当前的过程成熟程度，并通过提出严格的软件质量标准和过程改进，来选择自己的改进策略，以实现持续不断的改进，使软件开发能力得到提高，以达到高级的成熟度。

3. CMM 的内部结构

CMM 成熟度等级表明了一个软件组织的过程能力的水平。除初始级外，每个成熟度等级都包含若干个关键过程域（Key Process Area，KPA）。如果一个软件组织达到某个成熟度级别，则该级别（以及较低级别）的所有关键过程域都必须得到满足，并且过程必须实现制度化。

除初始级外，CMM 的每一级由完全相同的内部结构组成，包括软件成熟度等级、关键过程域、公共特性和关键实践，如图 5-1 所示。

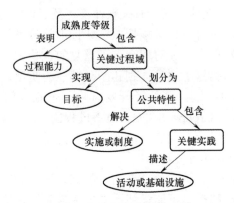

图 5-1　CMM 的内部结构

在 CMM 的内部结构中，软件成熟度等级为顶层，不同的成熟度等级反映了软件组织的软件过程能力和该组织可能实现预期结果的程度。

在每一个成熟度级别中（初始级除外），包含了实现这一级目标的若干关键过程域。CMM 提供了 18 个关键过程域，每个关键过程域都有一组改进过程能力的目标，并确定了一组相应的关键实践。目标说明了每一个关键过程域的范围、界限和意义。关键实践描述了建立一个过程能力必须完成的活动和必须具备的基础设施，完成了这些关键实践就达到了相应关键过程域的目标，该关键过程域也就得到了满足。

每个关键过程域都划分为五个共同特性:执行约定、执行能力、执行活动、测量和分析、验证,每种共同特性下都包含一组关键实践。也就是说,这五个共同特性将描述关键过程域的关键实践组织起来,主要解决关键实践的实施或制度化问题。

共同特性指明一个关键过程域的执行和规范化是否有效、可重复和可持续。其中,执行约定描述软件组织为确保过程的建立和持续而必须采取的一些措施,典型内容包括建立机构策略和领导关系。执行能力描述了项目或软件组织完整地实现软件过程所必须具备的先决条件,典型内容包括资源、组织结构和培训。执行活动描述了执行一个关键过程域所必需的活动、任务和规程,典型内容包括制订计划和规程、执行和跟踪以及必要时采取的纠正措施。测量和分析描述了为确定与过程有关的状态所需要的基本测量实践,这些测量可用来控制和改进过程,典型内容包括可能采用的测量实例。验证描述了为确保执行的活动与已建立的过程一致所采取的步骤,典型内容包括管理部门与软件质量保证组实施的评审和审核。

CMM 的 18 个关键过程域分别分布在除了初始级之外的成熟度等级上,它们在 CMM 的实践中起了至关重要的作用。这些关键过程域可以从管理、组织和工程方面加以划分,见表 5-1。

表 5-1 CMM 18 个关键过程域的分类

成熟度等级	成熟度名称	关键过程域		
		管理方面	组织方面	工程方面
1	初始级	无过程		
2	可重复级	需求管理 软件项目计划 软件项目跟踪和监督 软件分包合同管理 软件质量保证 软件配置管理		
3	定义级	综合软件管理 组间协调	机构过程焦点 机构过程定义 培训大纲	软件产品工程 同级互查
4	管理级	定量管理过程		软件质量管理
5	优化级		技术更新管理 过程变更管理	缺陷防止

4. CMM 的过程改进模型

CMM 的总体方案遵循的是 IDEAL 模型,IDEAL 模型是一个组织用于启动、规划和实现过程改善措施蓝图的模型,概括了建立一个成功的过程改进项目的必要步骤,它把过程改进分为启动(Initiating)、诊断(Diagnosing)、确立(Establishing)、实施(Acting)和提高(Leveraging)五个阶段。IDEAL 模型的步骤为:

(1)在过程改进的启动阶段,根据外界对过程改进提出的需求和刺激,组织确定过程改进的范围,建立责任制和准备过程改进所需的基础设施和条件。

(2)在过程改进的诊断阶段,评价和刻画当前的实践活动,发现问题,提出改进建议,并将诊断结果写成文档。

(3) 在过程改进的确立阶段,对前一阶段提出的改进建议排列优先级,制定改进策略,建立过程改进行动组,并策划改进行动。

(4) 在过程改进的实施阶段,定义过程和度量,策划和执行先导性试验,策划、执行和跟踪改进后的过程。

(5) 在过程改进的提高阶段,分析和总结经验教训,并将其写成文档,最后修正软件组织的软件过程,从而提高到新一轮的过程改进。如此循环往复,螺旋式前进。

IDEAL 模型是一个具体化的 PDCA 循环,体现了 PDCA 循环过程改进的思想。IDEAL 模型中的启动、诊断、确立相当于 PDCA 循环的策划阶段,IDEAL 模型中的实施阶段相当于 PDCA 循环的实施阶段和检查阶段,IDEAL 模型中的提高阶段相当于 PDCA 循环的处置阶段。IDEAL 模型的可操作性更强。

5. ISO 9001 与 CMM 的比较

ISO 9000 系列质量体系认证和 CMM 都共同着眼于质量和过程管理,然而它们的侧重点不同。ISO 9001 确定一个质量体系的最少需求,而 CMM 强调持续过程改进。通常,通过 ISO 9001 认证的企业可达到 CMM2 级或略高的程度;通过 CMM3 级的企业只要稍做调整,就可通过 ISO 9001 认证。ISO 9001 约有 80%的文件可以用于 CMM2 级评估。

ISO 9001 着重于考核产品的质量和产品过程的受控状态,给企业提供一种 PASS/FAIL 的检查体系,即企业的过程能力只有两种状态,虽然在缺陷预防和内审管理中涉及了过程改进,但是并没有对改进的目标与方法进行指导和控制。CMM 则重点考核软件组织的工程能力,而且突出不断改进、升级的要求。显然,随着工程不断改进、能力不断增强,新技术应用收到更好与更快的成效,产品的质量就会不断地得到提高和保障。

(1) 共同点。ISO 9001 与 CMM 的共同点主要表现在以下几个方面:

1) 关注产品质量。都认为产品质量关系到组织能否取得顾客的信任,是企业获得良好收益的前提。

2) 关注顾客的感受。ISO 9001 的质量管理七项原则中,第一条原则就是以顾客为关注焦点;CMM 的需求管理就是针对顾客对软件的需求,在顾客和软件项目之间建立共同的理解。

3) 重视数据的作用。ISO 9001 中,强调了循证决策方法,明确了过程的各类数据是管理层决策的基础;在 CMM 等级 4 中提出了定量管理过程和软件质量管理,也强调了数据的重要性。

4) 重视文件及记录的控制。ISO 9001 提出确定文件的范围、文件控制、制定相应文件规范过程控制的要求等,明确记录是产品实现过程各项活动的追溯载体;CMM 每一个关键过程都提到"文档化",包括建立各类基线、制定流程文档等,并强调记录的重要性。

5) 强调以过程保证产品质量。过程方法是 ISO 9001 七项质量管理原则之一,在标准中体现了将产品实现及管理职责、资源管理、测量分析和改进等都作为过程来控制,通过做好每一个过程来获得组织的良好业绩;CMM 本身就是软件过程能力成熟度模型,其目的就是通过改善软件开发的每一过程的业绩,最终达到提高整个软件开发过程能力的目的。

6) 都采用 PDCA 循环方法,强调组织要持续改进过程业绩。ISO 9001 强调在每一过程都按 PDCA 循环的模式来持续改进过程业绩;CMM 改进过程的 IDEAL 模型,其本质就是一个细化的、更具操作性的 PDCA 循环。

7）强调领导的作用，认为领导者的作用是过程改进及取得良好业绩的重要前提。ISO 9001 七项质量管理原则之一强调了最高管理者的作用；CMM 中，在各关键过程域的关键实践中多处强调了最高管理者的作用，明确规定了最高管理者应参加的活动及应做出的承诺。

（2）主要差异。ISO 9001 与 CMM 的主要差异见表 5-2。

表 5-2 ISO 9001 与 CMM 的主要差异

比较内容	ISO 9001	CMM
适用范围	全部四大类产品	仅适用于计算机软件
管理体系	强调完整的质量管理体系	对管理体系没有明确要求
管理职责	强调宏观上的管理职责	强调项目管理中不同角色的职责
管理上的侧重	强。如合同评审、管理评审	弱。无合同评审，对管理评审的控制较弱；以关键过程域的形式来强调对各环节的管理，但缺乏对整个过程的管理
技术上的侧重	弱。如对需求、配置的管理很弱；对设计和开发更改有控制要求，但缺乏计划、系统地应用新技术的要求	强。如对需求管理、软件配置管理、变更管理、技术评审等有很强的控制
文件	分为组织层（规范）文件和项目层文件	文件无层次划分
可操作性	弱。原则性较强，ISO 9001 要求都非常精练，从原则性上规定组织应做什么，具体怎么做则由组织确定	强。相对于 ISO 9001 的规定，具体详细，容易操作

5.1.3 CMMI 能力成熟度模型集成

CMM 发布之后，在 CMM 原有的基础上衍生开发出了其他多种能力成熟度模型，并在许多组织都得到了良好的应用。其中比较重要的模型包括：

（1）系统工程能力成熟度模型（System Engineering-CMM，SE-CMM）。

（2）软件采办能力成熟度模型（Software Acquisition-CMM，SA-CMM）。

（3）人力资源能力成熟度模型（People-CMM，P-CMM）。

（4）集成产品开发能力成熟度模型（Integrated Product Development-CMM，IPD-CMM）。

由此 CMM 也被称为 SW-CMM（Software-CMM）。但是，对于一些大型软件企业来说，会出现需要同时采用多种模型来改进自己多方面过程能力的情况，这时就会存在一些问题，主要体现在：不能集中其不同过程改进的能力以取得更好成绩；要进行一些重复的培训、评估和改进活动，因而增加了许多成本；不同模型对相同事物说法不一致，或活动不协调，甚至相抵触。

因此，卡耐基梅隆大学软件工程研究院（SEI）在总结 CMM 的应用经验和教训的基础上，整合了多种成熟度模型，于 2002 年正式推出能力成熟度模型集成（Capability Maturity Model Integration，CMMI）。CMMI 的重大改进在于它不仅完善了 CMM 本身，而且充分考虑了软件工程和系统工程的集成，融入了软件工程领域新的经验和理论，融合了全面质量管理的思想，使得 CMMI 不再局限于纯软件的范畴。CMMI 的主要目的是消除不同模型之间的不一致和重复，降低基于模型改进的成本。CMMI 以更加系统和一致的框架来指导组织改善软件过程，提高产品和服务的开发、获取与维护能力。

CMMI 为软件企业的过程改进提供了标准，不同类型的软件企业引入 CMMI 等级评估，都可以卓有成效地开展软件过程改进工作，提升软件质量管理水平。CMMI 已成为国际上最流行、最实用的软件生产过程标准和软件企业成熟度等级认证标准之一。CMMI 不仅可以帮助软件企业提高质量、降低成本、减少风险，更已成为一个国家软件工业走向成熟的重要标志。

1. CMMI 的内容

CMMI 的主体是一个整体框架（CMMI Framework），是以三个基本成熟度模型为基础综合而成的，分别是面向软件开发的 SW-CMM（SoftWare-CMM）、面向系统工程的 SE-CMM（System Engineering-CMM）、面向并行工程的 IPD-CMM（Integrated Product Development-CMM）。基于企业会对系统或产品的某些部分采用外购或协同开发模式进行的考虑，SEI 又将外购成熟度模型（Supplier Sourcing-CMM，SS-CMM）作为 CMMI 的第四个模型源。

（1）面向软件工程的 SW-CMM。软件工程的处理对象是软件系统的开发活动，要求实现软件开发、运行、维护活动的系统化、制度化和量化。

（2）面向系统工程的 SE-CMM。系统工程的处理对象是完整系统的开发活动，可能包括也可能不包括软件。系统工程的核心是将客户的需求、期望和约束条件转化为产品解决方案，并对解决方案的实现提供全程的支持。

（3）面向并行工程的 IPD-CMM。面向并行工程是指在产品生命周期中，通过所有相关人员的通力合作，采用系统化的进程来更好地满足客户的需求和期望。如果项目或企业选择 IPD，则需要选用模型中与 IPD 相关的实践。

（4）外购协作（SS-CMM）。外购协作适用于供应商的行为对项目成功与否起到关键作用的项目。主要内容包括：识别并评价产品的潜在来源，确定需要采购产品的目标供应商，监控并分析供应商的实施过程，评价供应商提供的工作产品，对供应协议和供应关系进行适当的调整。

现在业界使用较多的 CMMI 模型是 2002 年发布的 1.1 版本系列，它们是 CMMI-SE/SW/IPD/SS，CMMI-SE/SW/IPD，CMMI-SE/SW，CMMI-SW。这四个模型之间是有关系的，前者均为后者的扩充，即 CMMI-SE/SW 是 CMMI-SW 的扩充，CMMI-SE/SW/IPD 是 CMMI-SE/SW 的扩充，CMMI-SE/SW/IPD/SS 是 CMMI-SE/SW/IPD 的扩充。

在具体实践中，不同组织可根据实际需要进行选择，可以选择侧重软件工程，或侧重系统工程，亦可两种都选择。并行工程和外购协作主要用于配合软件工程和系统工程的内容实施。例如，纯软件企业可以选择 CMMI 中软件工程的内容；设备制造企业可以选择系统工程和外购协作；系统集成的企业可以选择软件工程、系统工程及并行工程开发。因此，CMMI 模型可以适用于不同的应用领域。

2. CMM 的模型结构

CMMI 有两种不同的模型表达方式：阶段表达（Staged Representation）和连续表达

(Continuous Representation）。前者采用与 CMM 类似的成熟度等级模型（共 5 个等级），后者采用能力等级模型（共 6 个等级），见表 5-3。

表 5-3 CMMI 1.1 的两种表达方式

阶段表达方式		连续表达方式	
成熟度等级	成熟度名称	能力等级	能力名称
		0	不完备
1	初始级	1	执行级
2	管理级	2	管理级
3	定义级	3	定义级
4	定量管理级	4	定量管理级
5	优化级	5	优化级

CMMI 的两种表达方式没有先进与落后之分，阶段表达方式与 CMM 兼容，连续表达方式与 ISO/IEC 15504 相似，企业可以根据组织的商业目标、自身改进需要及经验选择一种表达方式。

（1）阶段表达方式。CMMI 的阶段表达方式继承了 CMM 的思想和方法，将所有的过程域依照 5 个成熟度等级来组织，从低到高分别为：初始级（Initial）、管理级（Managed）、定义级（Defined）、定量管理级（Quantitatively Managed）和优化级（Optimizing）。

CMMI 的成熟度等级特征描述见表 5-4。

表 5-4 CMMI 的成熟度等级特征描述

成熟度等级	成熟度名称	成熟度等级的特征
1	初始级	软件过程通常是无序的，有时甚至是混乱的，对过程几乎没有定义，成功取决于个人努力，管理是反应式的。组织通常不能提供开发和维护软件的稳定环境。这些组织的成功，往往依赖组织成员的个人能力和英雄主义，而不是依靠一套经过验证的软件过程
2	管理级	建立了基本的项目管理过程来跟踪费用、进度和功能特性。制定了必要的过程纪律，能重复早先类似应用项目取得的成功经验。软件组织已经确保有关的过程在项目中被策划、执行、监督和控制，并且能实现过程目标。软件组织已经营造出稳定的、受控的开发环境，软件项目在受控的状态下运行
3	定义级	已将软件管理和工程两方面的过程文档化、标准化，并综合成该组织的标准软件过程。所有项目均使用经批准、剪裁的标准软件过程来开发和维护软件，软件产品的生产在整个软件过程是可见的
4	定量管理级	分析对软件过程和产品质量的详细度量数据，对软件过程和产品都有定量的理解与控制。管理工作有做出结论的客观依据，能够在定量的范围内预测性能。建立了关于产品质量、服务质量以及过程性能的定量目标，运用统计技术和其他定量技术对各个过程域实施控制，并且把这些定量目标作为判断过程管理成功与否的标准。在过程的整个生命周期里，对产品质量、服务质量和过程性能做到统计意义上的了解和管理
5	优化级	过程的量化反馈和先进的新思想、新技术促使过程持续不断改进。过程性能的持续改进可以是渐进式的，也可以是变革式的，无论哪种形式，都是在了解过程内在变化原因（共性原因）的基础上的持续改进

整体来看，CMMI 的阶段表达方式除了名称略有变化之外，各个成熟度等级代表的能

力成熟度与 CMM 对应等级相比都是大同小异的，而且每个成熟度等级的特征也是基本一致的。CMMI 中的每个成熟度等级中各有多个过程域（Process Areas，PA）；每个过程域内都设定了一组目标（Goals），并延伸出主要的实践（Practices）。此外，每个过程域内都有一组共同特性，包括执行承诺（Commitment to Perform）、执行能力（Ability to Perform）、定向实现（Directing Implementation）、验证实现（Verification）。图 5-2 是阶段表示法的 CMMI 结构。

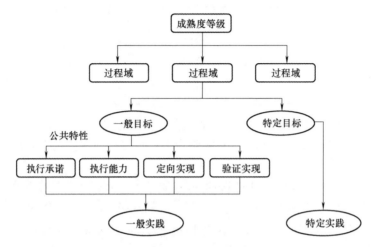

图 5-2　阶段表示法的 CMMI 结构

与 SW-CMM 模型不同的是，CMMI 将关键过程域（Key Process Areas，KPA）变成了过程域，将每一个 PA 的目标分成了一般目标和特定目标。这是对 CMM 中关于制度化部分的一种强调，而且正是因为有了这个变化，在连续模型中出现了 0 级和 1 级的区分。针对目标的细分，实践活动也进行了细分。活动也变成了一般实践和特定实践两种活动。

在阶段表示法中，CMMI 1.1 的 24 个过程域的分组见表 5-5。

表 5-5　CMMI 1.1 的 24 个过程域阶段表示法的分组

成熟度名称	过　程　域		
管理级	需求管理（REQM）	项目计划（PP）	项目监督和控制（PMC）
	供应商管理（SAM）	度量和分析（MA）	过程和产品 QA（PPQA）
	配置管理（CM）		
定义级	需求开发（REQD）	技术方案（TS）	产品集成（PI）
	验证（VER）	确认（VAL）	组织过程焦点（OPF）
	组织过程定义（OPD）	组织培训（OT）	集成项目管理（IPM）
	风险管理（RSKM）	集成组队（IT）	决策分析和解决方案（DAR）
	组织级集成环境（OEI）		
定量管理级	组织过程性能（OPP）	量化项目管理（QPM）	
优化级	组织创新和部署（OID）	因果分析和解决方案（CAR）	

（2）连续表达方式。在连续表达方式模型中没有成熟度的概念，将所有的过程域采用能力等级来组织，从低到高分别为：不完备（Incomplete）、执行级（Performed）、管理级（Managed）、定义级（Defined）、定量管理级（Quantitatively Managed）和优化级

（Optimizing）。每一个过程域都可以从 0 级的不完备级状态发展到 5 级的优化级能力，这就为企业在实施某个特定的过程域时提供了能力增长的途径和指导方法，同时拥有较灵活的选择，没有阶段模型那样的先后次序限制。CMMI 的 6 个能力等级特征描述见表 5-6。

表 5-6 CMMI 的能力等级特征描述

能力等级	能力名称	能力状态特性
0	不完备	过程未执行或者执行不完整，特定目标中有不能满足的部分
1	执行级	特定目标都得到满足，基本活动都得到执行
2	管理级	已管理的过程除了得到执行外，还需要有计划，并且按照组织方针来实施，使相关人员得到与执行有关的培训，为过程的执行分配相关的资源，生成的工作产品受到控制。利益相关方都参与了过程的执行，并且进行了相关的评审以及过程符合度的验证。管理层关心过程的制度化状况以及过程的其他目标，例如成本、日程和质量目标
3	定义级	已定义的过程除了是一个已管理的过程之外，还具有如下特征：该过程是从组织的标准过程裁减而来的，裁减的依据是组织的裁减指南。该过程还向组织的过程资产库贡献关于工作产品、度量数据以及其他过程改进的信息
4	定量管理级	量化管理的过程除了是已定义的过程之外，还具有如下特征：过程是使用统计的以及其他种类的量化手段来进行管理的。在过程管理中使用了量化的质量和过程性能指标作为管理的标准。用统计手段来理解质量和过程性能，并且在整个生命周期之内进行管理
5	优化级	优化的过程除了是一个量化管理的过程之外，还具有如下特征：过程能够得到及时的变更和采用以满足当前的或者预期的业务目标。使用创新技术进步手段来达到不断改进过程性能的目的。过程性能偏差的根本原因得到识别，并针对这些原因以及对组织过程的量化分析，采取相应的改进措施。这些措施包括改进措施的预期收益、成本以及影响程度，按照一种能够度量的方式被识别、评价和实施。优化过程的性能能够不断提高

CMMI 的连续表达方式将 24 个过程域分属为过程管理、项目管理、工程和支持四类，以便于组织根据自身发展的需要选择改进对象和目标，见表 5-7。

表 5-7 CMMI 1.1 24 个过程域的连续表达方式分组

	过程管理类	项目管理类	工 程 类	支 持 类
过程域	组织过程焦点（OPF） 组织过程定义（OPD） 组织培训（OT） 组织过程性能（OPP） 组织创新和部署（OID）	项目计划（PP） 项目监督和控制（PMC） 供应商管理（SAM） 集成项目管理（IPM） 风险管理（RSKM） 量化项目管理（QPM） 集成组队（IT）	需求管理（REQM） 需求开发（REQD） 技术方案（TS） 产品集成（PI） 验证（VER） 确认（VAL）	配置管理（CM） 过程和产品 QA（PPQA） 度量和分析（MA） 决策分析和解决方案（DAR） 组织级集成环境（OEI） 因果分析和解决方案（CAR）

3. CMMI 与 CMM 的区别

CMMI 阶段表达方式的基本结构从 CMM 演变而来，但是 CMMI 的结构更加形式化和精致，也更加复杂，尤其为了保证连续表达方式和阶段表达方式的同一性，使得结构更难以理解。CMMI 与 CMM 的区别见表 5-8。

表 5-8 CMMI 与 CMM 的区别

序号	比较内容	CMMI 与 CMM 的区别
1	需求管理	CMMI 强调了对需求的管理，有需求管理和需求开发两个过程域说明对需求的控制，明确要求需求的可追溯性。而在 CMM 中只有一个关键过程域（需求管理）以及软件产品工程中的一个实践来说明对需求的管理和控制
2	项目策划	CMMI 强调相关人员的参与，要有具体的任务分解表（Work Breakdown Structure，WBS），关注项目技巧的获得和项目数据的管理
3	风险管理	CMMI 比 CMM 更加强调对风险的管理，在 CMM 中风险只是项目策划中的一个活动，而在 CMMI 中把风险管理作为一个单独的过程域。CMMI 强调对风险和相关人员参与的监督
4	过程和产品质量保证	CMMI 加强了对工程过程的重视，提供了更加细致的要求和指导，强调对过程及工作产品的客观评价，要求正式建立评价标准；而 CMM 中却只有一个 SPE 关键过程来进行要求和指导
5	配置管理	在 CMMI 中"配置管理系统"代替了 CMM 的"软件库"；配置管理系统包括存储介质、规程和登录配置系统所需的工具
6	供应商合同管理	CMM 中的一个关键过程域即组间协调，在 CMMI 中只作为集成化项目管理中的一个目标
7	度量与分析	在 CMMI 中新增了度量与分析的过程域，要求组织能够系统地开发并发展自己的度量。在 CMM 中每个关键过程域均有单独的测量要求，容易造成过度测量，没有形成对组织级的、统一的度量体系的指导和要求，会造成实施中的困难。CMMI 要求组织从组织级的、统一的要求出发建立度量体系，CMMI 比 CMM 降低了对度量的要求和实施难度，却更加具有全局性和可实施性

5.1.4 软件采办能力成熟度模型

软件采办能力成熟度模型（Software Acquisition Capability Maturity Model，SA-CMM）是为需要采购或分包软件系统的企业或组织设计的能力成熟度模型，用来评估、改善或控制软件系统的获取过程。物流企业采取系统开发外包的目的就是通过外包方式来追求项目的成本缩减、进度超前、管理高效和产品的质量保证。因此，物流企业需要从提高自身的角度出发，获得必要的专业技术，以降低项目风险和成本，并重复利用已有的产品和经验。软件采办能力成熟度模型可以帮助物流企业对系统开发外包项目进行有效的质量管理。

与 CMM 不同的是，SA-CMM 关注的是软件购买者的软件能力成熟度；而 CMM 关注的是软件系统承包者或开发商的软件能力成熟度。软件采办能力成熟度模型适用于软件生命周期的各个阶段，包括维护过程。

SA-CMM 按照软件采购过程的不同成熟度划分为 5 级：初始级、可重复级、已定义级、定量管理级、优化级，每个等级都有一些关键过程域。SA-CMM 的各关键过程域描述了软件采购的不同阶段的关键活动。例如，采购计划、招标这些关键过程主要发生在项目策划阶段，产品交付维护主要发生在交付阶段，而需求开发与管理、合同跟踪与监督、项目管理等则贯穿整个软件采购生命周期的始终。培训计划管理主要关注整个组织的过程标准化；定量采购管理、定量过程管理帮助组织对产品与采购过程进行量化的管理和控制；采购创新管理、持续过程改进则推动组织实现过程改进的制度化和持续的改进。

5.2 物流信息系统开发过程的配置管理

软件配置（Software Configuration，SC）是一个软件产品在软件生命周期各个阶段所产生的各种形式（机器可读或人工可读）和各种版本的文档、程序及数据的集合。该集合中的每一个元素都被称为该软件配置中的一个配置项。软件配置项（Software Configuration Item，SCI）包括各种管理文档和技术文档、源程序与目标代码，以及运行所需的各种数据等（配置管理的资源对象）所有纳入管理范围的系统构成成分。软件配置在软件开发期间逐步形成，在开发和维护过程中会发生多次修改，并且这种修改会经常出现。因此，这些修改应该按一种受控的方式进行，否则就会造成混乱。保持软件配置的正确性和完整性是一件复杂而重要的工作。

软件配置管理（Software Configuration Management，SCM）是标识和确定系统中配置项的过程，在系统整个生命周期内控制这些配置项的投放和变更，记录并报告配置项的状态和变更要求，验证配置项的完整性和正确性。软件配置管理的目的就是通过配置标识、配置控制、配置状态记录和配置审计来建立和维护产品的完整性、一致性、可追溯性。软件配置管理通过一系列技术、方法和手段对软件配置进行标识、组织和控制变更，来维护产品的历史，鉴别和定位产品独有的版本，在产品开发和发布阶段控制变更，从而使软件配置管理制度化，有效减少重复性工作，保证软件产品的质量和效率。

5.2.1 软件配置管理的角色与职责

软件配置管理首先是一个管理工作，其次才是技术活动。因此，要想真正实施配置管理，必须制定切实可行的配置管理规程，一定要结合实际项目的开发情况，制定的流程要具有可操作性，不能过于复杂和求全。软件配置管理规程指导软件配置管理工作的有序执行，有统一的标准可以依据。软件配置管理规程要根据实际过程情况定期进行更新。

软件配置管理活动在整个开发活动中是一项支持性、保障性工作，实施配置管理的项目，需要全体开发人员的参与，同时要求全体开发人员必须了解配置管理策略和流程，了解如何与开发管理、项目管理相结合，了解配置管理工具的相关内容，以及了解配置管理工具与开发相关的常用操作。

软件配置管理中的组织与角色包括配置控制委员会、配置负责人、配置管理员、配置审计员、项目经理、软件开发人员、集成人员及质量保证人员。

（1）配置控制委员会（Configuration Control Board，CCB）。配置控制委员会由管理专家和技术专家组成，是对配置及其管理具有决策权限和职责的小组，可以组织实施软件技术状态控制。可根据组织和任务的具体情况建立多级 CCB 管理，上级 CCB 负责协调下级 CCB 的关系，各级 CCB 将负责不同规模、不同领域、不同阶段、不同程度的软件配置控制。CCB 负责批准配置管理计划，批准基线配置项的选择，评审基线变更请求，决定变更请求是否被批准或推迟实施，负责批准基线发布。

（2）配置负责人。配置负责人编制配置管理计划，监控配置管理过程的实施，协调项目的配置管理活动，负责配置审计工作，监控配置审计中的问题直至关闭，提交配置管理工作报告。

（3）配置管理员。配置管理员的职责是根据项目经理制定的开发组织结构和策略，实施、维护配置管理的环境，包括创建配置管理库，对配置管理库进行日常备份和恢复，维护配置管理环境，以及管理配置管理相关的用户。

（4）配置审计员。配置审计员执行配置审计，编制配置审计报告。

（5）项目经理。项目经理在配置管理方面的职责是依靠配置管理员、系统管理员和系统体系结构设计人员的帮助，制定项目的组织结构和配置管理策略，包括定制开发子系统、定制访问控制、制定常用策略、制定集成里程碑以及进行系统集成。项目经理还负责授权相关受控配置项的变更，组织并参与配置管理评审活动。

（6）软件开发人员。软件开发人员依据项目的开发和配置管理策略，以配置库中的内容为工作基础，创建、修改和测试开发构件，协助配置管理工作，按要求提交配置项。

（7）集成人员。对软件进行归并，形成相应的基线或发布版本。

（8）质量保证人员。质量保证人员需要对软件配置管理有较深刻的认识，其主要工作是跟踪当前项目的状态，测试、报告错误并验证软件修复结果，评价配置管理工作的符合性。

5.2.2 软件配置管理计划

软件配置管理计划是项目总体开发计划的一部分，在项目规划期间制订，是项目初期必须要做的工作，特别是要做好各开发阶段的配置管理计划。在项目开发过程中应严格按照配置管理计划执行，保证执行的结果与计划的要求相一致，否则将导致整个过程杂乱无章。

软件配置管理计划的内容从管理，软件配置管理活动，工具、技术和方法，对供货单位的控制以及记录的收集、维护和保存五个方面进行描述。

（1）管理。管理描述负责软件配置管理的机构、任务、职责及其有关的接口控制。

（2）软件配置管理活动。软件配置管理活动描述配置标识、配置控制、配置状态记录与报告以及配置审计四个方面的软件配置管理活动的需求。

（3）工具、技术和方法。工具、技术和方法指明为支持特定项目的软件配置管理所使用的软件工具、技术和方法，指明它们的目的，并在开发者所有权的范围内描述其用法。

（4）对供货单位的控制。供货单位是指软件销售单位、软件开发单位或子软件开发单位。必须规定对这些供货单位进行控制的管理规程，从而使从软件销售单位购买的、其他开发单位开发的或从开发单位现存软件库中选用的软件能满足规定的软件配置管理需求。管理规程应该规定在本软件配置管理计划的执行范围内控制供货单位的方法，还应解释用于确定供货单位的软件配置管理能力的方法，以及监督它们遵循本软件配置管理计划规定的方法。

（5）记录的收集、维护和保存。要指明需保存的软件配置管理文档，用于汇总、保护和维护这些文档的方法和设施（其中包括要使用的后备设施），以及要保存的期限。

5.2.3 软件配置管理活动

软件配置管理活动包括配置标识、配置控制、配置状态记录和报告、配置审计四个方面。

1. 配置标识活动

配置标识（Configuration Identification）是配置管理的构成部分，它包括为系统选择配置项，并在技术文档中记录其功能特征和物理特征。配置标识活动是指标出项目中的配置项并对其特性进行记录的过程。配置项是在配置管理下被作为单个实体对待的，如一个文档、一个源文件等。

首先必须明确项目生命周期内所要产生的工作产品，然后确定工作产品的名称和标识规则，详细说明和描述每个基线的项（包括应交付的文档和程序）、有关每个基线的评审与批准事项和验收标准，描述该软件项目的所有软件代码和文档的标题、代号、编号及分类规程。配置标识的目的就是能够迅速、容易地发现和确定任一项目构件的正确版本。配置标识的原则是，保证配置管理工具检索便利，让项目组成员容易记住标识规则，同时要确保组织级的标识规则的一致性。

所谓基线（Baseline），是指一组规格说明或一组工作产品，经过正式评审和批准后，作为后继开发的基础，其变更必须通过变更控制规程实施。软件项目的基线代表着一个配置项或一组配置项在其生命周期的不同时间点上的一种状态，该配置项或该组配置项通过正式评审后受控，并且只有经过授权后才能变更。基线确定了配置项的一个版本，且只确定一个版本。每一个基线都是软件产品进一步开发和修改的基准和出发点，以后每次对软件产品的变更都将记录为一个差值，直到建成下一个基线。基线保存在基线库中，基线库是配置库的一种类型，它是基线的物理存在。

基线和配置项的关系示意如图 5-3 所示。图中所示的软件产品的配置由 4 个配置项组成，其中圆圈内的数字代表每个配置项不同时期的版本。从中可以看出，基线 1 分别由配置项 1 的版本 2、配置项 2 的版本 3、配置项 3 的版本 3、配置项 4 的版本 4 组成，而基线 2 则是由配置项 1 的版本 3、配置项 2 的版本 4、配置项 3 的版本 5、配置项 4 的版本 4 组成。

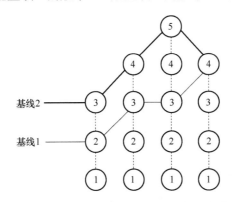

图 5-3 基线和配置项的关系示意

（1）基线的种类。在软件生命周期中主要存在以下三种不同的基线：

1）功能基线。功能基线是在经供需双方签字同意的协议书、合同、任务书或经过评审和批准的系统设计说明书中规定的有关待开发软件系统的规格说明，是最初批准的功能标识。

2）指派基线。指派基线是在软件需求分析阶段结束时经过正式评审和批准的软件需求规格说明，是最初批准的指派配置标识。

3）产品基线。产品基线是在软件组装与系统测试阶段结束时经过正式评审和批准的所开发的软件产品的全部配置项的规格说明，是最初批准的产品配置标识。

（2）基线的作用。基线具有重现性、可追踪性、隔离性的特点，在项目开发过程中具有以下作用：

1）重现性。基线为开发的构件提供了一个定点和快照。基线能够使软件系统及时返回到指定的发布版，或重新生成软件系统特定发布版，或在项目的早期重新生成开发环境；当认为变更不稳定或不可信时，基线为团队提供一种取消变更的方法；利用基线重新建立基于某个特定发布版本的配置，可以重现已报告过的错误。

2）可追踪性。基线能够建立软件系统构件之间的前后继承关系，确保设计满足要求，以及用正确代码编译可执行文件。

3）隔离性。基线为新项目提供新的起点，使新项目作为原始项目的一个单独分支，与随后对原始项目（在主要分支上）所进行的变更进行隔离；各开发人员可以将建有基线的构件作为在隔离的私有工作区中进行更新的基础。

4）生成相关报告。对一个基线内容与另一个基线内容的比较，不仅有助于对变更部分的调试，而且可以生成新版本的发布说明。

2. 配置控制活动

配置控制（Configuration Control）活动是指在配置项的标识正式确定以后，对配置项的变更情况所做的估价、协调、批准或不批准的过程。必须严格控制配置的变更，制定配置控制修改、处理规程，建立不同层次（型号系统、分系统、单个软件项目）的配置管理组织和变更管理机构，明确各个层次的不同变更批准权限；应非常重视对各类接口的控制及与有关方面的协调；还应制定与特殊产品（例如，非交付软件、现有软件、用户提供的软件及内部支持软件）有关的配置规程。

配置控制活动的主要工作就是版本管理。版本管理一般是借助配置管理工具来完成的。版本管理包括变更控制以及建立和发布基线。

（1）变更控制。变更控制的主要步骤有：

1）当有变更需求时，变更申请人填写变更请求表，并提交给项目经理。变更请求表的内容包括项目名称、用户需求编号或标识、受控类型、变更请求描述、变更申请人、提交日期等信息。

2）项目经理组织相关人员分析变更请求，并在变更请求表中填写变更的类型、范围、可行性、风险、工作量、进度、需要的资源等信息。

3）CCB 或变更授权人综合分析此变更的必要性、技术可行性、变更影响、变更完整性、所需资源的合理性，审定是否实施此项变更。

所有基线配置项的变更，必须经过 CCB 的批准；CCB 评审和分析变更影响的范围需要以需求跟踪矩阵的内容为依据。

4）对获得批准的变更请求表，由项目经理组织实施变更，变更完成后提交相关人员进行验证。

5）配置管理员检查相关的验证信息，如果通过验证，则将变更后的配置项入库。

6）配置管理员在配置项变更过程中应及时更新相关配置项的变更请求及配置项状态记录（包含基线），同时将配置项的变化情况通知项目的相关人员。配置状态记录的内容包括配置项标识、配置项的描述、版本号、修改人或提交人、检出（Check out）/检入时间（Check in）、在配置库中的存放目录、变更请求的标识、基线版本、验证信息等信息。

（2）建立和发布基线。在配置管理计划中对基线的建立时间和内容进行说明。基线有助于项目团队保持工作的同步，应按照项目的配置管理计划及时建立基线。

建立和发布基线的主要步骤有：

1）配置负责人组织相关人员，检查受控库中相关配置项是否达到建立基线的要求，并将相关基线发布信息填写到基线发布表中。基线发布表至少应包含以下信息：项目名称、发布版本号、发布名称、发布人、发布时间、基线名称、基线标识、基线包括的配置项名称以及配置项的版本等。

2）配置负责人组织相关人员进行受控库的配置审计。如果审计未通过，则配置负责人整理相关问题，形成记录并跟踪解决，然后再次进行审计。

3）配置审计员编写配置审计报告。

4）配置审计通过后，配置负责人将基线发布表提交 CCB 审批，同时附上配置审计报告，申请发布基线。

5）CCB 审批同意后，配置负责人根据基线发布表中的相关信息，将受控库中的配置项内容纳入基线库中并进行相关标识，同时将基线发布信息通知到项目的相关人员。

（3）软件库。软件开发过程中的各项阶段产品，应根据其成熟度和稳定性分别存放在下面三类不同的软件库中：

1）软件开发库。软件开发库是在软件生命周期的某一阶段过程中，用于存放阶段软件开发工作有关的计算机可读信息和人工可读信息的库。软件开发库是专供开发人员使用的一个配置管理库，其中的信息会频繁修改，对其的控制相对宽松。

2）软件受控库。软件受控库是在软件生命周期的某一阶段结束时，用于存放作为阶段产品而释放的、与软件开发工作有关的计算机可读信息和人工可读信息的库。软件配置管理就是对软件受控库中的各个软件项进行管理，因此软件受控库又称为软件配置管理库。对于在软件受控库中的各阶段所完成的阶段产品的各配置项，开发者本人只能使用而不能随意修改，若要修改必须经过规定的审批手续。

3）软件产品库。软件产品库是在软件生命周期的组装与系统测试阶段结束后，用于存放完成系统测试后作为最终产品的软件产品的库。这些软件产品将交付给用户运行或现场安装。当软件测试阶段结束并验收之后，应汇总并修订全部软件文件，将它们连同源程序清单和目标代码清单一起保存在软件产品库中。

3. 配置状态记录和报告活动

配置状态记录和报告（Configuration Status Accounting）活动是指记录和报告为有效地管理某一配置所需的信息，包括列出经批准的配置标识表、对配置提出变更的状态表和经批准的变更的实现状态。配置状态记录和报告的活动规定如何收集、处理和报告配置项的状态信息，及时记载变更活动，说明要定期提供的报告及其分发方法。

报告配置状态的目的,是向项目所有成员提供基线内容和状态、基线变更信息,这也是实现资源共享的前提。此外,在项目生命周期中进行对配置项变更数据的统计分析,有利于评估项目风险,有效控制项目的执行。在变更请求被批准、基线版本发生变化及项目组提出任何需要时,可以采用电子邮件等方式进行报告。

配置状态记录和报告的主要步骤如下:

1) 配置管理员每次建立或变更配置项时,应该根据实际情况更新配置状态记录。

2) 配置管理员定期或及时发布配置状态记录给项目组的相关人员,以便项目组相关人员可以及时了解项目配置项的状态。

4. 配置审计活动

配置审计(Configuration Audit)活动也称配置检查和评审活动,是指证明所要求的全部配置项均已生产出来,当前的配置与规定的需求相符,技术说明书完全而准确地描述了各个配置项,并且曾经提出的所有变更请求均已得到解决的过程。配置审计活动证实产品的完整性,规定每次配置检查和评审的时机、要求和解决问题的工作规程。此外,还应考虑软件配置项的存放媒体、保存以及安全保护方法和设施,防止非法存取、意外损坏或自然老化。

配置审计包括两方面的内容:配置管理活动审核和基线审核。配置管理活动审核用于确保项目组成员的所有配置管理活动,遵循已批准的软件配置管理方针和规程,如检入/检出的频度、工作产品成熟度提升原则等。实施基线审核,要保证基线化软件产品的完整性和一致性,并且满足功能要求。基线的完整性可从以下几个方面考虑:基线库是否包括所有计划纳入的配置项,基线库中配置项自身的内容是否完整,如文档中所提到的参考或引用是否存在等。此外,对于代码,要根据代码清单检查是否所有源文件都已存在于基线库中。同时,还要编译所有的源文件,检查是否可产生最终产品。一致性主要考查需求与设计以及设计与代码的一致关系,尤其在有变更发生时,要检查所有受影响的部分是否都做了相应的变更。对审核发现的不符合要求的配置项要进行记录,并跟踪直到解决。

配置审计的主要步骤如下:

1) 配置负责人组织配置审计员组成审计小组,并明确相关职责,根据审计的目的收集相关审计材料,安排具体的审计日程。

2) 配置审计员准备配置审计报告中所需要的审计信息,包括以下内容:

① 配置项是否按照配置管理计划进行配置。
② 配置项的变更是否按照变更控制流程执行。
③ 配置管理库系统是否可正常使用。
④ 软件基线库的结构是否正确。
⑤ 软件基线库的存取权限是否正确。
⑥ 配置库是否做了安全备份。
⑦ 基线库记录与基线库内容/实体是否一致。
⑧ 验证软件基线的完整性。
⑨ 待提交的产品源代码与运行系统中相对应的部分的版本是否一致。
⑩ 生成的配置管理信息是否符合配置管理标准和规程。

3）配置审计员按照配置审计规程实施配置审计，具体步骤包括功能审计和物理审计。

功能审计的内容包括：确认所有配置管理活动依照配置管理计划执行；确认当前基线配置项的正确性，包括配置项是否符合入库条件，是否有相关评审报告、验证信息；确认当前基线配置项的完整性，检查配置项之间的一致性和可追溯性，包括依据需求跟踪矩阵验证同一条基线内部的配置项之间存在的依赖关系、不同基线之间版本序列的一致性，以及变更是否经 CCB 批准；确认当前基线配置项的完备性，检查配置管理计划定义的配置项是否及时进入配置库。

物理审计内容包括：配置项是否被正确地标识；确认已受控配置项的变更是受到控制的；确认配置库与存储是安全、有效、一致的；验证配置库与系统备份的有效性；验证配置库与系统备份之间的一致性；验证配置管理活动与相应记录之间的一致性；验证项目的配置管理工作是否符合适用的标准和规程；基线库的记录与基线库的内容/实体是否一致。

4）填写配置审计报告，并将配置审计报告发给项目的相关人员，配置负责人整理配置审计中发现的问题，并采取相应措施，跟踪直至问题关闭。

5.2.4 软件配置管理工具

软件配置管理工具是实施配置管理过程中必不可少的 CASE 工具，可以管理软件开发过程中烦琐的工作。软件配置管理工具的发展经历了三个阶段：①初级阶段。该阶段提供基于文件，以版本控制、支持检出/检入模型和简单分支为主要特征的版本控制工具。②中级阶段。该阶段提供基于项目库，支持并行开发团队协作以及过程管理，适合管理中小型项目，在版本管理的基础上增加变更控制、状态统计功能的项目级配置管理工具。③高级阶段。该阶段全面结合各个软件开发环节的软件配置管理的整体解决方案，在实现传统意义的配置管理的基础上提供具有比较强的过程管理功能的企业级配置管理工具。

1. 软件配置管理工具的主要功能

下面概要介绍软件配置管理工具的几个主要功能。

（1）版本控制。版本控制是对在软件开发过程中的文件或目录的发展过程进行追踪的手段。这些文件不仅可以是源代码，还可以是可执行文件、位图文件、库文件、需求文档、设计说明、测试计划等。目录的发展过程包括源文件的建立、重新命名、重新构造和删除操作等。版本控制可以对每一个软件组件的版本进行维护和控制，并提供了版本的分支和归并功能，用于支持并行开发。

版本控制功能记录每个软件配置项的所有历史信息，包括该软件配置项由何人创建，何人在何时因何原因进行了修改等信息，以及对这些软件配置项的版本所进行的检索和信息查询等活动。通过版本树可以对软件系统的不同演化方向进行管理。软件配置项的版本管理是记录带有时间标记的配置项版本演化的树结构信息。

版本控制将文件分为服务器版本（受控版本）和本地机版本（非受控版本）两种，服务器版本始终保持最新的版本，而本地机版本则是开发人员下载到各自开发机上的服务器版本的副本，并以此为基础在本地机上进行下一步的开发工作，完成后再上传服务器，更新相应的服务器版本。

从进行版本控制的服务器上获取服务器版本的副本的过程称为检出（Check out）。从把本地机版本提交到服务器的过程称为检入（Check in）。当某个开发人员对某个源文件的服务器版本进行了检出操作时，该文件将被锁定，且只能被该开发人员改写或更新，其他开发人员只有读权限，没有写权限，直到该开发人员对该源文件进行了检入操作为止。因此，当开发人员需要修改文件时，应下载与自己工作相关的部分，并尽快提交更新后的版本，以免影响其他开发人员的工作。

（2）工作空间管理。在软件配置管理工具中，所有开发人员的工作成果都必须存放在配置库中，由软件配置管理工具进行管理。软件配置管理工具提供对工作空间的管理和维护，使得不同的开发人员或开发团队拥有独立的不相互影响的工作空间并支持多个开发人员并行开发一个项目。软件配置管理工具还能自动跟踪工作空间中所有类型的变更，如查找与某个源文件版本对应的设计文档的版本。

由于工作空间是隔离的，因而开发人员根据任务分工获得对相应配置项的操作许可之后，将所有必要的项目文件复制到私有的一个树形目录下，即在自己的私有开发分支上进行工作，对这些副本进行修改。使得相应配置项的版本在私有分支上的推进，除该开发人员外，其他人员均无权操作；一旦对修改感到满意，开发人员就可以将修改合并（Merge）到开发主线（Main Line）上去，如果该文件只有该成员一人修改，则直接将修改过的文件检入到主项目中。

（3）基线管理。基线在指定的项目里程碑处创建，用以确定固定的文件和目录的版本集。在软件配置管理环境中，参与项目的开发人员将基线所包含的各版本的目录和文件填入他们的工作区。随着工作的进展，基线将合并自从上次建立基线以来开发人员已经交付的工作。变更一旦并入基线，开发人员就采用新的基线，以与项目中的变更保持同步。调整基线将把集成工作区中的文件并入开发工作区。

软件配置管理工具一般都支持两种类型的基线：递增式的基线和完整的基线。递增式的基线是通过记录上次完整的基线以及自从上次完整基线创建后变更的版本而创建的基线。完整的基线是指通过记录构件根目录下的所有版本而创建的基线。一般而言，创建一个递增式的基线需要花费的时间比较少。但对于软件配置管理工具来说，查找完整基线中的内容需要花费的时间则比较少。

基线管理的过程是指每个基线都将接受配置管理的严格控制，对其修改将严格按照变更控制要求的过程进行，在一个软件开发阶段结束时，上一个基线与增加和修改的基线内容一起形成下一个基线。第一个基线建立之前，不需要对变更进行管理或者较少管理，一旦建立了基线，就必须对变更进行有效管理，而且将这个基线作为后续工作的基础。无变化的构件不要纳入基线管理；如果一个构件的变化对其他构件没有影响，则该构件也可以不纳入基线管理。

一般情况下，在项目过程中，应该在与生命周期各阶段结束点相关联的主要里程碑处定期建立基线，如果采用迭代法进行开发的话，还应在每次迭代结束点（次要里程碑）处建立基线。定期建立基线以确保各开发人员的工作与项目中的里程碑保持同步。按照经验，如果一个子系统中有多达30%的构件被变更，就需要建立新的基线。

（4）构建与发布管理。构建（Build）和重新构建（Rebuild）功能帮助开发人员正确和快速地构造和重新构造软件产品的任何版本。软件配置管理工具一般都支持利用流行的构建工具进行产品构建，能自动处理构建需要的依赖关系，能收集和维护重新生成以前构建过的版本所需要的信息。

软件发布管理（Release）为不同的用户提供不同的版本，避免其中发生混乱。软件部署管理（Deployment）帮助在分布式环境中部署整个系统。

2. 常用的软件配置工具

（1）VSS。VSS（Visual Source Safe）是微软公司的产品，提供文件的版本跟踪功能，提供简单的基线管理和构建管理功能。

优点：易学易用，安装和配置简单，不需要额外的培训，采用标准的 Windows 操作界面。

缺点：只能运行在 Windows 平台上，不能跨平台，安全性低，不提供流程管理功能，不支持远程管理。

（2）CVS。CVS（Concurrent Versions System）是一个得到了广泛使用的开放源代码产品，可运行在 UNIX、Linux 和 Windows 平台上。CVS 提供的功能包括版本控制、基线管理、构建管理等。

优点：简单易用，源代码和安装文件都可以免费下载，可跨平台，支持远程管理，支持并发版本控制。

缺点：由于 CVS 是免费的，所以缺少相应的技术支持；不提供对变更流程的自动管理功能。

（3）Clearcase。Clearcase 是 Rational 公司开发的软件配置管理工具，Clearcase 提供的功能包括版本控制、构建管理、工作空间管理和过程控制，即包括从最初的软件配置计划到配置项的确立，从变更控制到版本控制的相关功能。

优点：功能强大，贯穿于整个软件生命周期，可跨平台。

缺点：Clearcase 的安装、配置、使用比较复杂，需要进行专门的对团队的培训。

5.3 物流软件及部件外购的主要评价因素

物流软件及部件外购是指从第三方购买或获得现成的物流软件系统或具有物流管理功能的软件构件。随着云计算技术的飞速发展，物流软件及部件外购方式从原有的整体或者部分外购逐渐转变为外购基于云计算的技术服务。

5.3.1 外购软件评价指标

外购软件又称为市售（Commercial Off-The-Shelf，COTS）软件，是指将商品化的软件产品或技术直接拿来使用。采用 COTS 技术能够缩短开发周期中编码、调试、单元测试和代码检查阶段的时间，外购软件的使用可以提高软件系统的开发效率，缩短开发周期，降低开发成本。在使用外购软件时，应从以下两方面进行综合评价：

1. 对开发商的评审

首先对外购软件的开发商进行调研和评估，包括充分了解开发商运营时间的长短、背景和信誉、财政情况、资质和发展目标，充分了解开发商的已有用户对其评价和意见，充分了解开发商人力资源的投入状况，充分了解开发商对本物流软件开发项目的支持情况以及承诺，充分了解开发商对物流业务和本物流软件项目的需求的理解程度，等等。因此，最终用户与技术人员必须参与开发商的选择，考虑的重点要放在业务需求而非技术本身上。

在开发商的资质方面，一般应考虑开发商是否通过了 ISO 9000 认证，或开发商是否达到了 CMM 或 CMMI 相应的软件能力成熟度级别。CMM/CMMI 已经逐渐被国际和国内用户所接受，成为检验软件企业开发和设计能力的一项重要资质。在软件项目招标评标过程中，需要解决的主要问题就是对多个开发商的软件开发能力给出客观、准确的评价，以便于选择合适的软件开发商。在评价过程中，可以根据软件项目的具体需求，对 CMM/CMMI 进行合理的剪裁，以剪裁后得到的模型版本作为评价标准。

2. 对外购软件的评估

（1）外购软件的历史记录。由于外购软件不提供开发和分析文档，其质量状况无法真实掌握，因此，外购软件的历史记录是否良好，是判断外购软件质量的主要依据之一。非常典型的做法是，针对有关型号软件的开发和使用方面的情况，走访该软件的用户，现场参观软件的使用和运行状况等。

（2）外购软件的成本。在考察外购软件的成本时，不仅应考虑购买时一次性支出的成本，还应考虑外购软件以后的维护成本，包括日常运行过程中的技术支持费用、每年需要支出的维护费用、外购软件版本升级的费用、所购买的外购软件的使用许可（License）的数量等。使用许可的数量是无限的还是有限的，会直接影响业务扩大后需要增加用户数量时是否需要支出相应的增加用户数的费用。如果使用许可的数量是无限的，就不需要支出新的费用。

（3）外购软件提供的能力。应在系统需求分析和定义或软件需求分析期间构造系统原型，以评价外购软件的能力和性能。性价比分析还要考虑易学性、易用性、供应商名誉和长期稳定性、许可方式和培训等因素。所有与性能有关的因素都必须尽可能地采用内部或外部基准或演示来得到有效性认证。在软件使用和维护期间，应综合考虑是否需要使用外购软件新版本所提供的能力、开发商对外购软件老版本的支持是否充分等因素，以做出是否进行升级的决定。

（4）外购软件的质量要求。对外购软件的质量评价主要从可靠性、成熟性、安全性、可维护性等方面进行。

可根据国家标准《软件工程 软件质量要求与评价（SQuaRE） SQuaRE 指南》（GB/T 25000.1—2010）的要求，对外购软件进行测试。在软件测试期间，应加强对外购软件接口的测试。若测试结果表明外购软件不能按要求运行，则应寻求开发商的支持，以便检测并纠正问题。

在整个开发周期中，当需求变更影响到由外购软件构成的软件部件时，应重新评估对外购软件的选择。

（5）外购软件的技术要求。外购软件的技术评估包括对构件功能、性能以及兼容性的评估。由于 COTS 构件经常是以黑盒的方式发布的，构件的接口是开发人员可以获得的有关构件的唯一信息资源，因此 COTS 构件的评估大多数依赖于对其接口的分析，更关注如何将系统硬件与软件更好地组合在一起，更关注兼容性、可配置性和可集成性等结构上的问题。

5.3.2 云计算服务模式评价指标

近年来，云计算技术飞速发展，特别是在诸多大型企业中得到了很好的应用和实践，大型企业通过云计算技术降低了 IT 建设的总体拥有成本，而且实现了资源的优化配置，使得企业应对激烈的市场竞争时反应更加敏捷和灵活，增强了企业的盈利能力。但对于不同规模和不同发展阶段的企业而言，特别是对中小物流企业来讲，是否需要采用云计算技术，以及需要采用何种云计算服务模式和部署方式，主要应从以下几个方面进行考虑：

1. 商业模式

传统外购软件模式在 IaaS 层和 PaaS 层主要采用自建的思路，类似于工业时代早期的工厂，配备自己的发电设备、供水设备。物流信息系统云服务模式采用更加开放的建设思路，类似于工业时代成熟之后，电力和自来水由负责基础设施的电厂和自来水厂统一提供，工厂只需要专注于自己的生产环节即可，物流信息系统云服务模式的 SaaS 可以基于其他云计算服务商提供的 PaaS 和 IaaS 搭建，而不一定需要每层都自己提供，物流信息系统云服务模式的 SaaS、PaaS 和 IaaS 都可以成为用户的基础设施，为用户提供更加便捷的服务。

2. 信息技术

在传统的外购软件模式中，层与层之间是继承关系，每一层都不能脱离其他层而单独存在。但在物流信息系统云服务模式中，三个服务层不是简单的继承关系（SaaS 基于 PaaS，而 PaaS 基于 IaaS），这是因为，首先 SaaS 可以是基于 PaaS 或者直接部署于 IaaS 之上的，其次 PaaS 可以构建于 IaaS 之上，也可以直接构建在物理资源之上。IaaS、PaaS、SaaS 三者之间的界限正趋于模糊，这三层都涉及外包负载、人员开支管理、服务器及网络的软硬件维护等问题，从更高层面来看，物流信息系统云服务模式中的这三个层次都是为了解决用户的问题，都是为了业务而服务，因此没有必要严格进行区分。比如，它们都试图为用户降低 IT 基础设施成本，充分发挥 IT 资源规模经济效益，提供强大的扩展能力。SaaS 服务与传统许可模式软件有很大的不同，它是未来管理软件的发展趋势。相较于传统服务模式，SaaS 具有很多特征：SaaS 不仅减少了或取消了传统的软件许可费用，而且厂商将应用软件部署在统一的服务器上，免除了最终用户的服务器硬件、网络安全设备和软件升级维护的支出，用户除了个人计算机和互联网连接之外，不需要其他 IT 投资就可以通过互联网获得所需要的软件和服务。此外，大量的新技术，如 Web Service，提供了更简单、更灵活、更实用的 SaaS。而且 SaaS 供应商通常是按照用户所租用的软件模块来进行收费的，因此用户可以按需订购软件应用服务，SaaS 的供应商则会负责系统的部署、升级和维护。而传统管理软件通常需要用户一次性支付一笔可观的费用才能正式启动。

3. 企业运营效率

云计算服务模式的使用十分灵活，其业务具有强大的弹性。企业在业务快速扩展时，能够随时向云服务商申请增加资源来提升业务处理能力，随时启动与停止云服务，让企业在激烈的竞争中赢得优势。云计算服务模式是一种由专业团队进行后期运维，让物流企业将自己的全部信息化业务托管到公有云平台上，减少其在不擅长的领域花费精力，从而使其更专注于自身业务发展的运营模式。由于从事物流行业的服务人员数量庞大，使用云计算服务模式不仅能够大大提高物流企业的日常运营服务效率，而且由于云计算服务模式最大的特点是业务数据都存储在云端，使得这些服务人员能够通过互联网随时随地接入系统进行相关业务操作。

4. 服务成本

云计算中心在节约成本方面，能够向众多需求者提供共享 IT 资源，避免用户各自建立数据中心，能够极大降低建设投入成本，从宏观上减少了社会资源的浪费。云计算模式的计费通常是按需取用付费，对于中小型物流企业来说，基于自身发展阶段来规划和选择云计算的服务种类，能够降低其运营成本。除此以外，物流企业能够减少雇佣专业 IT 领域人才的数量，降低人才招募和培训需投入的资源，只需对相关运维人员简单培训即可。

云计算中心在提高成本方面，云服务提供商按流量收费将会大大提高使用成本。虽然云服务商在宣传共有云产品时宣称任意时间任意地点按需付费使用，但是在某些特殊场景中用户的使用成本会更高，从而增加了用户的运营成本。比如索尼公司就遇到无法通过云服务解决存储空间相关的问题，由于索尼公司动画等多媒体业务平均每天需要产生 10GB 左右的数据，这些数据存放到公有云服务商平台上需要耗费巨大的流量，每次上传和读取都需要占用巨大的网络带宽，该流量费用甚至超过购买存储本身的成本。

5. 数据安全和自主权

当下比较热门的云服务商如阿里云、亚马逊、微软等，都还没有完全解决数据安全的问题，因此很多企业还是会根据自身实际业务特点和法律规定来自建数据中心监管一些敏感数据。毕竟暴露在公有云平台上会产生潜在风险，这也是云计算浪潮下众多企业仍然保持观望态度的重要原因，一旦企业的核心数据泄露或者丢失，对企业而言就是灾难性事件，所以说数据安全是企业用户担忧的问题之一。

企业希望拥有各个业务系统和数据等的全部控制权和管理权，在传统数据中心建设模式下，企业能够搭建自身独有的业务系统，全面管理和控制全部应用基础架构；而转移到公有云平台之后，企业对云服务商的基础架构一无所知，只能部署和使用需要的应用系统，虽然让管理变得容易了，但也让企业失去了对数据中心的管理控制权并更加依赖于云服务商。

本 章 小 结

物流信息系统建设过程质量管理的目标是物流信息系统功能满足用户需求，软件质量特性良好，开发成本和维护费用较低，软件及时交付使用等。ISO 9000 系列标准和 CMM 软件能力成熟度都共同着眼于质量和过程管理，但侧重点有所不同。ISO 9001 是一个适用于所有类型组织的通用性质量保证和管理国际标准；CMM 是专门针对软件行业的国际标准。软件配置管理是物流信息系统建设过程质量管理的重要工作，它通过配置标识、配置控制、配置状态记录与报告和配置审计来建立和维护物流信息系统软件产品的完整性、一致性、可追溯性，以保证软件产品的质量和开发效率。CMMI 充分考虑了软件工程和系统工程的集成，融合了全面质量管理的思想，不再局限于纯软件的范畴。CMMI 的主要目的是消除不同模型之间的不一致和重复,降低基于模型进行改善的成本。CMMI 以更加系统和一致的框架来指导组织改善软件过程,提高产品和服务的开发、获取和维护能力。

物流软件及部件外购时应对开发商的资质和历史业绩以及软件及部件自身的质量等方面进行评价。基于云计算的服务模式是近年来发展迅速的物流软件外购模式,在云计算服务模式选择上,应重点考虑商业模式、信息技术、企业运营效率、服务成本、数据安全和自主权等因素。

◇关键概念

- ISO 9000 质量管理体系
- CMM 软件能力成熟度模型
- 软件采办能力成熟度模型
- 软件配置
- 基线
- 市售软件
- 云计算服务模式

◇思考题

1. ISO 9001 质量管理体系和 CMM 软件能力成熟度模型有什么异同点?
2. CMM 和 CMMI 的主要区别是什么?
3. 软件质量管理主要包含哪些工作?
4. 软件配置管理包括哪些活动?
5. 简述基线和配置项的关系。
6. 基于云计算的服务模式主要分为哪几种类型?

◇课堂讨论题

请阅读下面的案例,讨论相关问题。

味全食品有限公司 SaaS 云计算解决方案实施

杭州味全食品有限公司(以下简称味全)成立于 2002 年,厂区位于浙江杭州及河北廊坊,公司致力于经营冷藏乳制品、饮料产品,以"诚信、务实、创新"为经营理念,致力于向消费者提供"新鲜、健康、优质"的产品;全面彻底落实"依法守信、优质制造、持续改进、客户满意"的诚信方针,并坚持以"满足客户需要,落实安全、优质的品质保证"为食品安全方针;始终坚持着优良传统,并以独有的热情,已在中国市场上开拓出自己的一片天地。

在"互联网+"时代背景下,创新的管理思维以及技术已经逐渐渗透到各行各业,而快速消费品行业具有消费频率高、使用时限短、消费群体广泛及销售渠道众多等特点,精准把握行业特点并有针对性提升是企业获胜的关键。味全率先使用微软 Dynamics CRM,以信息化技术提高销售管理能力、决策分析能力,从而提高企业的竞争力。

面临的问题及挑战

如何针对行业特点对各区域营业部库存、物流、终端货架、促销等进行集中高效管理?如何快速掌握竞争对手的动向?随着味全规模的扩张,运营和管理等层面的诸多问题也日益突出。主要有如下问题：

（1）无法实时掌握营业部（所）的经营状态。作为一家快速消费品领域企业，味全营业部（所）遍及全国，也出现了诸多问题：客户信息零散，各个营业部（所）之间营销管理方式各异，营业部（所）了解销售数据信息的时效性和整合性功能不足。

（2）铺货率不明确，产品推广力度不足。终端客户铺货检核无标准化数据规范，特别是在新品推广时，存在对新品铺货信息进行分析和决策的困难。

（3）竞品信息掌握不够，缺乏应对力。快速消费品行业对消费者忠诚度要求高，找准时机，快速促销尤为重要。不能及时准确掌握各大竞争对手的信息，严重制约快速消费品企业竞争力的提升。

SaaS 云计算解决方案

通过采用微软 SaaS 云平台上提供的 Dynamics CRM 快速消费品行业解决方案，味全利用 Dynamics CRM、Portal、移动终端、多系统集成等模块加强管理，将潜在机遇转化为现实生产力。

味全用 Dynamics CRM 系统作为后台主数据管理系统，使大量的数据统计以及导入导出更为便捷准确；Dynamics CRM 系统主要管理业务员门店、订单、备货、领货、分货、发货、退货、换货、营业部（所）库存等物流信息；CRC 模块主要管理业务代表门店、门店陈列、业（务）代（理）行程表、客户冰箱信息、客户陈列信息、客户关联导购、关联 PG 推广、客户生动化布建、促销、陈列标准、必售品项、公告等信息。

味全系统移动 App 包括物流 App 和 CRC 系统两项内容，物流 App 主要记录业务员在配送环节的发货、退货、换货的产品数量；CRC 系统记录业务代表检核门店时门店陈列、品项、促销、商化等信息。

味全 Portal 主要分为物流 Portal 和 CRC Portal。物流 Portal 用于第三方配送人员或者第三方库管填写领货、发货、退货、换货等数据信息；CRC Portal 用于查看移动端发回的照片数据，方便内部用户查看。CRM 系统与味全工作流系统、ERP 系统集成，并打通了数据接口。

云计算收益分析

味全在全国范围内集中采用微软 SaaS 云服务快速消费品行业解决方案，实现了从工厂到各门店一致的物流管理及后续 CRC 访销管理。利用该方案，味全更有效地对数据进行了整合和管理，也使 IT 团队摆脱了以往繁杂的服务，节约了更多的资金和时间，确保把更多资源集中投入到核心业务上。

（1）集中管理平台，有助于实现管理方式转型。对营业部（所）、第三方配送、门店陈列资料进行规范并集中管理，保证企业资源的准确性、可靠性和稳定性。经过相应权限设定和授权，管理层能够通过该系统实时掌握全国任何一家营业部和门店的运营状况，并通过系统指定业务代表行程以及查看执行进度；高效获取相关数据，利用 Dynamics CRM 内置及配备报表分析工具对数据进行分析整合，进而为高层决策提供强大支撑。

（2）完善的物流管理体系。实现了从营业部库存、客户订单、备货、领货、分货到门店发货、退货、换货的一条龙式业务流程，加强了总部对各个营业部库存动态管理的标准化和即时性，通过 Dynamics CRM 内置报表查看区域线路配送效益，提升了营业部对员工与门店信息的掌握度。

（3）高效的 CRC 访销系统。将微软 CRM 作为后台数据系统，开发出一套全新的 CRC

访销系统，确保业务员能实时获取门店陈列、品项、促销、冰箱、品牌推广、竞品等信息，同时保证管理人员更快捷、更准确地掌握门店各类数据信息，进而为决策提供强有力支撑。

（4）占据移动应用领域高地。通过对门店集中推广利用移动 PAD 进行物流和市场等业务，继而将 Dynamics CRM 与官网和微信端对接，进行二次开发，味全抢占了移动应用场景高地，提升了销售绩效并为未来发展布好局。

（5）无缝集成，降低总体占有成本。微软 Dynamics CRM 操作界面与微软 Office 风格一致，操作简单、易学；微软 CRM 系统与其 RR、工作流和 Portal 等系统实现了无缝对接，使味全节约了可观的兼容性开发费用，降低了成本。

味全采用微软 SaaS 云平台上 CRM 系统的收益十分明显。味全组织、流程等方面管理更加精简，而全新的访销体系能及时有效地获取门店数据，拉近产品与消费者间的距离。这些都使味全在管理层面得以显著改善并取得可观的经济效益。

（资料来源：节选自《云计算技术在中小企业信息化建设中的应用分析》，李柏著。）

讨论题：
1. 味全在"互联网+"时代主要面临哪些困境？
2. 味全在软件外购时的主要参考依据是什么？为什么会选择 SaaS 云计算服务模式？
3. 云计算服务模式给味全带来了哪些好处？

◇补充阅读材料

[1] 宋玉卿. 物流企业实施 2000 版 ISO 9001 标准指南[M]. 北京：中国标准出版社，2005.
[2] 美国卡耐基梅隆大学软件工程研究所. 能力成熟度模型（CMM）：软件过程改进指南[M]. 刘孟仁，译. 北京：电子工业出版社，2001.
[3] 谭洪华. ISO 9001：2015 新版质量管理体系详解与案例文件汇编[M]. 北京：中华工商联合出版社，2016.

实践篇 下篇

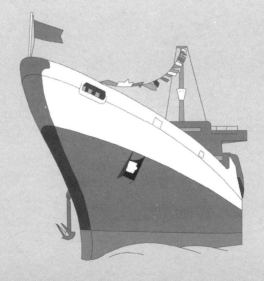

第 6 章

企业资源计划系统——以 SAP 为例

6.1 应用背景分析

随着信息网络技术的发展和全球化市场的加速形成,围绕新产品的市场竞争日趋激烈,技术进步和需求多样化使得产品寿命周期不断缩短,企业面临的竞争环境发生了巨大变化,企业面临的竞争压力越来越大。具体地讲,这种竞争压力主要表现在以下几个方面:①全球经济一体化趋势增强,企业面临国际竞争;②产品更新节奏加快,产品开发研制的难度越来越大;③产品个性化需求突出,小批量生产占据主流;④生产要素流动趋势加强,供求关系变化加快;⑤用户对服务的要求越来越苛刻。在这种形势下,企业经营管理的思想和理念也在不断发生着变化。

20 世纪 60 年代以前,企业处于相对稳定的市场环境中,企业间竞争的主要因素是成本,进行规模化生产是降低成本的主要手段。企业生产管理系统采用的方法是,通过确定经济批量、安全库存、订货点,来保证生产的稳定性。20 世纪 60 年代以后,市场需求特征逐步发生改变,企业生产面临的不确定性越来越大。于是人们开始探索更好的制造组织和管理模式。20 世纪 60 年代中期,出现了物料需求计划(Material Requirement Planning,MRP),较好地解决了物料供应与生产计划变动之间的衔接问题。物料需求计划又进一步发展,形成了制造资源计划(Manufacturing Resource Planning,MRP Ⅱ)、及时制造和精细生产等新的生产组织方式。这些新的生产方式对提高企业整体效益和在市场上的竞争能力做出了不可低估的贡献,将企业内部资源的利用提高到一个新的层次。1970 年—1980 年,企业间竞争的主要因素转变为质量,建立系统化的质量管理体系,是提高质量过程管理水平和提高产品质量的主要方式。1980 年以后,信息技术的飞速发展和经济的全球化,对企业参与竞争的能力提出了更高的要求,企业间竞争的主要因素转变为时间,提高对客户需求的响应速度,缩短产品开发周期和产品交货周期,就会给企业带来更多的市场机会。

从上述发展过程可以看出,企业间的竞争从低层次向高层次发展,使企业管理的重点由局部转向全局,从而推动企业管理模式由低到高、由浅入深、由局部到全局的系统化、集成化发展。在这种形势下,单靠企业内部资源是不够的,必须将企业资源延伸到企业的外部,借助其他企业的资源,达到快速响应市场的目的。计算机技术的推广为各种管理思想、技术和方法的实践提供了良好的途径,借助计算机技术、利用管理信息系统实施企业内外部资源的管理已经成为当今企业发展的核心竞争力。

企业资源计划(Enterprise Resource Planning,ERP)系统由此而诞生,成为生产制造型企业应对市场竞争的重要手段。简单地讲,ERP 是指建立在信息技术基础上,采用系统化的管理思想，为企业决策层及员工提供决策支持手段，帮助企业合理调配资源的管理平台。SAP 公司是全球最大的企业管理和协同化商务解决方案供应商之一、全球著名独立软件供应商。在国内外众多的 ERP 产品中，SAP 软件系统独树一帜。本章重点以 SAP 的产品为例进行介绍。

6.2 业务流程分析——企业资源计划原理

总结计算机技术在生产制造型企业中的应用历程，大致可分为以下几个阶段：①MIS（Management Information System，管理信息系统）阶段，主要是记录大量原始数据，支持查询、汇总等方面的工作；②MRP（Material Requirements Planning，物料需求计划）阶段，对产品构成进行管理，实现依据客户订单、产品结构清单展开并计算物料需求计划，实现减少库存、优化库存的管理目标；③MRPⅡ（Manufacturing Resource Planning，制造资源计划）阶段，在 MRP 的基础上增加对企业生产中心、生产能力等方面的管理，以实现计算机进行生产排程的功能，动态监察企业产、供、销的全部生产过程；④ERP（Enterprise Resource Planning，企业资源计划）阶段，以计算机为手段全面实施企业资源管理，提升企业竞争力；⑤电子商务时代的 ERP，互联网、人工智能、区块链、云计算、大数据、5G 等技术的成熟和推广增加了企业管理信息系统与客户或供应商信息共享和直接进行数据交换的能力，强化了企业间的联系，供应链管理思想得以普及，使决策者及业务部门实现了跨企业的联合"作战"，强化了企业对内外部资源的集成化管理。

从 MRP 到 MRPⅡ再到 ERP 的发展历程形成了制造业管理信息集成的不断扩展和深化，每一次进展都是一次重大的质的飞跃，同时前后阶段之间又是一脉相承的，如 MRPⅡ已经"融化"在 ERP 之中而不是"不再存在"。

6.2.1 MRP 是企业资源计划的核心功能

1. 基本 MRP 的原理

制造业的所有经营生产活动都是围绕其产品开展的，必然要从供应方买来原材料经过加工或装配制造出产品销售给需求方，这也是制造业区别于金融业、商业、采掘业（石油、矿产）、服务业的主要特点。

在 MRP 系统中，将产品、零部件、在制品、原材料甚至工装工具等统称为物料。按需求的来源不同，企业内部的物料可分为独立需求和相关需求两种类型。独立需求是指需求量和需求时间由企业外部的需求来决定，例如，客户订购的产品、科研试制需要的样品、售后维修需要的备品备件等；相关需求是指根据物料之间的结构组成关系由独立需求的物料所产生的需求，如半成品、零部件、原材料等的需求。

MRP 的基本内容是编制零件的生产计划和采购计划，其基本任务是：①从最终产品的生产计划（独立需求）导出相关物料（原材料、零部件等）的需求量和需求时间（相关需求）；②根据物料的需求时间和生产（订货）周期来确定其开始生产（订货）的时间。

主生产计划、产品结构与物料清单、库存与采购记录以及每个物料的生产周期是 MRP 的组成部分，如图 6-1 所示。

第 6 章 企业资源计划系统——以 SAP 为例

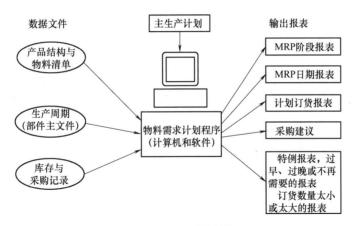

图 6-1 MRP 系统结构

（1）主生产计划（Master Production Schedule，MPS）。主生产计划是确定每一具体的最终产品在每一具体时间段内生产数量的计划。这里的最终产品是指对于企业来说最终完成、要出厂的产成品，要具体到产品的品种、型号。这里的具体时间段，通常是以周为单位，在有些情况下，也可以是日、旬、月。主生产计划详细规定生产什么、什么时段应该产出，它是独立需求计划。主生产计划根据客户合同和市场预测，把经营计划或生产大纲中的产品系列具体化，使其成为展开物料需求计划的主要依据，起到了从综合计划向具体计划过渡的承上启下作用。

（2）产品结构与物料清单（Bill of Material，BOM）。MRP 系统要正确计算出物料需求的时间和数量，特别是相关需求物料的数量和时间，首先要使系统能够知道企业所制造的产品结构和所有要使用到的物料。产品结构列出构成成品或装配件的所有部件、组件、零件等的组成、装配关系和数量要求。它是 MRP 产品拆零的基础。

图 6-2 是简化的自行车的产品结构图，它大体反映了自行车的构成。

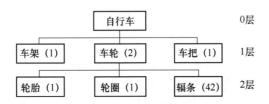

图 6-2 自行车的产品结构

这并不是最终所要的物料清单。为了便于计算机识别，必须把产品结构图转换成规范的数据格式，这种用规范的数据格式来描述产品结构的文件就是物料清单。它必须说明组件（部件）中各种物料需求的数量和相互之间的组成结构关系。与自行车产品结构相对应的物料清单见表 6-1。

表 6-1 自行车产品的物料清单

层次	物料号	物料名称	单位	数量	类型	成品率	ABC 码	生效日期	失效日期	提前期
0	GB950	自行车	辆	1	M	1.0	A	950101	971231	2
1	GB120	车架	件	1	M	1.0	A	950101	971231	3

(续)

层次	物料号	物料名称	单位	数量	类型	成品率	ABC码	生效日期	失效日期	提前期
1	GL120	车轮	个	2	M	1.0	A	000000	999999	2
2	LG300	轮圈	件	1	B	1.0	A	950101	971231	5
2	GB890	轮胎	套	1	B	1.0	B	000000	999999	7
2	GBA30	辐条	根	42	B	0.9	B	950101	971231	4
1	113000	车把	套	1	B	1.0	A	000000	999999	4

注：类型中"M"为自制件，"B"为外购件；"000000"表示无限早，"999999"表示无限迟。

（3）库存与采购记录。库存信息是保存企业所有产品、零部件、在制品、原材料等存在状态的数据库。为便于计算机识别，必须对物料进行编码。物料编码是 MRP 系统识别物料的唯一标识。库存与采购记录包括现有库存量、计划收到量和已分配量等。

1）现有库存量是指在企业仓库中实际存放的物料的可用库存数量。

2）计划收到量（在途量）是指根据正在执行中的采购订单或生产订单，在未来某个时段将要入库或将要完成的物料数量。

3）已分配量是指尚保存在仓库中但已被分配掉的物料数量。

（4）生产周期。采购、生产或装配产品所需的时间称为生产周期（Lead Time）或提前期。自制产品的生产周期由每个物料的运输周期、设置周期、装配或制造周期组成。外购物料的提前期包括订购的时间和用于生产的时间。

根据主生产计划，并依据物料清单和生产周期，可以计算出每个物料的毛需求量和需求时间，再结合库存信息可以计算出某种物料的净需求量。即

$$净需求量 = 毛需求量 + 已分配量 - 计划收到量 - 现有库存量$$

另外，在 MRP 实际计算时，还要考虑订购（生产）批量和安全库存量的影响。订购（生产）批量是在某个时段内向供应商订购或要求生产部门生产某种物料的数量。为了预防需求或供应方面的不可预测的波动，在仓库中经常应保持最低库存数量作为安全库存量。

2. 闭环 MRP

首先，MRP 系统的建立有个前提假定，即假设已有了主生产计划，并且主生产计划是可行的。这也就意味着假设生产能力没有限制，有足够的生产设备和人力来保证生产计划的实现。其次，MRP 系统的建立还假设物料采购计划是可行的，即认为有足够的供货能力和运输能力来保证完成物料的采购计划。而实际上，有些物料由于市场紧俏，供货不足或者运输工作紧张而无法按时、按量满足物料采购计划，那样的话，MRP 系统的输出将只是设想而无法实现。另外，物料需求的完成时间有可能无法得到保障，例如因设备工时的不足而没有能力生产，或者因原料的不足而无法生产。在 MRP 系统中也没有涉及车间作业计划及作业分配，这部分工作仍然由人工补足，因此也就不能保证作业的最佳顺序和设备的有效利用。为了解决上述问题，20 世纪 80 年代初，MRP 由传统式发展为闭环式。

闭环式 MRP 的基本原理如图 6-3 所示。

在闭环式 MRP 中，根据长期生产计划或生产规划来制订主生产计划，而这个主生产计划必须先经过产能负荷分析，才能够真正确立下来，以保证其是可行的；然后再执行物

料需求计划和能力需求平衡计划、车间作业计划及控制。这里建立反馈关系是至关重要的，即在实施系统时，利用供应商的反馈、车间的反馈和计划人员的反馈帮助生产计划实施成功。

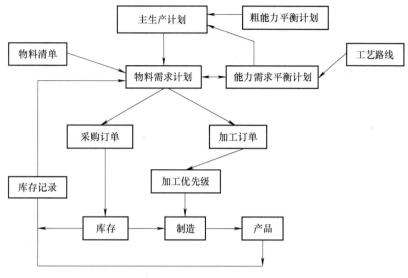

图 6-3　闭环式 MRP 的工作原理

从以上特点可以看出，闭环式 MRP 是一个集计划、执行、反馈为一体的综合性系统，它能对生产中的人力、机器和物料等各项资源进行计划与控制，使生产管理的应变能力有所加强。

6.2.2　MRPⅡ是企业资源计划的重要组成

MRP 解决了企业物料供需信息集成问题，但是没有说明企业的经营效益。将 MRP 的信息共享范围扩大，使生产、销售、财务、采购、工程紧密结合在一起，共享有关数据，组成一个全面生产管理的集成优化模式，这就是制造资源计划（Manufacturing Resource Planning）。为了避免名词的混淆，物料需求计划也称作狭义 MRP，而制造资源计划称作广义 MRP 或 MRPⅡ。MRPⅡ是一个制造业公认的标准管理系统，由闭环式 MRP 和财务等功能组成，如图 6-4 所示。MRPⅡ大致的作业流程如图 6-5 所示。

MRPⅡ系统是在 MRP 系统基础上发展起来的一种更为完善和先进的管理思想和方法。MRPⅡ与 MRP 的主要区别就是它运用管理会计的概念以货币形式说明了执行企业物料计划带来的效益，实现了物料信息与资金信息的集成。MRPⅡ系统克服了 MRP 系统的不足，主要增加了生产能力计划、生产活动控制、采购和物料管理计划、财务管理四个方面的功能。

（1）生产能力计划功能是以物料需求计划的输出作为输入，根据计划的零部件需求量和生产基本信息中的工序、工作中心等信息，计算出设备与人力的需求量、各种设备的负荷量，以便判断是否有足够的生产能力。如果发现生产能力不足，则进行设备负荷调节和人力补充；如果生产能力实在无法平衡，则可以调整产品的生产计划。

物流信息系统

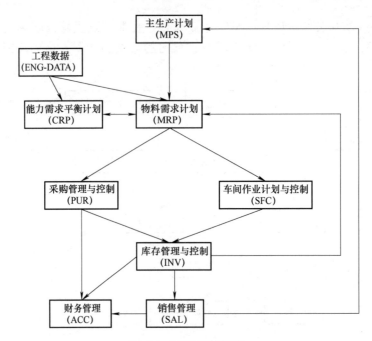

图 6-4　MRP Ⅱ 的组成

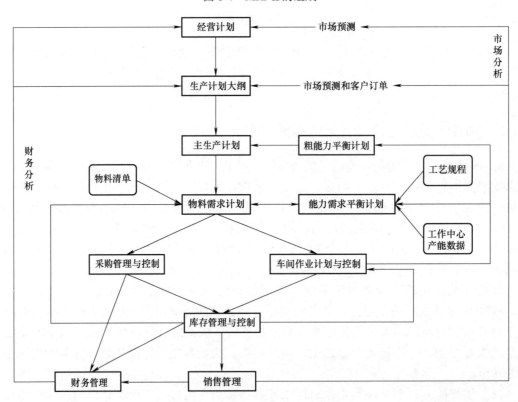

图 6-5　MRP Ⅱ 大致的作业流程

（2）生产活动控制功能是以调整好的物料需求计划的输出作为输入，利用计算机的模拟技术，按照作业优先执行的原则，自动地编制各种设备或工作中心的作业顺序及作业完成日期。

（3）采购和物料管理计划功能是根据物料需求计划和库存管理的策略编制物料请购计划，建立采购与进货管理、供应商档案和供应商账务管理等。

（4）财务管理功能是在物料计划管理的基础上完成库存会计账务管理，如成本、应收账、应付账和总账管理等。

6.2.3 企业资源计划的组成和核心管理思想

随着市场竞争的进一步加剧，企业竞争空间与范围进一步扩大，为了支持企业整体发展战略，实现全球大市场营销战略与集成化市场营销，MRP Ⅱ 逐步发展成为 ERP（Enterprise Resource Planning，企业资源计划）。

ERP 主要由计划、财务、生产管理、人力资源管理、管理会计、设备资产管理、企业决策支持等几部分组成，ERP 与供应链管理（Supply Chain Management，SCM）、客户关系（Customer Relationship Management，CRM）和产品数据管理系统（Product Data Management，PDM）无缝连接，构成了完整的企业资源管理体系，如图 6-6 所示。

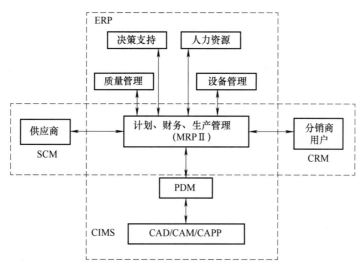

图 6-6 ERP 的组成

与 MRP Ⅱ 相比，ERP 的主要特点体现在以下几个方面：

（1）ERP 系统在 MRP Ⅱ 的基础上扩展了管理范围，在 MRP Ⅱ 对企业内部人、财、物等资源进行管理的基础上，将客户需求和企业内部的制造活动及供应商的制造资源整合在一起，注重对企业供应链上的所有环节，如订单、采购、库存、计划、生产制造、质量控制、运输、分销、服务与维护、财务、人事、项目、产品数据等进行有效管理。

（2）ERP 能很好地支持和管理混合型制造环境，满足企业开展多种生产方式的经营需求，如重复制造、批量生产、按订单生产、按订单装配、按库存生产等及其混合模式。

（3）ERP 在制造、分销、财务管理功能外，还增加了支持整个供应链上物料流通体系的供、产、需各个环节之间的运输管理和仓库管理；支持生产保障体系的质量管理、设备维修和备品备件管理；支持对工作流（业务处理流程）的管理。

（4）ERP 系统支持在线分析处理（Online Analytical Processing，OLAP）、售后服务及质量反馈，强调企业的事前控制能力。它可以将设计、制造、销售、运输等集成以并行地进行各种相关作业，为企业提供了对质量、适应变化、客户满意、绩效等关键问题的实时分析能力。

（5）ERP 的财务系统不仅是一个信息的归结者，更可以将财务计划和价值控制功能集成到整个供应链上。

6.3　SAP 系统功能分析——以 SAP R/3 系统为例

R/2 系统和 R/3 系统是 SAP 公司所提供的 ERP 产品。R/2 是用于集中式大型机环境的系统，R/3 是用于分布式的客户/服务器环境的系统。本章以 SAP R/3 系统为例进行介绍。

SAP R/3 系统是一个基于客户/服务器结构、集成和开放的企业资源计划系统。它包括：销售和分销（Sales & Distribution，SD）、物料管理（Materials Management，MM）、生产计划（Production Planning，PP）、质量管理（Quality Management，QM）、工厂维护（Plant Maintenance，PM）、人力资源（Human Resources，HR）、行业方案（Industry Solutions，IS）；工作流管理（Work Flow，WF）、项目系统（Project System，PS）、资产管理（Asset Management，AM）、管理会计（Controlling，CO）、财务会计（Financial Accounting，FI）12 个模块，如图 6-7 所示。SAP R/3 系统的主要处理流程如图 6-8 所示。

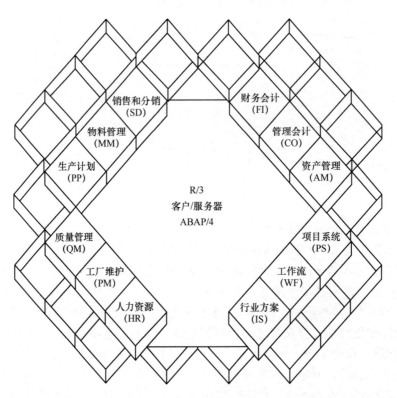

图 6-7　SAP R/3 系统的组成

第 6 章 企业资源计划系统——以 SAP 为例

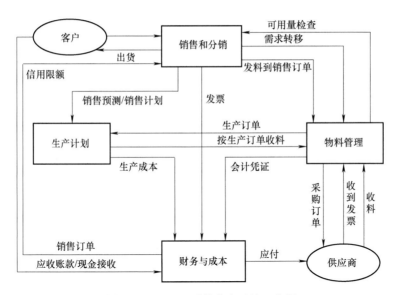

图 6-8 SAP R/3 系统的主要处理流程

一般,上述各种模块又常常被归为六大子系统:①会计系统,包括财务会计(FI)、管理会计(CO)、资产管理(AM);②后勤系统,包括销售和分销(SD)、物料管理(MM)、生产计划(PP)、质量管理(QM)、工厂维护(PM);③项目系统(PS);④行业方案(IS);⑤人力资源(HR);⑥工作流管理(WF)。

上述每一个模块又具有若干功能,如财务会计包括总账、应收账/应付账、财务控制、金融投资、法定合并、基金管理等功能。下面分别介绍各模块功能的内容。

6.3.1 生产计划

SAP R/3 系统的生产计划(PP)模块完成以下几个方面的功能:制订销售计划,编制主生产计划,生成物料需求计划,市场预测,生成生产资源计划,生成能力计划,控制生产活动,采集工厂数据。与传统的 MRP Ⅱ 系统不同,SAP R/3 系统的生产计划模块集成了财务和后勤的计划与执行功能,对设计、销售、生产、分配和成本核算等工作流程进行了整体性优化。生产计划模块的功能关系如图 6-9 所示。

1. 销售与运作计划

销售与运作计划(Sales and Operation Planning,SOP)是一个针对销售、生产、采购、库存管理等中长期计划的计划和预测工具。它的功能是汇总不同的内部和外部数据,作为设置和实现高层经营目标的依据。

2. 需求管理

需求管理(Demand Management,DM)的功能是确定成品与重要部件的需求数量与交货日期,即形成需求大纲。针对不同的市场需求,企业会采取不同的生产计划策略,如备货型生产,按销售与库存订单以批量进行生产,订货型生产等。根据所选择的策略,可以使用销售订单和/或销售预测值来创建需求大纲。

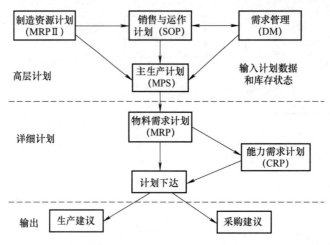

图 6-9 生产计划模块的功能关系

3. 主生产计划

主生产计划（Master Production Scheduling，MPS）的功能是确定在可用的生产能力和采购收货前提下适合生产的数量。在主生产计划中，把对企业利润有极大影响或使用关键资源的零件或产品，作为主计划项目。主计划项目可以是最终产品、装配件甚至原材料。

4. 物料需求计划

物料需求计划（MRP）在 R/3 系统中的功能是保证物料的可用量，同时避免过量的库存，提供生产和采购的订货建议。

5. 能力需求计划

订单是能力需求计划（Capacity Requirement planning，CRP）的核心，订单中工序的标准值和数量形成了排产和计算能力需求的基础。通过 R/3 系统进行能力评估，可以确定可用能力和能力需求，并把可用能力和能力需求进行比较。通过能力均衡来调整工作中心的不足和过载能力，以及实现最佳的资源选择。

6. 工艺路线标准值计算

工艺路线（Computer Aided Process Planning，CAPP）标准值计算是生产计划的一部分，CAPP 属于生产计划的主数据之一（主数据包括物料主文件、物料清单、工艺路线和工作中心）。CAPP 标准值计算为生产计划提供了数据支持。这些标准值是利用执行工序的工作中心所允许的加工方法或工艺来计算的。

6.3.2 销售和分销

SAP R/3 系统的销售和分销（SD）模块的主要功能包括销售支持、销售信息系统、销售管理、询价及报价、订货、装运、出具发票、信贷管理、可用性检查等，其功能关系如图 6-10 所示。

1. 销售支持

销售支持（Customer Activity Support，CAS）的功能是使得所有的销售人员，包括现场销售人员和办事处的员工,都能提供和存取有关客户、潜在客户、竞争对手及其产品、联系人等方面的有价值的信息。销售支持使售前功能得以简化和自动化,减少了销售人员的工作量。销售支持是 SD 的信息资源,并可作为一种获取新的商业动力的功能。

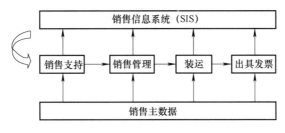

图 6-10　销售和分销模块的功能关系

2. 销售信息系统

销售信息系统(Sales Information System,SIS)的功能包括提供有关销售信息的报表。这些报表能协助企业制定销售和商贸策略以及分析计划的结果。

3. 销售管理

任何企业的销售部门都要开展广泛的销售活动。这些活动包括询价与报价、订货、信贷管理和可用性检查等。这些活动都应该可以衔接起来,数据输入应减至最少,使误差被消除。R/3 系统 SD 模块中的销售管理(Sales Management)可以提供询价、报价、销售订单的处理和监控、可用性检查、交货计划、发货点和路线确定、客户信贷检查等功能。R/3 系统中的 SD 模块与财务会计、生产计划、项目管理、物料管理和质量管理等其他模块全面集成,这使企业的销售和分销事务可以实时工作。

(1)询价与报价。询价与报价文件向客户提供有关产品和服务信息的同时,也作为业务信息的资料库。这些文件还提供有关未来客户的重要信息。另外,通过管理和监控这些售前文件,企业可以分析和衡量市场的动向,分析销售不佳的原因,并帮助建立计划和战略。

(2)订货。R/3 系统中的 SD 模块可以帮助企业处理不同的销售订单。

(3)信贷管理。信贷管理是通过集成来自财务会计(FI)模块、销售和分销(SD)模块的最新信息,快速而准确地审查客户的信贷状况,尽快解决信贷扣留(由于信贷原因而引起的凭证冻结),加快订单处理,使企业能有效减少信贷风险。

(4)可用性检查。按时交货对客户是至关重要的,它甚至会影响客户决定是否购买产品或相关服务。SD 模块中的可用性检查可以确定产品是否能够被获得,并确保按客户要求的交货日期交货。因此,当企业输入客户要求的交货日期时,SD 模块能计算出装运活动的日期。系统可以确定什么时候必须获得产品,什么时候进行分拣、装载,以及制订运输的计划,用以满足客户要求的交货日期。

可用性检查和交货计划是相互依赖的。由于在企业的组织中,销售、生产和发送状态在不断变化,SD 模块在企业输入销售订单时便进行一次可用性检查,以确保满足客户的需求。在发货过程中,可用性是自动重复检查的。

4. 装运

装运(Shipping & Delivery)是供应链活动中的基本环节。装运部门的主要任务是确保对客户的服务和保障分销资源计划（Distribution Resource Planning，DRP）。装运成本是后勤成本的主要部分，所以靠 SAP 提供的灵活装运处理，企业可提高总的效益且变得更有竞争能力。

装运活动包括：通过创建交货来开始装运过程，计划并监督装运过程每步工作的工作量，监控产品的可用性，处理延期订单、分拣、包装，为运输计划提供当前的准确信息，打印并传递装运凭证，满足外贸要求，货物离开企业的场地时更新信息，监督交货过程，等等。

5. 出具发票

出具发票（Billing）是销售和分销中的最后活动。出具发票凭证满足了日常业务和特殊情形下的业务两方面的要求。出具发票的事务可以指派给某一特定的销售机构、分销渠道和产品组。

6.3.3 物料管理

SAP R/3 系统的物料管理（MM）模块覆盖了一个集成的供应链中所有的有关物料管理（物料需求计划、采购、库存和库房管理）的任务。采购为计划提供重要的交货情况和市场供应情况，并且控制采购物料从请购到收货、检验、入库的详细流程。库存管理负责现有库存的管理，帮助企业维护准确的库存数。物料管理模块的功能包括采购、发票校验、供应商评估、库存管理、库房管理，如图 6-11 所示。

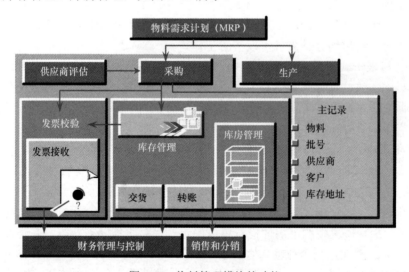

图 6-11　物料管理模块的功能

1. 采购

采购（Purchasing）功能用于管理确定采购需求、选择供应商、下采购订单、采购订单的跟踪及催货、收货及发票校验、付款等一系列涉及整个采购周期的所有活动。

企业可以在系统中建立和维护与采购有关的物料和供应商数据，从而加强对采购的控制，优化系统中的采购程序。这些数据包括物料主数据、供应商主数据、采购信息记录、货源清单及配额的分配。物料主数据包括企业从企业外采购或内部生产的物料的详细信息；供应商主数据是关于外部供应商的信息；采购信息记录建立了物料和供应商之间的联系，因而方便了选择报价的处理；货源清单规定了物料可能的供应来源，显示了可以从某一给定的供应商处订购物料的时间段；配额分配是根据配额确定在一定期间内物料总需求在特定的供应商之间如何进行分配。根据配额分配主数据的设定，系统可以自动完成采购任务在不同供应商之间的分配，从而简化手工分配的任务。

2. 发票校验

发票校验（Invoice Verification）功能提供物料管理部分与财务会计、成本控制和资产管理部分的连接。发票校验不是对支付进行处理，也不是对发票进行分析，而是将这些需要处理的信息传递到其他相关部门。

3. 供应商评估

供应商评估（Vendor Evaluation）功能是为了尽量优化采购操作，能简化选择货源过程，不断跟踪和考察现有的供应关系。因为所有供货商以同一标准评估并由系统评分，因而使用供应商评估功能能最大限度地保证客观性。主要评估标准为价格、质量、交货和服务，最多可以定义 99 个评估标准。每个主要标准可以分为多个子标准，以便进行更详细的评估，系统提供 5 个子标准，最多可以定义 20 个子标准。

4. 库存管理

库存管理（Inventory management，IM）功能是物料管理（MM）模块的一部分，并完全地与整个后勤系统集成，这种集成确保了信息的流动和共享。

（1）与物料管理（MM）的集成。作为物料管理的一个组成部分，库存管理直接与物料需求计划、采购和发票校验相联系。库存管理形成物料需求计划的基础，该计划不仅考虑了实际库存，而且考虑了在途的物料和已分配的物料。

（2）与生产计划（PP）的集成。库存管理负责生产订单所需物料的待运，以及负责记录仓库对产成品的接收信息。

（3）与销售和分销（SD）的集成。一旦输入一个销售订单，企业就可以刷新现有库存的动态可用性检查。

（4）与质量管理（QM）的结合。在物料移动过程中，系统确定是否应对物料进行质量检查。

5. 库房管理

利用库房管理（Warehouse Management，WM）功能，可以对企业里复杂的库存结构进行管理。这种结构可以包括不同的仓库中的区域（即存储类型），如在高架位闲置的存储、可用存储、冻结存储和固定的仓位提取区域等，以及生产供应、发货和收货区域等。

6.3.4 财务会计

一个有效的、现代的财务会计（FI）系统必须满足企业内部的和法定的会计工作的要求。法定要求是指必须能够按有关规定向股东、债权人、相关组织以及社会公众披露并提供所需的信息。

在 SAP R/3 系统中发生的所有业务都将依据凭证的有关规定记账。这种规定将保证从资产负债表到每一张凭证的审计线索。用户完成记账之后，可以立即看到凭证本身、科目的余额以及相关科目的清单。用户也可以立即对资产负债表和损益表进行分析。

SAP R/3 系统的集成性确保了会计信息能够满足自动更新的要求。当用户在后勤系统处理业务时，例如物料的接收和发运，这些业务所引起的财务上的变动将立即自动地记入财务会计系统。此外，SAP R/3 系统为其用户提供了同业务伙伴之间进行数据交换的电子化处理功能，例如与客户、供应商、银行、保险公司以及其他信贷机构的业务往来。

SAP R/3 系统的财务会计模块的主要功能包括总分类账管理、应付账款管理、应收账款管理、固定资产、法定合并以及特殊统计会计。如图 6-12 所示。

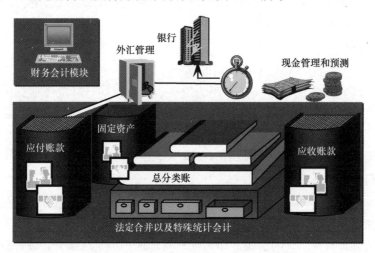

图 6-12　财务会计模块的功能关系

1. 总分类账

总分类账（General Ledger）会计的中心任务是提供一个关于外部会计和所涉及科目的全面图景。在一个与企业所有经营部门高度结合为一体的软件系统中记录所有业务往来，从而保证了会计数据总是完整的和准确的。

2. 应付账款

应付账款（Accounts Payable，AP）功能对所有供应商的财会数据进行管理。它是与采购功能集成的一个不可分割的部分，因为它记录每个供应商的交货和发票。系统提供了供应商主记录、记账凭证、跨公司代码业务、处理凭证、供应商账户余额和未清/已清行项目、收付通知书、结算未清项目、定金、应付汇票、保证金、收付程序、支票管理、预制凭证等功能。

3. 应收账款

应收账款（Accounts Receivable，AR）功能是对客户账户进行监测与控制的模块。在此模块中，账户分析、示警报告、逾期清单以及灵活的催款功能，都可以方便地处理客户未清项。系统提供了客户主记录、记账凭证、跨公司代码业务、处理凭证、客户账户余额、结算未清项目、定金、应收汇票、担保、信用管理、预制凭证、催款程序等功能。

4. 固定资产

固定资产（Fixed Assets，FA）功能涵盖了所有主要工业国家在法定报表和对资产价值评估方面的要求。能处理包括资产购置、折旧、转移、报废等业务的输入、计算和处置。除了法定的对资产价值的评估，用户可自定义许多折旧和评估的方法。

5. 法定合并

法定合并（Business Consolidation System，BCS）功能允许用户能够选择多种方式对集团公司下属的子公司的业绩进行评估。合并财务报表不是将子公司会计报表简单地相加，而是对资产、应收/应付账款、债务、利润、销售收入等进行重新分类、评估、合并及内部抵销。所有合并业务都由系统自动完成。

6. 特殊统计会计

特殊统计会计（The Special Purpose Ledger，SL）功能可为特定的用户提供特殊的计算功能。在此模块中，一个特殊分类账可通过对科目的设置（如成本中心、产品等），从不同的视角来反映科目的余额。用户可以对每一个分类账进行计划、分配和货币转换处理。当实际业务发生时，这些特殊分类账也能自动地更新，从而满足不同厂商对报表的要求。

6.3.5 管理会计

SAP R/3 系统的管理会计（CO）模块使用户密切地监控所有成本、收入、资源及期限，对计划成本与实际成本进行全面的比较。管理会计数据被完全集成到 R/3 系统的后勤、销售和财务会计的业务活动中。该模块的主要功能包括：成本中心会计管理、基于业务活动的成本核算（ABC）、订单和项目会计管理、产品成本核算、获利能力分析、利润中心会计，如图 6-13 所示。

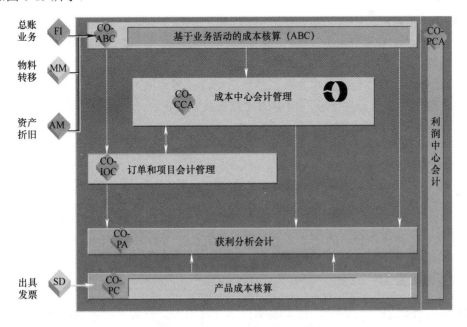

图 6-13　管理会计模块的功能关系

1. 成本中心会计

SAP R/3 系统的成本中心会计（Cost Center Accounting）核算帮助用户确定在企业的何处将生成何种成本，并将成本分配给产生该成本的部门。此类型的记录和分配不仅能够进行成本控制，还能为其他管理会计核算部门（例如成本对象控制）做准备。

2. 基于业务活动的成本核算

基于业务活动的成本核算（Activity Based Costing，ABC）是一种测定业务过程和成本对象的成本和完成量的方法。ABC 根据业务处理过程中使用资源的情况来分配成本。业务处理过程中发生的成本根据这些过程的使用情况来分配到成本对象中，例如产品、服务、顾客、订单等。

3. 订单和项目会计管理

订单和项目会计管理（Internal Orders Costing）是指在管理过程中必须单独监控的大量投资支出，可以用内部订单或项目的方式来表示。项目系统（PS）可使用户控制项目层次结构，可以向每个项目要素分摊预算、成本、期限和能力。

4. 产品成本核算

在 SAP R/3 系统中，产品成本核算（Product Costing，PC）功能与后勤系统紧密地连接。例如，在销售订单相关的生产中，SD 模块中的销售订单也用作成本对象，在成本对象中对成本和销售收入进行比较。

5. 利润中心会计

利润中心会计（Profit Center Accounting，PCA）的主要目的是确定利润中心的经营利润，这可以为管理层提供重要的、战略性的计划信息，并提供可靠的数据以支持企业未来至关重要的投资决策。

6. 获利分析会计

SAP R/3 系统的获利分析会计（Profit Analysis Accounting，PA）功能可以满足及时性获利分析及销售管理的各种需求。该模块可以使用户从业务的各个方面（如产品、客户、订单及其任意组合）及任何组织单元（如销售组织或业务领域）对它们的毛贡献或对经营利润的总体贡献进行分析。关于获利情况的信息构成了定价、选择客户、决定合同条款、控制数量、选择分销渠道及促销的决策依据。

6.3.6 资产管理

SAP R/3 系统的资产管理（AM）模块能涵盖所有主要工业国家在法定报表和资产价值的评估方面的要求，能处理固定资产的购置、报废、转移和折旧等业务的输入、计算和处置。除了法定的对资产价值的评估，用户可以自定义许多折旧和评估的方法。

6.3.7 人力资源

SAP R/3 系统的人力资源（HR）模块提供综合的人力资源管理功能，涉及诸如人事计划、新员工招聘、工资管理和员工个人发展等各项业务活动。它由人事管理与工资核算

（Personnel Administration and Payroll Accounting，PA）和人事计划和员工发展（Personnel Planning and Development，PD）两部分组成。

人事管理与工资核算（PA）包括员工管理、薪酬管理、时间管理、差旅报销管理、福利管理、招聘管理。

人事计划和员工发展（PD）包括组织管理、劳动力计划、培训管理、员工发展与计划、人力资源信息系统。

6.3.8 质量管理

SAP R/3 系统的质量管理（QM）模块，与其他模块相结合，支持所有与产品质量保证有关的流程。它提供详细的检测计划，管理废品率等与质量相关的数据，并对成本质量资格认证进行管理。具体包括以下功能：质量计划、检验记录、使用决策、质量通知、质量控制、测试设备管理。

6.3.9 工厂维护

SAP R/3 系统的工厂维护（PM）模块与资产管理、采购模块完全集成，能够处理厂房修缮和生产过程中使用设备的维护，提供关于设备使用与闲置的信息。PM 模块和 PP 模块的紧密配合，保证了生产过程的效率。它包括以下功能：PM 组织的描述、维护对象的描述与构造、维修任务的处理、维修计划、技术系统的改进与构筑、维修任务处理过程的详细说明、复杂维修任务和项目的计划和处理、可修复件的更新、外部服务描述、维修分析。

6.3.10 其他模块

1. 项目系统（PS）

项目系统模块主要包括项目计划、预算、能力计划、资源管理、结果分析等功能。

2. 工作流管理（WF）

工作流管理模块主要包括工作定义、流程管理、电子邮件、信息传送自动化等功能。

3. 行业方案（IS）

行业方案模块针对不同行业提供特殊应用。

6.4 SAP 系统结构及技术特点——以 SAP R/3 系统为例

6.4.1 系统结构

SAP R/3 系统是一种高级数据处理软件包，它为各种领域提供广泛的商业应用解决方案。

SAP R/3 系统的组织结构与联机功能相结合，直接引入了具有三个层次的分布式数据处理概念。SAP R/3 系统的结构如图 6-14 所示。

物流信息系统

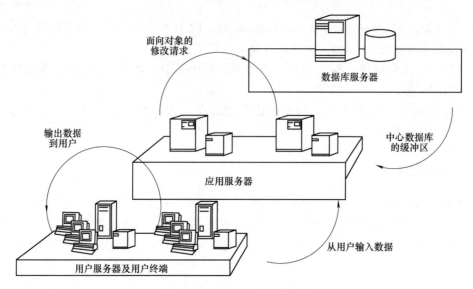

图 6-14　SAP R/3 系统的结构

1. 数据库服务器

中心数据库（Central DB）存储所有的数据，提供所有数据库功能，如更新、建库等，通过修改数据库和进行批处理与应用逻辑层相连接。

2. 应用服务器

应用服务器通过读数据库和更新缓冲区，与数据库服务器相连接，同时为特定部门装入和执行应用程序服务，它属于应用逻辑层。

3. 用户服务器

用户服务器与应用服务器的工作站、个人计算机和终端相连接，实现输入和显示数据的功能。

R/3 系统应用的最大特点就是其高度集成性。标准化的用户界面、标准化的数据管理、控制和分布处理的标准化概念、标准化接口、标准化的开发方法，共同保证了应用模块能进行无缝连接。所有这些都是通过在最低层软件的共享层，即基础软件的基础上，建立一些应用来达到的。

R/3 基础软件包括 R/3 系统和外界的所有通信，以及 R/3 系统和其他应用进行有效的数据交换所需要的接口。这样就保证了应用系统和工具的可移植性。

基础软件允许系统的所有功能都在一个统一的图形界面下进行存取，基础软件既服务于最终用户，又服务于系统管理人员，就像连接在系统软件和应用软件之间的一条链，从而保护他们不受整个系统内部复杂性的影响。

基础软件也定义数据自动输入/输出的接口，例如 EDI 和电子邮件的接口、CPI-C 接口、远程功能调用以及电报和传真的通信接口。

6.4.2　系统技术特点

SAP 系统是针对所有企业的一种数据和应用集成方案，它将业务和技术进步融入了一个综合性的高品质的标准系统，即商品化软件系统中。R/3 系统又是一个建立在三维客户/服务器上的开放的新标准软件。

SAP R/3 系统的主要特点如下：

1. 综合性

R/3 系统提供的应用功能有会计、后勤、人力资源管理、工作流管理等，涉及各种管理业务，覆盖了企业管理所需的各种功能。R/3 系统支持多种语言，而且是为跨国合作而设计的。R/3 系统可以灵活地适应各国的货币及税务要求。

2. 集成性

R/3 系统具有一个高度集成化的结构，表现在它所提供的各种管理业务功能之间都是相互关联的，各模块输入输出相互衔接，数据高度共享，任何数据的修改都将会引起相关数据自动修改。重复工作和多余数据被完全取消，规程被优化，集成化的业务处理取代了传统的人工操作。

3. 灵活性

R/3 系统是一个能够用于多种行业的应用软件，其应用领域主要是制造业，另外在零售公司、公共设施、银行、医院、金融和保险业中也有应用。R/3 系统的模块结构使用户既可以一个一个地选用新的实用程序，也可以完全转入一个新的组织结构体系。R/3 系统中方便的裁剪方法使之具有灵活的适应性，从而能满足各种用户的需要和特定行业的要求。

4. 开放性

R/3 系统是一个开放式软件系统，它可以运行在所有主要硬件平台、操作系统以及数据库之上。R/3 系统的体系结构符合国际公认的标准，使客户得以突破专用硬件平台及专用系统技术的局限。同时，SAP 提供的开放性接口，可以方便地将第三方软件产品有效地集成到 R/3 系统中来。

5. 友好性

图标与图形符号简化了人机交互时的操作。统一设计的用户界面确保了不同岗位的工作人员能够运用同样的操作方法从事不同的工作。

6.5 SAP 云平台简介

近几年，随着云计算、大数据分析、机器学习等新兴技术的迅速发展，以 SAP、微软以及 IBM 为代表的大型企业级解决方案供应商开始积极投资构建下一代 IT 技术，这些技术可以帮助企业更顺畅地完成转型。2012 年 5 月，SAP 发布全新的云计算战略，推出面向人员、资金、客户和供应商管理四大业务线的云计算解决方案，以加速 SAP 在该领域的发展进程。

SAP 以协同方式提供云计算解决方案，并将其与原有的 ERP 业务软件实现无缝集成。SAP 按照云计算时代的技术架构，以平台、应用、界面三者分离的方式重构整个企业的软件生态。SAP 云平台提供一系列服务，包括云基础设施、SaaS 扩展、大数据分析、Business Services、协同平台、数据与存储、开发平台、集成平台、物联网、移动开发、Multi

Cloud、运行环境和容器、安全组件、用户界面等。SAP 云平台以平台即服务（简称 PaaS）的方式交付，具体包括以下五部分：

（1）SAP 云平台物联网服务（SAP Cloud Platform IoT Service）。此项服务的一大核心目标在于将物联网服务同云平台的流式分析服务结合，从而协同处理由物联网设备生成的大量数据。目前，SAP 云平台物联网服务能够对接超过 40 种设备协议，可以协助企业客户快速实现物联网发展策略与服务。

（2）SAP 开发接口商业中心（SAP API Business Hub）。这一方案旨在将 SAP 云平台打造成一套真正开放的平台与生态系统，允许客户及第三方以此为基础构建自己的解决方案，为 SAP 各项云服务提供一套集中开发接口（简称 API）目录。

（3）SAP 云平台 iOS SDK（SAP Cloud Platform SDK for iOS）。对于云平台而言，用户体验是决定其成败的关键性因素之一。SAP 公司密切关注移动设备层面的数字化使用体验。此 SDK 将为各类组织机构提供基于 SAP 云平台且面向 iPhone 与 iPad 的企业级应用程序构建工具。该 SDK 基于苹果公司最新发布的 Swift 编程语言，这意味着用户能够更为轻松地立足于 iOS 系统开发移动应用程序。

（4）SAP 云平台工作流（SAP Cloud Platform Workflow）。SAP 云平台工作流服务旨在帮助商务分析师快速立足于业务流程建立新的组合式工作流，从而提高企业业务流程自动化的能力。

（5）SAP 云平台虚拟机服务（SAP Cloud Platform Virtual Machine Service）。SAP 云平台虚拟机服务可以帮助客户根据当前内部软件、语言或者运行时的条件，对现有工作负载进行迁移，从而确保其能够直接运行在 SAP 云平台上。这意味着企业客户的整个公有云迁移过程将变得更加轻松、快捷且成本低廉。

（6）SAP 云平台大数据服务（SAP Cloud Platform Big Data Service）。要实现大数据应用运行需要大规模的前期投资，SAP 云平台大数据服务可以保证客户在云环境下采用 Hadoop 等大数据技术而无须进行大规模的投资。

6.6 SAP 系统应用评价与分析

SAP 公司成立于 1972 年，总部位于德国沃尔多夫市，是全球最大的企业管理和协同化商务解决方案供应商之一、全球著名的独立软件供应商。目前，在全球有 120 多个国家的超过 24450 家企业用户正在运行着 84000 多套 SAP 软件。80%以上的财富 500 强企业都正在从 SAP 的管理方案中获益。

SAP 在 20 世纪 80 年代开始同中国的国有企业合作。1995 年在北京正式成立 SAP 中国公司，并陆续建立了上海、广州、大连分公司。作为中国 ERP 市场的领导者，SAP 的市场份额近年来以非常快的速度增长，年度业绩以 50%以上的速度递增。

SAP 拥有众多的合作伙伴，包括 IBM、HP、埃森哲、毕博、凯捷中国、德勤、IDS-Scheer（爱迪斯）、源讯、汉得、高维信诚、神州数码、东软软件、汉普、清华紫光、海信、中科软等。

SAP 是全球行业解决方案的领导者，提供包含软件、最佳业务实践和服务的模块化的综合解决方案，能够使各类型企业从 SAP 公司的企业管理经验中获益，同时做到以最小的风险，快速的实施和获得快速的投资回报。继核心产品 SAP R/3 之后，SAP 针对不同规模的客户提供了全面的解决方案。例如，mySAP 系列作为成熟的协同商务产品为大型企业提供了满足所有行业需求的功能；SAP Business All-in-One 和 SAP Business One 为中小企业提供了敏捷的商务解决方案；SAP NetWeaver 作为集成化应用平台，实现了跨越异质 IT 环境的扩展，帮助企业跨越技术和机构组织的界限，实现人员、信息和业务流程的集成。企业用户应根据其行业特点和实际情况选用 SAP 产品。

SAP 解决方案包括的主要模块及说明如表 6-2 所示。

表 6-2 SAP 解决方案主要模块及说明

序号	解决方案	模块	说明
1	SAP 解决方案与企业应用	客户关系管理（SAP CRM）、企业资源规划（SAP ERP）、产品生命周期管理（SAP PLM）、供应链管理（SAP SCM）、供应商关系管理（SAP SRM）、Duet™、SAP 服务与资产管理、SAP Linux 解决方案、SAP 移动商务解决方案、SAP xApps	使企业业务的所有方面都达到最优化
2	SAP 中小型企业解决方案	Business ByDesign、SAP Business All-in-One、SAP Business One	提供简单且完整的企业信息化解决方案，充分满足不同行业和地区的各类需求
3	SAP 技术平台	企业服务架构（Enterprise SOA）、SAP NetWeaver 平台	提供健壮的技术平台，为开放、灵活的商业解决方案提供支撑
4	SAP 在线工具	SAP 价值计算器、SAP 业务导航图	评估 SAP 解决方案，并决定哪种解决方案最适合企业

本 章 小 结

随着企业生存环境的变化，企业经营管理的思想和理念也在不断发展。在信息技术飞速发展和经济全球化的形势下，企业资源计划（Enterprise Resource Planning，ERP）系统成为生产制造型企业应对市场竞争的重要手段。

ERP 是指建立在信息技术基础上，采用系统化的管理思想，为企业决策层及员工提供决策支持手段，帮助企业合理调配资源的管理平台。它在 MRPⅡ（Manufacturing Resource Planning）的基础上发展而来，以计算机为手段全面实施企业内外部资源管理，提升企业竞争力。

在国内外众多的 ERP 产品中，SAP 系统独树一帜。SAP R/3 系统是一个基于客户/服务器结构，集成和开放的企业资源计划系统。它的功能覆盖企业的财务、后勤（采购、库存、生产、销售和质量等）和人力资源管理等各个方面，其中财务会计系统包括财务会计、管理会计、资产管理和项目管理四个子系统，后勤系统包括销售和分销、物料管理、生产计划和控制、质量管理和工厂维护五个子系统，其他辅助系统包括工作流和人事管理。

SAP R/3 系统是一种高级数据处理软件包，它为各种领域提供广泛的商业应用解决方案。它将业务和技术进步融入了一个综合性的高品质的标准系统，即商品化软件系统，具有综合性、集成性、灵活性、开放性和友好性等特点。

◇ 关键概念

- 物料需求计划
- 闭环 MRP
- 制造资源计划
- 企业资源计划
- 主生产计划
- 物料清单
- 库存信息
- 独立需求
- 相关需求
- 采购订单
- 生产订单
- 供应链管理
- 客户关系管理

◇ 思考题

1. ERP 是如何发展起来的？
2. ERP 的最大特点是什么？
3. ERP 系统中的先进理念是什么？
4. 为什么说 ERP 系统可以提高企业的竞争力？
5. 为什么 ERP 系统的通用性是其成功的关键因素？
6. ERP 软件有哪些基本功能？

◇ 课堂讨论题

1. ERP 的核心管理思想是什么？请结合某一实际企业，讨论如何有效地应用 ERP 系统进行业务管理。
2. 请讨论和分析 ERP 系统是如何实现供应链管理思想的。

◇ 补充阅读材料

[1] 张涛，邵志芳，吴继兰. 企业资源计划（ERP）原理与实践[M]. 2版. 北京：机械工业出版社，2015.

[2] 杨建华. 企业资源计划：ERP 原理、应用与案例[M]. 2版. 北京：电子工业出版社，2015.

[3] 张真继，邵丽萍. 企业资源计划[M]. 2版. 北京：电子工业出版社，2014.

第 7 章

Forlink 综合物流服务平台

7.1 概述

"Forlink 综合物流服务平台"是时力永联科技有限公司（简称时力科技）以互联网、物联网、大数据以及现代物流信息技术等为基础建立的，服务于大宗商品行业的物流应用产品。该平台可提供运力交易、智能仓储、物流溯源、运输管理、物流金融、信息查询等功能，并通过系统对接，与物流企业、政府部门、行业协会、金融机构等实现互联，为各平台参与方提供相应服务支持。平台通过信息技术的应用，整合了现有物流信息资源，优化了产品供应链，加强了上下游企业间的合作关系，降低了物流成本，提高了物流管理效率，推动了物流信息标准的制定与实施，为供应链物流信息一体化创建了良好环境。

7.1.1 系统应用背景

从 20 世纪 50 年代农村集贸市场开始起步，我国现货商品交易市场体系经历了曲折的发展过程。改革开放后，现货商品交易市场得到了迅速发展，到 2005 年时，我国超亿元的大型交易市场已经达到 3398 个，拥有超过 100 家亿元以上市场的地区达到 11 个，包括浙江、江苏、山东、广东、河北、辽宁、湖北、湖南、福建、安徽和河南。现货商品交易市场融合了商品流通、交易和物流配送等多项功能，成为商品大进大出的集散地，在我国经济发展的过程中发挥了巨大的作用。

然而，随着信息技术的发展和互联网的广泛应用，由小商贩为主体支撑的传统批发市场已经相对过剩，对现货商品交易市场进行改造和提升，实施现货交易电子化，促进电子交易与物流系统的整合，成为提升现货商品交易市场竞争能力的有效途径。2000 年前后，我国现货商品交易市场开始实现由数量型扩张转变为向质量效益型发展，一些现货商品交易市场迅速实现了"交易创新和管理升级"。在现货商品交易市场基础上衍生出电子交易市场并辅以强有力的物流配送系统做支持，正在逐渐成为我国流通现代化进程中的亮点。

加快推进批发市场的流通现代化，发展现代化的物流配送，是现代大宗原材料和大型机械商品流通的必然方向，对推动我国流通现代化意义重大。建立行业性的电子商务与物流供应链管理平台是帮助我国企业拓展市场、降低成本、提升管理水平、增强国际竞争力的必然手段和过程。在这样的大环境下，以商品流通领域信息化提升为目标，抓住市场契机，设计开发适合我国大宗商品行业发展的物流信息集成化管理平台成为21世纪初期我国商品流通领域的迫切需求与重大机遇。

7.1.2 系统发展历程及现状

时力科技成立于1993年，是我国领先的行业电子商务应用解决方案和在线服务提供商，是国家认定的软件企业和高新技术企业。从2000年开始，时力科技就对电子商务与物流的理论与技术展开了深入研究，2002年公司推出综合物流管理系统，2007年推出"物流服务平台"应用产品，2014年推出"物流园区综合管理系统"。为增强软件产品的适应性与竞争力，时力科技积极参与国家物流信息标准的制定与实施，如参与制定了国家标准《数码仓库应用系统规范》（GB/T 18768—2002）、《运输与仓储业务数据交换应用规范》（GB/T 26772—2011）等；与国家信息中心建立了战略合作伙伴关系；与四川大学、北京邮电大学等多所大学和研究机构合作建立了联合实验室，专门进行新技术的研发；同时与 HP、IBM、Oracle、Microsoft、Cisco、EMC、Redhat 等业界领导厂商建立了紧密的合作伙伴关系，通过设计、整合、优化等流程，向客户提供全面的应用解决方案。

经过近20年的不断迭代升级，目前"Forlink综合物流服务平台"已经发展成为集合了物流配送管理系统、仓储管理系统、运力交易系统等多种物流软件产品的综合物流服务平台。该平台具有良好的开放性，能够为物流企业、物流市场、物流行业从业个体以及社会其他用户提供公平而开放的应用环境。平台具有良好的可连接性，能够与政府部门、事业单位及团体的信息系统连接，形成覆盖范围广的社会信息系统，供物流企业、物流市场与社会各界选择使用。同时，平台也具有良好的扩展性，可以轻松实现功能及业务范围的扩展，保障使用者有足够的发展空间，还可以与需要连接的异构平台网络实现对接，扩大平台网络的覆盖范围。

7.2 系统业务流程分析

"Forlink综合物流服务平台"主要包括运力交易系统、运输管理系统、城市配送管理系统（物流配送系统）、仓储管理系统以及供应链金融管理系统，各系统间相互协同联动，共同为平台用户提供物流服务支持。"Forlink综合物流服务平台"应用业务如图7-1所示。

在图7-1中，运力交易系统为贸易企业与物流企业之间提供车找货、货找车的交易平台；运输管理系统与城市配送管理系统（物流配送系统）为物流企业、运输企业提供物流订单的全程管理；仓储管理系统为仓储企业提供智能化信息管理，为货物交易提供保障；供应链金融管理系统为平台上的企业用户及个人提供资金融通、抵押、结算、保险等金融服务。

第 7 章　Forlink 综合物流服务平台

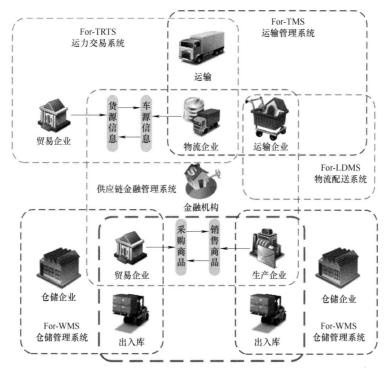

图 7-1　"Forlink 综合物流服务平台"应用业务

7.2.1　运力交易业务

运力交易系统提供的业务包括多种交易模式，主要有一口价/可洽谈交易、竞价交易等，其中，一口价/可洽谈交易模式流程如图 7-2 所示，竞价交易模式流程如图 7-3 所示。在交易合同生成后，平台支持全款预付、分批预付、货到付款等多种结算方式，同时提供货物中转、拼车等服务。

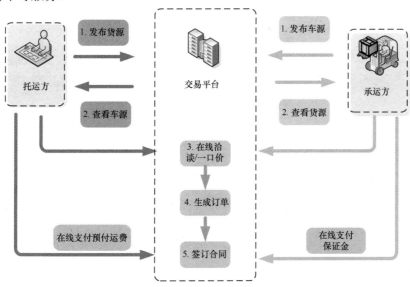

图 7-2　一口价/可洽谈交易模式流程

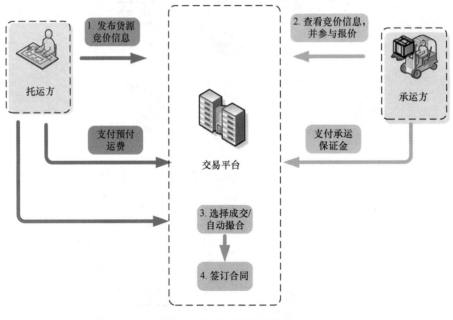

图 7-3　竞价交易模式流程

7.2.2　运输管理业务

运输管理系统提供的业务内容如图 7-4 所示。运输管理业务支持大宗物资和小件快运的运输模式，支持整车、零担配送，支持短驳业务、长途运输业务、联运业务、货运代理业务等多种业务模式。

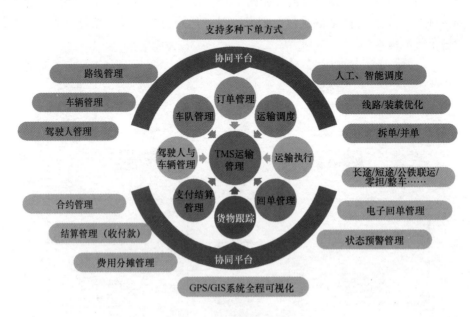

图 7-4　运输管理业务

7.2.3 城市配送业务

城市配送业务以商业活动、居民生活、都市工业和农村市场为主要服务领域，以运输单位、货主单位、政府机构、服务机构为主要客户群体，专注于同城货物运输，解决物流活动"最后一公里"的问题。本平台的城市配送管理系统是一个利用全国基础地理信息平台搭建的，集货源找车、车源运货、车辆调度、车辆管理等功能为一体的末端物流配送服务体系。城市配送管理业务如图 7-5 所示。

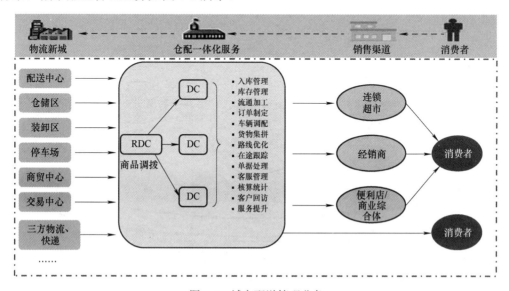

图 7-5 城市配送管理业务

7.2.4 仓储管理业务

仓储管理系统提供的业务如图 7-6 所示，主要包括入库业务、在库管理和出库业务。其中，在库管理包括货物日常过户、盘点、加工、移位、移库、退货等活动。仓储管理同时与交易联动，支持库存挂牌、提单出库、提单过户等业务。

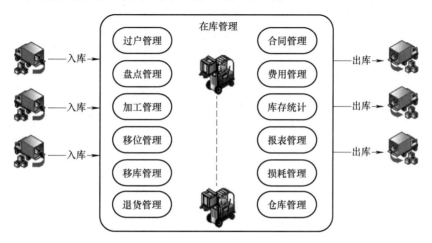

图 7-6 仓储管理业务

7.2.5 供应链金融管理业务

供应链金融管理的实质是银行围绕核心企业，对上下游中小企业的资金流和物流进行管理，并把单个企业的不可控风险转变为供应链企业整体的可控风险，通过立体获取各类信息，将风险控制到最低的金融服务模式。供应链金融管理业务涵盖了平台整个业务流程中所涉及的各种金融服务，包括物流活动过程中的各种贷款、投资、信托、租赁、抵押、贴现、保险、结算以及金融机构所办理的各类涉及物流活动的中间业务等，其业务流程如图 7-7 所示。

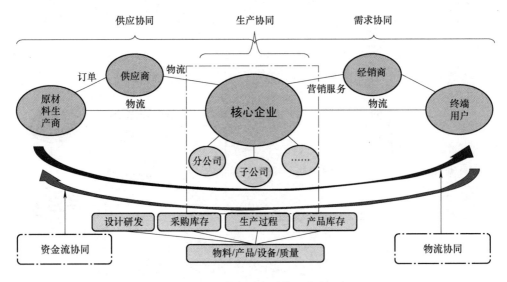

图 7-7 供应链金融管理业务

7.3 系统功能分析

7.3.1 系统设计遵循的原则

"Forlink 综合物流服务平台"的系统建设遵循以下四条原则：需求导向，分步实施；保护既往，整合现有；逻辑集中，适度分布；统一标准，确保安全。如图 7-8 所示。

1. 需求导向，分步实施

从软件系统项目的实际需求出发，确定系统建设方案，在保障平台稳定的基础上，稳步推进、分步实施。

2. 保护既往，整合现有

系统建设立足对已有业务需求及项目资源的整合与完善，在建设中重视业务流与信息流的优化重组，从而使现有资源发挥更大的作用。

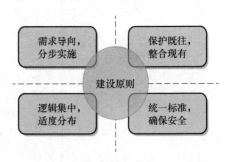

图 7-8 系统的建设原则

3. 逻辑集中，适度分布

系统集中将现有资金信息、交易信息及会员信息进行处理、储存与共享，建立数据库和信息数据资源目录，在逻辑上实现对信息数据资源的集中管理。

4. 统一标准，确保安全

系统建设过程中制定了统一的目录体系和数据交换等标准规范，创建了信息共享环境，同时按照国家规定的信息安全域和信任域实施等级保护，加强系统信息安全。

7.3.2 系统功能与组成

"Forlink 综合物流服务平台"是以大/中型计算机系统/计算机集群系统与精确定位系统为运行载体，通过对计算机、网络、通信、电子数据交换、地理信息、精确定位等系统与技术的集成使用，实现对物流系统相关信息的采集、加工、存储、处理与分析的大型物流信息系统。

该平台由硬件与软件两部分组成。在硬件系统中，计算机主机系统与网络系统一起，构成了系统的核心基础；对核心基础部分可进一步划分为计算机主机子系统、网络子系统（路由器、交换机等）、安全子系统等。核心基础部分是物流信息系统软件运行的载体。在软件系统中，包含系统软件和应用软件两部分。系统软件由操作系统、数据库、系统工具与支撑软件、中间件等组成，为应用系统提供运行支持环境。应用软件主要由物流管理信息子系统、物流作业信息子系统、物流决策支持子系统与平台管理子系统四部分组成，各子系统构成见表 7-1。

表 7-1 "Forlink 综合物流服务平台"应用软件各子系统构成

子系统名称	子系统构成
物流管理信息子系统	门户网站系统
物流作业信息子系统	运力交易系统、运输管理系统、城市配送管理系统、仓储管理系统、供应链金融管理系统
物流决策支持子系统	决策支持系统、数据和报表管理
平台管理子系统	资金管理、结算管理、诚信管理、系统管理、大数据平台、接口管理系统

其中，物流管理信息子系统、物流作业信息子系统与物流决策支持子系统的主要用户是物流企业、物流个体从业人员以及对物流作业或信息有需求的社会团体与个人；平台管理子系统的主要用户是该信息平台的管理、维护和研发人员。平台管理子系统与用户所使用的浏览器、个人计算机、终端等设备，通过互联网或自行组建的企业内部网连接，组成物流网络。这两类用户与平台连接所组成的网络结构如图 7-9 所示。

1. 门户网站系统

门户网站系统是平台的窗口，它将平台上的各种应用系统资源、信息资源汇聚到一起，通过统一的用户界面提供给用户，使企业可以快速地与用户、内部员工及其他企业建立信息通道，使个体可以快速地寻找到所需要的物流服务支持。"Forlink 综合物流服务平台"门户网站主要向用户提供物流行业新闻发布、物流行业政策法规宣传、交通道路状况信息发布、物流论坛、热点排名、广告信息发布、物流信息查询、用户定制服务交互等功能。

物流信息系统

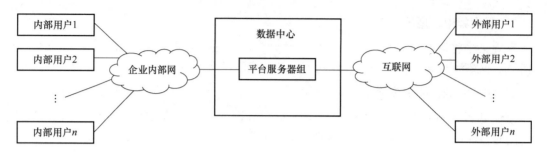

图 7-9 用户与平台连接所组成的网络结构

（1）物流行业新闻发布。作为一个综合新闻板块，主要报道国内国际物流行业的重要新闻，提供有深度的市场分析与评述以及物流行业热点专题报道。

（2）物流行业政策法规宣传。提供中央、国家机关各部委、各省区市制定的最新物流政策、法律、规章和规定，为用户全面理解及有效运用政策法规提供支持。

（3）交通道路状况信息发布。提供道路交通状况信息，以供用户合理选择运输方式、时间和路线，减少交通阻塞和延误，提高运输企业作业效率与服务质量，降低运输成本。

（4）物流论坛。提供不同主题的论坛、子论坛供会员进行信息交流。

（5）热点排名。对本行业关注的热点进行汇总、排名、发布，便于用户了解行业动态、市场供求状况。

（6）广告信息发布。为会员与各个合作企业提供在网站上发布产品信息的功能。

（7）物流信息查询。向用户提供物流业界信息，如物流企业、车辆、从业人员等的资质、历史记录及其他相关信息资料。

（8）用户定制服务交互。按照用户所定制的平台服务功能，完成系统与用户间的信息交互，将用户定制服务所需初始信息提交给平台后，向用户展示定制服务的结果信息。

2. 运力交易系统

运力交易系统是为了满足物流供需双方对运输服务的需求，"Forlink 综合物流服务平台"通过整合第三方运输资源以及聚拢大量待运货源，为供需双方提供一站式运输服务的系统。通过该系统，用户实现了网上虚拟物流即时交易与线下实体操作即时配对。运力交易系统的功能组成如图 7-10 所示。

运力交易系统根据用户角色分为托运管理模块和承运管理模块。托运管理模块服务于货主方，主要提供货源发布、合同管理等功能；承运管理模块服务于物流企业等，主要提供车源发布、合同管理等功能。财务管理和资金管理作为基础模块，服务于所有用户。

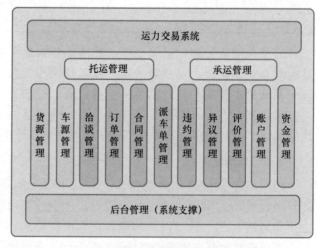

图 7-10 运力交易系统的功能组成

(1) 托运管理模块。托运管理模块主要服务于生产制造企业、供应商以及个体户等有托运货物需求的用户,交易平台能及时有效地帮助这些用户找到物流运输公司并提供在线托运管理业务。

托运方可在交易平台的物流信息中发布货源信息。货源信息发布方式包括会员新建或者企业自有系统(通过数据库接口)接入,信息内容包括运输方式、货物类型、货物名称、规格、货物数量、总重、货价总值、起运及到达地点、运费、起运及运达截止日、此次信息发布的有效期等,用户对已发布的货源信息可以进行修改、编辑、删除等操作。

承运方可在交易平台查询货源信息,若有承运意向,则可在线发起与托运方的洽谈。托运方还可以发布货源竞价信息,承运方在线报价,通过选择成交或自动撮合完成交易。托运用户也可以在平台上查看物流运输公司的运力报价,主动寻求合作。通过平台提供的"订单管理""洽谈管理""合同管理""违约管理"等功能,用户可以实现对物流交易的实时管理,与对货物运输的在途监控,通过"验货确认"和"验票确认"功能完成交易,并做出信用评价。

(2) 承运管理模块。承运管理模块主要服务于物流运输公司等可以提供货物运输服务的用户。用户可以将运力信息发布到平台,也可以查看托运信息,在线报价,主动交易,提高物流合作效率。承运方如果想要承运货物,可在交易平台上发布物流运价信息;托运方可以在交易平台查询运价信息,若有托运意向,则可在线发起与承运方的洽谈。运价信息主要包括:运输方式和运输工具、起运和到达地点、运价(整车和零担)、运价信息有效日期。

用户也可以在平台上查看托运方发布的货物托运信息,寻求合作。通过平台提供的"订单管理""洽谈管理""合同管理""违约管理"等功能,用户可以实现对物流交易的实时管理,并将货物的在途信息录入系统,等待对方确认收货后完成交易,做出信用评价。

3. 运输管理系统

运输管理系统以用户服务为中心,对订单派送、计划派车、在途监控及货物签收等运输作业环节实施信息化管理,为物流企业长途运输业务提供在途货物节点控制和全程监控,并为用户提供货物运输信息实时查询等服务。

(1) 运输任务管理。运输企业的管理员通过对物流订单中的运输任务、运输计划进行新增、修改、查看、删除以及审核等操作,实现对运输任务的有效管理,同时企业后台管理员可以将物流订单派送给与之合作的物流企业或者加盟物流商。

(2) 派车计划管理。运输企业的派车员根据完成审核的运输计划制订派车计划,还能实现对派车计划的新增、修改、查看、删除功能。

(3) 车辆管理。车辆管理模块能为物流企业的管理人员提供对本企业车辆信息的修改、查询等功能,通过提交、修改、删除、编辑等操作实现车辆管理。其中"新增车辆"为物流企业提供车辆信息录入功能,通过录入车牌号、车载手机、车辆类型、行驶证、营运执照、驾驶人信息、保险信息、年检信息等内容完成新增运输车辆的录入工作。

(4) 车辆监控。物流信息平台可以为用户提供多种物流跟踪方式,帮助货主及时准确地掌握车辆及货物的在途状态。系统利用自动或人工监控方式获取被监控对象的基本信息并录入监控平台。物流跟踪服务通过提供车辆的即时信息,包括车辆所在位置、运营状态、工作状态等，帮助运输公司及时准确地掌握运输车辆的详细情况。

（5）驾驶人管理。驾驶人管理模块为物流公司提供驾驶人信息录入及管理功能。管理人员通过录入驾驶人姓名、联系电话、驾驶证等信息完成驾驶人注册工作。在驾驶人管理模块中，物流公司可通过查看信息、查看评价、修改信息等操作，完成对驾驶人相关情况的了解及冻结等操作。

（6）费用管理。费用管理模块通过查询、新增、修改、删除等功能对线下代收费用进行管理，同时能对线下代收费用进行结算统计。

4. 城市配送管理系统

城市配送管理系统通过整合社会上的车辆及驾驶人资源，将同城配送信息对接给驾驶人和货主两端，解决了平台上商家用户货物运载、交收、派货时的用车需求，化解了城市配送企业在短途运输方面"车货对接"难、订单录入杂、在途监控难等问题，有效提高了货物运输的效率，降低了运力成本和车辆空驶率，同时缓解了城市交通压力。城市配送管理系统的功能组成如图 7-11 所示。

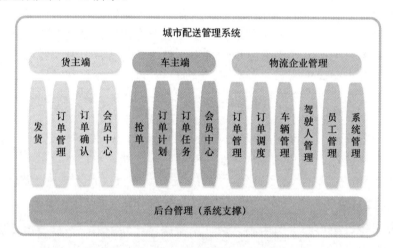

图 7-11　城市配送管理系统的功能组成

城市配送管理系统分为三个模块：货主端、车主端和物流企业管理，货主端以发货功能为主，车主端以抢单功能为主，物流企业管理承担平台的统一车辆调配职责。各模块具体功能如下：

（1）货主端。货主可通过手机 App 或 Web 端进行托运下单，通过输入发货地址、收货地址、联系人、发货时间、货物描述、车辆类型、业务类型（一般货运、专车货运、协议货运）、增值服务、价格等信息完成信息录入。

在下单时，有三种托运形式，即一般货运、专车货运、协议货运可供货主选择。一般货运是指货主的需求为零散货运，需求发出后可被任意驾驶人接单并承担后续货运服务，平台为货主提供过程监控服务。专车货运是指货主方要求承运方必须为正规运输公司，专车货运可由平台指定运输公司处理，也可由运输公司主动接单处理，运输驾驶人由运输公司接单后根据货主需求进行指派。协议货运是指货主方与某一运输公司在平台绑定了运输关系，指定由该公司承担货主的周期性货运服务。

货主下单成功后，可对订单进行确认，并在订单管理中查看自己的订单状态，包括在途信息、驾驶人信息、订单费用明细等。货主在会员管理中，可使用积分查询、好友分享、标准查询、帮助须知、信息管理、密码设置、系统更新等功能。

（2）车主端。为车主提供抢单管理、订单管理、会员管理等功能。车主可通过发货时间、发货地点、承运车型等信息筛选托运信息，确保及时获取符合自身能力的托运信息。

车主在抢单管理中只可能看到与车辆类型相匹配的信息，针对不同托运信息，系统也具有对应要求。对于一般货运，所有在城市物流配送系统中注册的车主都可进行抢单；对于专车货运，需车主所在运输公司具备对应权限才可进行抢单；对于协议货运，只有具备绑定协议关系的运输公司才可指派下属车主进行承运；对于自有订单，则只允许该公司的车主进行承运。

订单任务模块为车主提供了当前任务与历史任务的查询功能。车主可对当前任务状态进行查询，任务状态包含待起运、配送中、已完成三种状态，车主也可对任务详细信息进行查询。在本模块详细信息管理中，包含装货计时、卸货计时、起运确认与签收人确认环节，以确保承运过程的严密性。会员管理为车主提供了工作状态管理、评价查询、积分查询、好友分享、标准查询、帮助须知、信息管理、密码设置、系统更新等功能。

（3）物流企业管理。物流企业管理主要服务于经营自营配送、协同配送、外包配送、综合配送的各物流企业、货主企业、生产企业、货代企业等。平台对旗下订单进行管理，合理调度，提供高效安全的配送服务，包括订单管理、订单调度、车辆管理、驾驶人管理、员工管理和系统设置等内容。

企业在录入发货地址、收货地址、发货人、发货人电话、发货时间等必要订单信息后，可以随时通过订单管理查询订单的详细内容。企业还可以根据订单实际的接单情况和现有车辆的运营情况，适时安排订单调度，保证每笔订单都能按时完成货物运送。

5. 仓储管理系统

仓储管理系统为仓库及存货企业提供了出入库管理、过户管理、损耗管理、盘点管理、加工管理、冻结解冻管理、合并管理、移库移位管理、退换货管理、物资调整管理等基础功能，还提供了合同管理、计费管理、结算管理、收费管理等费用结算管理，综合、报表、库存、费用明细等查询功能，以及 RFID 终端识别设备、视频监管传感器设备接入功能，同时可与供应链金融系统对接，实现库存质押管理。仓储管理系统的功能组成如图 7-12 所示。

6. 供应链金融管理系统

供应链金融管理系统通过真实的交易、商品、结算和融资等信息，建立起完整有效的信用体系，并通过核心企业增信，有效降低了供应链融资成本。在线供应链金融通过舍弃烦冗重复的融资审批程序，缩减了高频资金划拨费用，实现了业务流程的信息对称，也有效提高了资金周转效率。按照业务类型，供应链金融服务产品分为仓单融资、订单融资、应收账款融资（包含应收运费融资）及代采购交易。供应链金融管理系统的功能组成如图 7-13 所示。

（1）仓单/订单融资。仓单融资和订单融资同属于质押性融资。会员可在融资申请菜单中提出仓单融资申请或订单融资申请。仓单融资申请需要选择对应的可用仓单，同样，订单融资申请需要选择对应的交易合同。会员提出融资申请后，平台在系统后台进行初审，初审通过后还需要经过监管机构、担保机构以及银行的审核。

物流信息系统

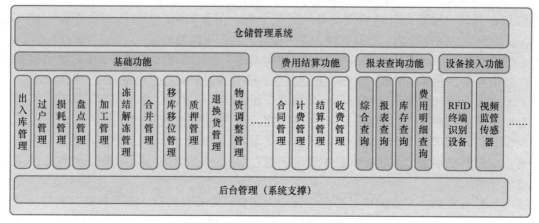

图 7-12　仓储管理系统的功能组成

图 7-13　供应链金融管理系统的功能组成

融资管理体现在对融资单列表的管理，这些列表记录了所有仓单融资的已融资记录。按照状态，这些融资单可分为待审核、待赎回、部分赎回和已赎回。每条融资单清楚地记录了融资商品名、融资数量、用以融资的仓单号、融资金额/待还款金额、融资放款日/融资到期日等属性。在页面上端附带精准查询功能，可快速找到需要的融资单。融资系统支持分批赎回，融资单查看页面详细记录了每次赎回的时间、数量和还款金额。

提出融资申请的仓单，在审核通过放款后，其质押品即可在平台进行二次销售（即质押品再销售），成交款项用于融资还款。由还款所生成的赎回单则统一在赎回单管理中进行管理。赎回单管理中的数据是交易成功后由系统自动带入的，无法人工手动添加、编辑或删除。仅在自动还款未成功的前提下，可手动发起赎回申请进行还款操作。与订单融资不同，已融资的仓单若符合条件，还可做平台认可范围内的置换操作。

在线融资系统还提供了完善的风控功能。当"今日盯市价"的涨跌幅跌破警戒线比例后，系统会自动执行风控功能，对风控异常的融资单进行高亮提醒，并提示应补保证金金额。

（2）应收账款融资。在卖方持有先货后款的赊销合同且买方并未支付余款时，卖方可提出在线应收账款融资申请。应收账款融资额度需在融资方可融资额度范围之内，买卖双方可根据角色查询授信。在申请融资页面，卖方仅需选择需要融资的合同/交收单，便可触发应收账款融资申请流程。提交应收账款融资申请后,平台对融资申请做两轮审核,审核通过后,通过银行或第三方融资机构放款。

应收账款融资管理体现在对融资单列表的管理,这些列表记录了所有的融资单。按照状态,这些融资单可分为待平台初审、平台初审驳回、待平台复审、平台复审驳回、待放款、待还款、部分还款、已还款等。每条融资单清楚地记录了融资单号、合同编号、融资金额/待还款金额、日期、状态等属性。在页面上端附带精准查询功能,可快速找到需要的融资单。

(3) 应收运费融资。应收运费融资是以承运车辆完成运输任务所形成的合约认可的有效运费结算单作为票据凭证,由运费实际应支付人提供担保,向金融机构贷款。应收运费融资的具体流程为:货代企业接到物流企业的发运计划单后,组织车辆完成运输服务;依据运输合同约定,物流企业向货代企业开具运费结算单;货代企业以运费结算单为核心单据,向金融机构申请贷款;物流企业向金融机构提供担保(物流企业是应付运费的实际支付人,具有保偿能力);金融机构向货代企业放贷;货代企业按约定账期偿还本金及利息;如货代企业违约,物流企业履行保偿责任。

7. 决策支持系统

决策支持系统为管理层的决策过程提供信息、数据及方案支持,它通过对系统内存储的相关数据资料进行分析整理,为决策者提供数据分析报告;它还可以通过已被业界确认的行之有效的分析工具与算法,为决策者提供必要的数据分析预测,使物流企业的决策者在进行市场预测、营销策划、项目论证、资源整合、方案设计、价格政策制定、物流绩效评估等项工作时,能够准确把握市场方向、政策动向和客户需求,做出正确决策,实现企业的发展目标。

决策支持系统作为大数据平台的展示窗口,可根据用户的个性化需求提供相应的统计报表,为决策者提供直观的数据展示,实现对各项指标的深化分析,实时反映平台的运营情况,并对异常数据进行预警,从而为决策者的科学管理提供依据。

8. 数据和报表管理系统

数据和报表管理系统是用户通过查询、统计与分析系统中的数据,为企业各阶段运营提供决策依据,其主要功能包括报表查询、统计图表生成以及使用权限设置。

(1) 报表查询。在查询数据报表时,需要输入查询条件,例如可查询某季度物流交易的数量、额度等。同时系统提供报表打印功能。

(2) 统计图表生成。根据输入的查询条件,系统自动生成统计图表,按照查询时间可分为日报、周报、旬报、月报、季报、半年报和年报,图表形式包括直方图、散点图、关联图、网络图等,企业管理人员可根据图表内容快速做出结论。

(3) 使用权限设置。系统针对用户角色提供了完善的权限管理机制。一个用户可以有多重角色,角色和用户数据可以作为系统参数,通过系统来进行数据源的筛选,或者利用细化到单元格的数据显示控件,以保证数据的安全性。例如,不同部门的管理者可以看到不同的报表内容,并进行相关的操作,等等。

9. 资金管理

(1) 账户管理。账户管理模块实现了平台的会员账户设置与开户。通过账户管理模块,平台管理人员可以进行平台账户/子账户设置、会员账户/子账户设置。

（2）资金管理。资金管理模块实现了对平台会员资金的管理功能，主要包括会员入金与出金、交易资金处理、资金冻结和解冻、资金划转、费用扣收、交易账务处理等。

10. 结算管理

（1）结算管理。结算管理模块的功能是对各项物流费用进行计算与划拨，即根据当日物流交易、物流合同约定以及平台相关规定，对货主应付运费、物流企业运费差及各项费用等进行资金计算与划拨。

（2）结算报表查询。通过结算报表查询，结算管理员不但能够查询到每日会员结算报表和平台结算报表，还能够查询到银行对账报表。

（3）发票管理。本模块是对平台与货主企业、合作物流企业之间的发票进行管理，对已开票订单进行记录，同时可以查询未开票订单明细等。

11. 诚信管理

用户注册会员后，系统会自动建立一套完善的会员信用体系，包括会员的企业资质信息、系统使用频率信息、物流交易信息、在线交易额度、交易互评信息等。根据不同的会员信用等级，系统可提供有针对性的服务，包括优惠交易以及使用限制等。

（1）资质信用。平台将针对会员注册时提供的资质情况，进行初始注册信用分数评价。对合作物流企业，根据该企业基本信息进行初始注册信用分数评价。

（2）自动信用记录。物流交易双方每次成功达成交易或者违约，其信用分数都将相应自动增加或者减少。

（3）交易量评分。平台将记录物流交易双方的每笔交易量，交易量将作为会员信用评级的分值参数。

（4）活跃度测评。系统会将每个会员在平台的物流交易频率作为信用评级的分值参数，频繁交易的会员活跃参数高，对应的信用评分也高。

（5）信用级别管理。会员信用分级别进行管理，不同级别的信用对应不同级别的服务。系统根据合作物流企业的信用级别，进行不同的运费设置、订单分拨设置等。

12. 系统管理

（1）账号管理。账号管理的功能是对所有需要使用系统的人员账号信息进行管理。账号信息包括账号名称、账号状态和账号类型等。账号名称是在系统内识别企业身份的唯一标志（和状态、类型无关）。账号状态分为正常和冻结，冻结的账号不能使用本系统，直到状态恢复为正常。

（2）日志管理。通过日志管理可以查询用户操作系统的简要记录。

（3）权限管理。权限管理主要是对各类操作人员的菜单权限进行管理，只有经过授权，才可以在有效期限内访问相应的菜单。权限是向下扩散的，部门有权限，则部门中的人员都有权限。操作人员的最终权限是各个授权结果的叠加。

（4）账号密码管理。通过密码管理可以重新设定系统中各个账号的密码。

13. 大数据平台

大数据平台通过整合来自各个渠道的物流数据，促使供应链上的企业相互合作，形成一体，协同运作，形成智能化和快速化反应机制，不断创造和推送差异化产品与服务。大数据平台使物流供应链企业间通过信息开放与共享、资源优化、分工协作，实现新的价值创造。

"Forlink 综合物流服务平台"上的所有数据，都会累积到大数据平台，并与其他应用服务平台和对接的外部系统之间进行数据传输、信息共享，为其他应用服务平台提供数据支撑。大数据平台通过处理这些数据，以接口方式为用户提供数据处理结果，提供业务所必需的数据支撑；大数据平台还承担着数据分析及数据集中存储的任务。大数据平台的功能组成如图 7-14 所示。

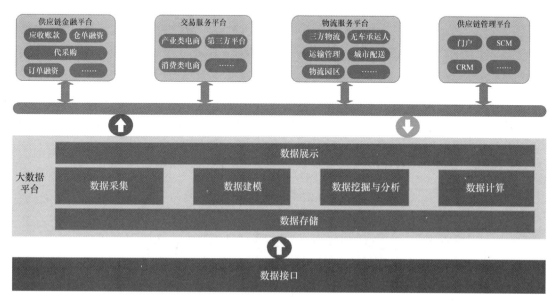

图 7-14　大数据平台的功能组成

14. 接口管理系统

接口管理系统主要提供平台与外部其他异构系统或平台的网络连接接口，根据双方的合作协议与授权，为实现双方功能整合提供基础支持。在"Forlink 综合物流服务平台"中，与平台连接的其他异构系统主要有银行、保险公司、海关等，如图 7-15 所示。系统与银行的电子结算接口，为用户通过银行账户在平台上直接支付提供了基础支持；与保险公司的接口，为用户在平台上直接办理保险业务提供了基础支持；与海关电子通关系统的接口，为用户在平台上直接办理通关申报提供了基础支持；与其他各种平台及异构系统的接口，为双方实现功能整合提供了基础支持。

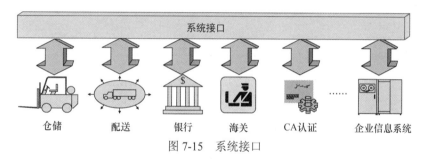

图 7-15　系统接口

7.4 系统架构与技术

7.4.1 系统技术架构

"Forlink 综合物流服务平台"系统技术架构如图 7-16 所示。

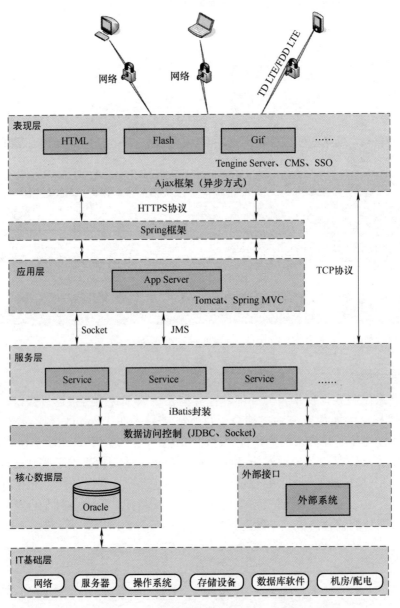

图 7-16 "Forlink 综合物流服务平台"系统技术架构

整个系统技术架构采用分层次的体系结构设计，让各层次的功能松散耦合，以便于系统的组合，同时也方便其他系统模块能够很方便地接入整个系统中完成数据交换。

系统采用基于 CMS（内容管理系统）的模块对页面表现层模板化进行管理，便于后续页面调整和静态内容发布与管理。表现层中的动态处理部分采用 Ajax 技术的脚本，访问基于 Spring 框架的应用，实现对后台业务逻辑（应用服务）的访问。前台脚本利用 Ajax 提高用户体验，有效地减少带宽占用，利用成熟的 JS 框架美化界面。

独立的业务逻辑（应用服务）处理，保证系统具有良好的扩展性和统一性。业务逻辑（应用服务）部分对后台核心数据库、外部系统的访问进行封装和优化，便于以后的扩展和重构。使用基于注解的 Spring MVC 处理 Ajax 请求，减少难以维护的 XML 数量，降低单元测试的难度。使用 iBatis 半封装框架，对 SQL 进行优化，从而提高运行效率。同时，在这个层面提供对外部系统的系统接口，可以方便银行、短信、邮件等外部系统对业务访问的要求。使用 JMS 或 Socket 方式对外的数据接口，方便外部系统对业务系统访问的要求。

7.4.2 系统应用环境

1. 服务器设备配置

服务器设备的选择综合了可靠性、安全性、先进性等特点，以及初期硬件设备投入的经济性，根据负载大小，在系统建设初期选用了具有较高性价比的 PC 服务器，使用 HP、IBM 的高可靠性、高性价比的机架式 PC 服务器，后期选用了性能更好、可靠性更高的 UNIX 小型机。

（1）应用服务器和数据库服务器。应用服务器运行平台关键性的应用。数据库服务器运行 Oracle 数据库，以对平台的数据进行管理。应用服务器和数据库服务器采用双路多核心 CPU、32G 内存的配置和双机互备，采用 HA 高可用性软件实现服务器的集群（HA Cluster），互为冗余备份，使用双机系统，以防单点故障，保障了系统高可用性。

（2）Web 管理服务器。Web 服务器提供 Web 服务及平台的后台管理功能，采用 PC 服务器（双 CPU、32G 以上内存）。

（3）对外系统接口服务器。对外系统接口服务器提供对外系统接口数据处理服务，采用 PC 服务器（双 CPU、16G 内存）。后期随着业务的发展，在服务器配置及数量上进行了扩展，增加负载均衡交换机，采用请求分配技术。

（4）备份服务器。备份服务器外接磁带机，提供关键数据备份功能，所承载功能的负载相对较低，采用了中低端 PC 服务器（单 CPU、8G 内存）。另外，所有网络节点采用单点设备，不再配置单独的备份服务器和磁带设备，只使用脚本文件为系统数据做备份。拓扑结构如图 7-17 所示。

2. 系统软件配置

（1）操作系统软件。根据平台业务从小到大的发展需要，初期采用 UNIX 小型机或 PC 服务器，安装 UNIX 或 Linux 操作系统：HP-UX 11i、RedHat Enterprise Linux 6。

（2）数据库软件。使用 Oracle 11g 作为本系统的数据库软件，部署于数据库服务器双机系统中，作为数据服务应用支撑环境。

（3）应用中间件软件。使用 Tomcat 构建 Web 门户服务器与应用服务器的应用运行环境，部署在应用服务器双机系统和 Web 服务器组上。

物流信息系统

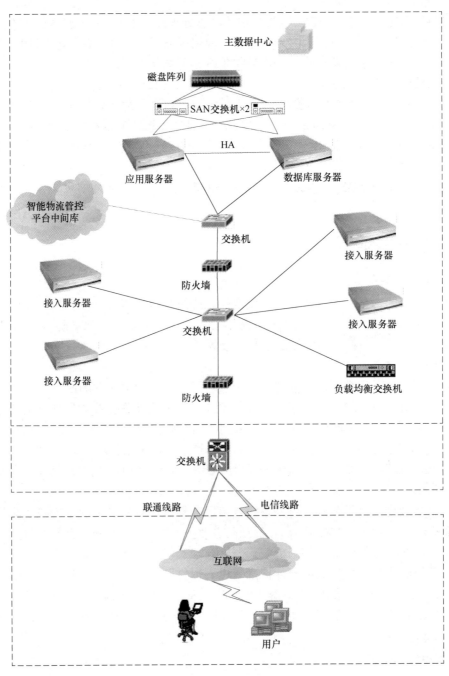

图 7-17 拓扑结构

7.4.3 系统技术特点分析

1. 平台化

系统的开发完全采用平台化设计,这使得系统具备很好的可移植性。平台化设计主要体现在系统结构的平台化设计和应用软件的平台化设计两个方面。

(1) 系统结构的平台化设计。系统结构一般可以划分为硬件平台、系统软件平台(操作系统平台和数据库平台）和应用软件平台三个层次。系统结构的平台化设计要求硬件平台的变化不会影响应用系统平台的设计，进而真正实现应用软件的平台化设计，最终实现应用软件的高可移植性。系统结构的平台化设计较为简单，只需要在选择系统软件平台时选用可移植性较好的操作系统和数据库管理系统，在选择硬件平台时选用可适应多种操作系统的硬件设备即可。

（2）应用软件的平台化设计。应用软件的平台化设计的关键就是数据库支撑平台、操作系统支撑平台和网络支撑平台的设计，依靠这些平台，使得上层应用与下层数据库的选型、操作系统的选型和网络硬件的选型均无关系。

2. 层次化

系统的主体采用 J2EE 技术平台。J2EE 是一个多层的分布式结构，这种多层架构的优点主要体现在：①多层架构可以更好地利用现有的先进成熟的系统、模块和组件，使得系统更具稳定性和可靠性；②组件的层次化设计，使得系统的开发、维护和升级更加方便；③组件接口的标准化，使得系统可以方便地更换掉效率低的组件，优化系统结构。

3. 集成化

系统的集成化设计主要体现为应用系统各模块之间的连接与集成，使得整个系统成为一个有机的整体，确保平台各个系统模块间的数据传输和数据同步，保障平台未来业务顺利开展。

7.5 系统应用范围与评价

7.5.1 应用范围

"Forlink 综合物流服务平台"以企业物流需求为导向，以物流企业为主体，以物流信息化平台和服务平台的构建为核心，积极整合现有物流信息资源，大力推广物流信息化技术的研究、开发和应用，为供应链物流信息一体化创造了良好的环境，助力提升行业的总体水平。"Forlink 综合物流服务平台"可广泛服务于现代商贸物流、智慧物流、电子商务等领域，可应用于枢纽型物流园区、区域性综合物流园区、港口、物流基地等，为从事物流行业的企业及个人提供所需的物流服务。

7.5.2 应用评价

"Forlink 综合物流服务平台"是时力科技运用多年物流行业软件技术研发经验，以及总结数百个物流相关案例，并深入研究国内生产资料流通、仓储加工、运输物流等企业的管理运营模式，设计开发出的应用产品。平台中的物流业务模块，应用 IT 技术和移动互联网技术，直击"车货"对接难题，为货主端和车主端搭建了对接平台，解决了物流运送过程中价格无参考、车辆无监控、驾驶人难管理、订单难录入等问题，有效提高了货物运输效率，降低了运力成本和车辆空驶率，多方位、多角度地提高了企业的运营能力。

2016 年 5 月，邯钢集团安达物流有限公司与时力永联科技有限公司签约"邯钢集团智慧物流服务平台项目"，使用了时力科技的"Forlink 综合物流服务平台"应用产品，定位于第三方物流信息平台，服务于大宗货物运输领域，为货主、车主及物流企业等提供了一个综合性的车找货、货找车的物流信息平台。产品的应用使邯钢集团更加高效地整合了邯钢集团和周边地区的大量物流资源，实现了物流管理的统一化、信息化和高效化，充分发挥了邯钢集团的管理和资源优势，建立起邯钢集团主导运营、影响邯郸周边、辐射晋冀鲁豫区域的智慧物流服务平台。

2018 年，洛阳华晟物流有限公司与时力永联科技有限公司签约"洛阳华晟运输综合物流服务平台"，使用了时力科技的"Forlink 综合物流服务平台"应用产品，建立以洛阳华晟运输公司业务为核心的面向社会的综合物流服务平台，整合洛阳华晟运输公司现有的仓储业务、自有和社会物流业务，面向产业上下游的整体需求，结合线下业务与线上业务，为物流企业管理者提供了良好的平台，并为平台的用户提供了专业化、全方位、一站式的在线服务，提供了便捷的运力交易、无车承运人、仓储服务、运输管理、金融、财务结算、园区管理等服务。

本 章 小 结

"Forlink 综合物流服务平台"是时力永联科技有限公司以互联网、物联网、大数据以及现代物流信息技术等为基础建立的，服务于大宗商品行业的供应链物流信息一体化综合服务平台。该平台以物流企业需求为导向，采用平台化、层次化、集成化设计方法，构建了以运力交易、运输管理、城市配送管理、仓储管理以及供应链金融管理为核心功能的大型综合物流服务平台。

运力交易系统通过一口价/可洽谈交易、竞价交易等多种模式，为贸易企业与物流企业之间提供车找货、货找车的交易平台。供应链金融管理系统通过真实的交易、商品、结算和融资等信息，建立起完整有效的信用体系，并通过核心企业增信以及仓单融资、订单融资、应收账款融资和代采购交易等方式，为供应链企业提供资金支持，有效降低了供应链融资成本。

"Forlink 综合物流服务平台"在枢纽型物流园区、区域性综合物流园区、港口、物流基地等场所的广泛应用，整合了现有物流信息资源，加强了上下游企业间的合作关系，降低了物流成本，提高了物流管理效率，提升了行业发展水平。

◇ 关键概念

- 运力交易
- 托运管理
- 承运管理
- 城市配送管理
- 竞价交易
- 供应链金融管理

- 仓单融资
- 订单融资
- 应收账款融资
- 应收运费融资
- 诚信管理
- 大数据平台

◇ 思考题

1. "Forlink 综合物流服务平台"应用软件系统主要包括哪些子系统？这些子系统的构成及用户对象分别有哪些？
2. 运力交易系统提供哪些交易模式？
3. 城市配送管理系统主要解决哪些问题？
4. 诚信管理主要提供哪些服务功能？
5. 简述应收账款融资的业务流程。

◇ 课堂讨论题

1. 大数据平台能够提供哪些主要功能？结合实际，谈谈大数据技术在物流管理领域的应用。
2. 供应链金融管理系统能够提供哪些金融服务产品？请从用户的角度对这些金融产品的特点进行对比分析。

◇ 补充阅读材料

[1] MYERSON P. 精益供应链与物流管理[M]. 北京：人民邮电出版社，2014.
[2] 冯耕中，何娟，李毅学，等. 物流金融创新：运作与管理[M]. 北京：科学出版社，2014.
[3] 周利国. 物流与供应链金融[M]. 北京：清华大学出版社，2016.
[4] 陈晓华，吴家富. 供应链金融[M]. 北京：人民邮电出版社，2018.
[5] 柳荣. 新物流与供应链运营管理[M]. 北京：人民邮电出版社，2020.

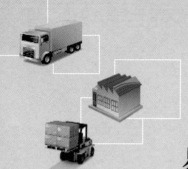

第 8 章

易流冷链全流程透明化追溯平台

8.1 概述

易流冷链全流程透明化追溯平台是深圳市易流科技股份有限公司专门为冷链流通企业研发的冷链全流程信息追溯平台。该平台运用物联网与互联网领域相关前沿技术,对冷链产品从原材料采购、产品加工、储存运输、分销零售等环节实施透明化管控,实现了冷链物流智慧协同,为冷链企业打造了透明供应链。2009 年,深圳市易流科技股份有限公司开始研发易流冷链全流程透明化追溯平台系统原型,经过 10 余年的不断迭代升级,截至 2019 年 6 月,该平台系统已服务于全国 30%的冷链物流企业,其中包括全国冷链物流百强企业 70 多家,在网冷藏冷冻车辆数超过 4 万台,售出各种冷链智能终端和智能设备累计接近 10 万台。

8.1.1 系统应用背景

冷链一般是指某些食品原材料、经过加工的食品或半成品、特殊生物制品或药品等在产品加工、储存运输、分销零售及其使用过程中,其各个环节始终处于产品所必需的特定低温环境下,以保证食品安全、生物安全和药品安全的特殊供应链系统。

20 世纪 50 年代,我国开始在肉类外贸出口业务中开展冷藏运输服务,但由于当时经济水平的限制,我国冷链物流一直发展缓慢。20 世纪 70 年代改革开放的到来和 1995 年《中华人民共和国食品卫生法》的颁布,对我国冷链物流的发展起到了一定的促进作用。进入 21 世纪后,我国人民生活水平普遍提高,对生鲜食品的需求不断增加,对食品新鲜度提出了更高要求。2001 年,中国物流与采购联合会的成立以及政府和社会对物流业发展的广泛关注,促使我国冷链物流进入快速发展阶段。2018 年,我国冷链物流市场规模为3035 亿元。2020 年,预计我国冷链物流行业的市场规模将达到 4700 亿元,年复合增速将超过 20%。

经过几十年的发展,我国冷链市场总体表现为"前景很光明,道路很曲折"。一方面,市场需求不断增大;另一方面,冷链物流发展现状亟须改变。在市场需求扩大方面,以食品冷链为例,随着我国现代化建设不断推进,社会生产力有了极大提高,民众生活越来越好,消费意愿不断提升,从吃饱到吃好,民众的消费升级促进了我国冷链产业不断发展。在速冻食品行业,全球最大的企业增长咨询公司弗瑞斯特沙利文(Frost & Sullivan)发布的《中国速冻食品行业概览》显示,中国速冻食品市场规模从 2013 年的 828 亿元上升至 2017

年的1235亿元，年复合增长率10.5%。

面对消费者日益增长的冷链产品需求，我国目前的冷链物流发展现状亟须改变。从宏观层面看，我国冷链产业发展起步较晚，且整体水平较低，迫切需要更加高效、安全、快捷的冷链运营来满足消费者的多样化需求。特别是随着民众消费意识日渐成熟，人们对食品和药品的品质与安全有了新的认识，消费者也越来越愿意接受更为安全优质的食品和药品所产生的价格溢价，这又会进一步促进冷链运营的升级革新。

从行业层面看，各冷链物流领域普遍存在发展短板。以医药冷链为例，疫苗、酶制剂、血液制品等生物制剂对温度十分敏感，要求储存运输过程保持在规定的冷藏状态和有效的时间内才能保障其质量稳定，否则容易发生变性、降解、聚集并失去生物效力，同时还可能释放一些致敏因子等有害成分，对临床使用构成威胁。目前，我国时有发生的药品安全问题就反映了我国医药冷链领域发展的短板，缺乏专业化运营及成熟的管理体系，导致冷链物流"断链"现象难以根除。

与此同时，冷链物流成本过高也成为制约行业发展的重要因素。目前我国冷链行业普遍存在着初期投资成本高、物流成本高、利润率低的现象。长期以来，我国普通物流利润率为10%左右，而冷链物流利润率仅有8%左右，发达国家冷链物流利润率则超过20%，究其原因，主要在于我国冷链物流成本长期居高不下。与普通物流相比，冷链物流难以实现双向运输，空返率非常高，仅运单价就高出普通物流30%左右，加之由于储运温度不达标导致的产品损耗率高达25%左右，这些都使得冷链行业的运营成本居高不下，其物流成本接近于普通物流成本的2倍左右，压缩了冷链企业的利润空间。

目前，国家大力推进的供给侧结构性改革，将有利于推进冷链行业成本降低，促进高效冷链的形成与发展。库存成本是冷链物流成本的重要组成部分，一般来说，库存时间越长所产生的库存成本就越高，库存时间对冷链产业的利润水平有着至关重要的影响。供给侧改革要求降低冷链库存水平，缩短冷链库存时间，在控制库存成本的同时也降低了产品的安全风险。同时通过供给侧结构改革，积极引入数字化技术手段，部署冷链信息系统平台，既能够帮助企业优化冷链库存，加快库存周转，也能够消除企业间的信息壁垒，打通上下游企业间的信息数据通道，实现上下游的高效衔接。

供给侧改革为我国冷链物流企业提升运营能力提供了政策支持，信息技术则为冷链行业的数字化转型升级提供了基础保证，是提升冷链运营效率的关键。冷链物流在运营过程中产生了大量数据信息，及时获取、高效处理以及有效利用这些数据信息是保障整个冷链系统稳定运行的基础。冷链企业借助物联网、互联网等信息技术手段，通过冷链的数字化转型，实现了冷链全程透明管理，既能够对冷链产品的实时温度、湿度等物理信息进行统一管理，也能够在发生异常状况时第一时间收到预警通知，从而做出快速响应，将风险降至最低。同时，信息技术加强了冷链物流中各管理部门间的信息协调和传递效率，为冷链各环节间的信息共享创造了条件。信息技术升级是提高冷链运营效率、提高冷链企业利润水平的有效手段，它既能帮助冷链企业及时掌握冷链产品的库存周转率，促进精细化管理，也有助于冷链企业对其产品在生产、运输、储存过程中实施实时监督与控制。以现代信息技术为基础的冷链信息系统能够加强冷链物流各环节的协同与管控，帮助冷链企业实现供应链全程透明，从而降低供应链整体成本，提升供应链管理质量，促进冷链运营的规范化和标准化，进一步提高客户服务水平。因此，采用物联网、互联网等信息技术手段，构建冷链信息系统,打造高效冷链物流,实现冷链全程可追溯已经成为新时代冷链行业的迫切要求。

8.1.2 系统发展历程及现状

易流冷链全流程透明化追溯平台通过软硬一体化的管理方式,帮助冷链企业连接物流全要素、协同业务上下游、透明管车和管货,不仅实现了对冷链运输的全程把控,同时也实现了订单的全程透明管理。该平台自 2009 年推出以来历经多次更新迭代,功能不断完善,得到了市场的广泛认可,在北上广深等大型城市的冷链物流和城市配送中的市场占有率逐渐提升。目前易流冷链全流程透明化追溯平台已经打通了冷链上下游业务场景,构建起涉及产地、加工、仓储、运输、批发、零售的全程冷链,在食品与医药冷链温控、安全等方面实现了全范围覆盖。该平台通过物联网设备和 SaaS 服务,提供了包括温湿度等基础信息采集与分析,以及光照、品种、订单、运单、车辆位置、车牌、冷机状态、驾驶人驾驶状态、出入库/装卸货时间、签收评价信息等全方位冷链过程信息服务,充分保证冷链全程不断链,各种端到端场景数据都能实时在线可视化,便于冷链企业及时管控。

8.2 系统业务流程分析

易流冷链全流程透明化追溯平台的建设目的是打造一个基于冷链物流的全链条透明化追溯平台,从冷链产品的产地到加工、仓储、运输直至末端零售,实现物流全链条透明可视、过程可追溯,保障产品在整个流通周期的质量与安全。易流冷链全流程透明化追溯平台业务流程模拟图如图 8-1 所示。

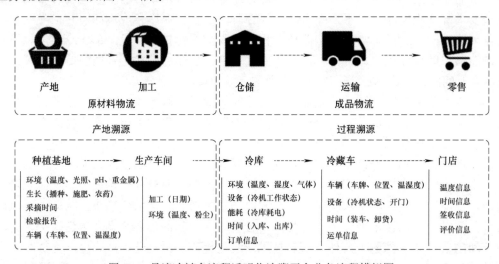

图 8-1 易流冷链全流程透明化追溯平台业务流程模拟图

该平台的业务流程包括冷链产品产地采集、车间初加工、冷库储存、冷藏车运输以及门店销售等多个环节。全流程链条中的任何一个环节出现疏漏,都可能会对产品品质造成不可逆转的影响甚至损害,为此平台针对每一环节建立了严格的处置方案,研发了多个核心功能与子系统，通过多种手段来实现对整个流程关键要素的把控。例如，为保障产品在产地的冷链可控，研发了产品源头流转追溯系统；为保障货物在仓储环节的全程温度可控，研发了仓储温湿度追溯系统；为保障整个运输过程，研发了运输过程追溯系统；为防止串货、错货，研发了货物流转追溯系统；为提高驾驶人管理的效力，研发了驾驶人作业流转追溯系统；为打通物流交易信息通道，研发了交易过程追溯系统。

这些子系统之间既相互独立，又彼此协同，最终以一个整体的形式来完成企业的既定管理功能。比如从生产车间到冷库环节，系统从入库到配送的过程中，通过物联网设备，对各种场景进行监测并采集数据，然后在 SaaS 平台上进行可视化分析，涵盖食材名称、入库时间、包装编号、解冻时间和温度、分切处理时间及环境、出品时间等信息，让每一个食材的流转信息都能透明化，还能提供保鲜周期分析、库存优化分析等服务，帮助冷链企业进行决策管理。

在冷库流转追溯管理方面，如产地冷库、CDC（中央配送中心）冷库、前置仓，往往存在多点的温湿度监测需求，平台通过物联网设备可以实现超远距离的无线温湿度智能监测，当温度出现异常时可以自动预警，这些监测数据能在 SaaS 平台上进行实时查看与分析，形成温湿度报表，而冷库的其他信息，如耗电量、使用率、货物品质情况等都能用于分析。

从冷库到门店环节，平台也设置了完善的冷链智控方案。在运输环节，车辆安装了北斗终端设备、温湿度及振动监测设备，可以对车辆在途运输的位置、温湿度等数据信息进行采集，数据上传到 SaaS 平台后可以进行实时监控。在驾驶人驾驶安全方面，通过专业 ADAS（高级辅助技术系统）摄像头和人工智能算法对前方车辆、车道、交通场景进行检测识别，对前车碰撞、车道偏移等危险及驾驶人抽烟、打电话、闭眼疲劳、扭头分心、打哈欠等异常行为进行语音报警，从而全面减少因驾驶人状态和车辆行驶异常等原因而引起的交通事故。从运输到门店，平台不但能够提供在途监管，还能够提供智能调度、路径优化等基于大数据的智能化服务。

8.3 系统功能分析

8.3.1 系统设计遵循的原则

系统在设计过程中主要遵循以下原则：

1. 系统性原则

信息系统设计要从整个系统的角度进行考虑，系统代码要统一，设计标准要规范，传递语言要一致，实现数据或信息全局共享，提高数据的规范性。

2. 先进性原则

在系统设计上，采用处于国内领先、符合高新技术发展潮流的技术。不仅要满足当前的技术要求，还要具有前瞻性，能够在较长时间内保持一定的领先水平。

3. 安全性

要对接入系统的用户进行严格认证，确保接入的安全性；系统具有较强的抗干扰能力以及受干扰时的恢复能力，确保系统持续正常运行。

4. 经济性

在满足系统功能要求的前提下，尽可能地降低系统的建设成本，利用现有设备和资源，使得系统的建设、升级和维护费用得到有效控制。

5. 实用性

系统提供清晰、简洁的中文交互界面，操作简单，易学易用，便于管理和维护。

6. 可扩展性

系统能够适应未来条件的不断变化，支持硬件、软件多个层面的更新换代。在系统设计过程中充分考虑系统的功能，确保系统对运行环境（硬件设备、软件操作系统等）具有较好的适应性。

7. 开放性

系统设计遵循开放性原则，能够支持多种硬件设备和网络系统，支持软硬件二次开发。各系统采用标准数据接口，具有与其他信息系统进行数据交换和数据共享的能力。

8.3.2 系统功能与组成

从整体上看，易流冷链全流程透明化追溯平台包括六大子系统：源头追溯系统、仓储追溯系统、运输追溯系统、智能追货系统、驾驶人协同追溯系统和交易流程追溯系统，这些子系统之间，既相互独立，又彼此协同，最终以一个整体的形式来完成企业既定管理功能。

这些企业既定管理功能一般可分为基础数据管理类、报警设置类、业务设置类、业务执行类、业务管理类等。每一类中又包含多个子类，如在基础数据管理类中，包含设备管理、车辆管理、驾驶人管理、仓库管理、温区管理等；报警设置类中，包含预冷未达标、超温（车辆、仓库、冷柜）、超速、进出区域、开关门、停车分析、危险驾驶、区域外开门等；业务设置类中，包含线路管理、订运单、运输计划、智能路径规划、线路推荐等；业务执行类中，包含地图实时监控、轨迹回放、物流地图、到站预报、可视化温度看板、晚点报警、运输任务轴线监控、异常上报和处理、实时安全监控等；业务管理类中，包含对账、驾驶人评价、车辆评价、承运商评价、货损分析、里程统计、温度统计、报警统计、开门统计等。

8.3.3 各子系统的功能结构与组成

易流冷链全流程透明化追溯平台各子系统及其核心功能如图 8-2 所示。

（1）源头追溯系统。源头追溯系统中包含采摘管理、预冷管理、冷库管理、集采管理、成本管理、设备管理等基础功能。采摘管理即对采摘设备、工艺、工具等信息的管理。预冷管理即对产品采摘后预先储藏的管理，这是保障后续产品质量的关键。冷库管理即对产品预冷仓库的管理，确保产品的品质。成本管理包括承载车辆维修管理和油耗、路桥费信息的管理。设备管理是对车辆上安装的车载设备终端和智能硬件的管理，这些设备是整个物流过程中对车辆信息进行采集的工具。

第 8 章　易流冷链全流程透明化追溯平台

源头追溯系统	仓储追溯系统	运输追溯系统	智能追货系统	驾驶人协同追溯	交易流程追溯
采摘管理	冷机状态	在途管理	订单追踪	到站预报	资质管理
预冷管理	预冷标准	运输计划	位置追踪	驾驶安全	安全分析
冷库管理	温区监控	智能路由	偏离轨迹	晚点预警	计费对账
集采管理	超温报警	线路推荐	温度异常	环境监测	结算支付
成本管理	冷仓监控	运单预测	预约协同	停车管理	盈利分析
设备管理	冷柜监控	运力推荐	握手交接	危险驾驶	综合评价

图 8-2　易流冷链全流程透明化追溯平台各子系统及其核心功能

（2）仓储追溯系统。仓储追溯系统包括冷机状态管理、预冷标准管理、温区监控、超温报警、冷仓监控和冷柜监控等核心功能。冷机状态管理是对冷藏冷冻车辆上冷机开关状态的管理，系统通过采集冷机的开关状态，再对比车辆当前的温度情况，判断货仓内温度异常的原因。预冷标准管理要求每一台要进冷库装卸货物的车辆，都需要对车辆进行预先制冷，保证车辆车体温度符合进冷库的要求。温区监控是对冷藏冷冻车辆上不同温区各自温度需求进行管理，系统通过在不同温区安装温度采集设备，独立采集温区各温度数据，进行温度管理。超温报警是系统提前对不同温区的温度要求设置异常区间，一旦发现温度异常，立即触发系统报警，提醒驾驶人注意调节温度。冷仓监控和冷柜监控类似，是对特定冷产品储存空间温度的监控管理，这通常是在末端的批发商或者门店，解决"最后一公里"的温度问题。本系统针对这些末端温度管理，研发了多款在不同场景下可移动的便携式温度采集设备，便于企业使用。

（3）运输追溯系统。运输追溯系统是对物流运输过程的管控，一般包括车辆行驶路线、行驶状态、在途关键节点管理等。本系统设置了在途管理、运输计划、智能路由、线路推荐、运单预测、运力推荐功能。在途管理即在途的异常管理，主要包括驾驶异常、轨迹异常、温湿度异常、货物装卸异常等。运输计划是帮助运输企业调度人员，实施运输任务分配时使用的。智能路由是系统通过对以往线路轨迹的大数据分析，针对企业的实际情况，为企业提供的最优化运输建议，常用于城市配送企业的配送线路优化场景。线路推荐则是针对长途干线运输业务，对驾驶人驾驶线路的智能推荐，是根据企业时效、成本等不同需求制定的运输规则。运单预测是对未来运单执行情况的提前预测，便于企业按照预测结果提前调整运输方案。运力推荐则是对具体业务需求进行的运力撮合，系统通过挖掘车辆运力信息和订单需求，智能匹配和推荐运力，实现撮合交易。

（4）智能追货系统。智能追货系统是对货物在流通过程中轨迹的全程追溯，目的是防止运输途中的错货和串货。系统在冷链产品中放置智能追踪硬件——追货宝，通过和货物捆绑的形式来追踪货物的实际轨迹，如果发现轨迹与企业预定的轨迹不符，则系统识别为货物被异常装卸，触发异常报警。这可以很好地解决在装卸过程中的错货和串货问题，确保货物配送安全。

（5）驾驶人协同系统。驾驶人协同系统是对整个流通过程中驾驶人驾驶过程的全程追溯，特别是对驾驶行为和业务执行过程的追溯。该系统主要包括到站预报、晚点预警、驾驶安全、环境监测、停车管理、危险驾驶等核心功能。

其中，对驾驶人驾驶行为的追溯，主要是出于驾驶安全考虑。系统通过专业 ADAS 摄像头和人工智能算法对前方车辆、车道、交通场景进行检测识别，对前车碰撞、车道偏移等危险及驾驶人抽烟、打电话、闭眼疲劳、扭头分心、打哈欠等异常行为进行语音报警，从而全面减少因驾驶人状态和车辆行驶异常等原因所引发的交通事故。

（6）交易流程追溯系统。交易流程追溯系统的核心功能是物流金融服务的应用。系统对每一单运输业务的交易过程进行追溯，从企业的资质信息、驾驶人的历史驾驶行为信息、企业历史信用信息、企业盈利能力和风险承担能力等多维度进行评估，对每一单业务进行风险评估。

8.4 系统架构与技术

8.4.1 系统体系架构

易流冷链全流程透明化追溯平台架构如图 8-3 所示。

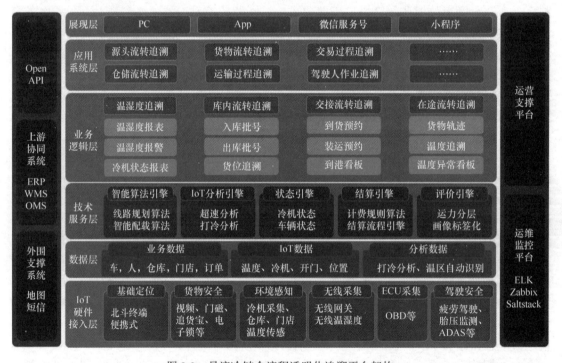

图 8-3　易流冷链全流程透明化追溯平台架构

该平台通过物流基础设施的物联网化，实现了供应链数字化，最终实现了供应链智能化。物联网（Internet of Things，IoT）硬件是物流基础设施物联网化的基础，而物流基础设施包含了人、车、货、仓、箱、仓库、门店等，因此衍生出的 IoT 设备类别也多种多样。易流科技在物流基础设施物联网化领域经验丰富，因此该平台支持数百种设备接入，可以对不同设备的数据进行归一化处理，上层应用只需要处理一个标准数据结构，同时平台对设备管理进行了包装和抽象，衍生出一个强大的运维监控平台，通过统一的管理界面来管理数百种不同厂家、不同协议、不同类型的设备。

易流冷链全流程透明化追溯平台整体分为六层结构：IoT 硬件接入层、数据层、技术服务层、业务逻辑层、应用系统层和展现层。

（1）IoT 硬件接入层。IoT 硬件接入层负责数据的采集，提供基础的位置信息、环境信息等。

（2）数据层。数据层包含三类数据：第一类为业务数据，也叫数据中台，既包含人、车、货、仓、箱、仓库、门店等基础数据，也包含订运单等业务数据；第二类为 IoT 数据，即 IoT 设备上报的数据及一些智能设备上报的终端分析结果数据，如车载自动诊断系统（On-Board Diagnostics，OBD）设备上报的停车、超速、急刹车等数据；第三类为分析数据，主要包括通过实时分析而产生的 IoT 动作数据，如开门、冷机开、冷机关、温度超标、停车、进区域、出区域等，以及通过离线大数据分析而产生的打冷分析、温区自动识别、开门点自动分析等。

（3）技术服务层。技术服务层也叫技术中台，属于公共技术支持。它和具体业务是解耦的，包含智能算法引擎、IoT 实时分析引擎、状态引擎、结算引擎、评价引擎等，还有一些服务于业务应用系统的公共组件，如公共 API 中心、上传中心、用户操作日志等。

（4）业务逻辑层。业务逻辑层也叫业务中台，是业务抽象与设计方面最具挑战和难度的一层。庞大的系统被划分为不同领域，每个领域又有可能包含不同的子域。该层最终以组件的方式进行开发实现，与传统开发模式不同，这些组件不是面对某个具体需求，而是面对一个领域，所以字段自定义、表单扩展、报表扩展、业务插槽、业务扩展点是每个组件的基础要求。每个组件之间的依赖关系需要进行设计和管理，把各种强依赖都抽象为接口依赖，通过这种模式就可以把所有的组件像乐高积木一样组织起来，形成一个灵活、可扩展的开发平台，最终支持上游不同的业务场景。

（5）应用系统层。在应用层面，目前易流科技基于统一的中台体系，实现从源头流转、仓储流转、运输过程、货物轨迹、驾驶人作业、交易流转等全过程管控，在应用中将当前最新的软硬件设施设备、人工智能及算法成果不断引入冷链追溯领域，与众多合作伙伴一起，在冷链追溯管理思路上不断思考与探索，将前沿技术与行业要求进行融合，从而实现管理的智能化。

（6）展现层。展现层服务于终端用户。该平台设置了多种访问方式，用户可以直接通过 PC 端浏览器访问指定地址的方式接受服务，也可以在移动设备上安装指定的 App，通过移动设备随时随地接受服务，还可以通过微信小程序和订阅微信服务号的方式来接受服务。App、微信小程序及微信服务号方式，更方便驾驶人随时随地享受服务。

8.4.2 系统应用环境

该平台由基于 Spring Cloud 的微服务体系搭建，在部署上采用基于 K8S 的虚拟化容器技术，在存储上支持多样化存储，日志使用统一 ELK 管理，并且基于 Zabbix 搭建统一的运维监控平台。服务器运行环境为上层应用提供了基于 Docker 和 Kubernetes 的云环境，在实际应用中是可选的。数据库服务器、应用服务器和文件服务器均可运行在 Docker 与 Kubernetes 环境里，也可以独立部署，不论运行在哪套环境下均支持集群方式部署，集群节点数可以根据应用规模进行调整和扩充。

8.4.3 系统技术特点分析

1. 开放、规范、统一

该平台具有开放、规范及统一的特点。所有系统组件、应用组件、客户化组件都在容器中分门别类地清晰定义，使得维护人员可以非常方便地进行功能变更及扩充；平台是符合 J2EE 规范和 OSGI 规范的 Java 基础平台；支持主流浏览器和品牌智能手机的操作系统，移动 App 可以自适应屏幕大小不同的移动设备，并对客户端程序做防篡改和防反编译处理。

2. 模块化与模块化支持

该平台具有模块化与模块化支持的特点，具体表现为：①物理隔离。模块互相隔离，可单独部署，互相独立，互不影响。每一个模块都拥有独立的文件夹、类型空间、资源和类加载器。②高度可复用。模块的复用不需要再更改任何代码，只需要将模块复制到指定的模块目录下，它的功能便向其他模块暴露。③规范性。模块要有统一的标准，包括目录结构、模块配置、开发方法。④快速集成。仅需要将模块复制到指定的模块目录就能够实现模块功能的快速集成，无须更改任何代码。⑤易部署和更新。通过复制即可实现部署和更新。

3. 高度重用性和快速集成

该平台具有高度重用性和快速集成的特点，具体表现为：①高度重用性。仅通过配置即可实现重用，无须修改任何代码。②多层次复用机制。大大减少了系统的重复开发，简化了系统维护和扩展。③通过业务组件，提供系统级统一处理逻辑的复用。④通过交易模板，提供业务流程的复用。⑤通过交易动作，提供可复用的"原子操作"。⑥提供成熟的业务组件，提供各类查询组件，如普通查询、翻页查询等，提供授权模型组件。

4. 模块扩展性支持

该平台具有模块扩展性支持功能，具体表现为：①动态扩展。模块在启动和停止时，会分别向平台注册服务和卸载服务，以实现动态扩展。②零耦合。模块的扩展没有任何的耦合，仅通过标准 XML 来配置。

5. 热插拔与动态性支持

该平台具有热插拔与动态性支持的特点，具体表现为：①热插拔。模块可以被动态地添加和卸载。②生命周期。模块生命周期状态由"已安装、已解析、正在启动、已激活、正在停止、已停止、已卸载"组成，在每一个生命周期状态下，模块提供不同的功能。③动态性。当模块执行任何生命周期操作时，模块会动态地向外界提供或者隐藏它的功能。④远程部署。支持模块远程部署，例如远程安装、启动、停止和卸载模块，或者订阅模块仓库中模块变更并同步。

6. 面向服务架构支持

该平台具有面向服务架构支持的特点，具体表现为：①面向服务模型。支持典型的"服务注册—服务搜索—服务绑定"的服务模型。②接口与实现隔离。每一个服务基于服务契约编程模型由"接口+实现"组成。

7. 面向对象设计支持

该平台遵循 OOD、OOP 的设计思想,采用成熟的面向对象设计技术,结合设计模式,保障系统内部的组件化;采用 Docker 的容器技术,保障系统整体组件化;采用 GoF 的面向对象的标准设计模式。

8. 精细化版本控制支持

该平台具有精细化版本控制支持功能,能够将动态模块独立打包,支持多版本运行;能够按业务需求进行模块隔离,实现细颗粒度的版本控制,强化了业务更新控制流程。平台和应用都采用动态模块技术,以此实现组件级模块的版本配置和细粒度的升级方式。

9. 性能和可靠性

该平台可靠性好,具有高容量、高并发、高响应、支持不间断服务、支持业务功能"热发布"以及支持同城灾备应急恢复等性能,具体表现为:①高容量。以手机客户端用户量和日交易量为基准,以满足未来 3 年每年 20%的业务增长率为目标,对系统的最大容量和最大交易量进行性能测试和调优;以手机客户端最高日交易量为基准,按 5 倍放大,对系统的峰值交易量进行性能测试和调优。②高并发。以手机客户端系统的最大并发能力为基准,按 5 倍放大,对系统的峰值并发能力进行性能测试和调优。③高响应。手机客户端界面操作的平均响应时间不超过 1s;后台管理界面操作的平均响应时间不超过 2s(大数据查询统计等响应时间可能超过 10s 的应给出适当的进度提示)。④支持不间断服务。通过群集部署方式提供 7×24h 不间断服务。⑤支持业务功能的"热发布"。通过应用服务端的模块化设计及客户端的 HTML5 技术的应用,实现业务功能的"热发布"机制,多数应用功能更新可无须重启服务直接发布。⑥支持同城灾备应急恢复。系统设计和开发中支持同城灾备应急恢复的相关预案,为后续扩建同城灾备系统做好应用和数据层面的技术准备。

8.4.4 系统技术优势

1. 微服务模式

由于传统软件开发系统模式难以支持客户需求的复杂性和多样性,该平台引入了 SOA 和微服务,这不仅便于二次开发,而且支持局部升级,使系统可维护性得到极大提高,最终实现了对多样化客户需求和不同业务模式的支持。平台的最终目标是要打造供应链追溯平台,该平台支持快速接入新的 IoT 设备,可以快速实现常见设备数据分析和基础报表,生成支撑业务的中间数据。同时该平台所有的基础公共软件模块都是标准且可扩展的,后期开发新业务或者场景就能以此为基础快速搭建。

2. 组件化开发

平台研发人员面对的问题可总结为四"多":多租户、多设备、多场景、多版本。目前易流云上有 4 万多家企业客户,接入的 IoT 设备有数百种,服务的客户场景也覆盖了各行各业,而且每一具体场景的不同需求又催生了场景的多版本。从软件设计的角度来看,这些"多"都需要通过抽象和解耦来进行简化,否则每个开发人员需要面对的知识体系就会变得异常庞大与复杂。经过 13 年的研发创新与业务理解,易流科技已经积累了一套完整的从

IoT 设备接入供应链多场景多版本应用的成熟模式。

在大多数供应链领域场景下，不同客户需要的常用功能是类似的，比如权限、车辆管理、设备管理、供应商管理、驾驶人管理、位置服务、通用报警设置（温度、开关门、超速等）、实时报警分析、常用报表、消息等。平台研发团队将这些常用功能作为基础组件，将每个组件作为一个独立产品，由独立团队维护，并以此为基础建立了软件的核心技术架构和大量技术组件，如字段可扩展、报表自定义、业务插槽、业务扩展点、模块独立升级方案等。客户需求的不同之处主要在于上游业务，但从应用领域的角度看，又可以分为鲜奶、城配、医药、商超配送、快递等场景，因此研发团队在开发任何一个具体场景时，都会进行抽象设计，预留扩展点，当通过配置和扩展无法满足需求时，就会衍生一个新的独立版本。按照这种思路，研发团队将所有功能都进行拆分，实现模块化或者微服务，对于不同的业务模式，只需要调用相关的公共服务，然后再开发客户业务的代码即可。

8.5 系统应用范围与评价

8.5.1 应用范围

易流冷链全流程透明化追溯平台适用于食品、医药等冷链冷藏物流领域。在具体应用方面，其插件化的设计理念，使平台具有很强的扩展性和兼容性，可根据行业企业实际情况灵活组合，自由调整，最大限度地满足不同企业的业务需求。

8.5.2 应用评价

易流冷链全流程透明化追溯平台自 2009 年研发以来，在冷链物流领域的应用范围不断扩大，截至 2019 年 6 月，该平台已服务于全国 30%的冷链物流企业，其中包括全国冷链物流百强企业 70 多家，在网冷藏冷冻车辆数超过 4 万台，售出各种冷链智能终端和智能设备累计接近 10 万台。下面以某典型乳品冷链企业为例，介绍易流科技在生鲜乳品全冷链周期信息化追溯领域的方案及应用。该乳品企业从 2010 年开始与易流科技合作，目前其全国所有原料乳品及部分冷饮乳品均接受易流冷链全流程透明化追溯平台服务。

该乳品企业是全国乳品行业龙头企业之一，主营业务收入常年稳居行业前列，是我国乳品行业的典范。该企业供应链流程主要是从城市郊区或乡村奶农处采购原奶，经过一定方式的成产加工后运输到全国各地的经销商、代销商及其相关门店处，供应链模式表现为"奶农—乳品企业—经销商—零售商"。在其整个冷链物流过程中，面临着以下主要问题：

（1）如何落实车辆进库提前打冷，温度合格方可进库装货？
（2）车辆在行驶途中，如何防止部分驾驶人为了省油而关闭冷机、停止打冷的现象？
（3）如果中途温度出现异常，如何第一时间获知并进行补救？
（4）当业务旺季到来时，对外协车辆如何进行有效管理？
（5）如何保障乳品始终处于一个安全的温度范围内？
（6）如何保障交接货环节的温度合格？
（7）如何知道末端销售环节产品温度是否合格？

第 8 章 易流冷链全流程透明化追溯平台

综上看来,这些问题归根结底属于冷链运输过程中的"断链"问题,即冷链物流过程中由于驾驶人或其他异常因素导致车辆温度不达标,最终造成乳品在冷链物流过程中处于不适宜的温度环境,比如常温或者高温状态。冷链断链容易造成乳品安全问题,甚至会对人们的生活质量和身体健康造成威胁。如果乳品在运输过程中遭遇冷链断链,不仅会影响乳品品质,而且还会滋生有害微生物和致病菌,给人体带来危害,更进一步地,会给企业品牌造成损失。

实际上,在日常生活中我们经常会遇到各种各样冷链不冷的现象,比如去便利店买的冰激凌变形了、酸奶外包装有小水滴、速冻饺子有裂纹等。按照国内外相关标准,乳品必须在 2~6℃低温环境下进行储存和保管,主要原因是鲜奶和酸奶中有一种菌叫活菌体,这些活菌体对人体无害,属于非致病菌,可是一旦温度升高,这些活菌体就会不断地快速繁殖生长,出现这种情况时,乳品不仅会变质,甚至还会因为高温使得鲜奶和酸奶里面含有的乳酸菌被杀死,乳品的营养价值大大降低。同时,冷链断链还会造成乳品大量浪费,最终给企业造成损失。

易流科技通过对乳品进行全程管理,帮助该企业实现冷链全程透明可追溯。为了对可能的风险事件进行及时预测、及时干预、避免损失,易流科技提供了如图 8-4 所示的业务管理方案,与信息系统解决方案配合使用。该系统解决方案的特点体现在以下几个方面:

图 8-4 乳品全程管理信息系统解决方案

(1)原奶采集与运输环节。首先要保障运输车辆温度合格。在车辆装载原奶之前,通过物联网设备对奶罐车内温度信息进行连续采集,待温度符合装货要求后,方可允许注入原奶,保障原奶第一站安全合格。这项工作是冷链车辆管理的重要内容,使车辆在运输之前达到冷链物流的温度要求。

(2)乳品进库装货环节。在乳品和车辆进入冷库之前,就将车辆的实际温度信息采集并上传到系统中,帮助工作人员对车辆进行预先审核,提前发现不合格车辆,规范驾驶人的操作行为,这样不但可以提高装货时效,而且有利于减少成本、规范车辆管理。

(3)运输环节温度管理。①通过温度检测装置实时采集货舱内温度,并实现公开透明展示,运输途中的异常信息还可被实时推送到手机 App 端。②对货仓环境采取视频监控方式,实现全程可视。③全程监控影响温度的最重要因素——冷机,确保在途全程打冷。通过对运输过程全程监控,保证乳品在运输过程中各方面信息都透明可视,降低断链发生的可能性,切实提高乳品的安全性和有效性。同时由于及时预警,也降低了断链发生后的腐损率。比如,当车辆温度升高到设定温度之上时,第一时间发出温度预警通知,以便于驾驶人及时处理,这在客观上也规范了驾驶人的车辆操作行为,规避了因驾驶人等人为因素造成的冷链断链。

(4)冷库储存环境温度管控。乳品的储存温度必须限制在严格范围内,否则容易引发乳品品质下降甚至损害。系统通过在仓库内安装温湿度监测设备,全程采集仓库内的温度变化,并设置温度提醒区间,一旦温度触发提醒,就立即语音播报,提醒管理人员干预。

(5)落地配送环节与末端配送环节以及冷柜冷仓温度管理。系统研发出保温箱和便携式温湿度监测设备,把温湿度监测设备同货物一同放置于配送车辆或者保温箱以及冷柜内,用于动态采集和追溯货物的温度变化,通过这种监督方式确保温度安全、合格。

(6)有效监督运输过程,实现全程透明管理。①以订单为主线,实现订单流转信息化、全程可视化管理,提高管理效率。②科学调度、智能配载,通过核对系统信息和现有车辆资源状况,根据订单要求及路由设置进行科学调度,依据配载分析进行智能配载。同时通过辅助调度线路规划、合理排班,减少线路间的交叉情况,避免无效运输,提高运行效率,有效地节约运输成本,提高资源利用率。③通过手机 App 的应用,实现多角度信息互动,不仅可以帮助驾驶人接收调度下发的运输任务,而且能够帮助企业及时获取冷链运输过程中各节点信息,实现对冷链运输全程的高效把控。④有效监督运输过程。对配送时效、温度、里程、签收、驾驶人在运输过程中的行为进行量化考核,通过对运输在途的每一个节点时效、温度、签收等关键数据进行统计,使运输过程更透明,依靠这些数据对驾驶人的服务品质进行实时监督,提高物流服务标准。

该乳品企业通过应用易流冷链全流程透明化追溯平台,成功解决了一直以来困扰企业运营发展的各种难题,实现了冷链全程透明,提高了冷链运营效率,改善了企业经营效益。通过应用易流冷链全流程透明化追溯平台,该乳品企业不仅实现了从装车到运送全程对温度的有效把控,而且大大提高了冷链运输过程中的效率和效益,节约了时间成本,保证了乳品的最佳品质和口味,并收获了消费者的认可与信赖。总而言之,高效的信息系统已经成为冷链企业打造自身高效质量管理体系的基础保证,是企业进行供应链优化与控制的必要途径。

本 章 小 结

易流冷链全流程透明化追溯平台是深圳市易流科技股份有限公司专门为冷链流通企业研发的冷链全流程信息追溯平台。系统建设目的是打造一个基于冷链物流的全链条透明化追溯平台,从冷链产品产地到加工中心、仓储、运输直至末端零售,实现物流全链条透明可视、过程可追溯,保障产品在整个流通周期的质量与安全。

易流冷链全流程透明化追溯平台运用物联网与互联网领域相关前沿技术,采用微服务模式与组件化开发方法,设计开发了包括源头追溯、仓储追溯、运输追溯、智能追货、驾驶人协同追溯和交易流程追溯六大系统的智慧物流平台,这些系统之间既相互独立,又彼此协同,最终以一个整体的形式来完成企业既定管理功能,实现了冷链物流智慧协同,为冷链企业打造了"透明"供应链。

◇ 关键概念

- 冷链
- 冷链物流
- 冷库流转追溯管理
- 预冷管理
- 超温管理
- 智能路由
- 智能追货
- 交易追溯
- 物流金融管理
- 物联网

◇ 思考题

1. 冷链物流包括哪些业务环节？
2. 源头追溯系统有哪些功能？各解决什么问题？
3. 智能追货系统的核心功能是如何实现的？
4. 驾驶人协同追溯系统主要解决什么问题？
5. 交易追溯系统的核心功能是什么？它是如何实现的？

◇ 课堂讨论题

我国冷链物流发展过程中存在哪些主要问题？从国家、行业及企业层面来看，应该如何应对这些问题？

◇ 补充阅读材料

[1] 黄滨. 透明数字化供应链[M]. 北京：人民邮电出版社，2019.

[2] 黄滨，石忠佳，刘军飞. 物流透明 3.0[M]. 北京：中国财富出版社，2016.

[3] 黄滨，石忠佳，刘军飞. 互联网+物流导航[M]. 北京：中国财富出版社，2016.

第 9 章 AMT 产业互联网综合服务平台

9.1 概述

AMT（上海企源科技股份有限公司）是一家有着 20 年"管理+IT"研究咨询服务实践，以及数百家产业互联网平台服务经验的综合咨询服务机构。该企业致力于成为我国产业互联网转型的引领者，通过为区域政府、产业园区和行业骨干企业提供"顶层设计—IT 平台建设—综合运营"服务，促使它们实现全面转型升级。AMT 在帮助各实体产业互联网转型过程中，逐步打造并形成了产业互联网综合服务平台，通过集交易、物流、金融、资讯、保障为一体的一站式"产业互联网综合服务平台"，助力产业平台型企业借力大数据、云计算、智能终端以及网络优势，打通产业链上下游，提升内部效率和对外服务能力，推动整个产业通过"互联网+"实现转型升级。

9.1.1 系统应用背景

近年来，随着我国经济全面进入"新常态"，由人口红利、低劳动力成本带来的出口优势渐趋弱化，内需成为拉动经济发展的核心引擎。国家持续扩大内需的政策刺激，逐渐激活了产业上游供给方与流通市场，给供应链企业带来了更多的发展机会。2015 年国家提出"供给侧结构性改革"，倡导各行业通过供给端创新来实现整体经济的结构优化性调整改革。在此背景下，国内企业转型压力巨大，而众多企业也逐步认识到 B2B 电商在帮助自身提升流通效率、降低流通成本、拓展市场渠道方面的作用，开始纷纷主动转型触网，B2B 电商平台成为众多企业落实"互联网+"的首选策略。[⊖]

按照商业模式划分，B2B 电商平台的发展经历了三个阶段。第一阶段为"信息撮合平台"。供需企业将信息发布在平台上，平台主要提供撮合交易服务，并提供部分代理报关报检、代开信用证等增值服务。第二阶段为"行业电商平台"。企业利用建立平台后的上下游信息不对称优势直接参与到产业链中，主要有以自营业务为主的第三方垂直行业交易平台，以及利用核心企业自身资源优势解决企业内部招标采购问题的平台。第三阶段为"产业链综合服务平台"。在这一阶段，平台不是直接介入到产业链当中去，而是为产业链参与主体提供金融、物流、技术、质检、资讯等综合集成服务，将产业链上下游企业和第三方的产业资源聚合到平台上来，实现产业链商流、信息流、资金流、物流的四流合一，构建起产业生态圈。

⊖ 王琳. 易观分析：中国电子商务 B2B 市场趋势预测 2016—2018 [EB/OL]. （2016-01-28）[2020-06-29]. http://www.analysys.cn/article/analysis/detail/16310.

产业链综合服务平台的出现，推动了链上供应商与生产商实现系统对接，构建了流通与生产深度融合的供应链协同平台，实现了供应链需求共存和物流共享，并且有效解决了产业链上需求最强烈且最有价值的供应链金融服务，因而成为现阶段 B2B 平台发展的重点方向。⊖

9.1.2 系统发展历程及现状

AMT 成立于 2001 年，拥有近 20 年企业信息化产品和解决方案的研发、咨询、培训及服务经验。为适应市场产业互联网的发展需求，2015 年 AMT 产业互联网创始团队开发并首次实施了产业互联网平台，随后在实践中日益完善，2017 年正式推出"AMT 产业互联网综合运营服务平台"（简称 AMT 产业互联网综合服务平台）。目前，该平台已成为业界领先的集交易、结算、物流、金融为一体的产业互联网综合解决方案，并已在中化壹化网、蒙牛爱养牛平台、药聚汇、尚粮等产业互联网平台企业中推广使用。

9.2 系统业务流程分析

当前大宗商品产业链存在着诸多共性问题：①产业链条较长，参与者众多且分散，形成了多个信息孤岛。②供需匹配不精准，需求端的个性化需求难以得到满足。③现货贸易价格波动幅度大，难以保值。④物流涉及铁海江汽多式联运，操作复杂，成本高，在途风险大。⑤缺乏具有公信力的交易平台提供履约保障和责任担当，企业交易风险大。⑥企业回款账期较长，限制了业务运转效率；一些企业规模小，服务能力有限，面对大额订单心有余而力不足，所需贷款小额、短期、高频，时效性要求高，融资困难。

针对以上共性问题，AMT 产业互联网综合服务平台以期现结合的交易模式为手段，以物流、金融、资讯服务为支柱，以建立具有公信力的履约保障规则为基础，搭建了服务全产业链的电子交易平台，如图 9-1 所示。

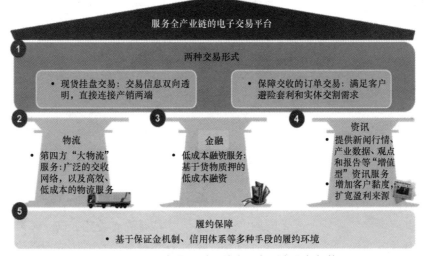

图 9-1 AMT 产业互联网综合服务平台业务架构

⊖ AMT GROUP. 顾毅：基于产业互联网 PAAS 平台，打造安全的供应链金融体系[EB/OL].（2018-08-07）[2020-06-29]. http://www.sohu.com/a/245827737_694623.

在实际应用中，由于平台方具体需求不同，因而其业务流程也有差异。下面举例介绍平台的部分核心业务流程。

9.2.1 挂牌交易业务流程

AMT 产业互联网综合服务平台的供应链金融系统主要提供两种交易形式：现货挂牌交易和保障交收的订单交易。现货挂牌交易的特点是交易信息双向透明，直接连接产销两端；订单交易的特点是满足客户避险套利和实体交割需求。其中，挂牌交易的具体流程为：

（1）交易商（买卖双方）在线注册开户，完成实名认证；审核通过后，平台方将交易商信息提供给结算银行，开立二级保证金账户。

（2）交易商可在线挂买单、卖单、议价、签订电子合同。

（3）入金。买方将资金从同名银行结算账户转入所在的二级保证金账户，用于支付保证金和货款。

（4）买方支付的货款，转入卖方二级保证金账户并冻结，待买方线上对货物的数量和质量确认交收后解冻。

（5）出金。卖方将货款从保证金账户转出至同名银行结算账户。

挂牌交易业务流程如图 9-2 所示。

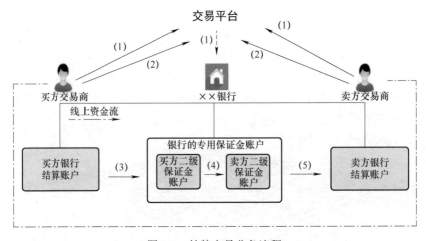

图 9-2 挂牌交易业务流程

9.2.2 物流业务流程

AMT 产业互联网综合服务平台支持以下物流模式：海运散装、海运集装箱、汽运散装、汽运集装箱（含普货、危化品）。

首先物流服务商会进行物流服务报价，由平台发布报价。交易商根据需求申请物流委托，平台方审核该物流委托，若无问题，平台方与交易商达成委托合同。平台方申请物流服务，物流服务方审核物流服务，若无问题，物流服务方与平台方达成服务合同，随后生成货权及运单等单据。平台方下达放货指令。线下物流活动完成后，进行物流费用结算。具体物流业务流程如图 9-3 所示。

第 9 章 AMT 产业互联网综合服务平台

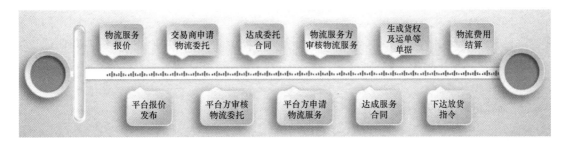

图 9-3 物流业务流程

9.2.3 供应链金融业务流程

AMT 产业互联网综合服务平台的供应链金融系统主要提供采销一体化和委托销售两种线上供应链金融服务模式。在这两种模式中，平台在买卖双方之间充当第三方的角色，积极参与交易，主要解决当前 B2B 交易中常见的买方融资难、融资急以及卖方货款回收周期长、资金周转困难等问题，为 B2B 交易的活跃与达成提供有力保障。

采销一体化模式的具体业务场景是，买方看中了一批货物，对当前价格也比较满意，想马上采购，但是短期内资金无法到位，亟须解决资金问题，这时买方可以利用平台推出的采销一体化模式来解决短期资金问题。买方先与平台达成约定，由平台出面使用自有资金替买方在产区采购卖方的货物，然后通过平台自有物流或物流服务商的服务，将货物由产区运往买方所在的销区，当货物如期抵达买方要求的区域后，由买方在货物运输过程中筹集到自有资金，从平台手中将货物回购。这样在货物运输过程中，买方有充裕的时间去解决资金周转问题，同时卖方也能及时从平台拿到货款。图 9-4 为采销一体化模式业务流程图。

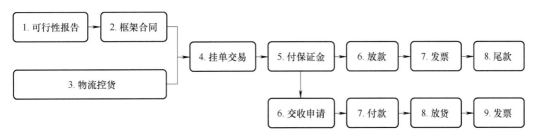

图 9-4 采销一体化模式业务流程

委托销售模式的具体业务场景是，卖方手里有一批货物，但是不能及时变现，这时卖方可以使用平台的委托销售模式。卖方先将货物质押给平台，平台出面使用自有资金把钱先给卖方，在货物运输过程中，卖方资金回笼后或者找到买方的情况下再将货物赎回。图 9-5 为委托销售模式业务流程。

图 9-5 委托销售模式业务流程

在这两种物流金融服务模式下,买方和卖方都利用平台解决了资金周转问题,同时利用物联网技术,通过供应链动态与静态监管体系,对货物物流实施全程监管,在保证货物安全的同时也保证了资金安全。

9.3 系统功能分析

9.3.1 系统设计遵循的原则

AMT 产业互联网综合服务平台的系统设计应遵循以下原则:

1. 经济性、可拓展性原则

在系统设计中将较为通用的产品抽取成通用化模块,根据客户实际业务需求,有针对性地选择相关基础组件,以达到快速完成搭建、集成工作的效果,再结合上层业务需求进行改造,短时间经过几个迭代周期的研发便能交付可直接应用的产品系统。

2. 先进性、安全性原则

该平台采用了先进的互联网技术,主要包括虚拟化云计算、分布式调度、负载均衡以及大数据存储分析等,在平台安全防护设计上采用了金融等级的规划方案,这使得系统既具备了主流电商平台的高效便捷,又具备了金融系统的安全稳定。

3. 标准性、开放性原则

计算机软硬件开发应当遵守相关国家标准、专业标准以及软件文档规范。为确保系统的标准统一,AMT 产业互联网综合服务平台在开发时采用了统一的标准与规范,主要包括信息数据项、信息分类编码标准、数据及文件格式、网络通信规格以及通信接口等。为保证系统升级扩展时标准统一,研发团队还对业务产生的数据项目制定了数据编码规则与规范。开放性依靠标准化来实现,标准化设计的软件便于维护与开放。为了实现各分系统之间的信息交互与共享,平台在开发设计时充分考虑了系统运行环节的开放性,能够广泛集成第三方产品。这种设计思想不仅有助于系统支持各类不同业务需求,而且能够保证企业多样化业务流程高效运行。

9.3.2 系统功能与组成

AMT 产业互联网综合服务平台结构如图 9-6 所示,整个平台包括对外服务、应用服务、运营中心及核心支持服务四大模块。产业客户可在该平台上进行交易及获取相关服务,合作伙伴也可接入该平台。其中,门户、移动客户端以及开放平台属于对外服务模块。应用服务模块中有交易中心、金融中心、物流中心、资讯中心四部分。其中,交易中心包含挂牌交易系统、竞拍交易系统、订单交易系统、OTC 交易系统;金融中心包含供应链融资系统和网络银行融资系统;物流中心包含物流采购系统、物流监管系统和仓储管理系统;资讯中心包含信息采集系统、信息处理系统和信息发布系统。运营中心模块包含报表系统、客服系统、运维系统、风控系统、财务系统、商业智能、监控报警系统等。核心支持服务模块包括通用服务、用户信息服务、资金处理服务及安全认证服务四部分。其中，通用服务包含业务管控流程审批系统、通知系统和日志系统；用户信息服务包含会员管理系统和后台用户管理系统；资金处理服务包含支付结算系统和对调账系统；安全认证服务包含线上电子签章系统、单点登录系统和授权认证系统。产业客户主要包括进出口企业、贸易企业、生产企业、加工企业以及零售企业。合作伙伴主要包括仓储企业、口岸、海关、质检机构、物流企业、金融机构等。

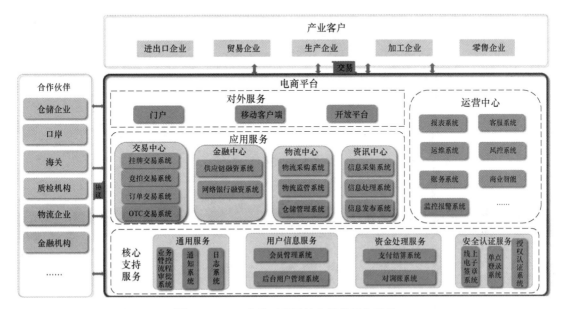

图 9-6　AMT 产业互联网综合服务平台结构

9.3.3　各子系统的功能结构与组成

AMT 产业互联网综合服务平台核心系统包括用户信息服务、安全认证服务、通用服务、交易中心、资金处理服务、物流中心、金融中心、运营中心等。

1. 用户信息服务

用户信息服务主要包括用户登录、注册、审批、维护等服务。其中，前台提供登录账户信息查询、角色维护管理、组织架构设置、企业信息维护、交易模式管理等功能；后台提供注册审核管理、客户信息管理、等级权限管理、收费标准管理等功能。

用户在注册时需要提交实名认证相关材料，用于向国家授权的 CA 机构申请数字证书及使用支付结算系统。认证材料包括企业营业执照复印件、实名认证申请授权书、持有证书人基本信息、企业印鉴图案、开户许可证复印件、法人身份证复印件、企业对公银行账号信息、经办人身份证复印件、法定代表人授权委托书等相关资料。

2. 安全认证服务

安全认证服务中最核心的是线上电子签章系统，还包括单点登录系统和授权认证系统。

（1）线上电子签章系统。线上电子签章是电子签名的一种表现形式，利用图像处理技术将电子签名操作转化为与纸质文件盖章操作相同的可视效果，同时利用电子签名技术保障电子信息的真实性、完整性以及签名人的不可否认性。以电子签名技术为保障的在线签约不但能够提高企业办公效率，而且绿色环保、真实可靠防抵赖。

线上电子签章系统根据业务需要，对各类需要盖章的文件进行签章服务，系统能够提供支持两方以上盖章、骑缝章、任意位置盖章、预览、下载盖章文件等功能。电子云签章作为一种身份验证工具，可灵活应用于各种业务场景，如双方对合同签章、单方面对文件签章等。作为业务环节中的一部分，电子云签章能够提高业务效率，保障业务活动真实有效性。图 9-7 为电子签章示意图。

图 9-7　电子签章示意图

经国家授权 CA 机构鉴定通过的用户，CA 机构会为其颁发具有法律效应的数字证书，持有数字证书的企业需要每年进行工商行政信息复检，以保证其信息真实有效。通过 UKey 签名可以实现平台用户身份认证，因为 UKey 中包含的私钥只有指定身份的用户才能持有。用户首先插入 UKey 设备，然后签名随机生成的验证码，得到签名数据，再输入用户名一起提交到平台的后台，后台先做验证码正确性检查，然后再通过用户名查询定位数据库中的用户签名证书记录，使用用户的签名证书对用户传过来的签名数据进行验签，如果验证通过，则证明是对应用户，从而实现身份认证。图 9-8 为 UKey 示意图。

数字证书装载在 UKey 中，其安全性比软证书的方式要高。硬证书是以 UKey 移动设备为载体，保存私钥和数字证书，而软证书是以文件形式保存的，并且可以标记并允许再次导出。UKey 设备身份认证作为可随身携带的智能密码钥匙，UKey 设备只是存储数字证书的一种介质，私钥在设备里被安全地保护，用户只需要保护好设备的使用安全，就可以达到更安全的目的。

图 9-8　UKey 示意图

（2）单点登录系统。为多个系统提供统一登录服务，用户只需要登录一次就可以访问所有相互信任的应用系统。用户不再被多次登录困扰，也不需要记住多个 ID 和密码。同时，用户忘记密码并求助于支持人员的情况也会减少。

（3）授权认证系统。通过建立一个能适应各种系统权限管理要求的权限模型，各系统将自己的用户角色管理、角色-权限管理等抽离出来，统一放在一个管理系统中，用于用户及运营人员登录认证、授权服务。在登录时各系统调用相关统一认证和授权接口，以获取用户相关权限信息，在引用系统中进行权限验证。

3. 通用服务

通用服务包括业务管控流程审批系统和通知系统以及日志系统。

业务管控流程审批系统具有强大的类 OA 功能，包括灵活完善的前后台功能，用于支撑业务管控。该系统解决了传统 OA 脱离交易数据的问题，能够对接业务数据，直接读取业务数据进入流程审批环节，并可在后台配置相关的审批事项、审批人员、审批节点、审批规则、审批流程。在对应的审批事项流程触发审批后，按照审批流程进行审批，支持计算机端、微信、短信通知处理，支持移动办公。图 9-9 为流程审批示意图。

图 9-9 流程审批示意图

业务流程通知系统是通知信息的传达处理系统，目的是让用户通过各种渠道获得消息和提醒并进行处理，包括邮件、微信和短信通知，实时告知用户每一步业务的处理情况。系统通过对接通信运营商（如电信、移动、联通）或者第三方通信工具（如微信企业号）两种方式，根据业务流程的触发使用通知系统调用通信方式，实现本地或移动接收通知信息。图 9-10 为短信接收通知示意图。

日志系统涉及系统日志、应用程序日志和安全日志，它可以记录系统中硬件、软件和系统问题的信息，同时还可以监视系统中发生的事件，主要用于记录所有用户的操作以及运营人员的操作。用户可以通过日志系统来检查错误发生的原因，或者寻找受到攻击时攻击者留下的痕迹。

图 9-10　短信接收通知示意图

4. 交易中心

交易中心为客户提供个性化在线购销服务。买卖双方可以将供求信息发布、议价、签约、交收、结算、履约、仲裁等实体贸易中涉及的各环节，全部在线完成。特别是基于数字签名的电子合同和 7×24h 的大额资金结算服务，相比传统贸易方式，工作效率有了大幅提升，同时安全性也有了更可靠的保证。

挂牌交易分为买挂牌和卖挂牌交易。交易商买方或卖方通过现货挂牌电子交易系统，将需要采购或销售商品的品牌、规格等主要属性，交货地点、交货时间、数量、价格等信息对外发布，由符合资格的对手方提出应约申请，双方达成合同后，进行货物交收。

挂牌交易基于真实贸易的电子合同。交易商使用平台进行支付结算，必须基于真实贸易的电子合同进行付款或收款，这样可以保证电子合同的机密性、完整性、真实性和抗抵赖性。

5. 资金处理服务

资金处理服务以 B2B 线上支付结算系统实现，主要提供交易商交易资金结算、管理等服务。其中前台提供客户银行一般结算账户绑定、入金账号查询、出金申请、出入金及交易资金流水查询导出、银行回单下载等功能。后台提供保证金账户开户、出金审核、交易结算、资金对账、动账通知、客户账户查询、资金交易记录查询等功能。图 9-11 为 B2B 线上支付结算系统架构示意图。

B2B 线上支付结算系统的主要特点包括：①解决票款不一问题，客户双方在平台交易结算，银行回单显示双方客户名称；②支持全国所有银行的出入金，包括农发行、农信社、农商行、城商行以及地方性的村镇银行；③结算系统提供 7×24h 服务，支付不受时间限制、不受额度限制；④结算系统向银行发送开户指令，银行自动开立二级子账户，无须人工介入；⑤客户可通过平台自助下载与平台交易相关的银行电子回单。

（1）系统提供的结算相关功能

1）开户：客户提供注册相关资料并通过审核后，平台自动为其开设资金结算账户。

2）销户：客户可注销平台注册账户，同时注销资金账户。

3）修改户名：客户因某些原因更名后，向平台提交相关证明资料并且通过平台审核后，修改客户名称，包含银行子账户的名称。

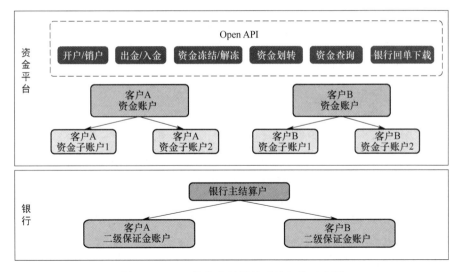

图 9-11 B2B 线上支付结算系统架构示意图

4）入金：客户在平台查看入金子账户信息，并且可以向其子账户转账入金。

5）出金：客户可在平台将其可用余额提现，支持 7×24h 无限额出金。

6）交易：客户之间基于合同的交易资金的划转，支持 7×24h 无限额转账。

7）冻结：根据业务需要将部分资金置为暂时不可用。

8）解冻：根据业务需要将冻结资金置为可用资金。

9）余额查询：客户可查询自己平台资金账户的可用余额、冻结金额。

10）交易记录查询：客户可查询冻结、解冻、出金、入金、交易记录。

11）银行回单下载：提供每笔交易的银行电子回单下载。

12）非同名账户入金退回：客户银行二级子账户只允许同名账户向其入金，非同名账户的入金将被退回。

（2）银行端提供的功能

1）开户：银行根据平台的请求，在平台主账户下实时为客户开立二级同名子账户，客户可以通过网银、柜台或其他转账途径向该二级子账户转账入金。

2）销户：关闭子账户，关闭后该子账户不可出入金及转账。

3）修改户名：银行根据平台在线实时请求，修改子账户户名。

4）动账通知：客户向其子账户入金后，银行系统向平台实时发送动账通知。

5）出金：子账户对外转账，支持对公、对私 7×24h 无限额出金，支持全国所有银行，包含农发行、地方性小银行，比如农信社、村镇银行。

6）子账户内转：子账户之间可以 7×24h 无限额互相转账。

7）银行电子回单生成：银行每日生成前一日所有交易的电子回单，包含出金、入金、子账户互转的记录，并通过 SFTP 上传至平台的服务器中。

8）余额查询：可查询主账户余额和子账户余额。

9）交易记录查询：可根据日期区间查询主账户交易记录和子账户交易记录。

10）交易状态查询：可根据平台流水号查询平台发起的该笔交易的状态，银行返回成功、失败、处理中等状态。

11）查询账户列表：查询主账户下的所有子账户列表。

12）限制向二级子账户入金：平台通过银行系统接口，维护可以向每个二级子账户入金的账户列表。在该列表内的账户，可以向二级子账户入金；不在该列表内的，银行直接拒绝退回其入金。每个子账户对应一个账户列表。如果有供应链业务，资金方可以放款到客户的二级子账户，也可以从二级子账户还款。

6. 物流中心

AMT 产业互联网综合服务平台的物流中心集交易、金融、物流于一体，以货物在运输环节各主要流通节点的信息采集为基础，以互联网、物联网技术为手段，从货物监收、物流服务采购与组织、运输仓储活动执行与监管、货权接收与释放到业务支付结算以及各阶段节点状态跟踪，全过程信息化、可监管、可追溯，实现了跨区域货物运输管理综合信息服务。物流中心又分为物流采购系统、仓储管理系统与物流监管系统三个子系统。

（1）物流采购系统。物流采购系统主要提供询价导入、售价设置及查询、服务委托提交及合同生成、物流服务采购、应收应付费用管理及结算等物流业务服务。通过对委托询价、报价、采购、签约、费用结算等物流服务流程以及相关单据格式和内容进行规范，以提高物流业务的效率和水平。图 9-12 为物流采购系统中的报价示意图。

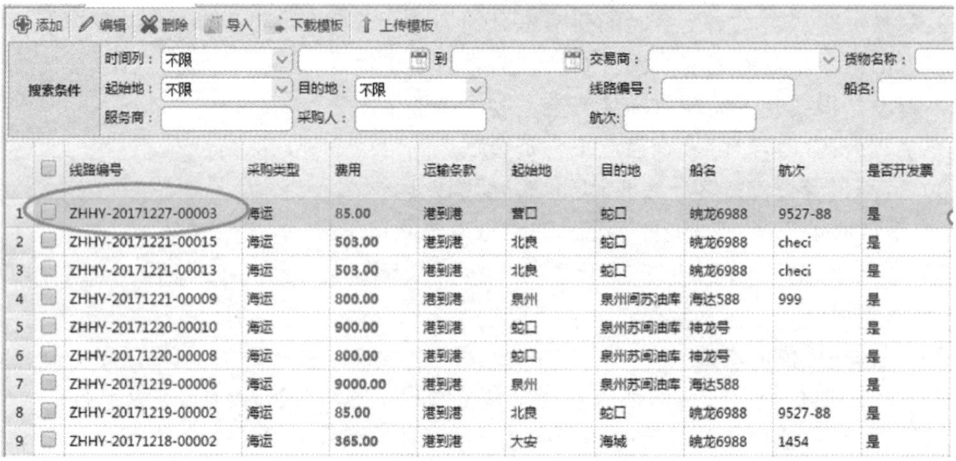

	线路编号	采购类型	费用	运输条款	起始地	目的地	船名	航次	是否开发票
1	ZHHY-20171227-00003	海运	85.00	港到港	营口	蛇口	晓龙6988	9527-88	是
2	ZHHY-20171221-00015	海运	503.00	港到港	北良	蛇口	晓龙6988	checi	是
3	ZHHY-20171221-00013	海运	503.00	港到港	北良	蛇口	晓龙6988	checi	是
4	ZHHY-20171221-00009	海运	800.00	港到港	泉州	泉州闽苏油库	海达588	999	是
5	ZHHY-20171220-00010	海运	900.00	港到港	蛇口	泉州苏闽油库	神龙号		是
6	ZHHY-20171220-00008	海运	800.00	港到港	蛇口	泉州苏闽油库	神龙号		是
7	ZHHY-20171219-00006	海运	9000.00	港到港	泉州	泉州苏闽油库	海达588		是
8	ZHHY-20171219-00002	海运	85.00	港到港	北良	蛇口	晓龙6988	9527-88	是
9	ZHHY-20171218-00002	海运	365.00	港到港	大安	海城	晓龙6988	1454	是

图 9-12　报价示意图

（2）仓储管理系统。仓储管理系统的主要功能包括：分布式仓储货位分配及管理，仓储入库预约审核及入库流程管理，出库预约审核及出库管理，库存盘点动态巡检及管理，仓储相关业务运作费用管理，等等。

（3）物流监管系统。物流监管系统主要对运输仓储等物流服务流程中的交收、质检、发运、出入库、保险等环节进行流程管控。对服务流程中涉及的交易合同、货权证明、磅单、放货单、提单、保险单、仓单/运单等进行统一归档监管，为交易服务和风险控制提供完整的支持。主要业务包括：监收任务中货物监收数量及质量数据和单据管理，运输任务中相关运单箱号、保险等数据及单据管理，仓储任务中仓单库位、保险等数据及单据管理，货权转移业务单据管理，等等；同时该子系统还能提供物流的可视化监控及分布式库存管控功能。图 9-13 为平台单据管理示意图。

第 9 章 AMT 产业互联网综合服务平台

图 9-13　单据管理示意图

7. 金融中心

AMT 产业互联网综合服务平台的金融中心体系架构如图 9-14 所示。通过产业互联网 PaaS 平台，供应链金融系统实现了产业链上下游贯通，有效连接了资产侧与资金侧，为资金进入实体经济提供了安全通道。系统为资产侧的产业互联网平台用户提供了交易保障、物流追踪、金融服务、信用体系等相关产品，帮助平台打通产业链的上下游，实现业务的在线化、资产化。系统为资金侧的金融机构提供了资产监管、资金跟踪、风险预警、智能分析等风控服务产品，帮助其实现了资金对于资产的全穿透、供应链全程的可追溯、风险的可控。

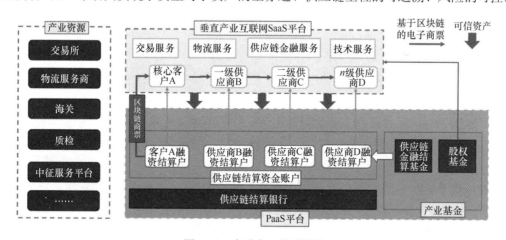

图 9-14　金融中心体系架构

AMT 产业互联网综合服务平台供应链金融系统利用产业资源与 IT 技术实现了商流、信息流、物流、资金流的四流合一。系统使用来自产业链上下游企业的交易数据以及第三方服务与监管机构的数据，形成产业链的真实数据。系统使用区块链技术，保证资产透明化、穿透产业链，对接资金端，引导金融资源脱虚向实。

基于区块链的电子商票是 AMT 供应链金融系统中的特色产品，如图 9-15 所示。传统银行的电子承兑汇票存在无法拆分、无法跟踪资金具体流向的问题。AMT 供应链金融系统通过 PaaS 平台和 SaaS 平台的对接，让产业链上的交易、结算、合同、物流、仓储等业务数据上链，利用区块链技术不可篡改、可溯源、可拆分的特性来实现资产的透明化，并通过电子商票作为结算凭证贯穿整个产业链，然后对接到资金端，从而帮助金融资源满足国家提出的金融脱虚向实的要求。

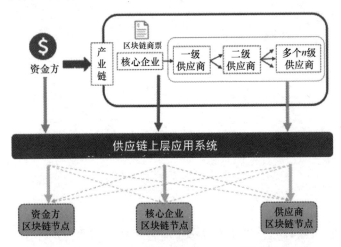

图 9-15　供应链金融系统中基于区块链的电子商票

8. 运营中心

运营中心是通过统一的后台登录运营管理系统，为平台运营人员提供对前台业务的数据查询、统计、分析及风险控制等操作，为客户提供后台支持，为企业提供运营保障。该系统主要功能包括客户管理、成交数据管理、资金管理、运维数据管理、报表台账管理等。该系统主要子系统如下：

1）报表系统。报表系统主要包含日常运营中各项台账与报表查询、下载、统计等功能。其中，报表主要包括会员信息类报表、交易信息类报表、资金流水类报表、账户出入金类报表等。

2）运维系统。运维系统主要对日常运营的各类流程进行审批审核，既包含了客户注册审核、冻结、注销、资料邮寄、UKey 寄送等管理，也包含了出金账户绑定审核、违约审核、订单系统业务跟踪及预警等功能。

3）风控系统。风控系统是为风控部门提供的风险控制平台，主要包含交易业务预警、交易类与非交易类合同管理、客户保证金预警以及合同模板管理等功能。

4）财务系统。财务系统为财务人员提供各类资金流水查询、导出，为各会员账户进行资金状况分析，为各会员账户提供资金流水与银行端对账服务等。

5）商业智能。通过对现有累积数据的分析，帮助平台相关用户做出明智的业务经营决策。所分析的数据来源于挂牌系统和订单系统的订单、库存、交易账目、客户和供应商等。

6）监控报警系统。监控报警系统主要用于对各个分布式系统的监控及报警。当发现某个系统应用有问题时，及时通过短信或者邮件通知技术人员，确保技术人员快速解决问题，保证系统 7×24h 安全稳定运行。

9.4 系统架构与技术

9.4.1 系统体系架构

AMT 产业互联网综合服务平台的应用支持云平台部署，支持多形式的客户端，支持多语言、分布式服务，支持高流量访问，该平台技术架构如图 9-16 所示。

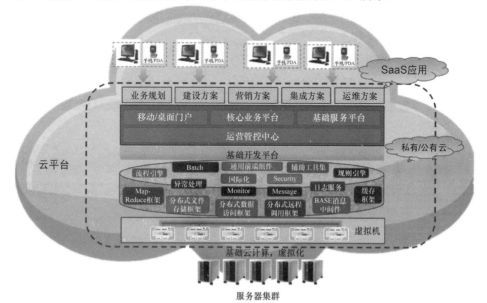

图 9-16　AMT 产业互联网综合服务平台技术架构

AMT 产业互联网综合服务平台数据架构如图 9-17 所示，其架构设计具有混合化、规模化、实时化与服务化的特点。

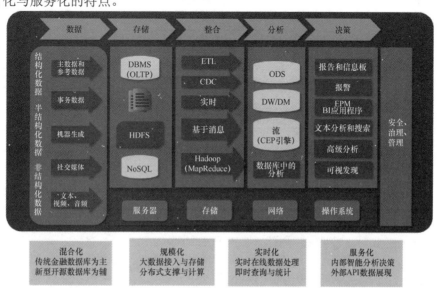

图 9-17　AMT 产业互联网综合服务平台数据架构

AMT 产业互联网综合服务平台部署架构由主数据中心和灾难备份数据中心构成,其中灾难备份数据中心保证异地灾难备份。

AMT 产业互联网综合服务平台安全架构如图 9-18 所示。

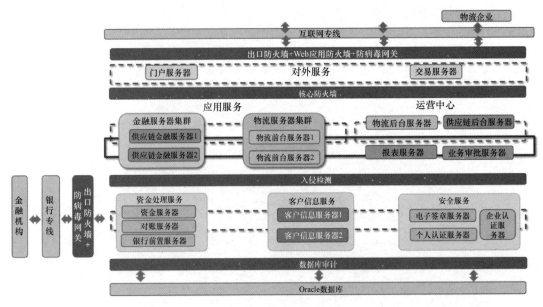

图 9-18　AMT 产业互联网综合服务平台安全架构

9.4.2　系统应用环境

1. 系统开发环境

AMT 产业互联网综合服务平台系统开发环境见表 9-1。

表 9-1　系统开发环境

类　别	开　发　技　术
开发工具	Eclipse 3.7.1
开发语言	Java
技术框架	J2EE、Spring、Spring MVC、MyBatis、Tiles、Maven
Web/应用服务器	Tomcat 7.0
数据库系统	Oracle 11g 或者 MySQL

2. 系统运行环境

AMT 产业互联网综合服务平台系统运行环境见表 9-2。

表 9-2　系统运行环境

类　别	运　行　环　境
业务系统	物理环境:Dell PowerEdge1000e 刀片机箱 　　　　　DELL PowerEdge M630 刀片服务器 　　　　　DELL Compllent SC4020 软件环境:Redhat Enterprise Linux 5.11

(续)

类　　别	运　行　环　境
数据库系统	物理环境：DELL PowerEdge R920 　　　　　DELL Compllent SC4020 软件环境：Oracle Enterprise Linux 6.6 　　　　　Oralce Database Server 11.2.0.3.11 　　　　　Oracle Goldengate 11.0.7
监控系统	物理环境：DELL PowerEdge R730 软件环境：Redhat Enterprise Linux 6.6 　　　　　启明星辰 TSOC-USM

9.4.3 系统技术特点分析

1. 数据传输的安全性

通过网络传输数据，需要保证数据的完整性、保密性，以及能够对数据发送者的身份进行验证。在数据传输安全方面，AMT 产业互联网综合服务平台采用电子签章、数据通道安全加密技术（CA 数字认证、PKI）和数据内容安全加密技术（Triple-DES 对称算法加密和 RSA 非对称算法），确保了数据通道传输的安全性，同时确保了数据本身的安全性。

2. 标准化的系统设计

系统设计采用统一的信息数据项、信息分类编码标准、数据及文件格式、网络通信规格、通信接口，计算机硬件及软件遵守有关国家标准、专业标准、软件文档规范。对业务产生的数据项，制定和规范数据编码规则和标准，保证系统今后升级扩展时标准的统一性。

3. 可用性、可靠性与先进性的系统设计

（1）可用性原则。系统建设以满足产业 B2B 电子商务交易的业务需求为首要目标，保证系统实用性及经济可行性。计算机系统、通信网络系统、数据设计在技术上成熟。系统具有可扩展性、可维护性，系统软硬件都留有可扩展升级的接口且便于维护，系统对科技业务的需求发展有较强的适应能力。系统采取异地灾难备份分布式系统架构，所有的应用节点至少有两个以上的节点同时运行，实时报警系统和 24h 不间断运营确保了系统全天候 24h 可用。

（2）可靠性原则。为保障整个系统运行良好、稳定可靠，设计时充分考虑了系统运行中可能出现的各种情况。系统采用 SOA 的技术架构、分布式集群方案、热布置技术，避免了系统的单点故障，保证了系统的可靠性。

（3）先进性原则。在实用可靠的前提下，吸收国内外先进的计算机软硬件技术、信息技术及网络通信技术，使系统具有较高的性价比。采用先进的体系结构和技术发展的主流产品，保证整个系统高效运行。系统采用了分布式缓存 MemCache、MQ 及 Web 集群服务、分布式业务处理服务（类似采用 Hadoop 云计算服务），业务处理服务可以根据业务的需要动态增减，可扩展性强。

4. 多种手段确保数据的保密性

系统设计充分考虑了数据的保密性，采用了多种手段确保数据安全。各种数据受到严格控制，防止非正常渠道的提取与修改。管理系统的数据库分层次和级别，保证数据库在各种保密级别上的查询访问，防止数据被任意查询和破坏。

系统管理员的服务端和客户服务端与业务模块之间采用完全隔离的处理方式。自我校验检验功能对各种计算机病毒系统都具有高度的免疫力和自我修复能力。

5. 关系型数据库 Oralce 管理核心交易数据

系统中核心数据使用最成熟的关系型数据库 Oralce 来管理，且采取了 RAC 的高可用性架构。它主要具备以下优势：多节点负载均衡；提供高可用、故障容错和无缝切换功能，能将硬件和软件错误造成的影响最小化；通过并行执行技术提高事务响应能力；通过横向扩展提高每秒交易数和连接数；可扩展性好，可以方便地添加和删除节点，扩展硬件资源；节约硬件成本，可以用多个廉价 PC 服务器代替昂贵的小型机或大型机，同时节约相应维护成本。

6. GoldenGate 全天候实时数据同步灾难备份技术

系统后台数据库采用 GoldenGate 灾难备份技术，进行数据实时复制、双活机制。GoldenGate 灾难备份技术可以在异构的 IT 基础结构之间实现大量数据的秒级的捕捉、转换和投递，从而实现灾难备份。灾难备份数据库处于同步的在线状态，并且可用，生产库出现故障时，数据库业务可随时切换到灾难备份数据库，达到 RTO 等于 0、RPO 接近 0（一般数据丢失的情况下 RPO 在 10s 之内）的目标。同时，对于灾难备份数据库可以充分考虑其功能，如查询服务、数据库备份等功能，提高资源使用效率。

7. 系统具有高安全性、可用性和抗故障性

系统所有网络设备和线路冗余，不存在单点失效故障。各个区域通过防火墙进行隔离，使用不同品牌防火墙形成异构，保证了系统的安全性。所有服务器通过 HBA 卡连接到存储区域，VMware 为虚拟机提供高性能存储，保证了系统的高可用性。Web 服务器通过 LVS 服务器实现服务器的负载均衡，减轻了服务器的负担。所有网络设备均通过 HA 的方式部署，提供的网关为虚拟 IP 地址，即使设备和线路发生故障也不会影响到网络的变更，将影响降到了最小。

8. 系统架构具有很好的开放性和适应性

为了实现各子分系统的信息交互与共享，充分考虑了系统运行环节上的开放性。系统将能够提供广泛的第三方产品集成方案，提高系统支持各类不同业务需求的能力，保证企业多样化业务流程的高效运行。系统对外支持 WebService、JSON、HTTP 及 Socket 标准协议，方便与第三方做系统集成。

9.5 系统应用范围与评价

9.5.1 应用范围

AMT 产业互联网综合服务平台提供强大的在线交易、物流、结算、供应链金融等产品及配套基础 IT 组件，集合各方资源优势，打通整个产业链条各个环节，能为医药、化

工、建筑、农产品、乳制品等领域的各实体产业链 B2B 综合服务平台的建设提供全面的系统支撑。

9.5.2 应用评价

AMT 产业互联网综合服务平台能够帮助平台方通过整合多方资源，建成"服务中心+配送中心"的多渠道结合的覆盖全国的现代智慧大物流体系；平台架起了生产加工企业与第三方金融机构之间的桥梁，放大信用价值，发挥共享经济，建立起健康、有序的互联网金融服务平台；平台建成了以各类信息推送及客户交易等功能为一体，以传统媒体方式、网站、PC 客户端服务系统、移动客户端服务系统等为渠道的信息服务系统。平台通过不断推出交易产品，创新服务方式和扩大服务领域，重点体现惠及消费者、服务生产者的运营理念，不断完善风险控制机制和内容监管制度，不断增强风险监控的能力，兼顾创新与风险防范，在科学审慎、风险可控原则下服务实体经济，为我国传统产业的互联网转型和可持续创新做出更大的贡献。

下面以农粮产业供应链平台为例，介绍 AMT 产业互联网综合服务平台在实际中的应用。在一个大宗产品贸易产业链中，上游是大型油脂加工厂，下游是小而分散的油脂消费企业。在整个产业中，下游企业存在价格波动频繁、资金周转压力大、物流成本高等诸多显著的痛点，仅通过产业链内部，无法进行有效优化。于是，产业客户通过与 AMT 的合作，首先搭建一个产业互联综合服务平台，提供期现结合的交易服务，帮助下游中小企业对冲价格波动的风险；提供铁、海、江多式联运集采服务，帮助客户显著降低物流采购和操作成本；提供销区动态库存体系，解决下游中小企业采购周转资金的问题，实现按需采购、随付随提。该平台上线 3 个月左右，就实现了 6.7 亿交易额、10.2 万 t 交易量。另外，通过 AMT 产业互联网综合服务平台注入供应链结算资金，初期即可帮助平台实现交易量近 20%~30% 的增长。后续随着平台业务扩大和资金端不断加入，交易量可以实现成倍增长。

本 章 小 结

AMT 产业互联网综合服务平台是 AMT 旗下子公司源天软件针对产业平台型企业设计开发的集交易、物流、金融、资讯、保障为一体的"产业互联网综合服务平台"。该平台采用大数据、云计算、智能终端以及互联网技术，将产业链上下游企业和第三方的产业资源聚合起来，实现产业链商流、信息流、资金流、物流的四流合一，构建起产业生态圈。

AMT 产业互联网综合服务平台包括对外服务、应用服务、运营中心及核心支持服务四大模块，进出口企业、贸易企业、生产加工企业、零售企业等产业客户可在该平台上进行交易及获取相关服务，物流仓储企业、口岸、海关、质检机构、金融机构等合作伙伴也可接入该平台。供应链金融业务是该平台最具特色的服务功能，通过产业互联网 PaaS 平台，供应链金融系统实现了产业链上下游贯通以及资产侧与资金侧的有效连接，为资金进入实体经济提供了安全通道。

◇ **关键概念**

- 产业链
- 供应链金融
- 线上电子签章
- 挂牌交易
- 订单交易
- PaaS 平台
- SaaS 平台
- 区块链技术
- 电子商票

◇ **思考题**

1. B2B 电子商务平台发展经历了哪几个阶段？各阶段有何特点？
2. 大宗商品产业链目前存在着哪些共性问题？
3. AMT 产业互联网综合服务平台供应链金融系统能提供哪些交易方式？
4. AMT 产业互联网综合服务平台物流系统包括哪些子系统？它们有何业务功能？
5. AMT 产业互联网综合服务平台 B2B 线上支付结算系统有哪些主要特点？

◇ **课堂讨论题**

供应链金融管理的核心是什么？你对供应链金融业务的未来发展有何看法？

◇ **补充阅读材料**

[1] 王玉荣，葛新红. 流程管理[M]. 5 版. 北京：北京大学出版社，2016.
[2] 冯耕中，何娟，李毅学，等. 物流金融创新：运作与管理[M]. 北京：科学出版社，2014.
[3] 何娟，冯耕中. 物流金融理论与实务[M]. 北京：清华大学出版社，2014.
[4] 宋华. 供应链金融[M]. 2 版. 北京：中国人民大学出版社，2016.
[5] 段伟常，梁超杰. 供应链金融 5.0：自金融+区块链票据[M]. 北京：电子工业出版社，2019.

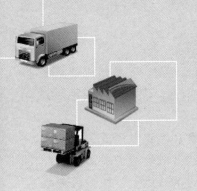

第 10 章

港口物流信息中心

10.1 概述

10.1.1 系统应用背景

港口是一个国家对外开放最前沿的窗口，是综合运输大通道的节点，是沟通国内与国际经济往来的重要枢纽。我国自改革开放以来，伴随着 14 个港口城市的进一步开放，港口建设进入了高速发展时期。21 世纪伊始，全国掀起了新一轮港口建设和发展热潮，截至 2010 年年底，我国港口吞吐量连续八年位居世界榜首，全国沿海亿吨港口达到 16 个，港口的建设数量、规模、吞吐能力以惊人的速度增长，我国已跻身世界港口大国行列。[⊖] 全国沿海港口新格局初步形成，五大港口群的发展各具特色。"长三角"和"环渤海"港口群规模最大，其次是"珠三角"、东南沿海和西南沿海。

本案例中的港口为西南沿海港口，位于我国西部大开发和面向东盟开放合作的重点地区，对于国家实施区域发展总体战略和互利共赢的开放战略具有重要意义。但与其所担负的战略地位相比，西南沿海港口群的发展还存在一些亟待解决的问题，如区域物流贸易信息化水平不高，口岸互联互通环境有待改进，港口的软硬件尚差，与东盟国家贸易物流互联互通信息化水平低，未建立健全港口物流信息化贸易平台，通关监管效率有待优化，电子信息化查验设施配套不完善，通关服务信息化互联互通环境有待改进，等等。为此，以推进港口物流贸易信息化发展、构建新型保税物流体系、优化口岸服务环境为目标的"港口物流信息中心"建设项目被提上日程。

10.1.2 系统发展历程及现状

港口物流信息中心总体建设按照"整体规划、分步实施、重点先行"的原则，分为基础建设、扩展建设和系统完善三个阶段。基础建设阶段主要完成基础平台的建设；扩展建设阶段主要完成向口岸业务各个外围相关实体的延伸，扩展电子商务和物流服务功能；系统完善阶段主要实现区域之间的物流信息共享，实现水、陆、铁、航四位一体的物流信息共享。

港口物流信息中心（一期）主要完成基础平台建设，包括以电子数据交换技术为基础

⊖ 马清涛. 我国已成为世界港口大国[J]. 中国国情国力，2011（5）：7-9.

的数据交换平台、信息发布系统、仓储管理系统和在线业务办理系统等。系统建成后主要服务于港口供应链上的物流企业、港航企业、商贸企业、相关政府部门和社会公众等，实现多个港口数据对接，实现港口城市间的物流信息共享。

港口物流信息中心（二期）进入扩展阶段，主要任务是丰富和完善电子政务相关功能，完善"单一窗口"和电子商务服务功能，与港口城市实现跨区域物流通关协同与合作，成为连通境内外、辐射东中西的综合服务平台。在一期建设的基础上，增加数转系统、物流信息统计分析、联网函调系统、入网审批系统、在途监控系统和口岸诚信系统。

港口物流信息中心（三期）进入完善阶段，在该阶段系统将链接东北亚物流信息中心，形成南北两个基地的强强联合、信息共享，实现多国之间的物流信息共享。同时，整个系统的物流信息将由海运扩展到陆运、铁路、航空，实现水、陆、铁、航四方位物流信息共享，打造全球性的全方位物流信息资源共享平台。

本案例主要对港口物流信息中心（一期）建设内容进行介绍及说明。

10.2　系统业务流程分析

港口物流信息中心业务平台包括运力资源协调系统、仓储管理系统、在线业务办理系统、电子商务系统和多式联运系统。

10.2.1　运力资源协调系统

运力资源协调系统主要为集装箱运输企业提供日常运营管理，为港口与内地无水港之间的双重业务和集装箱转码头业务提供信息化支撑，其业务包括运输企业日常经营、车辆调度、车辆 GPS 定位及跟踪、统一费用结算和客户服务等，其中典型业务操作有出口箱作业及进口箱作业，具体流程如图 10-1 与图 10-2 所示。

10.2.2　仓储管理系统

仓储管理系统通过构建 SaaS 仓储运营云平台为中小型仓储企业提供了仓储运营系统，实现了港口各仓储企业货物统一管理，降低了这些企业的 IT 运营成本，提高了其信息化水平和整体服务水平。该系统包括仓库企业管理、货物出入库管理、盘点管理、费用结算管理等功能。仓储管理系统作业流程如图 10-3 所示。

10.2.3　在线业务办理系统

在线业务办理系统为客户提供港口物流业务网上受理功能，客户可通过平台系统进行各类物流作业申请、费用查询和支付结算等活动，具体流程如图 10-4 所示。

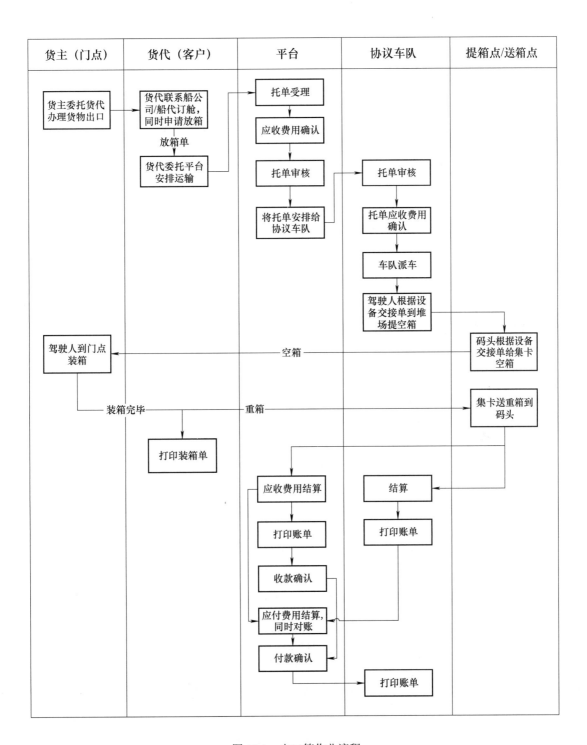

图 10-1 出口箱作业流程

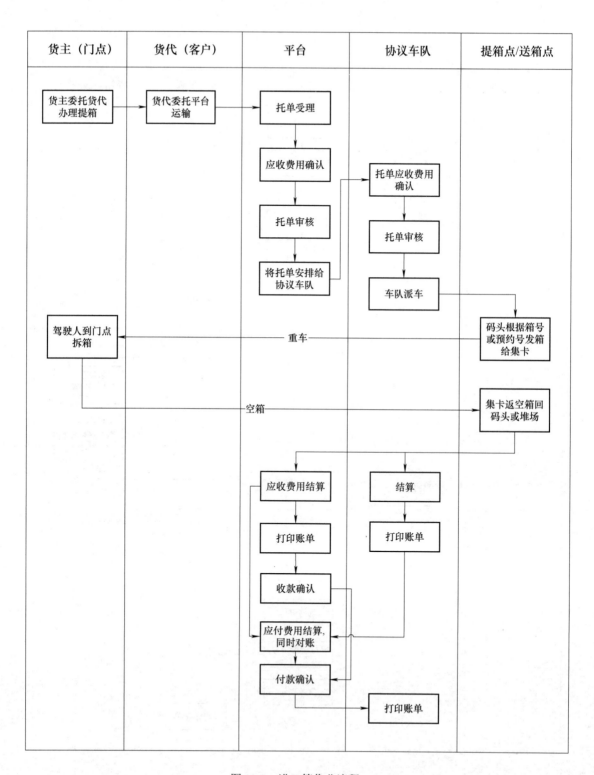

图 10-2 进口箱作业流程

第 10 章 港口物流信息中心

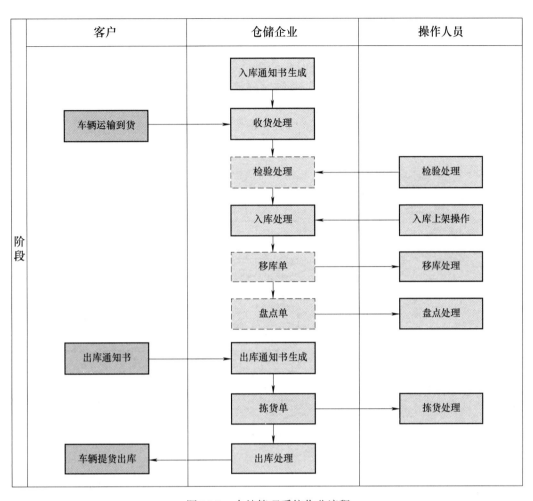

图 10-3 仓储管理系统作业流程

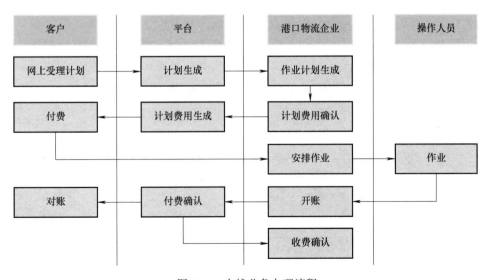

图 10-4 在线业务办理流程

10.2.4 电子商务系统

电子商务是各种具有商务活动能力和需求的实体，如生产企业、商贸企业、金融企业、政府机构和个人消费者等，为了突破时空限制，提高商务活动效率，降低交易成本，采用计算机网络和各种数字化传媒技术等电子方式实现商品交易和服务交易的一种贸易形式。港口物流信息中心的电子商务系统能为平台各参与方提供物流商贸活动，如网上订舱等，具体作业流程如图 10-5 所示。

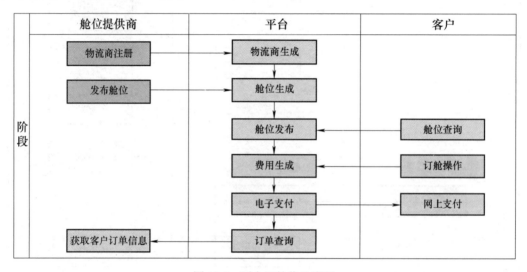

图 10-5　网上订舱作业流程

10.2.5 多式联运系统

集装箱多式联运是一种以集装箱为运输单元，采用公路、铁路、水路、航空等两种或两种以上运输手段，完成不同区域间的连贯货物运输，从而打破了过去公、铁、水、空等单一运输方式互不连贯的传统做法。区域性多式联运体系包括了众多物流节点单位，如码头、口岸场站、铁路站点、内陆场站、航运公司及其代理、货运代理、货运车队、班列经营人等。在港口物流信息中心多式联运系统中，典型业务操作有预订舱、支线船舶计划、装卸船计划等，各业务具体流程如图 10-6、图 10-7、图 10-8 所示。

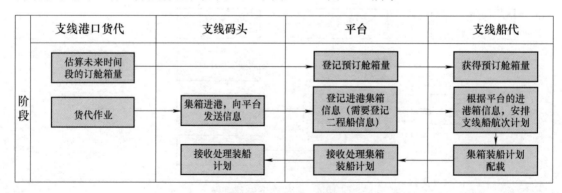

图 10-6　预订舱信息流程

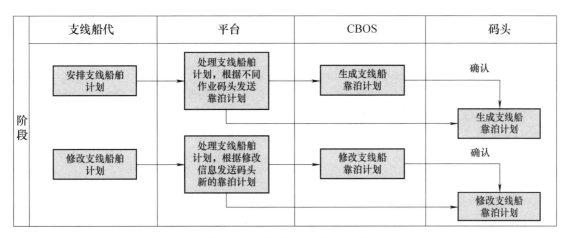

图 10-7 支线船舶计划信息流程

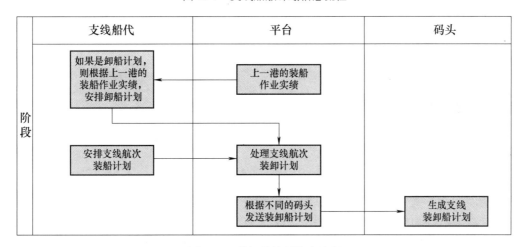

图 10-8 装卸船计划信息流程

10.3 系统功能分析

10.3.1 系统设计遵循的原则

从系统设计角度来看,港口物流信息中心项目在建设过程中遵循了以下原则:

1. 实用性原则

本项目属于信息服务类平台,其所提供服务的实用性是获得客户支持与信赖的关键因素。平台在设计过程中充分借鉴了国内外同类系统的开发经验与教训,确定了以解决相关企业和监管单位迫切需求为目标的建设思路。

2. 先进性原则

在平台设计开发中,系统的先进性主要考虑了以下六个方面:一是整体结构的先进性,二是网络操作系统平台的先进性,三是网络构件的先进性与可扩展性,四是系统布局的先进性,五是数据库平台和开发平台的先进性,六是应用功能的先进性。

3. 安全可靠性原则

港口物流信息中心承担着流转政府和企业重要敏感信息的职责,其安全可靠性十分重要。该平台的安全可靠性主要通过硬软件平台以及网络构件等来保障。首先,精心设计系统软硬件架构,避免可能的安全隐患;其次,通过选择高可靠性的系统平台、Web 服务器平台和数据库平台,并从系统级安全、程序资源访问控制安全、功能级安全、数据域安全等方面来保障应用软件的安全性;最后,通过存取控制方法来实现信息处理的保密性和信息存取的分级性,比如对于监管类数据资源和商务类数据资源,平台根据数据使用方和数据项制定了数据访问权限。

4. 公共性原则

作为一个开放性的公共物流平台,港口物流信息中心担负着向政府监管机构、物流企业、外贸企业、各类服务代理企业及其相关单位提供数据交换与共享服务的职责。平台具备灵活便利的接入方式,所提供的开放接口以及基于互联网和各类专属网络的接入方案,能够满足各类用户的接入需求。

5. 集成性原则

港口物流信息中心平台上汇聚了海量的数据资源,这些来自不同业务环节的数据资源依靠业务关键字进行关联。为满足用户的差异化需求,需要对这些数据资源按照相应要求进行加工处理,以达到最终的使用目标,比如在平台上按照进出口业务流程对数据进行整合,形成完整准确的进出口物流数据资源。

6. 共享性原则

该平台能为各类企事业单位提供数据共享服务,为各数据接收方提供数据整合、数据处理和数据展示等功能。在具体应用中,平台通过使用云计算架构将共享信息资源及相关计算能力一并提供给信息共享相关方,减少了信息共享相关方的额外投入。

7. 易用性原则

面对千差万别的系统用户及其参差不齐的 IT 能力与水平,该平台具有良好的易用性,不仅能为 IT 水平较高的用户提供系统集成手段,也能通过应用服务为 IT 水平较弱的中小企业提供易获取的在线自助服务。

8. 扩展性原则

该平台具备按照不同用户需求构建不同数据共享服务的能力,同时由于平台是不断完善发展的,因此在设计中充分考虑了系统功能的可扩展性,在系统运行参数、校验原则设计方面尽量灵活,以保证系统变化以后的可维护性。系统的可扩展性主要表现在以下方面:按照平台架构,通过各类技术手段保障基础资源层面的可扩展性;通过用户单点登录系统来实现应用层面的可扩展性;通过统一开发、测试、部署和运行等手段,保障平台层的可扩展性。

9. 经济性原则

该平台在为企业提供更多信息服务的同时,也充分考虑了开发、建设、运营、维护的经济性,只有这样才能保证平台持续、健康、稳定发展。

10.3.2 系统功能与组成

港口物流信息中心平台主要服务于港口供应链上的物流企业、商贸企业、港航企业以及相关政府部门与社会公众。平台建设内容主要包括基础平台系统、业务平台系统和服务平台系统。

1. 基础平台系统

港口物流信息中心平台包括多个业务子系统，这些子系统在使用过程中，需要通过统一的数据标准，实现统一的数据交换、统一的单点登录（身份认证可以由后台自行判断，可以并行使用目前监管部门通过的多种权限认证方式）、统一的计费管理、统一的门户入口、统一的呼叫服务和统一的信息发布，以保证平台上所有业务子系统实现数据共享，避免同一用户需要多个业务子系统来维护，以及避免数据不一致、不同步的现象。以上身份认证、信息发布、计费管理、权限管理、用户管理与系统运维管理就构成了港口物流信息中心的基础平台系统。

2. 业务平台系统

港口物流信息中心平台以监管部门应用为基础，创建了面向贸易企业和物流企业的整合业务系统，有效联通了物流全过程中的各个环节，提高了货物通关效率。平台涉及的各类业务分别围绕货物、航班、火车、班列、船舶、箱、单证、物流人员展开，主要包括货物进出口、船舶进出港、集装箱装卸船、货物仓储运输以及与此相关的单证传递所形成的信息流、物流和资金流。港口物流信息中心业务平台系统功能结构如图10-9所示。

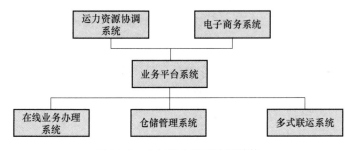

图10-9　业务平台系统功能结构

3. 服务平台系统

港口物流信息中心服务平台系统为在基础平台系统上运行的企业提供了一站式服务功能，比如新建业务申报、经营权限申请/变更、监管单位审批查询等，该系统充分体现了政府部门对物流企业的窗口服务功能。服务平台包括客户服务系统、货况追踪系统和监管服务系统。服务平台系统功能结构如图10-10所示。

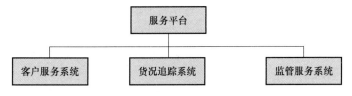

图10-10　服务平台系统功能结构

10.3.3 各子系统的功能结构与组成

1. 基础平台系统

（1）统一身份认证。统一身份认证主要实现外网用户管理、身份认证、分级权限管理和单点登录等功能，以解决门户建设过程中用户定义模糊、用户身份混乱、交叉权限管理和应用系统出口多样性等问题。

（2）统一信息发布。提供标准数据接口，支持 BEA WebLogic Portal，支持门户平台对港口航运系统的信息发布与调用，为港口物流企业提供船、箱、货以及作业动态信息查询。

（3）统一计费管理。平台能够根据项目类别、计费周期、计费方式等人工生成结算清单信息。对于交易服务类费用，系统将根据设定的标准随交易进展情况自动生成结算信息，相关方可以在统一计费管理子系统中进行查询。

（4）统一权限管理。授权控制管理建立在统一用户目录管理的基础上，系统在统一信息资源目录管理下对信息资源进行统一的授权。

（5）统一用户管理。一般来说，每个应用系统都拥有自己独立的用户信息管理功能，用户信息格式、命名及存储方式也各式各样，因此，当用户需要使用多个应用系统时，就会带来用户信息同步的问题。用户信息同步会增加系统的复杂性和管理成本。解决用户同步问题的根本办法是建立统一用户管理系统，统一存储所有应用系统的用户信息，应用系统对用户的相关操作全部通过统一用户管理系统完成，实现用一张用户表针对不同应用进行授权，以解决用户信息修改后不同应用的同步问题。

（6）系统运维管理。系统运维管理包括系统信息维护、安全控制、统计分析等功能。

2. 业务平台系统

（1）运力资源协调系统。运力资源协调系统是一个集运输企业日常经营、车辆调度、运力撮合交易、车辆 GPS 定位及跟踪、统一费用结算和客户服务等功能于一体的综合运输服务系统。系统功能模块如下：

1）业务接单。

① 出口托单管理。对出口托单进行管理，除了客户、船名航次、放箱单号、提箱/送箱地点、做箱时间等信息外，还对箱量信息里的尺寸、箱型、箱量、持箱人、整拼标志以及货量信息、门点信息等内容进行登记管理。

② 进口托单管理。对进口托单进行管理，除了客户、船名航次、放箱单号、提箱/送箱地点、做箱时间等信息外，还对货物信息、门点信息以及箱货信息里的提单号、箱号、分件数、分重量、分体积、尺寸、箱型、箱量、持箱人、整拼标志等信息进行登记管理。

2）业务分发。

① 出勤管理。车队可根据车辆资源，安排每天能出勤作业的车辆信息。

② 派车调度。通过整合并分析平台上的进出口托单，将运输任务合理分派给各个驾驶人与车辆，派车调度信息主要包括进出口托单号、状态、客户、未派箱、总箱量、做箱时间、提箱地、门点等内容。

③ 车辆作业资源监控。系统提供对车队作业任务安排的图形化监控，提供对车辆作业

任务的查询与监控。

3）POD 管理。POD（Proof of Delivery，交付凭证）对作业托单进行单据操作，能够进行作业回单登记与查看，根据上传单据来确认作业是否已经完成。

4）业务跟踪。

5）接单确认。

① 托单应收费用确认。系统结算每个进出口托单的应收费用，并对这些应收费用进行确认。

② 托单审核。对进出口托单进行审核管理，只有通过审核的托单，才可以安排给各个车队进行作业。托单审核信息包括托单号、创建时间、进出口、客户信息、来源、状态、做箱时间、提箱地、所属区县、送箱地、应收合计、客户联系人和联系方式等。

6）配载模块。配载模块是对集卡车辆作业进行装箱或拆箱配载确认管理，主要包括提箱确认、装卸预抵确认、装卸确认、拆箱预抵确认、拆箱确认、还箱进港确认等功能。

7）油耗模块。油耗模块是对车辆和驾驶人油耗信息的登记与管理，主要内容包括车牌号、驾驶人姓名、加油量、加油金额、加油时间、登记时间、登记员工等。

8）维修模块。维修模块是对车辆维修信息的登记与管理，包括车牌号、驾驶人名称、维修单号、维修状态、维修类型、档案编号、维修金额、卡车类型、上次里程、本次里程、油表显示、维修时间、维修原因等。

9）安全事故模块。安全事故模块对车队安全事故进行全面登记管理，包括车牌号、驾驶人名称、事故类型、事故等级、发生时间、登记时间、登记员工等。

10）应收账单。应收账单管理主要是为车队提供各类应收费用维护、结费等功能。

11）应付账单。应付账单管理主要是为车队驾驶人提供工资与其他相关费用结算功能。

12）统计报表。

① 车队作业报表。系统提供根据作业日期查询的车队作业报表，报表内容包括托单信息以及对应的箱列表，托单信息包括托单号、进出口、客户、放箱单号、来源、状态、做箱时间、提箱地、送箱地等；对应的箱列表信息包括箱号、车牌号、驾驶人、尺寸、箱型、持箱人、铅封号、整拼标志、提箱时间、装箱时间等。

② 托单信息查询。本功能主要通过托单号、提单号、箱号等信息进行查询，查询结果可以显示同一托单上的箱货信息以及集装箱动态信息。托单信息包括托单号、进出口、创建时间、客户、来源、状态、做箱时间、提箱地、所属区县等；箱信息包括箱号、尺寸、箱型、持箱人、铅封号、整拼标志、箱轨迹等；箱动态信息包括作业动作、作业时间、车牌号、驾驶人等。

③ 派车计划查询。系统能为用户提供每日派车情况查询，查询信息包括托单号、进出口、客户、车次、车牌号、驾驶人、状态、前后、箱号、尺寸、箱型等信息。

④ 出口日报。系统能为用户提供每日出口箱运输情况查询，查询信息包括托单号、进出口、客户、车次、车牌号、驾驶人、状态、前后、箱号、尺寸、箱型、客户要求做箱时间、实际做箱时间等信息。

⑤ 进口日报。系统能为用户提供每日进口箱运输情况查询，查询信息包括托单号、进出口、客户、车次、车牌号、驾驶人、状态、前后、箱号、尺寸、箱型、客户要求做箱时间、实际做箱时间等信息。

⑥ 应收账单查询。系统能为车队提供应收账单查询,包括收款记录查询与收款托单查询。收款记录信息包括收款金额、币种、支付标志、结算方式、付费客户、支付时间等;收款托单包括托单号、进出口、做箱时间、客户、状态等。

13) 网上服务。系统平台门户通过 Web 方式为客户提供网上托单委托与作业信息查询等服务功能。

(2) 仓储管理系统。仓储管理系统能够为港口下属及社会各仓储企业提供统一的仓储运营管理,该系统主要包括以下功能模块:收货管理、发货管理、补货管理、集货管理、送货管理以及统计报表。

1) 收货管理。

① 入库通知单。入库通知单用于记录预先通知的将入库信息。入库通知单管理既包括仓库、货主、进仓编号、计划状态、计划类型、货类类型、计划件数、计划重量、计划体积、实际入库件数、实际入库重量、实际入库体积、库存数量、客户业务编号、实际开始时间、实际完成时间等信息,还包括入库通知单明细里的货品、批号、计划件数、计划重量、计划体积、入库件数、入库重量、入库体积以及每拖件数、每拖重量、每拖体积、预配货位等信息。

② 收货单。收货单用于将入库物料卸货到收货区。收货单管理既包括入库通知单号、仓库、货主、车皮/箱号/车牌号、收货时间、录入人、录入时间、修改人、修改时间等信息,也包括收货单里的货品、批号、托盘号、实际收货件数、实际收货重量、实际收货体积、实际收货时间、收货人、卡号/仓单号、录入人、录入时间、修改人、修改时间、备注等信息。

③ 检验单。检验单用于在收货区内检验物料后确认其物料状态或品质。检验单管理既包括检验单号、进货通知书编号、货主姓名、仓库名称、检验时间、录入人、录入时间、修改人、修改时间等信息,也包括检验单里的货品名称、检验件数、破损件数、录入人、录入时间、修改人、修改时间等信息。

④ 入库单。入库单用于将收货区的物料转移到存储区储位上。入库单管理既包括入库通知单单号、收货单单号、检验单单号、货主、仓库、入库时间、录入人、录入时间、修改人、修改时间等信息,也包括入库单里的货品、仓库、卡号/仓单号、批号、车牌号、托盘号、入库件数、入库重量、入库体积、货位编号、入库时间等信息。

2) 发货管理。

① 出库通知单。当需要预先通知出库物料及要求,或者需要使用系统拣货分配功能时,应使用出库通知单。出库通知单管理既包括仓库名称、货主姓名、货类名称、货类类型、货主计划号码、提单号码、出库计划类型、计划状态、出库方式、目标仓库、计划出库件数、计划出库重量、计划出库体积、实际出库件数、实际出库重量等信息,也包括出库通知单里的进仓编号、货品/品牌、批号、计划出库件数、计划出库重量、仓单号码、录入人、录入时间、修改人、修改时间、备注等信息。

② 拣货单。当仓库划分存储区和发货区时,出库作业中应使用拣货单,用于指导拣货人员安排出库物料从存储区搬移到发货区。拣货单管理既包括货主名称、仓库名称、拣货时间、录入人、录入时间、修改人、修改时间等信息,也包括拣货单里的货品、卡号/仓单号、拣货货位、原托盘号、目标托盘号、实际拣货件数、实际拣货重量、实际拣货体积、

拣货人、拣货时间、计划拣货数量、计划拣货重量、计划拣货体积、计划拣货时间、计划拣货人等信息。

3）补货管理。系统提供对补货申请单的添加、修改、删除、审核等操作。补货通知单管理既包括计划状态、计划件数、计划重量、计划体积、录入人、录入时间、修改人、修改时间等信息，也包括补货通知单明细里的计划件数、计划重量、计划体积、当前件数、当前重量、当前体积、预配货位、备注等信息。

4）集货管理。对出库单进行管理，既包括出库通知单单号、拣货单单号、货主、仓库、车牌号、出库时间、录入人、录入时间、修改人、修改时间等信息，也包括出库货物里的仓库、品牌、批号、出库货物状态、托盘号、出库件数、出库重量、出库体积、仓单号、出库时间等信息。

5）送货管理。平台按照客户的需求，将货物送至指定处由客户签收，并对发送单据进行登记维护管理。送货车辆管理既包括提货人姓名、提货人证件号码、提货人电话、离库时间、铅封号、箱号、录入人、录入时间、修改人、修改时间等信息，也包括送货车次明细里的货物名称、装货时间、装货件数、装货重量、装货体积、录入人、录入时间、修改人、修改时间等信息。

6）统计报表。统计报表为仓库各类详细作业提供了图形化与表格相结合的信息展示功能，主要包括仓库出入库信息、库存信息、集货信息、送货信息等查询、导出、打印功能。在库货物类型管理包括仓库、货主、货品/品牌、进仓编号、卡号/仓单号、批号、货物状态、件数、重量、毛重、体积、破损件数、破损重量、入库日期、过户次数、备注等信息。

（3）在线业务办理系统

1）接单管理。提供在线业务办理的接单管理入口，客户可以从统一门户进入在线业务办理系统。

2）业务处理。客户可通过业务处理功能进行港口各类物流作业的申请、费用查询和支付结算等，主要包括计划受理、发送、反馈和费用结算等功能。

3）单证状态查询。为客户提供托单查询与管理的统一界面，包括托单编号、起始港、目的港、船公司、船代、下单时间、总金额、托单状态、操作功能等。客户可以在此功能下查询订单的详细内容，同时提供订单的修改与取消功能，还包括订单的付费与追加付费功能。

4）装火车委托。平台提供客户装火车委托功能，客户可以在平台上提出货物装火车委托，平台将此委托处理后，发送给场站（码头）与铁路代理。

（4）电子商务系统

1）电子商务框架。港口物流信息中心平台的电子商务系统架构由电子商务认证中心、电子商务结算与支付中心等子系统组成，架构设计如图10-11所示。

2）费用管理。系统按客户与业务对订单进行分类管理，同时提供各类订单的费用管理，包括费用支付、费用清算等功能。

3）客户管理。系统提供客户注册、登录等功能，同时为注册客户提供企业信息管理以及作业评价等功能。

4）计费管理。系统通过计费中心服务总线管理，实现与物流服务商的自动数据结算及人工计费等功能。

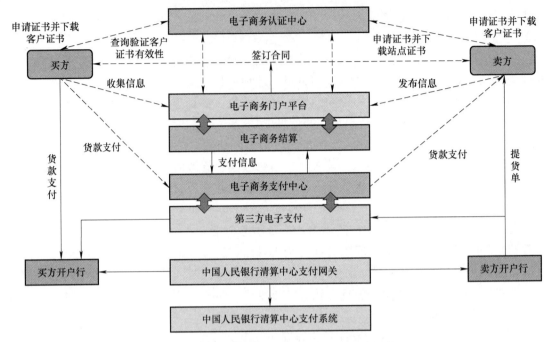

图 10-11 港口物流信息中心电子商务系统架构

5) 结算管理。

① 账单集成。系统为物流企业提供账单集成管理功能,同时可提供账单接口,为客户服务系统的统一账单管理提供数据服务。

② 结算数据管理。对结算中心服务总线的结算数据进行统一管理,为不同客户提供不同视角的结算数据统计功能。

③ 支付前置管理。提供结算数据支付的前置确认与审核功能,发挥了对电子商务结算与电子支付的桥梁作用。

6) 电子支付。目前电子支付市场主要由银行的电子支付平台与第三方电子支付平台构成,服务范围涵盖 B2C、B2B 和 C2C 等领域。该平台的电子支付系统主要包括客户服务、商户服务、运营管理、支付网关、资金清算服务、支付交易服务等功能。

7) 报表管理。该平台电子商务系统提供销售数据、物流服务数量等信息统计服务,平台根据电子商务系统产生的不同数据,归类划分出四大功能模块,对电子商务系统后台数据进行管理。

① 平台流量统计模块。该模块用于统计电子商务网站的访问流量、登录浏览次数等信息,用户可以在后台清楚地看到电子商务网站的访问情况。

② 银行收款报表模块。银行收款报表用于查看电子商务系统的资金流量状况,通过此功能,用户可以查询到在一定时期内电子商务网站的收款情况。

③ 商品销售报表模块。商品销售报表用于查看电子商务系统的商品销售情况,用户通过限定时间范围、商品类别等检索条件,能够查询到某类商品在某段时间内的销售状况。

④ 销售地区报表模块。销售地区报表模块用于查看电子商务系统在一定时期在不同地区的商品销售情况,通过限定时间范围、商品类别、省市等条件,用户可以准确查询到某

区域的商品销售情况。

8）账户管理。系统以客户为中心提供统一的多层次账户管理体系，实现了统一开户审核、统一客户资料管理。

（5）多式联运系统

1）业务协同子系统。

① 船舶作业业务协同。系统以北部湾船舶作业业务现状为基础，通过将港口的集装箱码头、支线经营人、支线船代、干线船代等物流企业的业务信息实现互联互通，以先进的信息化手段为中转调度提供准确的实时支线船动态、中转箱动态和码头船舶作业实绩，解决了以往北部湾港口船舶作业业务信息不畅、作业时间长等问题，改善了港口船舶作业环境，为建设国际一流枢纽港发挥了重要作用。

② 海铁联运业务协同。海铁联运作为港口多式联运的一种重要组成方式，能够帮助物流企业节约运输成本，提高运输效率。海铁联运系统的建设以提升海铁联运体系全程信息服务质量和联运作业效率为目标，以当前港口海铁联运业务运作情况为基础，利用先进的技术手段，解决了跨业务单位的信息互动与单证自动流转，系统支持互动操作和海铁联运协同作业，具有跨系统、多元异构、实时联动、共享集成服务等特点。

2）货主/货代子系统。货主/货代子系统构建了数据接口，如接入方没有系统或有系统但难以构建自动数据接口，则提供基于互联网的数据接口界面，用户通过此数据接口导入或导出业务数据。同时本系统为货主/货代提供多式联运数据操作界面，主要功能包括预订舱管理、铁代货运计划管理、货代用箱计划管理。

3）船公司/船代子系统。船公司/船代子系统构建了数据接口，如接入方没有系统或有系统但难以构建自动数据接口，则提供基于互联网的数据接口界面，用户通过此数据接口导入或导出业务数据。同时本系统为船公司/船代提供多式联运数据操作界面，主要功能包括预确报管理、作业计划管理、国际中转管理。

4）场站应用子系统。场站应用子系统构建了数据接口，如接入方没有系统或有系统但难以构建自动数据接口，则提供基于互联网的数据接口界面，用户通过此数据接口导入或导出业务数据。同时本系统也为场站客户提供多式联运数据操作界面，主要功能包括车皮计划申请、车皮计划批复、腹地装卸车计划、装卸车计划管理、空箱提箱计划、空箱运输计划、拆装箱作业计划和空箱还箱计划。

5）统计查询子系统。本系统能够实现船舶作业查询与汇总功能，主要包括船名航次查询、箱清单查询、箱信息查询、箱动态查询、落配查询、码头作业汇总、航次作业汇总、港口作业汇总、昼夜作业汇总等功能。

6）物流信息跟踪服务子系统。

① 船舶信息跟踪。在船舶自动识别系统（Automatic Identification System，AIS）的支持下，本模块能提供船舶位置的跟踪服务。用户可以在 AIS 海图上，查询和关注船舶的位置、航速、航向以及指定时间段内的轨迹重绘。

② 集卡运输信息跟踪。通过运输系统的车辆跟踪信息，本模块能提供车辆位置的跟踪服务。用户可以在基于互联网的公用地图上，查询运输工具的位置与轨迹。

③ 集装箱动态跟踪。用户输入提单号或箱号后，本模块能够提供货物历史物流全过程动态查询功能。

3. 服务平台系统

（1）客户服务系统。客户服务系统以港口物流信息中心平台为依托，能够为相关物流企业、进出口企业、监管单位以及平台内部员工等组织及个人提供信息与服务。系统为相关企事业单位提供的服务功能主要包括：使用咨询、入网咨询、用户分类管理、联系人管理、订单管理、售前机会管理、售后服务管理以及货况、费用、业务、重要公告等焦点讯息发布等。为提高客户对平台的利用率，系统通过呼叫中心和网站建立起了以客户自助查询、自助操作为主的自助服务平台体系。同时，为了提高客户满意度，系统还通过内外部信息互通处理机制，及时准确地将投诉、建议、业务咨询、满意度回馈、留言等信息发送至企业内部，从而使相关问题得到快速响应。系统为内部员工提供的服务功能主要有免费电话、电子邮件、在线客服以及手机短信等形式。

（2）货况追踪系统。货况追踪系统是在平台物流业务数据集中管理的基础上，通过GIS、RFID等技术为客户提供物流业务在港口及港口腹地运输途中的全过程跟踪与管理的信息系统，其主要功能包括箱货信息跟踪、船舶定位跟踪、车辆定位跟踪、箱货位置跟踪等。货况追踪系统为企业提供了货物流、单证流和信息流等全方面货况追踪服务。企业通过该系统可以查询船舶动态、集装箱动态、货物在堆场内的作业状态，同时可结合海关的查验、通关、进出码头等信息，通过以提单号、船名、航次和箱号作为主索引条件，查询企业进出口货物及单证所处的状态，及时了解货物在港区、码头、集装箱堆场、监管仓库等地所处的状态。这些数据信息使企业管理人员能够客观地评估本企业进出口部门的工作质量和物流服务供应商的服务水平（如报关公司、运输公司、监管仓库），为改善企业进出口管理体系和调整外部合作者群体提供了依据。

（3）监管服务系统

1）关检港联网监管系统。关检港联网监管系统是一个相对独立于港口口岸与港口用户的作业系统，它使平台用户的单证信息与港口口岸的监管信息紧密结合起来，港口、海关、检验检疫、边检、海事等部门通过该系统可以得到最新的物流与人员信息，对港口的船货及相关人员实施监管，港口企业也可以及时得到联检部门的监管反馈信息，双方互惠互利，实现了信息共享。

关检港联网监管系统能够通过人工修改系统参数的方式控制各业务流程的操作顺序。同时，该系统还能记录各业务流程的操作过程并生成日志式记录，操作人员可以查询自己的工作日志，高级管理人员可以查询全部人员的工作日志，最终实现按人员、日期、部门的组合查询。系统还能提供数据查询统计功能，按照信息项进行组合统计、查询。

2）舱单申报系统。为降低报关成本，提高工作效率，平台设计的舱单申报系统具有一单两报、一次录入多次使用的功能，即海关的舱单申报和检验检疫的舱单申报，只需要在该系统中录入一次，就可以分别进行海关和检验检疫两个部门的舱单申报，系统将根据舱单数据分别生成报关单与报检单，进行报关与报检操作。舱单申报系统包括申报子系统、管理子系统和接口子系统三部分。

3）船勤统一申报系统。为了提高港口口岸各联检单位的工作效率，简化船舶代理企业的工作流程，平台设计了船勤统一申报（如船舶及港口危险货物申报，敏感国家与地区船舶、货物、人员申报）系统。该系统通过口岸与各联检单位的业务系统对接，改变了原来重复录入、电子申报和纸质申报同时存在的申报模式，实现了各联检单位联合审批、信息共享的系统功能。

船勤统一申报系统的主要功能有：船舶进出港管理、船用物品与船员管理以及危险品信息申报。船舶进出港管理包括船舶出入境检疫申报、船舶电信检疫申请、船舶代理船期、船舶基本资料和船舶计划管理。船用物品与船员管理包括船员基本信息管理、船员携带物品管理、船员上下船管理。危险品信息申报主要包含危险品申报、查询以及统计等功能。

4）检验检疫全申报系统。检验检疫全申报系统包括审单、查验、调度、申报以及公共模块，该系统与其他单位的信息共享全部通过公共数据传输系统来实现。

5）视频监控系统。视频监控系统通过监控大屏实现了对港区内作业动态、船舶动态等的视频监控，实现了港口管理局对港口生产作业的监管职能。

10.4 系统架构与技术

10.4.1 系统体系架构

港口物流信息中心平台的系统体系架构由港口物流信息平台、数据资源平台、应用支撑平台以及基础运行环境组成，如图 10-12 所示。

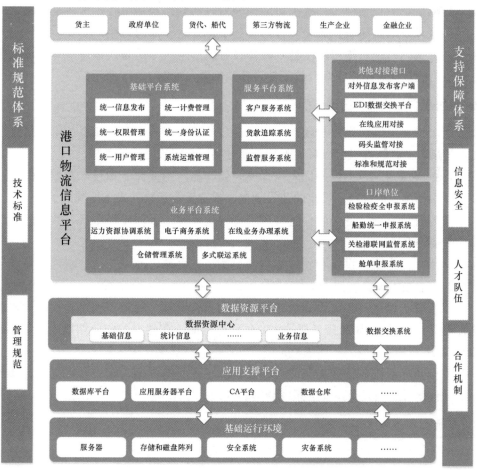

图 10-12 港口物流信息中心平台系统体系架构

其中，港口物流信息平台主要服务于港口供应链上的物流企业和港航企业以及相关政府部门、商贸企业、物流行业和社会公众等，该平台包括基础平台系统、业务平台系统和服务平台系统。数据资源平台以 EDI 技术为基础，与海关等联检部门、口岸各单位应用系统以及其他物流信息平台实现对接，以丰富平台信息资源，保障协作单位间数据及业务的互联互通。应用支撑平台主要包括数据集成管理平台、数据交换平台、信息资源目录服务系统与应用集成运行平台。该平台为数据资源集中管理与数据跨区域、跨系统交换提供服务，还为应用系统的开发运行提供了集成环境。为保障各类交换系统、应用系统、基础系统以及数据资源中心高效、稳定、安全运行，港口物流信息中心建设了以软硬件支撑、网络及安全为核心的基础运行环境，主要包括服务器、存储和磁盘阵列、安全系统、灾备系统、主机及存储系统、中间件、应用服务器管理系统、操作系统和数据库管理系统等软硬件配置。

10.4.2 系统应用环境

1. 系统逻辑架构

港口物流信息中心平台的系统逻辑架构分为三部分：一是中心机房，主要包含核心数据区、网络区以及隔离区域相关软硬件部署；二是与联检部门对接，主要涉及与海关、检验检疫等监管部门系统对接相应配套软硬件设备及部署；三是与其他港口对接，主要涉及与其他港口系统数据对接相应配套软硬件设备及部署，如图 10-13 所示。

2. 系统配置及软硬件选型原则

（1）组合应用原则。设备及软件选型应满足业务开展的需要，在不加剧系统复杂度的条件下，软硬件产品合理组合、灵活配置，充分利用有限投资保证效果。

（2）可扩展原则。各类设备优先选择模块化产品，主要性能和技术参数应满足业务扩展的要求；根据项目建设目标设定的建设规模，确定设备和软件采购配置清单。

（3）兼容开放原则。各类软件工具应支持异构环境下不同操作系统、数据库系统、应用系统的兼容运行。

（4）适用平衡原则。设备和软件选型满足实用、可靠、易维护的要求，尽可能采用成熟、先进的信息技术和管理技术。

（5）投资保护原则。公用设施设备优先利用原有设备，针对不满足建设目标要求的进行改造配置。IT 系统合理选择最新技术的软硬件产品，存储设备应分期投入，避免过早投入造成浪费。

（6）安全可靠原则。按照电子政务建设要求配置所需安全管理设备，优先选择国产设备；核心硬件配置适当冗余，保证系统高可靠性运行。

3. 系统配置清单

系统配置清单见表 10-1。

第 10 章 港口物流信息中心

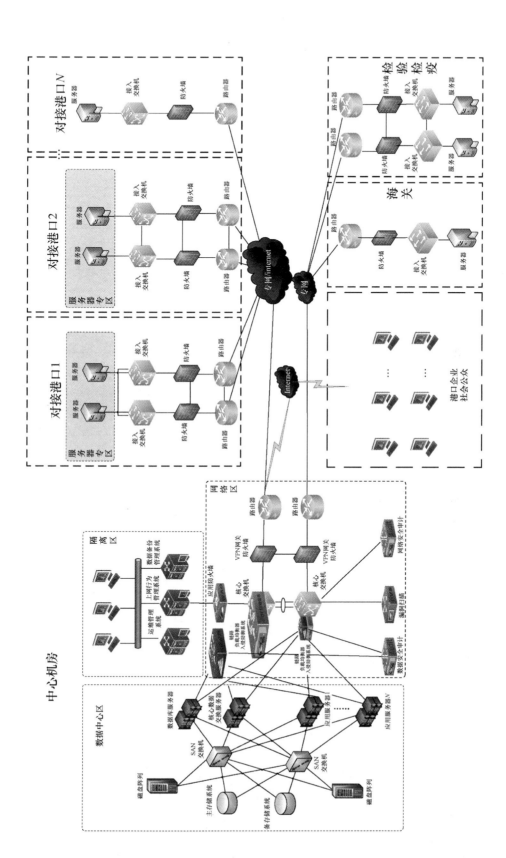

图 10-13 港口物流信息中心平台系统逻辑架构

表 10-1 系统配置清单

项目名称	序号	设施设备名称	数量	单位
硬件和支撑软件	1	数据库服务器	2	台
	2	应用服务器	6	台
	3	磁盘阵列	2	台
	4	SAN 交换机	2	台
	5	虚拟化软件	6	套
系统和支撑软件	1	数据库管理系统	2	套
	2	J2EE 支撑软件	4	套
	3	数据交换软件	4	套
	4	操作系统	16	套
	5	数据分析平台（数据仓库）	1	套
	6	应用服务器系统	5	套
	7	内容负载均衡设备	1	台
	8	工作流平台	1	套
	9	运维管理系统	1	套
网络系统	1	路由器	4	台
	2	VPN 网关	2	台
	3	核心交换机	2	台
	4	链路负载均衡器	2	台
	5	因特网链路租费	2	条
	6	数据电路 1	4	条
	7	数据电路 2	2	条
安全存储系统	1	防火墙	2	套
	2	漏洞扫描	1	套
	3	数据安全审计系统	1	套
	4	网络安全审计系统	1	套
	5	防病毒网关	2	套
	6	应用存储备份	2	套
	7	数据备份管理系统	1	套
	8	入侵防御系统	2	套
	9	上网行为管理系统	2	套

10.4.3 系统技术特点分析

1. 标准化信息交换服务

港口物流信息中心平台需要与各港航企业以及其他港口进行数据交换、信息共享，同时也要与海关、海事、边检等监管部门进行业务系统对接，从而使平台用户的单证信息与港口、口岸的监管信息紧密结合起来。为了实现跨平台、跨系统、跨应用、跨地区数据交换功能，平台在数据中心建设过程中，通过对业务系统提供标准化信息交换调用服务，来确保整个信息交换过程的安全性、可靠性，最终实现多港口、多港航企业的自由信息交换，实现港口业务应用数据的互联互通和信息共享，为国内外港口之间进行业务数据交换、政务数据交换、并联审批、综合查询等提供支持，为企业数据共享提供支持。

2. 云架构应用服务

港口物流信息中心平台采用云架构应用服务，支持分布式多点统一化管理。企业客户端采用定制化服务，手机端应用采用H5，系统支持多语种应用接入服务。港口物流信息中心接入了海关、检验检疫、边检、口岸管理部门等联检单位，实现数据统一化、结构化管理。港口物流信息中心包括仓储、运力调配、电子化市场等，实现港口全方位数据管理。

10.5 系统应用范围与评价

10.5.1 应用范围

港口物流信息中心平台适用于海关、检验检疫、边检、海事、港口管理局、货主、货代、报关行、运输公司、物流公司、银行、保险等单位用户。

10.5.2 应用评价

1. 消除物流信息孤岛，实现互联互通，提升综合效率

港口物流信息中心平台将独立的物流业务系统、企业系统、行业系统、部门系统联系起来，并且按照规范标准与省际市际平台实现互联互通，通过信息的协同促进业务流程的协同，从而提升港口物流作业及行政管理的综合效率。

2. 完善物流信息服务体系

港口物流信息中心平台通过建设一个专业业务管理软件、公共平台，并提供基础信息管理服务功能的物流信息服务体系，来为物流企业提供服务，从而帮助物流企业提高通关效率，吸引各地企业通过口岸出运货物。

3. 实现一站式服务

港口物流信息中心平台能够提供以下四个方面的一站式服务：

（1）货代可以在港口物流信息中心平台上完成订舱、拼箱、装箱单录入、运价查询、报关、报检、装箱单数据发送、结算、结税、结汇、保险等所有操作，实现一站式操作，方便通关流程。

（2）船代可以在港口物流信息中心平台上把船、舱情况、船期、船舶资料、船员资料等信息向各个监管部门进行申报和发送，实现一次录入、多次申报。

（3）实现口岸业务单证协同。

（4）实现口岸关检港业务联动。

4. 实现通关数据增值服务

港口物流信息中心平台以门户网站为基础，能为口岸管理部门、政府监管部门、普通用户和业务用户提供信息增值服务。

5. 实现码头和其他监管单位之间业务联动

港口物流信息中心平台通过加强与监管部门之间的业务联动，提高码头作业效率，节省时间，降低通关成本。

6. 实现监管部门之间业务联动

港口物流信息中心平台实现了海关和检验检疫部门之间的业务联动，即海关可共享报关数据，检验检疫部门可共享报检数据，两个部门可以提前进行数据交换，并行进行风险分析，也可以合作进行查验或卡口验放。

7. 实现物流企业与监管部门、码头之间的业务联动

港口物流信息中心平台实现了跨部门的船舶申报。通过港口物流信息中心平台，船公司或者船代可以预先输入船舶信息，进行货物和船员信息备案，监管单位可随时进行信息查询。在申报过程中备案数据可被调出，免去了再次输入的麻烦；平台可以将备案数据同时向四个部门发送，发送前进行自动校验或者人工校验，并接收监管单位的回执通知。监管单位可以实现并行监管。

8. 实现港区间业务联动

港口物流信息中心平台实现了不同监管区域之间物流活动的海关监管模式改进，改善了以往加工贸易企业需要在不同区域的海关按批次分别申报的情况，减少了企业的申报次数，提高了企业物流效率。

本 章 小 结

港口是一个国家对外开放最前沿的窗口，是综合运输大通道的节点，是沟通国内与国际经济往来的重要枢纽。西南沿海港口物流信息中心平台既能为港口供应链上的物流企业、商贸企业、港航企业提供物流运营服务，也能为海关、检验检疫、边检、海事等政府管理部门提供联检业务支持，还能与其他港口通过系统对接实现数据交换与信息共享。

港口物流信息中心平台包括基础平台系统、服务平台系统和业务平台系统。其中，基础平台系统为用户提供了身份认证、信息发布、计费管理、权限管理、用户管理与系统运维管理等基本服务功能。服务平台系统为物流企业提供了货况追踪、舱单申报、船勤统一申报、检验检疫申报等一站式服务功能。业务平台系统包括运力资源协调系统、仓储管理系统、在线业务办理系统、电子商务系统和多式联运系统。

运力资源协调系统为集装箱运输企业提供了日常运营管理服务，为港口与内地无水港间的双重业务和集装箱转码头业务提供了信息化支持。仓储管理系统通过收货管理、发货管理、补货管理、集货管理、送货管理与统计报表功能模块，为港口下属及社会各仓储企业提供了统一的仓储运营服务。在线业务办理系统为客户提供了港口物流业务网上受理功能，客户通过平台系统可进行物流作业申请、费用查询和支付结算等活动。电子商务系统为平台各参与方提供了如网上订舱等物流商贸活动。多式联运系统为货主/货代、船公司/船代、场站客户等提供了船舶作业与多式联运业务。港口物流信息中心平台通过建设集专业运输管理软件与公共物流信息平台于一体的物流信息服务体系，提升了港口物流作业效率，改善了港口行政服务水平。

◇ 关键概念

- 运力资源协调系统
- 运力撮合交易
- 仓储管理系统
- 多式联运系统
- 集装箱转码头业务
- 预订舱
- 支线船舶计划
- 装卸船计划
- 货况追踪
- 舱单申报
- 船勤统一申报
- 检验检疫申报

◇ 思考题

1. 港口物流信息中心平台包括哪些系统？其服务对象有哪些？
2. 港口物流信息中心平台的业务平台系统包括哪些子系统？这些子系统的主要功能如何？
3. 多式联运系统包括哪些子系统？这些子系统主要解决什么问题？
4. 仓储管理系统包括哪些功能模块？
5. 港口物流信息中心平台能够提供哪些一站式服务？

◇ 课堂讨论题

1. 港口物流信息中心平台在与其他港口进行数据交换与信息共享时，可能会存在哪些问题？应如何应对？
2. 以港口物流信息中心平台为海关、检验检疫等政府管理部门提供的联检服务支持为例，谈谈信息化对电子政务的影响。

◇ 补充阅读材料

[1] 冯耕中，吴勇，赵绍辉. 物流公共信息平台理论与实践[M]. 北京：科学出版社，2018.
[2] 朱杰，李俊韬，张方风. 物流公共信息平台建设与运营模式[M]. 北京：机械工业出版社，2014.
[3] 王斌义. 港口物流[M]. 2版. 北京：机械工业出版社，2018.
[4] 汪长江. 港口物流学[M]. 杭州：浙江大学出版社，2010.

附 录

物流信息系统建设的相关标准

在物流信息系统建设过程中，应注意采用信息化相关的国际标准、国家标准和行业标准。在本附录中，从术语、数据元、代码、文件格式、置标语言、软件工程、信息安全管理等几方面列出了部分相关的标准目录，以方便读者在实际工作中查阅、借鉴和引用。

附表　物流信息系统建设的相关标准

序号	编号	名称	对应国际标准
1	GB/T 5271.1—2000	信息技术　词汇　第1部分：基本术语	ISO/IEC 2382-1：1993
2	GB/T 30269.2—2013	信息技术　传感器网络　第2部分：术语	
3	GB/T 5271.3—2008	信息技术　词汇　第3部分：设备技术	ISO/IEC 2382-3：1987
4	GB/T 5271.8—2001	信息技术　词汇　第8部分：安全	ISO/IEC 2382-8：1998
5	GB/T 5271.17—2010	信息技术　词汇　第17部分：数据库	ISO/IEC 2382-17：1999
6	GB/T 5271.20—1994	信息技术　词汇　20部分　系统开发	ISO/IEC 2382/20：1990
7	GB/T 5271.24—2000	信息技术　词汇　第24部分：计算机集成制造	ISO/IEC 2382-24：1995
8	GB/T 32400—2015	信息技术　云计算　概览与词汇	ISO/IEC 17788：2014
9	GB/T 33745—2017	物联网　术语	
10	GB/T 38152—2019	无人驾驶航空器系统术语	
11	GB/T 7179—1997	铁路货运术语	
12	GB/T 17004—1997	防伪技术术语	
13	GB/T 15191—2010	贸易数据交换　贸易数据元目录　数据元	ISO 7372：2005
14	GB/T 15635—2014	行政、商业和运输业电子数据交换　复合数据元目录	UN/EDIFACT D.13B
15	GB/T 7408—2005	数据元和交换格式　信息交换　日期和时间表示法	ISO 8601：2000
16	GB/T 2260—2007	中华人民共和国行政区划代码	
17	GB/T 2659—2000	世界各国和地区名称代码	ISO 3166-1：1997
18	GB/T 15514—2015	中华人民共和国口岸及有关地点代码	
19	GB/T 7407—2015	中国及世界主要海运贸易港口代码	
20	GB/T 10302—2010	中华人民共和国铁路车站代码	
21	GB/T 917—2017	公路路线标识规则和国道编号	
22	GB 11714—1997	全国组织机构代码编制规则	
23	GB/T 18347—2001	128条码	
24	GB/T 7635.1—2002	全国主要产品分类与代码　第1部分：可运输产品	CPC.V1.0：1998

（续）

序号	编号	名称	对应国际标准
25	GB/T 7635.2—2002	全国主要产品分类与代码 第2部分：不可运输产品	CPC.V1.0：1998
26	GB 6944—2012	危险货物分类和品名编号	
27	GB/T 12406—2008	表示货币和资金的代码	ISO 4217：2001
28	GB/T 17295—2008	国际贸易计量单位代码	
29	GB/T 4754—2017	国民经济行业分类	
30	GB/T 16711—1996	银行业 银行电信报文 银行标识代码	ISO 9362：1994
31	GB/T 15421—2008	国际贸易方式代码	
32	GB/T 16963—2010	国际贸易合同代码编制规则	
33	GB/T 16962—2010	国际贸易付款方式分类与代码	
34	GB/T 6512—2012	运输方式代码	
35	GB/T 17152—2008	运费代码（FCC） 运费和其他费用的统一描述	UN/ECE Rec No.23
36	GB/T 15420—1994	国际航运货物装卸费用和船舶租赁方式条款代码	
37	GB/T 16472—2013	乘客及货物类型、包装类型和包装材料类型代码	UN/CEFACT Recommendation No.21：2010
38	GB/T 14945—2010	货物运输常用残损代码	
39	GB/T 16833—2011	行政、商业和运输业电子数据交换（EDIFACT）代码表	UN/CEFACT UNCL. D.08B
40	GB/T 17298—2009	国际贸易单证格式标准编制规则	
41	GB/T 14392—2009	国际贸易单证样式	ISO 6422：UN/ECE R.1
42	GB/T 17305—1998	一般商品和机电产品进口管理证明格式	
43	GB/T 15310.1—2014	国际贸易出口单证格式 第1部分：商业发票	
44	GB/T 15310.2—2009	国际贸易出口单证格式 第2部分：装箱单	
45	GB/T 15310.3—2009	国际贸易出口单证格式 第3部分：装运通知	
46	GB/T 15310.4—2012	中华人民共和国出口货物原产地证书格式	
47	GB/T 19667.1—2005	基于 XML 的电子公文格式规范 第1部分：总则	
48	GB/T 19667.2—2005	基于 XML 的电子公文格式规范 第2部分：公文体	
49	GB/T 8566—2007	信息技术 软件生存周期过程	ISO/IEC 12207：1995
50	GB/Z 18493—2001	信息技术 软件生存周期过程指南	ISO/IEC TR 15271：1998
51	GB/T 18793—2002	信息技术 可扩展置标语言（XML）1.0	
52	GB/T 14814—1993	信息处理 文本和办公系统 标准通用置标语言（SGML）	ISO 8879：1986
53	GB/T 2887—2011	计算机场地通用规范	
54	GB/T 8567—2006	计算机软件文档编制规范	
55	GB/T 9385—2008	计算机软件需求规格说明规范	
56	GB/T 9386—2008	计算机软件测试文件编制规范	
57	GB/T 13502—1992	信息处理 程序构造及其表示的约定	ISO 8631：1986
58	GB/T 14394—2008	计算机软件可靠性和可维护性管理	
59	GB/T 33136—2016	信息技术服务 数据中心服务能力成熟度模型	

（续）

序号	编号	名称	对应国际标准
60	GB/T 18491.1—2001	信息技术 软件测量 功能规模测量 第1部分：概念定义	ISO/IEC 14143-1：1998
61	GB/T 18491.2—2010	信息技术 软件测量 功能规模测量 第2部分：软件规模测量方法与 GB/T 18491.1—2001 的符合性评价	ISO/IEC 14143-2：2002
62	GB/T 18491.3—2010	信息技术 软件测量 功能规模测量 第3部分：功能规模测量方法的验证	ISO/IEC TR 14143-3：2003
63	GB/T 18491.4—2010	信息技术 软件测量 功能规模测量 第4部分：基准模型	ISO/IEC TR 14143-4：2002
64	GB/T 18491.5—2010	信息技术 软件测量 功能规模测量 第5部分：功能规模测量的功能域确定	ISO/IEC TR 14143-5：2004
65	GB/T 18491.6—2010	信息技术 软件测量 功能规模测量 第6部分：GB/T 18491系列标准和相关标准的使用指南	ISO/IEC 14143-6：2006
66	GB/T 30269.807—2018	信息技术 传感器网络 第807部分：测试：网络传输安全	
67	GB/T 15532—2008	计算机软件测试规范	
68	GB/T 16260.2—2006	软件工程 产品质量 第2部分：外部度量	ISO/IEC TR 9126-2：2003
69	GB/T 16260.3—2006	软件工程 产品质量 第3部分：内部度量	ISO/IEC TR 9126-3：2003
70	GB/T 16260.4—2006	软件工程 产品质量 第4部分：使用质量的度量	ISO/IEC TR 9126-4：2004
71	GB/T 18234—2000	信息技术 CASE工具的评价与选择指南	ISO/IEC 14102：1995
72	GB/T 18492—2001	信息技术 系统及软件完整性级别	ISO/IEC 15026：1998
73	GB 17859—1999	计算机信息系统 安全保护等级划分准则	
74	BMZ1—2000	涉及国家秘密的计算机信息系统保密技术要求	
75	BMZ2—2001	涉及国家秘密的计算机信息系统安全保密方案设计指南	
76	BMZ3—2001	涉及国家秘密的计算机信息系统安全保密测评指南	
77	GB/T 37937—2019	北斗卫星授时终端技术要求	
78	GB/Z 18728—2002	制造业企业资源计划（ERP）系统功能结构技术规范	
79	GB/T 35420—2017	物联网标识体系 Ecode在二维码中的存储	
80	GB/T 22263.1—2008	物流公共信息平台应用开发指南 第1部分：基础术语	
81	GB/T 22263.2—2008	物流公共信息平台应用开发指南 第2部分：体系架构	
82	GB/T 22263.7—2010	物流公共信息平台应用开发指南 第7部分：平台服务管理	
83	GB/T 22263.8—2010	物流公共信息平台应用开发指南 第8部分：软件开发管理	

参 考 文 献

[1] 曹文诚. 数据大集中：中国银行业的信息革命[J]. 金融理论与实践，2004（6）：31-33.
[2] 陈佳. 信息系统开发方法教程[M]. 2 版. 北京：清华大学出版社，2005.
[3] 杜娟琴，马骏. "银行大集中启示录"系列报道之一：中国银行业向大集中看齐[J]. 中国金融电脑，2002（8）：1-5.
[4] 马骏. "银行大集中启示录"系列报道之二：面向未来 探讨大集中[J]. 中国金融电脑，2002（9）：8-11.
[5] 杜娟琴，李庆莉. "银行大集中启示录"系列报道之三：大集中 银行与 IT 的理性互动[J]. 中国金融电脑，2002（11）：1-5,8.
[6] 冯耕中. 物流管理信息系统及其实例[M]. 西安：西安交通大学出版社，2003.
[7] 冯耕中. 物流配送中心规划与设计[M]. 西安：西安交通大学出版社，2004.
[8] 冯耕中，吴勇，赵绍辉. 物流公共信息平台理论与实践[M]. 北京：科学出版社，2014.
[9] AMT GROUP. 顾毅：基于产业互联网 PAAS 平台，打造安全的供应链金融体系[EB/OL]. （2018-08-07）[2020-06-29] http://www.sohu.com/a/245827737_694623.
[10] 韩春阳，伍景琼，贺瑞. 国内外冷链物流发展历程综述[J]. 中国物流与采购，2015（15）：70-71.
[11] 胡鸿. 无人仓系统中订单分批策略研究[J]. 数字技术与应用，2019，37（5）：108-109.
[12] 黄梯云. 管理信息系统[M]. 2 版. 北京：高等教育出版社，2000.
[13] 黄骁俭，周越亭，尹捷. 中小企业信息化与 SAP 系统实现[M]. 北京：机械工业出版社，2004.
[14] 经济参考报. 无人车、无人机 5G 助推物流智能化时代加速到来[J]. 物流科技，2019，42（7）：2-3.
[15] 劳顿 K C，劳顿 J P. 管理信息系统：原书第 15 版[M]. 黄丽华，俞东慧，译. 北京：机械工业出版社，2018.
[16] 李柏. 云计算技术在中小企业信息化建设中的应用分析[D]. 北京：北京邮电大学，2018.
[17] 林勇，马士华. 物流中心物流信息系统发展规划的理论、方法[J]. 物流技术，2003（10）：42-45.
[18] 林子雨. 大数据技术原理与应用[M]. 2 版. 北京：人民邮电出版社，2017.
[19] 美国卡耐基梅隆大学软件工程研究所. 能力成熟度模型（CMM）：软件过程改进指南[M]. 刘孟仁，译. 北京：电子工业出版社，2001.
[20] 罗鸿，王忠民. ERP 原理·设计·实施[M]. 2 版. 北京：电子工业出版社，2003.
[21] 宋玉卿. 物流企业实施 2000 版 ISO 9001 标准指南[M]. 北京:中国标准出版社，2005.
[22] 孙凯. 浅谈区块链技术在物流领域的应用[J]. 中国管理信息化，2019，22（12）：135-136.
[23] 王俊. 无人驾驶车辆环境感知系统关键技术研究[D]. 合肥：中国科学技术大学，2016.
[24] 王琳. 易观分析：中国电子商务 B2B 市场趋势预测 2016—2018[EB/OL]. （2016-01-29）[2020-06-29]. https://www.analysys.cn/article/analysis/detail/16310.
[25] 王汝涌. 管理信息系统[M]. 北京：中国财政经济出版社，1989.
[26] 王喜富，沈喜生. 现代物流信息化技术[M]. 北京：北京交通大学出版社，2015.
[27] 王要武. 管理信息系统[M]. 北京：电子工业出版社，2003.
[28] 吴琼璠，谢清佳. 管理信息系统[M]. 上海：复旦大学出版社，2003.

[29] 肖焕彬，初良勇，林赟敏. 人工智能技术在供应链物流领域的应用[J]. 价值工程，2019，38（25）：154-156.

[30] 徐春波，闫龙. 区块链技术在物流与供应链领域的应用分析[J]. 物流工程与管理，2019，41（6）：66-68.

[31] 薛华成. 管理信息系统[M]. 北京：清华大学出版社，1999.

[32] 克诺尔迈尔，默滕斯，泽埃尔. 供应链管理与 SAP 系统实现[M]. 王天扬，译. 北京：机械工业出版社，2004.

[33] 杨振野. IC 卡技术及其应用[M]. 北京：科学出版社，2006.

[34] 姚家奕. 管理信息系统[M]. 北京：首都经济贸易大学出版社，2003.

[35] 游战清，刘克胜，吴翔，等. 无线射频识别（RFID）与条码技术[M]. 北京：机械工业出版社，2007.

[36] 章祥荪. 管理信息系统的系统理论与规划方法[M]. 北京：科学出版社，2001.

[37] 赵宇峰，杨洋，李凯. 二维码技术在物流管理中的应用[J]. 软件工程师，2014，17（6）：49-50.

[38] 中通无人机团队. 物流无人机的发展与应用[J]. 物流技术与应用，2019，24（2）：110-114.

[39] 周日升. 物联网技术在仓储物流领域的应用分析与展望研究[J]. 物流工程与管理，2014，36（3）：63-64.

[40] 周玉清，刘伯莹，周强. ERP 理论、方法与实践[M]. 北京：电子工业出版社，2006.

[41] 朱喆，许家辉，王涛，等. 人工智能技术在现代物流系统的应用研究[J]. 网络安全技术与应用，2018（7）：98，110.

[42] 左美云，邝孔武. 信息系统的开发与管理教程[M]. 北京：清华大学出版社，2001.

[43] 邝孔武，王晓敏. 信息系统分析与设计[M]. 3 版. 北京：清华大学出版社，2002.